普通高等教育“十二五”应用型规划教材

国际贸易系列

国际贸易学

（第二版）

主　编　金泽虎

中国人民大学出版社

· 北京 ·

出版说明

在经济全球一体化的大背景下，社会对国际贸易专业人才的需求也呈现多样化，因此分层培养国际贸易人才非常必要。既要着力培养研究型人才，又要培养大批应用型人才，已是普遍的共识。而市场上现有的国际贸易专业的教材，大多重理论轻实践，重国际化而轻中国化。因此，对于非研究型的高等院校来说，在教材内容上不仅要包含该领域的基本理论问题，让学生对于基本概念、基本原理有完整的理解和掌握，还要包含该领域的基本实践问题，让学生掌握一定的实务操作方法，以应对未来工作的挑战。本着这一要求，中国人民大学出版社设计和推出了这套“普通高等教育‘十二五’应用型规划教材·国际贸易系列”。该套教材主要有以下几个特点：

第一，所列课程完全按照教育部规定的国际贸易专业的课程体系设置。

第二，根据应用型人才的培养目标，教材在写作上强化了各项业务的操作规程和实践做法，通过对案例的分析和点评，让学生对实务操作有一个切实的体验。

第三，考虑到学生目前课时较少，因而本套教材尽量突出重点、压缩篇幅，以减轻学生的负担。

本着对应用型人才培养探索的要求，出版社在教材的定位、篇幅、编写体例上提出了一些原则性建议，具体编写工作由主编和作者全权负责。本套教材在编写过程中凝结了所有参编专家、教授的辛劳和智慧，在此一并表示感谢！同时，也真诚地期待广大教师、学生和其他读者给予宝贵的意见和建议。

中国人民大学出版社

作者简介

金泽虎，安徽枞阳人。现为安徽大学经济学院教授，安徽大学、安徽财经大学经济学研究生导师（国际经贸方向），安徽省第三批高等院校优秀中青年骨干教师，2004 年安徽省模范教师，安徽省产业经济学会常务理事，安徽省教育厅人文社科项目评审专家，铜陵市人民政府研究室特约研究员，安徽省应用型高校联盟国际贸易专业牵头人，2009 年教育部、财政部第四批国家级高校特色专业（国际经济与贸易）建设点项目（项目编号：TS1Z248）主持人，2013 年合肥师范学院经济管理学院特聘教授。

金泽虎教授曾组建铜陵学院经济贸易系并任系主任 10 年，同时任校职称评审委员会终审评委兼学科组成员，学院学术委员会委员、教学委员会委员、学报编委、院学位评定委员会委员。曾荣获安徽省第五届（2001 年）社会科学省政府奖，铜陵市第一届（1998 年）、第二届（2001 年）、第五届（2011 年）社会科学政府奖一等奖，第三届（2004 年）社会科学政府奖二等奖，2005—2006 年安徽省社会科学文学艺术出版奖（省政府奖）。先后 11 次荣获各类优秀教学质量奖。2010 年荣获安徽省高校质量工程优秀教学成果奖。曾获评 3 届（2004 年、2006 年、2008 年）学院学术骨干（分别排第 4 名、第 10 名、第 1 名）。主要研究方向：国际贸易理论与政策、中国外贸。自 2009 年起主持教育部质量工程项目——第四批国家级高等学校特色专业（国际经济与贸易）建设点项目（项目编号：TS1Z248），见《教育部、财政部关于批准第四批高等学校特色专业建设点的通知》（教高函［2009］16 号，教育部办公厅 2009 年 9 月 9 日印发）。

迄今为止，金泽虎教授共发表学术论文 80 余篇，其中《新华文摘》全文转载一篇，人大复印资料全文转载 6 篇，包括 F102《劳动经济与人力资源管理》2 篇、F52《外贸经济、国际贸易》2 篇、F62《金融与保险》1 篇、F51《商业经济》1 篇。代表性学术论文分别见于《世界经济与政治》、《宏观经济管理》、《农业经济问题》、《经济理论与经济管理》、《光明日报》、《国际贸易问题》、《对外经济贸易大学学报》、《经济纵横》、《国际经贸探索》、《安徽大学学报》、《现代经济探讨》、《首都经贸大学学报》、《重庆工商大学学报》、《中国改革》、《经济参考报》、《中国经济导报》等高水平权威报刊，并且其主编、副主编及参编的十余部教材在高等教育出版社、中国人民大学出版社、北京大学出版社、经济科学出版社以及安徽大学出版社、东北财经大学出版社等出版，主持及参与各级各类项目与课题 21 项。

第二版前言

本书是普通高等教育“十二五”应用型规划教材·国际贸易系列的《国际贸易学》的第二版，由中国人民大学出版社教材编审委员会组织修订并审定，作为全国普通高等院校应用型系列教材，面向全国发行。

在本书完稿之际，商务部权威发布：2013年，中国货物进出口总额为4.16万亿美元，其中出口额2.21万亿美元，进口额1.95万亿美元。这意味着2013年中国已超过美国，首次成为全球第一货物贸易大国。因此，对本书实时进行有针对性的修订就显得更有必要。本书第二版将继续体现以下三个特点：一是内容实用，突出应用性；二是突出特色，注重创新；三是形式新颖，便于自学。

全书在重新修订的过程中，一方面对教学过程中发现的一些具体表述方面的错误、争议内容、表达不准确以及已经变化的内容进行了多处微调；另一方面，我们还对第十二章、第十三章的内容体系进行了更符合国际经济贸易趋势的结构性调整，力图将本教材内容与形式的滞后性压缩到较低水平，并尽力让本教材和党的十八大及其三中全会以后的时代特色融为一体。

全书共十四章，本书由教育部国际经济贸易国家级特色专业建设点项目主持人、安徽大学经济学院金泽虎教授任主编，负责全书的设计与统稿。安徽铜陵学院罗俊霞老师任副主编，协助主编对第二版及其配套材料进行了多处调整。参编人员及各章编写分工如下：金泽虎（第一章、第四章、第十章）；罗俊霞（第五章、第十三章，第十二章第四节）；丁玉敏（第二章）；曹苏娟（第三章）；殷贵林（第六章）；夏岩磊（第七章）；张文进（第八章）；胡光明（第九章）；胡永政（第十一章）；万青（第十二章）；许正松（第十四章）。

在本书编写的过程中，我们参阅了大量国内外的相关著作、教材及报刊资料；在此，向这些著作及资料的原作者、原提供者表示衷心的感谢！

在编写过程中，尽管我们对所发现的各种问题进行了尽心尽力的纠正和完善，也对一些章节进行了较大幅度的调整，但由于编写者水平有限，书中难免会存在一些不足和错漏之处，敬请有关专家与读者批评指正。

金泽虎

第一版前言

本书是普通高等教育“十二五”应用型规划教材·国际贸易系列的第一部，由中国人民大学出版社教材编审委员会组织编写、修订并审定，作为全国普通高等院校应用型系列教材，面向全国发行。

就国际贸易而言，改革开放头10年，中国进出口总额由1978年的206亿美元扩大到1988年的1 028亿美元。此后，中国进出口总额的增长速度不断加快，5年后的1993年发展到近2 000亿美元，8年后的2001年增加到5 097亿美元。加入WTO以后，我国对外贸易发展异常迅猛。自2002年以来，我国进出口贸易进入高速增长时期，连续6年实现了20%以上的增长，在2004年超过1万亿美元后，仅用三年时间就实现了从1万亿美元到2万亿美元的突破。2007年，我国进出口总额21 737亿美元，特别是从2009年开始，我国的出口总额超过德国，成为全球第一出口大国。2010年，中国外贸进出口总值29 727.6亿美元，比上年同期增长34.7%；贸易顺差为1 831亿美元，在全球的排名依次是，进出口总额世界第二，进口总额世界第二，出口总额世界第一，贸易顺差世界第一。中国国际贸易的蓬勃发展对世界、对国内经济的贡献堪称举足轻重。

与此同时，我国高等教育的发展也很快，因而对对外经贸人才的需求更加迫切。为适应上述形势发展和变化的需要，我们组织编写了适合经济管理类专业学生应用型能力培养要求的《国际贸易学》一书。本书力求体现以下三个特点。

（1）内容实用，突出应用性。编写时力求结合经济管理类专业的学生特点和实际需要，在保证理论系统充分的同时，注重案例分析，培养独立分析问题、思考问题和解决问题的能力。

（2）突出特色，注重创新。尽量借鉴优秀教材编写经验，创新教材编写理念，注重教材内容与形式的创新——形式上力求新颖活泼，内容上体现科学性、实用性与时代性的统一。既要保证内容的科学、准确与规范，又要突出实用性与时代性。力求反映出国际经济与贸易的最新成果和最新变化，充分重视国际贸易理论的前瞻性，将一般教材的滞后性压缩到尽可能低的限度。

（3）形式新颖，便于自学。编排形式尽可能新颖活泼、图文并茂，并力求文字流畅、表达生动、深入浅出、通俗易懂。每章以“案例导入”开头，各节之间穿插“相关链接”等。每章后附“本章小结”、“本章思考题”、“思考案例”等内容，以便学生在掌握必要专业知识的同时，拓展知识面，启迪智慧。

全书分四大部分，共14章：各部分内容之间既相对独立又相互依存、彼此融合，从而完整系统地反映出该门课程的主要内容。第一部分是国际贸易的发展历史与基本概念，主要包括第一章，即导论。第二部分为国际贸易的理论，包括第二章～第五章，即传统和现代自由贸易理论、贸易保护理论、国际贸易利益分配。第三部分包括第六章～第九章，主要论述国际贸易的相关政策和措施。第四部分涵盖第十章～第十四章，重点涉及与国际经济贸易密切相关的基本专题研究。这四个部分共同形成了本课程完整的体系结构。

本书由教育部国际经济贸易国家级特色专业建设点项目主持人金泽虎教授任主编，负责全书的设计与统稿。安徽皖西学院万青教授、黄山学院胡永政教授任副主编，协助主编开展工作。参编人员有合肥师范学院胡光明，淮南师范学院张文进，滁州学院夏岩磊，池州学院殷贵林，铜陵学院罗俊霞、丁玉敏、曹苏娟以及皖西学院许正松等教学经验比较丰富的教师。

各章编写分工如下：丁玉敏（第二章）；曹苏娟（第三章）；罗俊霞（第五章）；殷贵林（第六章）；夏岩磊（第七章）；张文进（第八章）；胡光明（第九章）；万青（第十二章）；许正松（第十四章）；胡永政（第十一章、第十三章）；金泽虎（第一章、第四章、第十章）。

在本书编写的过程中，参阅了大量国内外相关著作、教材及报刊资料，在此特向这些著作及资料的原作者、原提供者表示衷心的感谢！本书不仅可以作为高等院校经济管理类专业本科教育的教材，而且可以供相关专业其他层次学历教育选作教材，也可以作为涉外经济贸易企业及有关管理部门管理人员的学习与参考读物。本教材配套课件和课后思考题参考答案与案例分析可直接与编者联系，联系邮箱：jzh@tlu. edu. cn，fjfjm@tom. com。

由于编写者的水平有限，书中难免存在一些不足和错漏之处，敬请有关专家与读者批评指正。

金泽虎

目 录

第一章

导　论

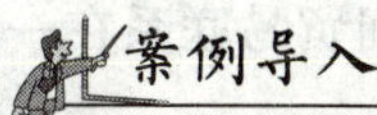

案例导入　中国对外贸易依存度总体状况

20 世纪 80 年代，中国的对外贸易依存度水平比较低，总体在 26%以下，并且进口依存度大于出口依存度。进入 90 年代，对外贸易依存度在大幅波动中缓慢提高约 0.7 个百分点，其中 1995 年最高达到 40.87%。进入 21 世纪后，对外贸易依存度大幅上升。其中，2004 年最高达到 70%；2005 年调高 GDP 值引起对外贸易依存度大幅下降，但在总体上仍然缓慢上升并保持在 60%以上，表明中国经济对国际市场仍有较强的依赖性（见下表）。

1980—2007 年中国对外贸易及依存度情况

年份	国内生产总值（GDP，亿元）	进口总额（亿元）	进口依存度（%）	出口总额（亿元）	出口依存度（%）	对外贸易依存度（%）
1980	4 517.80	291.00	6.44	272.00	6.02	12.46
1985	8 964.40	1 241.00	13.99	803.50	8.96	22.59
1990	18 547.90	2 551.80	13.84	2 968.50	16.05	29.90
1995	58 478.10	11 048.00	19.22	12 452.00	21.66	40.87
2000	89 468.10	18 639.00	21.13	20 635.00	23.39	44.51
2003	135 822.80	34 195.60	29.28	36 287.90	31.09	60.37
2004	159 878.30	46 435.80	34.00	49 103.30	36.00	70.00
2005	183 084.80	54 273.70	29.64	62 648.10	34.22	63.86
2006	209 407.27	61 215.20	29.23	74 939.00	35.79	65.02
2007	249 529.90	73 284.60	29.37	93 455.60	37.45	66.28

资料来源：①历年《中国统计年鉴》、统计公报。

②陈万灵、孙晓艳：《中国外贸依存度及对外贸易平衡问题态势》，载《改革》，2008 (11)。

第一节 国际贸易的含义与特点

一、国际贸易的含义

提起国际贸易的含义，人们容易按照字面上的意思理解为不同国家之间的商品或服务的交换。若是从国际贸易这个词的最初起源来看，这样的理解也是符合其本意的。但是，随着人们对国际贸易的研究逐步深入，人们发觉在国际贸易研究中涉及的理论、政策、措施等问题，并不是只存在于不同国家之间，而且也存在于不同地区之间，因此有的经济学家从广义的或一般的角度研究国际贸易理论问题时，是把国际贸易和地区间贸易联系在一起的。

不过，在这样做的时候，不能忽视通常的国际贸易与国内贸易之间存在的区别。我们知道，不同国家之间的贸易之所以有别于通常的国内贸易，是因为每个国家都有自己一套独立的关税制度和贸易措施，并通过这种关税制度和贸易措施来保护本国的利益。通常的国内贸易是指在同一个关税制度下的一国国内贸易，贸易伙伴之间的交易活动并不涉及关税等措施的影响。从国家行政管理的角度，并不使用关税等措施对交易的一方给予特别的限制或优惠。我们正是从这样的角度去区分国际贸易与国内贸易的。要是由于某种原因，一个国家内部存在着不同的关税区，从而这些不同的关税区有着自己独特的贸易利益的时候，尽管它们属于同一个国家，但这些不同的独立关税区之间的贸易行为和一般意义上不同国家之间的贸易是相同的。也就是说，从理论或政策上研究这种不同关税区之间的贸易与我们研究一般的国际贸易无异。正因为如此，现在从经济学意义上是把国际贸易理解为具有独立关税制度的国家或地区之间的商品或服务的交换活动。

如果我们的研究角度不同，对这种具有独立关税制度的国家或地区之间的贸易活动的叫法也会有所不同。例如，从某一特定国家或地区的角度，该国家或地区对其他国家或地区的贸易就称为对外贸易（foreign trade）；从全球或世界的角度，则把所有独立关税区之间的贸易称为国际贸易或世界贸易。

要是不同国家之间通过缔结关税同盟而形成一个统一的关税区，那么这些国家之间的贸易和一般的国际贸易就会有很大的区别，如果这些国家类似当今欧盟那样，不仅统一货币，还实行统一的货币政策，甚至使它们之间的法律体系和财政政策等各种经济政策及法规都统一起来，那么尽管这些国家彼此之间还没有最终统一起来，但它们之间的贸易已和国际贸易学所谈的国际贸易很少有共同点了，而是更像一般意义上的国内贸易。事实上，现在不少国家或国际经济组织在研究国际贸易时，已把欧盟作为一个单位来考虑了。

二、国际贸易的特点

国际贸易是在国内贸易的基础上发展起来的，它和国内贸易有许多相同或相似的特征。但作为超越国界的经济活动，国际贸易又有许多不同于国内贸易的方面，如基础、环

境、风险、影响等。

(一) 国际贸易比国内贸易具有更大的困难性

1. 语言不同，交流困难

在国际贸易中，有许多环节需要参与贸易的双方或多方进行意见交流，如当面谈判、书信往来。各方语言不同给这种交流带来诸多困难，双方或多方只得借助于商业常用语言——英语。但是，英语并非在世界各地都通行无阻，它在很多国家或地区的使用还不很普遍。因此，除英语外，国际贸易人员还需要掌握其他一些国家或地区的语言。

2. 法律、风俗习惯不同

各国贸易商和广大消费者的民族特性、宗教信仰、风俗习惯有较大差异，甚至对商品颜色、数字、图案都有不同的忌讳和偏好，这就要求进入国际贸易领域的商品无论是在品质特征上还是在外观装潢上都要有更强的适应性和针对性，这些都对贸易商和出口商品生产者提出了更高的要求。如果通过仲裁或诉讼来处理贸易纠纷，无论是处理还是裁决、执行均比国内贸易困难。

3. 国际贸易的障碍多于国内贸易

参与国际贸易的各国或地区之间竞争十分激烈。为了争夺和占领市场、保护本国工业，一方面，它们须通过各种手段疏通各种渠道，以挤入他国市场；另一方面，又采取关税和非关税措施来限制外国商品的进入，这就使国际贸易的障碍多于国内贸易。

4. 市场调查困难

为了从事国际贸易、开拓国际市场，出口厂商必须随时掌握国际市场动态、了解贸易对象的资信等情况，而收集和分析这些资料的难度要比国内贸易大得多。

5. 交易接洽、争议处理困难

在国际市场上，可以作为交易对象的客商远多于国内，而且这些客商一般都分布在世界各地，相互的情况差别很大，彼此之间的了解相对较少。所以，在国际贸易中，寻找贸易伙伴并与之接洽都比国内贸易困难得多。目前，国际贸易的共同法规尚不健全，一旦出现贸易纠纷，往往不容易很快解决。

(二) 国际贸易比国内贸易具有更多的复杂性

这种复杂性主要反映为以下两个方面：

1. 各国的货币和法律制度不同

由于各国货币制度及其他制度的不同，交易双方在结算货币的选择、支付工具与支付方式的选择以及度量衡制度的选择与换算等方面，都比国内贸易复杂得多。各国对外贸易的政策措施、法律法规及商业惯例都不完全一致，所以国际贸易人员必须了解对方国家的贸易法规，对通用的国际贸易法规及国际商业惯例也必须熟悉和掌握。

2. 货物的运输与保险更加复杂

在国际贸易中，通常情况是货物运输距离远、时间长、数量大，运输和提货手续也比较烦琐及复杂。由于长途运输中条件多变、货物易受损，所以需要事先对交付托运的货物进行保险。

(三) 国际贸易比国内贸易具有更大的风险性

由于国际贸易要跨越国界并经历众多环节，包括进行长途运输，因此从事国际贸易要比从事国内贸易面临更大的风险。

1. 信用风险

在国内贸易中，交易双方的信用相对比较容易了解。在国际贸易中，买卖双方相距遥远，对对方资信情况的了解比较困难，而且双方在长期的交易过程中，资信情况还可能发生较大的变化。因此，国际贸易中的信用风险往往要大于国内贸易。

2. 商业风险

在国际贸易中买卖商品的商业性业务环节经常发生货样不符、单证不符、交货期延误等现象，这就给出口商和进口商造成了商业性风险，而且这种风险比较大。

3. 汇兑风险

在浮动汇率制度下，汇率经常随市场供求关系及其他因素的变化而变动，这会直接影响进口方的进口成本和出口方的出口收入，交易双方也因此面临汇兑风险。

4. 运输风险

国际贸易往往伴随着大宗货物的长时间、远距离的运送和交付，在托运至交货这一运输过程中存在着诸多与运输货物有关的内在因素和外部条件，海难等恶性事故时有发生，即在国际贸易中存在运输途中货物灭失的运输风险。在国际贸易中，双方签约后至交货前这一阶段，货价上涨或下跌的可能性比国内贸易大，因此双方面临价格风险。此外，国际贸易还存在因政局变动、政策和法规变化而使贸易商承担的所谓政治风险。

综上所述，凡从事对外贸易的企业家和驰骋国际商坛的人员，都应该具有更高的素质，具备专门的技术和条件：具有长远的眼光、预测未来的本领、良好的商业信誉；全面掌握各种专业理论与知识；熟练和精通几门外语；具有善于捕捉国际商业机遇和收集商业情报，并及时予以加工和整理的工作能力；拥有雄厚的资金和高效且完备的组织指挥机构等等。

在国际贸易过程中涉及的信用风险、价格风险、外汇风险、政治风险等都会比国内贸易大。如果贸易双方发生纠纷，通过调解、诉讼或仲裁来解决也比国内贸易类似纠纷的解决更为复杂和困难。正是由于国际贸易与国内贸易具有如此多的区别，导致人们把国际贸易作为一个专门的研究对象。

第二节　国际贸易的研究对象和内容

国际贸易作为一门学科，它的研究对象是具有各自经济利益的不同关税区，即不同国家或地区之间的商品或服务的交换活动。通过研究这些商品或服务交换活动的产生、发展过程，以及贸易利益的产生和分配，国际贸易揭示了这种交换活动的特点和规律。

国际贸易的具体研究内容大体分为以下几个方面。

一、国际贸易的历史及现状

马克思的经济理论指出，经济学是一个历史范畴，它随着社会生产力的发展而发展。这对于国际贸易也完全适用。在人类产生初期，并不存在国家，也无所谓国际贸易。随着

人类生产力的发展，开始出现社会分工，并且人们的生产品除了满足人们最基本的自下而上的需求之外，开始出现剩余产品，进而不同部落之间出现了这种剩余产品的交换；与此同时，人类在原始社会的末期就产生了私有制，进而导致国家的产生。最初的国家是奴隶制的，在这些奴隶制国家之间的商品交换就是最早的国际贸易。随着人类生产力的提高，进入国际贸易的产品种类和数量也有所增加，但在奴隶社会和封建社会，国际贸易的范围和规模都很有限，总体处在微不足道的水平上。主要原因是在生产力水平很低的情况下，自给自足的自然经济占了主导地位，而且低下的生产力水平也妨碍了人们对地理和世界的认识。在这种情况下，商品交换不可能大规模进行。只有到了资本主义时期，人类生产力的发展已要求突破自然经济的限制，同时商品生产和交换渐渐成为人类生产力存在及发展的必要条件，并且人类科学知识的进步也使人对地球和世界有了全面的认识，于是国际贸易获得了前所未有的大发展，进而成为现代生产力存在的基础。可以说，当今世界上已没有哪个国家可以离开国际贸易而生存下去。全部国际贸易的历史证明了马克思关于历史唯物主义的正确性，也揭示了只有积极参与国际分工和国际贸易，一国的生产力才能获得快速发展。

当代国际贸易的现象表明，在第二次世界大战后，国际贸易的格局已从以垂直分工为主过渡到以水平分工为主，即以发达国家和发展中国家的贸易为主过渡到以发达国家之间的贸易为主。这表明人类生产力的发展越来越依靠技术进步，而且发达国家的跨国公司在当代国际贸易中的作用越来越大。根据联合国有关机构的数字，在 20 世纪 90 年代，世界贸易总额的三分之二与跨国公司有关，而且相当大的一部分国际贸易是在跨国公司内部进行的。在这样的情况下，一个后进的发展中国家要迅速发展经济，就必须学会怎样和跨国公司打交道，学会走改革开放之路。事实上，在第二次世界大战之后，确实有一些发展中国家通过实施出口导向的经济发展战略，借助积极参与国际分工和国际贸易，使自己的经济得到快速增长，并在一个不太长的时期内使自己进入了新兴工业化国家的行列。这些事实对于目前仍然贫穷落后的发展中国家来说，无疑是具有启示意义的。研究当今国际贸易的特点和规律，结合本国的实际情况，从中找出发展本国经济的道路，正是许多国际贸易学者正在从事的工作。

二、国际贸易的理论

对国际贸易现状的研究会促进国际贸易理论的发展。当资本主义生产方式开始萌芽、资产阶级在国际贸易中的作用不断加大后，就开始有了资产阶级最初的国际贸易理论——重商主义。不过，这种国际贸易理论并没有揭示国际贸易的本质和意义。随着资本主义生产方式的发展，资产阶级对国际贸易的认识不断加深，以亚当·斯密和大卫·李嘉图为代表的英国古典经济学对国际贸易产生的原因和意义做出了比较科学的解释。他们先后提出了绝对优势理论和比较优势理论，认为劳动生产率不同的国家可以发展自己的绝对优势或相对优势，进行国际分工，专门生产自己具有绝对优势或相对优势的产品，然后通过国际贸易，使各国都能从中获利。在此基础上，其他经济学家对国际贸易中的交换比价问题、国际贸易利益分配问题等深入展开研究。20 世纪初，瑞典的赫克歇尔和俄林在斯密和李嘉图理论的基础上，进一步提出生产要素禀赋理论，认为各国生产要素禀赋的差异引起的产品成本差异是产生国际贸易的原因。他们和斯密及李嘉图的理论都强调自由贸易能给国际贸易参加国带来好处，进而形成了国际贸易中的自由贸易理论。

但是，在国际经济贸易关系的研究中，也有人提出了与自由贸易理论相对立的贸易保护理论。美国的汉密尔顿提出了保护幼稚工业的论点，认为每个国家要发展自己的民族工业，就必须用关税对本国的幼稚工业进行保护。德国的李斯特系统地提出了贸易保护理论，认为后进国家要发展生产力，使自己跻身于发达国家行列的唯一途径便是对本国有战略意义的工业部门进行保护，待本国工业部门成长起来后，就可以与发达国家平等地在市场上竞争了。这种贸易保护理论不同于闭关锁国的自然经济理论，它强调保护本国产业的目的在于参与世界市场的竞争，而且这种理论也被许多后进国家成为世界先进国家的事实所证实，因而对后进国家的现代化战略有深刻的影响。

自从社会主义革命和社会主义国家产生以来，社会主义国家的对外贸易理论也经历了一个发展过程。马克思主义的历史唯物主义认为生产力在生产关系的发展中起关键作用，通过考察国际分工、世界市场和国际价值来发现不同国家之间商品或服务交换活动的基本规律。由于社会主义革命并不是在世界上最先进的国家中首先爆发，社会主义国家面临着如何实现工业化、跻身世界先进国家行列的问题。受国际环境和国内环境的影响，社会主义国家的工业化和现代化并没有一个固定的模式，邓小平理论在科学总结社会主义革命和建设经验的基础上，提出中国通过改革开放、参与国际分工和国际贸易来建设社会主义现代化的道路。二十多年的实践表明，这是一条成功的道路，这方面的许多理论必将随着实践的发展而发展，值得我们继续深入研究。

三、国际贸易的政策与措施

借助不同的国际贸易理论指导对外贸易的实践，便会产生各种各样的贸易政策和措施。自由贸易理论认为，应当尽量消除妨碍贸易发展的各种措施，如削减关税和非关税壁垒。而贸易保护理论则认为，应当根据本国产业发展的需要，采用关税和其他非关税措施，限制某些产品的进口，鼓励某些产品的出口。各种政策措施对进口和出口的影响程度是不同的，究竟采用哪种措施，或者是几种措施结合起来使用以达到某方面的目标，就需要我们做专门的研究分析。现代国际贸易的实践表明，国际贸易市场上既存在着竞争，又存在着不同国家之间的合作。因此，不同国家又会通过签订各种协定、条约或参加某些国际经济组织来对自己的行为进行约束和规范。这些协定、条约和国际经济组织究竟会给成员国带来多少具体的经济利益或损失，通常需要研究人员进行专门的分析研究。事实告诉我们，国际经济贸易关系涉及各国的长远利益，因此各国采取的贸易政策措施通常兼有政治、军事上的考虑，因此在研究国际贸易政策与措施时，不能单纯从经济的角度看问题，而应该从政治、经济的角度去看问题。

四、与国际贸易有关的各种理论与现实问题

国际贸易学科在展开研究的时候，不可避免地会涉及与国际贸易有关的各种理论与现

实问题。例如，国际贸易的发展必然会涉及一系列货币收付、汇兑、结算、信贷等问题。此外，国际贸易的发展必须会促进国际资金流动和国际金融市场的形成，引起人们对国际货币体系的研究、对国际金融机构的研究等。因此，人们通常会把国际金融的有关理论和实际问题作为国际贸易学科需要研究的一部分内容。

国际贸易的发展引起了生产国际化的发展，形成了对国际经贸有重大影响的许多跨国公司，有关这些跨国公司活动的理论和实际问题以及由生产国际化引起的区域经济一体化问题都是国际贸易学科十分关注的，不了解这些问题，实际上就不了解现代国际贸易的特点。与此同时，世界各国为了推进国际贸易自由化的发展而建立起的世界贸易组织，已成为各国从事国际经贸活动的法律框架和活动平台，无论是发达国家还是发展中国家都希望世界贸易组织的规则向着更有利于自己的方向发展，因而有关世界贸易组织的一系列问题，自然也是国际贸易学科所要研究的。

第三节　国际贸易的产生和发展

国际贸易是在人类社会生产力发展到一定的阶段时才产生和发展起来的，它是一个历史范畴。国际贸易的产生必须具备两个基本的条件：一是要有国家的存在；二是产生了对国际分工的需要，而国际分工只有在社会分工和私有制的基础上才可能形成。这些条件不是人类社会自古就有的，而是随着社会生产力的不断发展和社会分工的不断扩大而逐渐形成的。

一、资本主义社会以前的国际贸易

（一）原始社会的贸易

在原始社会初期，人类的祖先结伙群居，打渔捕兽，当时的生产力水平极度低下，人们处于自然分工状态，劳动成果仅能维持群体最基本的生存需要，没有剩余产品用以交换，因此谈不上对外贸易。

人类历史的第一次社会大分工，即畜牧业和农业的分工，促进了原始社会生产力的发展，使得产品除了维持自身需要以外，还有少量的剩余。人们为了获得本群体不生产的产品，便出现了氏族或部落之间用剩余产品进行原始的物物交换。当然，这种交换还是极其原始并偶然发生的物物交换。

在人类漫长的发展过程中，随着社会生产力的继续发展，手工业从农业中分离出来成为独立的部门，形成了人类社会的第二次社会大分工。由于手工业的出现，产生了直接以交换为目的的生产——商品生产。当产品是专门为满足别人的需要而生产时，商品交换就逐渐成为一种经常性的活动。随着商品生产和商品交换的扩大，逐渐出现了货币，于是商品交换就变成了以货币为媒介的商品流通。这样就进一步促成了私有制和阶级的形成。由于商品交换的日益频繁和交换的地域范围不断扩大，又产生了专门从事贸易的商人阶层。第三次社会大分工使商品生产和商品流通进一步扩大。随着商品生产和流通更加频繁及广泛，从而阶级和国家相继形成。因此，到了原始社会末期，商品流通开始超越国界，这就产生了对外贸易。

人类社会的三次社会大分工，每一次都促进了社会生产力的发展和剩余产品的增加，同时也促进了私有制的发展和奴隶制的形成。在原始社会末期和奴隶社会初期，随着阶级和国家的出现，商品交换超出了国界，由此国家之间的贸易便产生了。可见，在社会生产力和社会分工发展的基础上，商品生产和商品交换的扩大以及国家的形成，是国际贸易产生的必要条件。

（二）奴隶社会的国际贸易

在奴隶社会，自然经济占主导地位，其特点是自给自足，生产的目的主要是为了消费，而不是为了交换。虽然奴隶社会出现了手工业和商品生产，但在一国的社会生产中显得微不足道，进入流通的商品数量很少。同时，由于社会生产力水平低下和生产技术落后、交通工具简陋、道路条件恶劣，因而严重阻碍了人与物的交流，导致对外贸易局限在很小的范围内，使其规模和内容都受到了很大的限制。

奴隶社会是奴隶主占有生产资料和奴隶的社会，奴隶社会的对外贸易是为了奴隶主阶级服务的。当时，奴隶主拥有财富的重要标志是其占有多少奴隶，因此奴隶社会国际贸易中的主要商品是奴隶。据记载，希腊的雅典就曾是一个贩卖奴隶的中心。此外，粮食、酒及其他专供奴隶主阶级享用的奢侈品，如宝石、香料和各种织物等也是当时国际贸易中的重要商品。

奴隶社会时期从事国际贸易的国家主要有腓尼基、希腊、罗马等，这些国家在地中海东部和黑海沿岸地区主要从事贩运贸易。我国在夏商时代进入奴隶社会，贸易集中在黄河流域沿岸各国。对外贸易在奴隶社会的经济中不占重要的地位，但它促进了手工业的发展，而奴隶贸易成为奴隶主补充奴隶的重要来源。

（三）封建社会的国际贸易

封建社会时期的国际贸易比奴隶社会时期的国际贸易有了更大的发展。在封建社会早期，封建地租采取劳役和实物的形式，进入流通领域的商品并不多。到了中期，随着商品生产的发展，封建地租转变为货币地租的形式，商品经济得到进一步的发展。在封建社会晚期，随着城市手工业的发展，资本主义因素已孕育产生，商品经济和对外贸易都有较快的发展。

在封建社会，封建地主阶级占统治地位，对外贸易是为封建地主阶级服务的，奴隶贸易在国际贸易中基本消失。参加国际贸易的主要商品，除了奢侈品以外，还有日用手工业品和食品，如棉织品、地毯、瓷器、谷物和酒等。这些商品主要是供国王、君主、教堂、封建地主和部分富裕的城市居民享用的。

在封建社会，国际贸易的范围明显扩大，亚洲各国之间的贸易由近海逐渐扩展到远洋。早在西汉时期，中国就开辟了从长安经中亚通往西亚和欧洲的陆路商路——丝绸之路，把中国的丝绸、茶叶等商品输往西方各国，换回良马、种子、药材和饰品等。到了唐朝，除了陆路贸易外，还开辟了通往波斯湾以及朝鲜和日本等地的海上贸易。在宋、元时期，由于造船技术的进步，海上贸易进一步发展。在明朝永乐年间，郑和曾率领商船队七次下“西洋”，经东南亚、印度洋到达非洲东岸，先后访问了30多个国家，用中国的丝绸、瓷器、茶叶、铜铁器等与所到的国家进行贸易，换回各国的香料、珠宝、象牙和药材等。

在欧洲封建社会的早期阶段，国际贸易主要集中在地中海东部。在东罗马帝国时期，君士坦丁堡是当时最大的国际贸易中心。公元7—8世纪，阿拉伯人控制了地中海的贸易，通过贩运非洲的象牙、中国的丝绸、远东的香料和宝石，成为欧、亚、非三大洲的贸易中间商。11世纪以后，随着意大利北部和波罗的海沿岸城市的兴起，国际贸易的范围逐步扩大到整个地中海以及北海、波罗的海和黑海的沿岸地区。当时，南欧的贸易中心是意大利的一些城市，如威尼斯、热那亚等，北欧的贸易中心是汉撒同盟的一些城市，如汉堡等。

综上所述，资本主义社会以前的国际贸易是为奴隶主和封建地主阶级利益服务的。随着社会生产力的提高以及社会分工和商品生产的发展，国际贸易不断扩大。但是，由于受到生产方式和交通条件的限制，商品生产和流通的主要目的是为了满足剥削阶级奢侈生活的需要，贸易主要局限于各洲之内和欧亚大陆之间，国际贸易在奴隶社会和封建社会经济中都不占有重要的地位，贸易的范围和商品品种都有很大的局限性，贸易活动也不经常发生。因此，15世纪的“地理大发现”及由此产生的欧洲各国的殖民扩张大大发展了各洲之间的贸易，从而开始了真正意义上的“世界贸易”，因此国际贸易到了资本主义社会才获得了广泛的发展。

二、资本主义以及现代国际贸易

（一）资本主义国际贸易

资本主义生产方式产生后，特别是产业革命以后，由于生产力迅速提高、商品生产规模不断扩大，国际贸易迅速发展，并开始具有世界规模。从17世纪到19世纪，资本主义国家的对外贸易额不断上升。英国在国际贸易中长期处于垄断地位。当时，参与国际贸易的商品主要是一般消费品、工业原料和机器设备。19世纪末进入帝国主义时期后，逐渐形成了统一的世界经济体系和世界市场。

此后，第一次世界大战的冲击和1929—1933年的世界经济危机使资本主义经济遭到了很大破坏，世界贸易额锐减并停滞不前。第二次世界大战后，国际贸易进一步扩大和发展，美国成为国际贸易中的头号大国。20世纪50年代以后，随着生产的社会化、国际化程度的不断提高，特别是新科技革命带来的生产力的迅速发展，国际贸易空前活跃并出现许多新的特点，贸易中的制成品已超过初级产品而占据主导地位，新产品不断涌现，交易方式日趋灵活多样。

当代国际贸易以发达国家为主，美国仍是世界最大的贸易国，但其地位有所下降；德、日等国的对外贸易有极大发展；广大发展中国家在国际贸易中所占份额不大，但与自身相比，对外贸易也有了很大发展，成为国际贸易中一支不可轻视的力量。国际贸易在当代国际事务中具有举足轻重的影响，对各国自身的经济发展也有重要意义。

（二）当代国际贸易的发展趋势与特点

1. 国际贸易步入新一轮高速增长期，贸易对经济增长的拉动作用十分明显

伴随世界经济的较快增长和经济全球化的纵深发展，当前国际贸易的增长明显加速，已进入新一轮高速增长期。2004年，全球货物贸易名义增长21%，创下25年来的历史新

高。在世界经济强劲增长，国际市场对能源、原材料、商品需求旺盛以及美元贬值因素的影响下，全球货物和服务贸易呈现出高速增长态势。全球贸易的高速增长既是科技进步、生产力提高、国际分工深化的共同结果，同时它也促进了世界生产。自20世纪90年代以来，国际贸易的增长率连续超过世界生产的增长率，导致世界各国的外贸依存度均有不同程度的上升。

2. 以发达国家为中心的贸易格局保持不变，中国成为国际贸易增长的新生力量

美、欧、日三大经济体既是世界经济的主要力量，也在国际贸易中居于主导地位。目前，发达国家已占据世界货物出口70%以上的份额和服务贸易90%以上的份额。更重要的是，发达国家通过开展区域贸易合作和控制多边贸易体制来主宰国际贸易秩序，并在国际交换中获得了大部分贸易利益。

近年来，中国是国际贸易增长中的“亮点”，表现为中国不仅在全球贸易总量中的份额和排名不断攀升，而且对全球贸易增量的贡献十分显著。2004年，中国对外贸易额达到11 548亿美元，超过日本成为仅次于美国、德国的第三大贸易国，占全球货物贸易总额和增量的比重分别达6.4%和20%。截至2010年，中国已成为世界第一出口大国，国际贸易总值居世界第二位。

3. 多边贸易体制面临新的挑战，全球范围的区域经济合作势头高涨

2004年8月1日，世界贸易组织147个成员就新一轮多边贸易谈判框架达成了协议，但协议的内容较为原则和笼统，各成员在农业、非农市场准入等问题上仍存在很大分歧。2005年是多哈回合谈判的关键一年，发达成员和发展中成员将在12月的香港部长会议上就主要议题的实质内容进行谈判。值得注意的是，由于各种区域贸易协定纷繁多样、成员交叉重叠，一些贸易协定已超出传统的降低贸易和投资壁垒的范围，这对多边贸易体系带来了一定程度的影响。

与此同时，以区域贸易安排为主要形式的区域经济合作加速发展，并呈现出不少新的趋势：一是区域贸易安排迅猛发展。二是主要贸易大国都在追求区域贸易安排的主导权。三是区域贸易安排成员间的贸易比重进一步上升。2004年，区域内贸易总量占国际贸易总量的比重已超过50%。四是国家之间的竞争正在向区域经济集团之间的竞争转变。区域贸易安排已成为各国争取市场资源、扩大发展空间、提升国际地位的战略手段。

4. 国际贸易结构走向高级化，服务贸易和技术贸易发展方兴未艾

国际贸易结构的高级化与产业结构的升级互为依托，其变化趋势有以下两个突出特点：一是伴随着各国产业结构的优化升级，全球服务贸易发展迅猛。近三十多年来，国际服务贸易的规模已从1980年的3 600亿美元扩大到目前的2.1万亿美元，占全球贸易的19%。在行业结构上，服务贸易日益向金融、保险、电信、信息、咨询等新兴服务业倾斜，传统的运输业、旅游业所占份额持续下降；在地区分布上，发展中国家服务贸易所占份额继续扩大，东亚地区的增长尤其显著。二是高技术产品在制成品贸易中的地位大大提高，尤以信息通信技术产品的出口增长最快。同时，由于跨国公司纷纷把以信息技术为代表的高新技术产业向发展中国家转移，近年来发展中国家技术密集型产品出口占全球贸易的比重快速上升。

5. 贸易投资一体化趋势明显，跨国公司对全球贸易的主导作用日益增强

在经济全球化的推动下，生产要素特别是资本在全球范围内更加自由地流动，跨国公

司通过在全球范围内建立生产和营销网络，推动了贸易投资的一体化，并对国际经济贸易格局产生了深刻影响：一是跨国公司已成为全球范围内资源配置的核心力量。目前，世界上的跨国公司已达 6.2 万家，它们不仅掌握着全球 1/3 的生产和 70%的技术转让，更掌握着全球 2/3 的国际贸易和 90%的外国直接投资。二是国际贸易竞争从以比较优势为主，转变为以跨国公司数量和在国际范围内整合资源的能力为主。这就意味着一个国家具备国际竞争优势的企业越多，就能在国际分工中更多地整合别国的资源。三是国际贸易格局由产业间贸易转向产业内贸易和公司内贸易，主要表现为中间产品、零部件贸易在国际贸易中的比重增加。四是跨国公司的产业转移不断加快，加工贸易在整个国际贸易中的比重持续提高，已成为发展中国家对外贸易的增长点。

6. 贸易自由化和保护主义的斗争愈演愈烈，各种贸易壁垒花样迭出

在经济全球化的推动下，世界各国的经济交往越来越频繁，贸易自由化已是不可逆转的潮流。但是，随着国际贸易规模的不断扩大，贸易摩擦产生的可能性越来越大。当前，各国经济景气的不均衡性、区域贸易集团的排他性、贸易分配利益的两极化等都是造成贸易保护主义层出不穷的重要原因。

当前世界已进入贸易争端的高发期，并呈现出以下特点：一是基于战略利益考虑而引发的贸易摩擦增多。二是贸易保护的手段不断翻新。各种技术壁垒成为贸易保护的新式武器，知识产权纠纷成为国际贸易争端的重要方面。三是摩擦从单纯的贸易问题转向更为综合的领域。社会保障问题、汇率制度问题等已成为贸易摩擦的新领域，资源摩擦与贸易摩擦产生交互作用的趋势越来越明显。四是中国已成为国际贸易保护的最大受害国。从1995年开始，中国已连续 10 年成为遭受反倾销最多的国家。

第四节　国际贸易的分类

一、根据货物的流向不同，国际贸易可分为出口贸易、进口贸易和过境贸易

出口贸易（export trade）是指将本国生产和加工的商品运往他国市场销售，也称输出贸易。进口贸易（import trade）是指将外国商品输入本国国内市场销售，也称输入贸易。

任何一笔交易对卖方而言是出口贸易，对买方而言是进口贸易。此外，从国外输入的商品没有在本国消费，又未经过加工就再出口，称为复出口（reexport trade）或再出口；反之，本国出口后未经任何加工又原样输回本国，称为复进口（reimport trade）或再进口。在国际贸易中，一国往往在同一类商品上既有出口又有进口。若在一定时期内，一国在某种商品大类的对外贸易中出口量大于进口量，其超出部分称为净出口（net export）；反之，如进口量大于出口量，其超出部分称为净进口（net import）。

过境贸易（transit trade）是指外国商品途经本国，但最终销售地为第三国的贸易，也称通过贸易。过境贸易又有直接过境贸易和间接过境贸易两种：外国商品因需要转运而经过本国，但不在本国海关仓库存放就直接运往别国，是直接过境贸易；外国商品运到本国国境后，曾在海关仓库存放，但未经加工又运往其他国家销售，则是间接过境贸易。

二、根据划分进出口的标准不同，国际贸易可分为总贸易和专门贸易

总贸易（general trade）是指以国境为标准对进出口进行的贸易统计：凡离开国境的商品一律列为出口，即总出口（general export）；凡进入国境的商品一律列为进口，即总进口（general import）；总贸易额在数量上等于总出口额与总进口额之和，过境贸易列入总贸易。日本、英国、加拿大、澳大利亚等国采用这样的标准，我国也采用总贸易的概念统计对外贸易。

专门贸易（special trade）是指以关境为标准对进出口进行的贸易统计：运出关境的本国商品以及进口后未经加工又运出关境的商品列为出口，即专门出口（special export）；进入关境及从保税仓库提出进入关境的商品列为进口，即专门进口（special import）；专门贸易额在数量上等于专门出口额与专门进口额之和。美国、意大利、德国、瑞士等国采用此标准。

三、按交易标的物的特征，国际贸易可分为有形贸易和无形贸易

（1）有形贸易也称物品贸易（visible trade，tangible trade）。这种贸易的标的物是物质产品，如粮食、原材料、机器、车辆、船舶、飞机等，它们具有可触摸、可看见的外在物理特性。传统意义上的国际贸易就是指有形贸易。海关对进出口的监管和征税措施也是针对这类贸易的。目前，报刊上发布的某国对外贸易增长多少或下降多少，如果没有其他特别的说明，通常就是指这类有形贸易。

（2）无形贸易（invisible trade，intangible trade）也称无形商品贸易（invisible goods trade），是指国际贸易中以无形商品为交易对象的贸易活动，如运输、保险、金融、国际旅游、技术转让、劳务输出入等。无形贸易是在有形贸易的基础上形成的，并对有形贸易的发展产生巨大的影响，两者相辅相成，又存在明显的区别。有形商品的进出口额表现在海关的贸易统计表上，是国际收支的主要构成部分；它们具有可看见和可触摸的外在物理特性。无形贸易通常不显示在海关的贸易统计表上，但它是国际收支的一部分。无形贸易主要包括：①与商品进出口有关的一切从属费用的收支，如运输费、保险费、商品加工费、装卸费等；②与商品进出口无关的其他收支，如国际旅游费用、外交人员费用、侨民汇款、使用专利特许权的费用、国外投资汇回的股息和红利、公司或个人在国外服务的收入等。服务贸易是无形贸易的主要组成部分。随着生产力的发展，第三产业在整个经济中的比重不断提高，因此 1995 年世界贸易组织正式成立后，把国际服务贸易也纳入其管辖范围之中。

四、依照有无第三方参加，国际贸易可分为直接贸易、间接贸易和转口贸易

直接贸易（direct trade）是指贸易商品从生产国直接运销到消费国，没有第三方参与的贸易活动。

间接贸易（indirect trade）是指通过第三国或其他中间环节，把商品从生产国运销到消费国的贸易活动。对生产国和消费国来说，这种买卖属于间接贸易；对第三国来说，这种买卖也可称为转口贸易。

转口贸易（entrepot trade）也称间接贸易，是指商品生产国与商品消费国之间的贸易需要通过第三国转卖而成。即使商品直接由生产国运往消费国，只要生产国与消费国未直接交易，而是通过第三者转卖，也属于转口贸易。转口贸易属于复出口，是过境贸易的一部分。

五、依照货物运送方式不同，国际贸易可分为陆路贸易、海路贸易、空运贸易和邮购贸易

陆路贸易（trade by roadway）是指采用汽车、火车和管道等陆路运输方式的贸易。陆地相邻国家的贸易通常采用陆路运送货物的方式，中国与俄罗斯、美国与加拿大间一部分贸易就是通过陆路贸易实现的。

海路贸易（trade by seaway）是指利用各种船舶通过海洋运输商品的贸易。由于海运具有运量大、运费低等优点，因此国际贸易中的大部分货物是通过海路贸易完成的。

空运贸易（trade by airway）是指利用飞机运送商品的贸易。航空运输的运费较高，一般适用于贵重物品、药品、精密元件和鲜活商品等的贸易。

邮购贸易（trade by mail order）是指采用邮政包裹的方式寄送货物的贸易。对数量不多且急需的商品可采用邮购贸易，其速度比空运慢，但费用便宜。

六、依照清偿工具不同，国际贸易可分为现汇贸易和易货贸易

现汇贸易（spot exchange trade）也称自由结汇贸易，是指在国际商品买卖中，以货币作为偿付工具的贸易方式。在现汇贸易中，被用作偿付的货币必须可以自由兑换，如美元、英镑、德国马克、瑞士法郎、日元和港币等。

易货贸易（barter trade）也称换货贸易，是指货物经过计价后作为偿付工具的贸易方式。易货贸易经常作为一国（或地区）与另一国（或地区）间货物互换的贸易方式。

七、按贸易方式不同，国际贸易可分为包销、代理、寄售、招标、拍卖、商品交易所交易、加工贸易、对等贸易、租赁贸易等

出口企业为了在别国推销自己的产品，不一定通过自己办销售店的办法，它可以与国外的某家企业达成包销或独家经销（exclusive sale）协议，把某一种或某一类商品在某一地区的独家经营权利在一定期限内给予对方，即包销商。至于具体的买卖合同需要另行签订，但要受包销协议条款的约束。如果出口企业通过协议只是把某一种或某一类商品在某一地区的经营权在一定期限内给予一家企业，并且无排他性，则这家出口企业还可以把该经营权给予其他企业，而这些企业就是一般经销商。

出口企业也可以通过与国外企业达成代理协议，委托代理商在市场上招揽生意，或从事其他委托的事务。委托商对由此产生的权利与义务负责，代理商只收取约定的佣金。根据代理商职权范围大小，可分为独家代理（sole agency）和一般代理（agency）。独家代理是指代理商在约定的地区和时期内拥有独家经营权，即委托商不得将该商品直接或间接地销售给代理区内的其他买主。一般代理不享有这种独家经营权。

寄售（consignment）是指出口企业与国外的代销商订立寄售协议，把货物交给代销商，代销商出售货物后，扣除协议规定的销售费及佣金后把钱交给寄售商。

招标（invitation to tender）是指招标单位需要采购商品或兴办某工程时，先说明有关条件，并邀请有兴趣的企业在指定期限内按照一定程序报价，即投标。然后，由招标人开标与评标，并选择最满意的投标人进行交易。这种方式在国际贸易中经常采用。

拍卖（auction）是拍卖行接受货主的委托，按照一定的规则和程序在拍卖场以公开叫价的方法，将货物卖给出价最高的买主的一种交易方式。不易标准化的鲜活产品或艺术品、古董等的国际贸易是通过拍卖来完成的。

商品交易所（commodity exchange）是指按一定规章和程序买卖特定商品的有组织市场。只有正式会员可以进入商品交易所交易，其他人或企业通过正式会员或经纪人交易。商品交易所经营的商品一般是标准化的原材料，并且按照标准化的合同交易。商品交易所里有现货交易和期货交易，以期货交易为主。许多农产品、有色金属原料等主要在商品交易所里进行交易。

加工贸易（processing trade）分为来料加工和进料加工。来料加工是指国内生产企业接受外商提供的原材料或零部件，按照外商的要求进行加工并装配成产品，然后把生产的产品交给外商，以收取加工费。进料加工是国内企业自主从国际市场上进口原材料或零配件，自行加工成产品，并自营出口、自负盈亏。

对等贸易（counter trade）是指贸易双方用某种协议使进出口平衡的一种贸易方式。个体有多种形式，如易货贸易、互购（counter purchase）、补偿贸易（compensation trade）等。易货贸易双方的交易值相等，通常不涉及现汇支付。互购通常使用现汇结算，并不要求互购价值相等。补偿贸易通常是由设备出口方先提供设备给进口方，然后由进口方用该设备生产的产品或其他产品交付给设备出口方，以补偿设备的价款。

租赁贸易（lease trade）是指设备拥有者与承租人订立租约，把设备交付给承租人使用一段时间，同时收取一定租金的交易方式，可分为融资租赁和经营租赁。融资租赁的租期较长，通常租期结束、全部租金付清后，设备所有权就转移给承租人，相当于承租人以分期付款的方式购买了设备。经营性租赁的租期较短，设备拥有者必须通过多次出租才能收回设备投资款及其他费用。

第五节　国际贸易学的基本概念

一、国际贸易额与对外贸易额

对于一个国家而言，对外贸易额是指一定时期内（通常为一年），一国（或地区）的

出口贸易额与进口贸易额之和。

国际贸易额是指一定时期内（通常为一年）用某种货币统计的世界贸易总额，也称国际贸易值。由于一国（或地区）的出口是另一国（或地区）的进口，因此国际贸易额仅指世界各国的出口总额或进口总额，而非各国的出口总额和进口总额之和。世界各国一般用 FOB 价格计算出口额，而用 CIF 价格计算进口额。由于 CIF 价格中包括运费和保险费，所以世界进口总额总是大于出口总额。

二、贸易差额

一个国家（或地区）在一定时期（如一年）内，出口额与进口额的差值称为贸易差额（balance of trade）。当出口额与进口额相等时，称为贸易平衡。如果出口额大于进口额，称为贸易顺差或贸易盈余，也称出超；如果出口额小于进口额，称为贸易逆差或贸易赤字，也称入超。贸易差额是衡量一国对外贸易状况的重要标志。一般来说，贸易顺差表明一国在对外收支上处于有利地位，贸易逆差则表明一国在对外贸易收支上处于不利地位。不过，长期顺差不一定是好事，逆差也并非绝对是坏事，从长期趋势来看，一国的进出口贸易应基本保持平衡。

三、国际贸易值和国际贸易量

(1) 国际贸易值（value of foreign trade）也称贸易额，是用货币表示的反映贸易规模的指标，各国一般都用本国货币表示。为了便于国际比较，许多国家同时又通过美元计算。贸易额通常分为对外贸易额与国际贸易额两种。对外贸易额是指一个国家在一定时期（如一年）内出口贸易额和进口贸易额之和。由于从世界范围看，一国的出口就是另一国的进口，为了避免重复计算，一般是把各国的出口额相加来表示国际贸易的规模大小，所以国际贸易额这个概念专指世界各国出口贸易额的总和。

(2) 国际贸易量（quantum of foreign trade）是指用进出口商品的计量单位来表示进出口商品的规模。用货币表示国际贸易值，常因物价变动而不能正确反映国际贸易实际规模，以国际贸易量来表示则能避免这个不足。但是，国际贸易商品的计量单位各异，无法用统一的计量单位来表示。为了正确反映国际贸易的实际规模，只有按一定时期的不变价格为标准来计算各个时期的国际贸易值，即以某年的价格为基数，用进出口贸易值除以进出口价格指数，得到以不变价格计算的贸易值来近似代替贸易量，然后以某年为基础的贸易量同各个时期的贸易量相比较，才可以得出能比较正确地反映贸易实际规模变化的贸易量指数。

四、贸易条件

贸易条件（terms of trade）一般是指出口商品价格与进口商品价格之间的比率，所以贸易条件也称“进出口交换比价”或者“价格贸易条件”，简称“交换比价”。由于这里涉及的是一个国家种类繁多的所有进出口商品的价格，因此通常用一国在一定时期（如一年）内的出口商品价格指数同进口商品价格指数进行对比计算。其公式为：

$$贸易条件指数（N）=\frac{出口价格指数（P_x）}{进口价格指数（P_m）}\times 100$$

如果贸易条件指数大于100，说明出口价格比进口价格相对上涨，出口同量商品能换回比原来更多的进口商品，该国的此年度贸易条件比基期有利，即贸易条件改善；如果贸易条件指数小于100，说明出口价格比进口价格相对下跌，出口同量商品能换回的进口商品比原来减少，该国的此年度贸易条件比基期不利，即贸易条件恶化了。

例如，以2000年为基准年，其进出口价格指数均为100；而2008年出口价格上涨7%，进口价格下降3%，即2008年出口价格指数为107，进口价格指数为97，则

$$贸易条件指数=107\div 97\times 100=110.3$$

即贸易条件的改善程度为10.3%。因此，所谓贸易条件改善是指进出口时期与基期相比，交换比价上升；反之，则称为贸易条件恶化。

资料链接：贸易条件的形式

常用的贸易条件有3种不同的形式——价格贸易条件、收入贸易条件和要素贸易条件，它们从不同的角度衡量一国的贸易所得。其中，价格贸易条件最有意义，也最容易根据现有数据进行计算。收入贸易条件和要素贸易条件的计算公式如下：

$$收入贸易条件（ITT）=\frac{出口价格指数}{进口价格指数}\times 出口商品的数量指数\times 100\%$$

$$单因素贸易条件（SFTT）=\frac{出口价格指数}{进口价格指数}\times 出口商品的劳动生产率指数\times 100\%$$

$$双因素贸易条件（DFTT）=\frac{出口价格指数}{进口价格指数}\times\frac{出口商品劳动生产率指数}{进口商品劳动生产率指数}\times 100\%$$

资料来源：http：//www.hudong.com/wiki/%E8%B4%B8%E6%98%93%E6%9D%A1%E4%BB%B6。

五、国际收支与贸易收支

国际收支是指在一定时期（通常为一年）内，一国（或地区）与其他国家（或地区）之间所有经济交易的收入和支出的系统记录。若收入大于支出，就是国际收支顺差（也称黑字）；若收入小于支出，就是国际收支逆差（也称赤字）；收支相等则称国际收支平衡。贸易收支是国际收支中的重要组成部分。在一定时期内，出口值与进口值之间的差额称为贸易差额：若出口值大于进口值，称为贸易顺差或出超；反之，称为贸易逆差或入超。在贸易顺差的情况下，其差额称为净出口；在贸易逆差的情况下，其差额称为净进口。

一国贸易收支情况会受到该国贸易条件的影响。贸易条件也称交换比价，通常用某一时期内的出口商品价格指数与进口商品价格指数之比来表示。如果该指数大于1，表明该

国贸易条件好转，出口 1 单位商品可以换回更多的进口商品。如果该指数小于 1，表明该国贸易条件恶化，出口 1 单位商品只能换回较少的进口商品，国际收支情况也会发生同趋势变化。

六、对外贸易依存度

对外贸易依存度是指一国在一定时期（通常为一年）内进出口总值在其国内生产总值中的比重，用公式可表示为：

$$Z=\frac{X+M}{\text{GDP}}\times 100\%$$

式中，Z 为对外贸易依存度；X 为出口总值；M 为进口总值。

一国的对外贸易依存度越高，表明该国经济对国际贸易的依赖程度越大。为了准确地表示一国经济增长对外贸的依赖程度，人们又将对外贸易依存度分为进口依存度和出口依存度。进口依存度反映一国市场对外的开放程度，出口依存度则反映一国经济对外贸的依赖程度。

一般来说，对外贸易依存度越高，表明该国经济发展对外贸的依赖程度越大，同时也表明对外贸易在该国国民经济中的地位越重要。伴随经济的全球化，对外贸易在各国经济中的比重都在增加。1980—2000 年世界货物贸易的年均增长速度达到 6.1%，而世界经济的增长速度为 5.4%。据 WTO 和 IMF 的数据测算，1960 年全球外贸依存度为 25.4%，1970 年为 27.9%，1990 年升至 38.7%，2000 年升至 41.7%，2003 年已接近 45%。中国作为转型中的发展中大国，对外贸易依存度逐年提高。2002 年，中国的对外贸易依存度突破 50%，2005 年已高达 63%。2010 年，中国的 GDP 为 397 983 亿元，同期的进出口总额为 29 727 亿美元，以汇率 6.7 计算为 199 170 亿元，故对外贸易依存度为 50%。

一般来说，实行开放政策的国家相对于闭关锁国的国家，其外贸依存度通常比较高；小国家的外贸依存度会比大国家高一些。例如，新加坡的外贸依存度肯定会比印度尼西亚高。有人认为，对外贸易依存度这个指标不能确切地反映一国经济对外部世界的依赖程度。例如，进口值不是该国在一定时期内的 GDP。因此，他们主张使用出口依存度这个指标，即用该国出口值占同期 GDP 的比重来表示该国经济对外部经济的依赖程度。其实，出口总值也不是都算作 GDP，只有净出口才算作 GDP 的一部分。因此，对外贸易依存度和出口依存度指标都有其不足之处。不过，在没有找到更好的指标以前，我们用这两个指标来大体反映一国经济对外部经济的依赖程度，特别是通过这两个指标的变化程度来反映一国经济对外部经济依赖程度的变化趋势，仍是可取的。

七、国际贸易地理方向

国际贸易地理方向（international trade by region）是指各洲、各国（或地区）在国际贸易中所占的地位，即各洲、各国（或地区）参加国际商品流通的水平。若以洲来计算国际贸易值，目前国际贸易的洲别分布次序是欧洲第一、北美洲第二、亚洲第三、拉丁美洲第四、非洲第五、大洋洲第六；国别分布次序是美国第一、中国第二、日本第三。

对一个国家来说，对外贸易地理方向是指该国进出口贸易总值的国别和地区分布，表明该国同世界各国（或地区）的经济贸易联系程度，也就是该国的贸易伙伴国家（或地区）的具体分布状况。例如，2009 年中国对外贸易地理方向依次为欧盟、美国、日本、东盟、中国香港、韩国、中国台湾、澳大利亚、印度、巴西。其中，中国的主要顺差来源地是欧盟、美国、中国香港和印度，主要逆差来源地是日本、中国台湾、韩国、澳大利亚、巴西、东盟。

八、国际贸易商品结构

国际贸易商品结构（international trade by commodities）是指各类商品在各国（或地区）进出口贸易或世界贸易中所占的比重。在国际贸易中，通常把进出口商品分为两大类：一类为初级产品，即没有经过或很少经过加工的农、林、牧、渔、矿产品；另一类为工业制成品，即经过加工完成的产品和技术密集型产品。在实践中，各国对各类商品加工程度的深浅还有更细的划分。在产品的成本中，劳动力含量高的称为劳动密集型产品，资本含量高的称为资本密集型产品，技术含量高的称为技术密集型产品。世界贸易的商品结构反映了国际分工的特点和世界经济的发展水平，而一个国家的对外贸易商品结构则反映了该国在国际分工中的地位和该国经济发展的水平。

通过本章学习，可以：

1. 熟悉国际贸易的一些基本概念及其特点。
2. 了解国际贸易产生与发展的过程。
3. 理解国际贸易研究对象与任务等方面的内容。
4. 掌握国际贸易的基本分类，重点掌握国际经济贸易一系列重要术语的确切含义。

国际贸易　　国际贸易额　　国际贸易量　　贸易条件

对外贸易依存度　　国际贸易地理方向　　国际贸易商品结构　　国际贸易的分类

本章思考题

1. 何谓国际贸易？与国内贸易相比，国际贸易有哪些特点？
2. 国际贸易的研究对象与内容有哪些？
3. 当代国际贸易发展具有哪些特征？
4. 国际贸易的分类方法有哪些？
5. 有形贸易与无形贸易有何区别与联系？

6. 什么是国际贸易地理方向？

7. 国际贸易值与国际贸易量有何异同？国际贸易量如何计算？

一般认为，对外贸易依存度越高，说明该国的经济发展对外贸的依赖程度越强。结合导入案例中我国对外贸易依存度的实际情况，有人将中国的对外贸易依存度与美国、日本等国比较，得出中国对外贸易依存度过高，而对外贸易依存度过高对中国经济发展极为不利，应该降低对外贸易依存度的结论。那么，中国对外贸易依存度真的过高了吗？为什么？请结合国情和各种影响因素加以具体分析。

第二章 传统国际贸易理论

案例导入　印度比中国强在哪里?

中国前些年的经济增长主要是依靠众多廉价劳动力，为世界其他国家提供制造业和其他相关行业的服务，生产鞋、服装、玩具、家用电器等。从国外转移到中国的生产技术中高科技含量并不高，即使是电脑生产，表面看来高科技的含量很高，但这些技术实际上已经标准化，成为简单的生产内容，因而利润率并不高。

当然，这些年通过改革开放，的确使中国制造业的技术含量上升到了一个新台阶，同时中国民营企业和国有企业的管理水平也上升到新的高度。这些转变为中国经济增长走出以简单的制造业来创造工作机会、增加收入的模式，创造了越来越好的条件和基础。

当前，印度经济的金融证券化程度无法与香港比，但我们至少可以将印度和中国做一个比较。印度股票市场上所有上市公司的流通市值占其 GDP 的 80%，而中国的流通股市值不到 GDP 的 10%，也就是印度资产和财产的股票化、证券化程度是中国的 8 倍。正是由于这个原因，印度通过民间的和证券市场的金融证券化，使得印度配置和调动资源、利用现有资产和财富发展经济的能力比中国强很多。

在印度银行的商业贷款中，有 35%贷给国有企业，其他 65%都是贷给私人、家庭和私营企业，银行资产占 GDP 的比率为 70%；相比之下，中国银行的贷款方向刚好颠倒过来，70%贷给国有企业，30%贷给私人。此外，中、印呆坏账的比率不一样。从贷款流向来说，正因为印度的银行体系和整个非银行金融体系包括资本市场的私有化程度或者民营化程度远高于中国，所以它们的贷款往往流向那些能带来更高回报的私有企业、呆坏账比率比较低的私有企业，而不是像中国这样不断将资金送往国有企业。

目前，在全球化的世界环境之下，竞争已不是简单的劳动力竞争。全世界共有 60 亿人口、60 亿双手，在全球化的市场竞争中，简单劳动力的供给量几近无限，其边际价值非常低，几乎等于零，因此简单劳动力的价格自然就没那么高了。

在这种情况下，资源上的竞争也没有太大意义，人们可以通过很便宜的轮船运输把资源从一处运到另一处。因此，当今世界的竞争主要就是制度竞争，看哪个国家更能为金融证券交易双方提供更好的契约执行架构和信息架构。如果一个国家能够在这两方面做得更好，就可以更多地从事那些经济附加值更高的工作，其经济增长质量就可以更好。

——节选自陈志武：《印度比中国强在哪里?》，载《财经时报》，2006－10－01。

国际贸易理论是经济学中最古老的领域之一，它起源于市场经济商品交换和生产分工的思想，其研究对象从一国内的生产交换扩大到不同国家之间的分工和交换。

对国际贸易的系统研究，最初出现于重商主义经济学时代（14 世纪末—18 世纪初），即资本主义的资本原始积累阶段。在这一阶段，葡萄牙、西班牙、荷兰、英国、法国这些西欧国家除了在国内对农民剥夺之外，还通过国际贸易和海外掠夺来满足它们对黄金的渴望。重商主义者把重金属货币看作财富的唯一形态，一国可以通过出口获取货币，从而使国家变富，进口却因输出货币而使国家丧失财富，因而积极主张国家干预对外贸易，通过"出口退税"、"出口补贴"、"设立高关税或禁止进口"、"发展进口替代产业"等"奖出限入"政策来增加一国财富。

最早反对重商主义政策的学派是 17 世纪下半叶出现的法国重农学派。重农学派的核心思想是主张自由经济，包括自由贸易。但是，重农学派对农业的过分重视和对商业的轻视使得他们在国际贸易理论方面没有太多贡献。

18 世纪，英国古典经济学家亚当·斯密（Adam Smith，1723—1790 年）批判性地借鉴了法国重农学派的思想，在劳动价值论的基础上创立了自己的经济理论。作为古典政治经济学和西方国际贸易理论的创始人，亚当·斯密第一个建立起自由竞争市场经济学分析框架。他的国际贸易理论主要表现为自由贸易思想，这是其整个自由竞争市场经济体系的一个有机组成部分，他认为国际贸易是自由市场经济的一部分，国家不应对贸易加以任何限制。自由贸易理论（the theory of free trade）也称国际贸易纯理论（the pure theory of international trade），它是国际贸易理论的主流学说与核心内容，主要解决两个问题：第一，国家间为什么要进行贸易，即国际贸易是否具备存在的经济合理性；第二，如果第一个问题的回答是肯定，那么如何从事生产、怎样进行贸易才能使贸易各国获得最大的贸易利益，即贸易利益最优化的途径是什么。

西方国际贸易理论以亚当·斯密创立的自由贸易理论为主线，大致经历了三个发展阶段。第一个阶段是从 1776 年亚当·斯密出版的《国民财富的性质和原因的研究》（以下简称《国富论》）提出的"绝对成本理论"到 1817 年大卫·李嘉图在《政治经济学及赋税原理》中建立的以"比较成本理论"为基础的国际贸易一般理论。第二阶段是从比较成本理论的创立到 1933 年瑞典经济学家俄林在《区际贸易和国际贸易》中提出的生产要素禀赋理论。第三阶段是第二次世界大战后西方经济学界对传统国际贸易理论的检验、修补和扩展，以及为解释产业内贸易、公司内贸易等国际贸易新现象而产生的当代国际贸易理论。总的来说，西方国际贸易理论沿着比较成本理论这一分析范式，从生产要素禀赋、需求偏好、规模经济、技术创新等角度，解释了贸易各国比较优势的起因、贸易模式和贸易利益的分配问题，并随着贸易实践的发展处于不断完善之中。

第一节　绝对成本理论

绝对成本理论是英国古典经济学家亚当·斯密于 1776 年在《国富论》中为适应英国新兴资产阶级的需要而提出的，用以解释国际贸易分工和国际贸易基础的理论。

一、理论假设前提

亚当·斯密的原始分析并没有明确界定其理论假设与分析模型，只是或明或暗地包含在其论述中。绝对成本理论的假设前提是由其后的经济学家挖掘、提炼出来的，可概括如下：

（1）2×2×1 模型。

两个国家、生产两种商品、使用唯一的生产要素——劳动。

（2）贸易对象：最终产品。

国际交易的是最终产品，生产产品的生产要素不能在国际自由流动，但可以在国内各部门间自由流动。

（3）贸易政策取向：自由贸易与完全竞争。

在完全竞争的条件下，每种商品的价格等于其成本。

（4）生产技术：边际成本递增。

两国的生产技术是相同的，边际成本递增，规模报酬不变。

（5）交易成本为零。

（6）收入分配没有变化。

（7）不存在技术进步和经济发展。

（8）理论基础：劳动价值论。

该理论认为劳动是商品价值形成的唯一源泉，社会必要劳动时间的大小决定了商品价值量的高低。因此，国际商品价格的差异完全由劳动生产率的差别决定。

二、主要内容

绝对成本理论是建立在亚当·斯密的分工学说基础之上的。该理论认为，分工能提高效率、改进技术、增加生产总量。例如，没有分工，一个人最多一天制 20 枚针，甚至 1 枚也造不出。如果有了分工，10 人一天能制 48 000 枚针，效率提高几百倍。因此，每个人用自己擅长生产的东西去交换自己不擅长生产的东西，可以获得分工的好处。

亚当·斯密用一国内部的不同职业、不同工种之间的分工原则来说明国际贸易。如果每个人都用自己擅长生产的东西去交换自己不擅长生产的东西，对交换双方都有利。裁缝不必自己做鞋子，而向鞋匠购买；鞋匠也不必自己缝衣服，而向裁缝买衣服。每个人都应当发挥自己的优势，集中生产自己的优势产品，然后相互交换，将是有利的。国际贸易也是如此。

亚当·斯密在《国富论》中指出，由于自然与社会因素的差异，各国在生产同种商品时会有不同的劳动生产率。一国由于其绝对有利的生产条件，无论是自然禀赋，还是后天获取的，使其生产某种商品的绝对成本低于其他国家，则该国应该集中资源，专业化生产这种产品，然后参与国际贸易，从国际贸易中获利，整个世界也可以获得专业化分工的好处。这种以各国绝对有利的生产条件进行国际分工和国际贸易的理论被称为“绝对成本理论”，也称“绝对优势理论”或“地域分工理论”。

三、衡量标准

绝对成本的差异反映的是各国生产技术上的绝对差别。这种差别既可以用绝对生产成本来衡量，也可以用绝对劳动生产率来衡量。在亚当·斯密的论述中，由于劳动是唯一的生产要素，生产成本表现为生产单位商品所消耗的劳动（L/Q，Q为产量，L为投入的劳动量），劳动生产率是指单位时间内生产某种商品的产量（Q/L），两者互为倒数。

一个国家在生产某种商品上具有绝对优势就是说该国生产该商品的劳动生产率绝对高或生产成本绝对低。亚当·斯密认为，一国拥有生产某种商品的绝对优势可以是“自然”形成的，也可以是“后天”获得的。一个国家最擅长生产什么东西，最具有哪个产业的优势，一方面是由该国的地理、环境、土壤、气候、矿产等自然条件造成的；另一方面是由于历史积淀，使得该国劳动者在生产某种商品上具有特殊技巧和工艺。前者属自然禀赋优势，后者是由于后天训练、培养获得的优势。

四、贸易模式

一国应把本国生产某种商品的生产成本与外国生产同种商品的生产成本相比较，以便决定是自己生产还是从外国进口。若一国生产某种商品的生产成本绝对低于他国，那么该国生产这种商品的产业就是具有绝对优势的产业；相反，就是不具有绝对优势的产业或处于绝对劣势的产业。每个国家都应出口其绝对优势产品，进口其绝对劣势产品。

五、贸易利益

亚当·斯密认为，对外贸易可使国家致富，但致富不在于货币的本身，而在于用货币进行的购买，因而进行对外贸易的国家可以得到两种利益，即输出本国不需要的剩余产品和输入本国所需要的其他商品，从而使通商各国都能获得莫大利益。

按照绝对成本理论进行国际分工和自由贸易，每个国家专业化生产本国具有绝对优势的产品，可以使世界资源得到最有效的配置，劳动生产率提高，增进两国生产和消费总量，生产可能性曲线向外扩张，而且会自动实现国际收支均衡。

六、举例说明

由表 2—1 可知，本国在生产食品方面拥有绝对优势，外国在生产食品方面处在绝对劣势，因为$a_{LF}=1.5<a_{LF}^{*}=2$；外国在生产衣服方面拥有绝对优势，本国在生产衣服方面处在绝对劣势，因为$a_{LC}^{*}=1<a_{LC}=3$。按照绝对成本理论，一个国家的贸易模式完全取决于自身拥有的生产某项产品的绝对优势。该例中，本国在食品生产上拥有绝对优势，它可以完全专业化生产食品，并向外国出口食品、进口衣服，以满足本国国民消费的需要。同

时，外国在衣服生产上拥有绝对优势，它可以完全专业化生产衣服，并向外国出口衣服、进口食品，以满足国民消费需求。这样的分工，提高了整个世界的劳动生产率，同时增加了两国生产和消费的总量。

表 2—1　　绝对成本理论示意表

	本　国	外　国
食品的绝对成本	$a_{LF}=1.5$ 劳动/单位产品	$a_{LF}^{*}=2$ 劳动/单位产品
衣服的绝对成本	$a_{LC}=3$ 劳动/单位产品	$a_{LC}^{*}=1$ 劳动/单位产品
绝对优势	生产食品	生产衣服
贸易模式	出口食品	出口衣服
物物交换	本国用 1 个单位的食品换取外国 1 个单位的衣服	
国际贸易利益	通过单位产品交换，本国可节约 1.5 个劳动，外国可节约 1 个劳动	

七、理论评价

（1）亚当·斯密通过对重商主义的批判，创立以自由贸易为核心的绝对成本理论，为英国新兴资产阶级提出自由贸易政策主张奠定了理论基础，具有历史进步意义。

（2）按照绝对优势进行国际分工和国际贸易，可以提高劳动生产率，增加两国的生产和消费总量。

（3）亚当·斯密创立的劳动价值论是科学的，但其关于交换引起分工，而交换又是人类固有倾向的观点是错误的，著名的“斯密假设”存在较大的局限性。

（4）绝对成本理论不能解释劳动生产率水平存在绝对差距的国家之间的贸易问题。

绝对成本理论只是部分地解释了国际贸易产生的原因，或者说，它解释的是国际贸易中的一种特例，因而使得该理论不具有普遍意义。仔细研究亚当·斯密的绝对成本原理，我们会发现：亚当·斯密对贸易参与国竞争能力的要求是相当严格的，甚至是非常苛刻的。因为绝对成本理论表明，参与自由贸易的国家必须具备生产某一产品的绝对优势，即在某产品的生产上具有绝对高的劳动生产率或绝对低的生产成本。对于在两种产品生产中均处于绝对劣势的国家，则无资格参与贸易，而在两种产品生产中均处于绝对优势的国家，又没必要参与贸易。按照这种标准，自由贸易只会发生在世界上极少数几个国家，即发达国家与发达国家之间，因而无法对现实贸易中发生在发达国家与发展中国家之间的贸易现象进行解释，这是绝对成本理论的最主要缺陷。

第二节　比较成本理论

在西方国际分工与国际贸易理论中，影响最大的莫过于李嘉图的比较成本理论。自其创立近二百年来，一直被西方国际经济学界奉为经典，并成为资产阶级国际分工与国际贸易理论发展的主线。即使在当代，它也是研究国际贸易理论的逻辑起点。

背景资料

大卫·李嘉图（David Ricardo，1772—1823 年）出生于英国伦敦一个富有的犹太经纪人家庭。李嘉图生活在英国资本主义原始积累完成、以机器生产逐步替代手工生产为标志的第一次产业革命时代。此时，英国顺利完成由农业国向工业国的转型，并成为世界第一经济强国。立足于世界经济强国的现实，他对自由贸易使贸易国双方均获益的结果深信不疑；与此同时，劳动因素在经济增长中的独立与主导地位是显而易见的，资本还没有取得对社会经济生活的全面而绝对的控制。在当时的背景下，他与亚当·斯密共同创造了劳动价值论，并以该理论为基础解释了自由贸易的合理性与可行性。人们将以劳动价值论为基础的自由贸易理论称为古典国际贸易理论。

他于 1817 年出版了他最重要的著作——《政治经济学及赋税原理》（On the Principles of Political Economy and Taxation）。该书首次以比较优势原理补充与发展了亚当·斯密的自由贸易学说，故人们将他同亚当·斯密并称为自由贸易学说的奠基人。作为古典政治经济学的重要人物，李嘉图同亚当·斯密一样，主张自由贸易，但他不只是重复亚当·斯密关于自由贸易的好处，而是提出了更加系统的自由贸易理论——比较优势理论。

“比较优势”概念最早是由罗伯特·托伦斯（Robert Torrens）在其 1815 年发表的论文《关于玉米对外贸易》中提出的。托伦斯认为，由于波兰在制造业方面与英国的巨大差距，即使英国能够非常有效地生产玉米，英国也最好不要自己生产而应从波兰进口。这样做对英国更有利，因为英国用生产玉米的资本生产出来的棉布，可以从波兰换取比从自己土地中生产出来的更多玉米。但是，第一个用具体数字来说明比较优势理论的经济学家是大卫·李嘉图。

比较优势理论的提出，有效地解决了绝对成本理论与现实相背离的困境。在李嘉图之后，人们对比较优势理论做了多方面的补充与发展，但基本精神仍是将劳动生产率的国际差异视为比较优势的起因。需要指出的是，因劳动的成本无法准确体现商品的总成本，各国生产优势的差异也不能完全由劳动生产率体现。为此，著名经济学家哈伯勒（G. Haberler）于 1936 年将机会成本的概念引入国际贸易理论，并以此分析比较优势的国际差异。自此，机会成本理论替代了劳动价值论，成为比较优势理论的理论基础。

一、理论假设前提

除了强调两国之间生产技术存在相对差异而不是绝对差异之外，比较成本理论的假设前提与“绝对成本理论”基本一样。

二、主要内容

大卫·李嘉图在其《政治经济学及赋税原理》中指出，国际贸易的基础并不限于劳动生产率上的绝对差别。只要各国之间存在着劳动生产率上的相对差别，就会出现生产成本和产品价格的相对差别，使国际分工和国际贸易成为可能。在两国都能生产两种产品的条件下，其中一国在两种产品的生产上都处于绝对优势地位，而另一国都处于绝对劣势地位时，只要两国存在比较成本差异，则处于绝对优势地位的国家应专门生产其优势较大的那种产品，处于绝对劣势地位的国家应专门生产其劣势较小的那种产品，然后参与国际贸易，双方均可以获得贸易利益，使世界资源得到最佳配置。这种以各国相对有利的生产条件进行国际分工和国际贸易的理论，被称为“比较优势理论”或“比较成本理论”。

三、衡量标准

比较成本的差异反映了各国生产技术上的相对差别。在说明参与贸易各国比较优势时，我们通常用下面的尺度来衡量：

（1）相对劳动生产率，即生产两种商品的绝对劳动生产率之比，相对劳动生产率高，具有比较优势，反之具有比较劣势。

（2）相对生产成本，即生产两种商品的绝对生产成本之比，相对生产成本高，具有比较劣势，反之具有比较优势。相对生产成本也称“比较成本”。

（3）机会成本，一种物品的机会成本可用两种方法表示：一是产出表示法，即从生产者角度考察，每增加一单位甲产品的生产所放弃的乙产品生产数量，也就是甲产品对乙产品的边际技术替代率。二是投入表示法，即从消费者角度考察，每增加一单位甲产品的消费所放弃的乙产品消费数量，也就是甲产品对乙产品的边际替代率。在一般均衡中，上述两种方法表示的机会成本相等。机会成本低，具有比较优势；反之，具有比较劣势。

四、贸易模式

每个国家都应集中生产并出口其具有比较优势的产品，进口其具有比较劣势的产品，即“两优取最优，两劣取次劣”。

五、贸易利益

按照比较成本理论进行国际分工和自由贸易，每个国家专业化生产本国具有比较优势的产品，可以获得产品生产和消费两方面资源的有效配置。从生产角度来说，本国的劳动力资源可以集中用于具有比较优势的产品生产，使劳动生产率得到提高；从消费角度来说，由于本国具有比较优势的产品通过自由贸易获得了更高的国际市场价格，这样可以增强其进口能力，从而使本国消费者能够消费超出其生产能力的产品。如果把交换所得理解为间接生产，贸易各国按照比较优势进行国际分工和自由贸易，将使生产可能性曲线向外扩张，同时各国的社会福利水平相应提高。

六、举例说明

由表 2—2 可知，本国在生产食品与衣服方面都拥有绝对优势，外国在两方面都处在

绝对劣势。按照绝对成本理论，两国不会发生贸易。但是，按照比较成本理论，本国生产食品的优势更大，外国生产衣服的劣势较小，因而本国可以专业化生产并出口食品，外国可以专业化生产并出口衣服，贸易仍能在两国间发生。

表 2—2 **比较成本理论示意表**

	本 国	外 国
食品绝对成本	2 劳动/单位产品	5 劳动/单位产品
衣服绝对成本	3 劳动/单位产品	4 劳动/单位产品
食品/衣服比较成本	2/3	5/4
衣服/食品比较成本	3/2	4/5
比较优势	生产食品	生产衣服
贸易模式	出口食品	出口衣服
物物交换	本国用 1 个单位的食品换取外国 1 个单位的衣服	
国际贸易利益	通过单位产品交换，本国可节约 1 个劳动，外国也可节约 1 个劳动；同时，双方均可获得专业化分工提高劳动生产率的好处	

七、理论评价

比较成本理论的提出为自由贸易政策提供了理论依据，推动了当时英国资本积累和生产力的发展。在该理论的影响下，《谷物法》被废除了。按照比较优势进行分工，可以提高劳动生产率和促进国际贸易，这一观点对目前的国际经济合作、国际贸易在更广泛领域的开展都具有积极意义。与绝对成本理论相比，比较成本理论更具普遍意义。比较优势学说不仅在理论上论证了贸易的基础，在实践上也部分解释了先进国家与落后国家之间贸易的原因。

当然，比较成本理论也存在一些缺陷：

（1）这一理论的分析方法是静态的、短期的，没有考虑到规模经济、技术进步等对进出口贸易的影响，因而不能如实地反映国际经济现状。

（2）这一理论没有揭示国际分工形成和发展的真正原因。自然条件、成本差异只是对国际分工的形成和发展产生一定的影响，并通过一定的社会生产方式才能实现，而不是决定国际分工唯一的和根本的因素。实际上，国际分工是生产力发展到一定历史阶段的产物，科学技术、社会条件等都对国际分工有着重要的影响。

（3）李嘉图的劳动价值论是不彻底的。虽然李嘉图的比较成本理论以劳动价值论为基础，但他的劳动价值论在国际贸易领域内失去了普遍意义。令李嘉图困惑的是，为什么葡萄牙 80 个人劳动一年生产的 1 单位葡萄酒可以与英国 100 个人劳动一年生产的 1 单位棉布相交换的问题，最终他把国际贸易中价值决定的问题转化为交换价值的决定问题。而马克思从坚持劳动价值论的立场出发，用"国际社会必要劳动时间"、"国际价值"等概念解决了国际贸易中的价值尺度问题，即只要国际贸易中商品所包含的国际价值相等，它们之间的交换仍然符合等价交换原则，从而解决了李嘉图劳动价值论在国际交换中的不适用问题。

（4）比较成本理论强调的是一国的初始条件，据此参与国际分工和进行国际贸易，容易陷入所谓的“比较优势陷阱”，不利于一个国家经济、产业结构的调整。因此，比较成本理论考虑的是一国的短期利益，该利益的提升并不意味着国民社会福利条件的整体改善。

（5）比较成本理论所倡导的贸易自由化思想在现实经济中受到限制，因为世界各国采取什么样的贸易政策取决于该国在世界经济与政治力量中的地位。即使在一国内部，贸易政策的制定也会受到不同利益集团的影响。

（6）在李嘉图模型中，贸易是按物物交换的方式进行的，该理论没有讨论国际交换发生的比例问题。

相关链接：贸易竞争力指数

贸易竞争力（trade competitive，TC）指数也称净出口（net exports，NX）指数，是指一国某类产品的出口与进口的差额与该类产品进出口总额的比例，是用来判断一个国家的一种产品在国际市场上是否具备相对竞争优势的比较简单的度量指数，用公式可表示为：

$$TC_{ij}=NX_{ij}=\frac{X_{ij}-M_{ij}}{X_{ij}+M_{ij}}$$

式中，NX_{ij}为i国第j种产品的贸易竞争力指数；X_{ij}为i国第j种产品的出口值；M_{ij}为i国第j种产品的进口值。

如果NX_{ij}的值大于0，则表示i国是第j种产品的净出口国，表明该国这种产品的生产具有贸易竞争优势，且数值越大，优势越大；如果NX_{ij}的值小于0，则表明i国为第j种产品的净进口国，i国的第j种产品的生产处于竞争劣势，绝对值越大，劣势越大，见表2—3。

表2—3　　贸易竞争力指数与商品的竞争力状况

贸易竞争力指数的范围（$-1\leqslant TC_{ij}\leqslant +1$）	反映该类产品在国际市场上的竞争力状况
$+0.8<TC_{ij}\leqslant +1$	具有很强竞争力
$+0.5<TC_{ij}\leqslant +0.8$	具有较强竞争力
$0<TC_{ij}\leqslant +0.5$	具有强竞争力
0	具有一般竞争力
$-0.5<TC_{ij}<0$	具有低竞争力
$-0.8<TC_{ij}\leqslant -0.5$	具有较低竞争力
$-1\leqslant TC_{ij}\leqslant -0.8$	具有很低竞争力

第三节　相互需求理论

一、穆勒的相互需求理论

约翰·斯图亚特·穆勒（John Stuart Mill，1806—1873年），也称小穆勒，是自李嘉图

后英国政治经济学界的另一位主要人物，其代表作《政治经济学原理》(*Principles of Political Economy*) 出版于1848年，该书在很长时间内是西方国家主要的经济学教科书。穆勒生活的年代正是英国工业革命蓬勃发展的年代，此时的社会环境与李嘉图时代相比已经发生了巨大变化，他对经济增长的预期要比李嘉图乐观得多。在经济理论方面，穆勒积极推崇古典经济学家的自由贸易与比较优势理论，并在比较成本理论的基础上创立了相互需求理论(theory of reciprocal demand)。在比较成本理论中，李嘉图只说明了各国进出口的模式，没有说明交换比，即贸易条件。穆勒认为，参加贸易的两个国家的商品交换比（即贸易条件）是由两国对各自需求的商品的需求强度决定的。具体来说，包括下面三个方面的内容：

（一）国际交换比（即贸易条件）的变动范围

穆勒用英国与德国之间的毛呢与麻布贸易为例：在英国，单位劳动可以生产10码毛呢或15码麻布，因此不发生国际贸易时，根据等量劳动换取等量报酬，10码毛呢可以与15码麻布交换。同样，在德国，如果单位劳动可以生产10码毛呢或20码麻布，则不发生国际贸易时，10码毛呢可以与20码麻布交换。现在的问题是，如果两国发生国际贸易，毛呢与麻布的交换比是多少？首先，根据比较成本理论，英国具有生产毛呢的比较优势，德国具有生产麻布的比较优势，因而两国发生贸易时，英国出口毛呢，德国出口麻布。但是，如果10码毛呢换取麻布的数量小于15码，则英国不愿意参与贸易；反之，如果10码毛呢换取麻布的数量大于20码，则德国不愿意参与贸易。因此，两国按照比较优势进行国际分工和国际贸易时，国际交换比（即贸易条件）的变动范围一定在两国国内交换比之间的某一水平上，贸易才可能发生。这个变动范围越大，说明两国的比较成本差异越大、互补性越强，进行互惠贸易的空间越大。

（二）实际贸易条件的确定与国际需求方程式

穆勒用国际交换比的上下限来说明国际贸易条件的变动范围，国际交换比的上下限是由贸易双方的国内交换比来决定的，也就是两国互利性的贸易条件必定处在由两国国内交换比所确定的上下限之间。但是，是什么力量决定了贸易条件的变动呢？穆勒认为，这个交换比是由两国消费者的偏好、环境加上在市场上的讨价还价力量来决定的。具体说来，它是由两国在一定条件下形成的相互需求的大小和强度决定的，即所谓的“国际需求方程式”(equation of international demand)，也称“国际交易方程式”，用公式可表示为：

$$\frac{P_{出口}}{P_{进口}}=\frac{Q_{进口}}{Q_{出口}}$$

穆勒认为，一国产品与他国产品相交换的价值，应该使该国的出口总量刚够支付该国进口总量所需的价值，即

$$P_{出口}\times Q_{出口}=P_{进口}\times Q_{进口}$$

式中，$Q_{进口}$为本国需求；$Q_{出口}$为外国需求。

此外，穆勒还用物物交换的例子说明相互需求的变动如何决定贸易条件的变动。

假设英国对德国麻布的需求是19 000码，德国对英国毛呢的需求是10 000码，根据国际需求方程式，毛呢与麻布的国际交换比应该是：

$$\frac{P_{出口}}{P_{进口}}=\frac{19\ 000}{10\ 000}$$

假如某种原因使得英国对麻布的需求下降到13 000码，在这种情况下，原来的贸易

条件被打破。首先，德国不得不降低麻布的价格以刺激英国的需求，以维持两国间的贸易。由于麻布的价格下降，因而英国的需求增加，假设达到 13 600 码。麻布价格下跌意味着毛呢价格上升，德国对毛呢的需求量减少，假设从原来的 10 000 码下降到 8 500 码，这时将产生新的均衡：

$$\frac{P_{出口}}{P_{进口}}=\frac{13\ 600}{8\ 500}$$

按照穆勒的思想，实际贸易条件是根据双方消费者的需求偏好和强度在两国国内交换比范围内进行调整。当一方的需求发生变化，原先的贸易条件被打破，市场力量会自动调整国际交换比（即贸易条件），直到使贸易双方总出口价值等于总进口价值，从而实现新的均衡贸易条件。

（三）贸易利益的分配

上例中，当英国对德国麻布的需求是德国对英国毛呢的需求的 1.9 倍时，英国的贸易条件就是 19 000/10 000，即 19/10。在该条件下进行国际分工和国际贸易，英国单位劳动比国际分工前多获得 4 码麻布，而德国仅能从交换中增加 1 码麻布的消费，因而在该贸易条件下，英国的获利较多，德国的获利较少。当由于某种原因使得英国对麻布的需求下降到 13 000 码时，新的均衡贸易条件为 13 600/8 500，即 16/10。在该条件下进行国际分工和国际贸易，英国的单位劳动比国际分工前多获得 1 码麻布，德国可以从交换中增加 4 码麻布的消费，因而在该贸易条件下，英国的获利较少，德国的获利较多。可见，本国对他国商品的需求越弱，国际交换比就越接近对方国家的国内交换比，贸易条件对本国有利，本国从贸易中获益较多；反之，本国对他国商品的需求越强，国际交换比就越接近于本国的国内交换比，贸易条件对他国有利，他国从贸易中获益较多，见表 2—4。

表 2—4　　按比较优势进行自由贸易时国际交换比的确定和贸易利益的分配

	英　国	德　国
毛呢的劳动生产率	$APL_{英毛呢}$ =10 码/单位劳动	$APL_{德毛呢}$ =10 码/单位劳动
麻布的劳动生产率	$APL_{英麻布}$ =15 码/单位劳动	$APL_{德麻布}$ =20 码/单位劳动
毛呢的比较劳动生产率	$APL_{英毛呢}/APL_{英麻布}=10/15$	$APL_{德毛呢}/APL_{德麻布}=10/20$
麻布的比较劳动生产率	$APL_{英麻布}/APL_{英毛呢}=15/10$	$APL_{德麻布}/APL_{德毛呢}=20/10$
比较优势	毛呢的比较劳动生产率高，生产毛呢具有比较优势	麻布的比较劳动生产率高，生产麻布具有比较优势
贸易模式	出口毛呢	出口麻布
毛呢/麻布国内交换比	10/15	10/20
毛呢/麻布国际交换比的变动范围	在 10/15 与 10/20 之间的任一水平上	
毛呢/麻布实际贸易条件确定	$P_{毛呢}/P_{麻布}=Q_{进口麻布}/Q_{出口毛呢}$	
贸易利益分配	国际交换比越接近 $\frac{10}{15}$，对英国越不利，对德国越有利；国际交换比越接近 $\frac{10}{20}$，对德国越不利，对英国越有利	

穆勒对贸易理论的一个重要贡献是他提出了决定国际贸易商品的价值法则，即相互需

求原理。穆勒认为，商品的国际价值是受国际需求均衡规律支配，而国内贸易的商品价值则取决于该商品的生产费用。

二、马歇尔的相互需求理论

虽然穆勒的相互需求原理解释了均衡贸易条件的决定问题，但它只是一般性陈述。阿尔佛雷德·马歇尔（Alfred Marshall，1842—1924年）在穆勒的基础上发展了相互需求理论。作为当时最有才华的数学家之一，他用最简洁的数学语言分析了穆勒的相互需求原理。

（一）贸易条件的表示

马歇尔把穆勒提出的两国国内交换比（即贸易条件）在平面坐标系中用通过原点的射线的斜率表示出来，如图2—1所示。

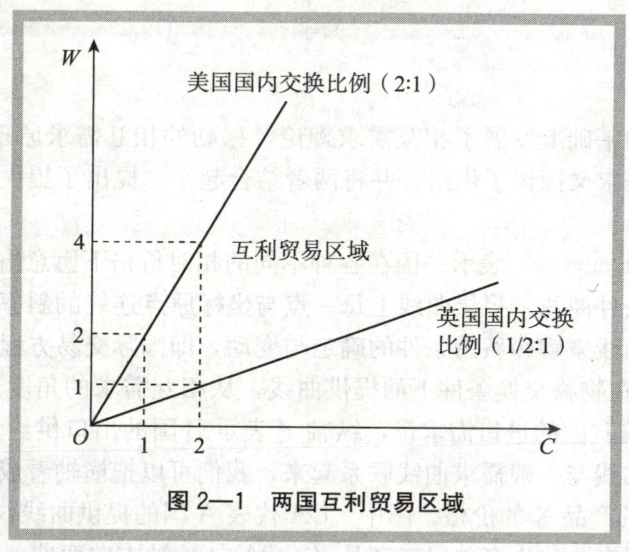

图2—1　两国互利贸易区域

假设英、美两国均能生产小麦（W）和衣服（C），英国单位劳动可以生产1/2个单位的小麦或1个单位的衣服，美国单位劳动可以生产2个单位的小麦或1个单位的衣服。

现在建立一个平面坐标系，用横坐标C表示衣服的数量，用纵坐标W表示小麦的数量，如图2—1所示。在这个坐标系中，由原点出发的射线的斜率表明用小麦表示的衣服价格。该例中，美国具有生产小麦的比较优势，英国具有生产衣服的比较优势，也就是英国的衣服比较便宜、美国的小麦比较便宜，因而在坐标系中，英国国内交换比偏向横坐标C，美国国内交换比偏向纵坐标W，两国的互利贸易区域介于两国国内交换比之间的任一点上。互利贸易区域的范围越大，表明两国的比较成本差异越大，互补性越强，进行互惠贸易的空间越大。

当贸易条件朝着美国国内交换比的方向变化时，表明用小麦表示的衣服价格越来越高，对英国越来越有利；当贸易条件朝着英国国内交换比的方向变化时，表明用小麦表示的衣服价格越来越低，对美国越来越有利，如图2—2所示。

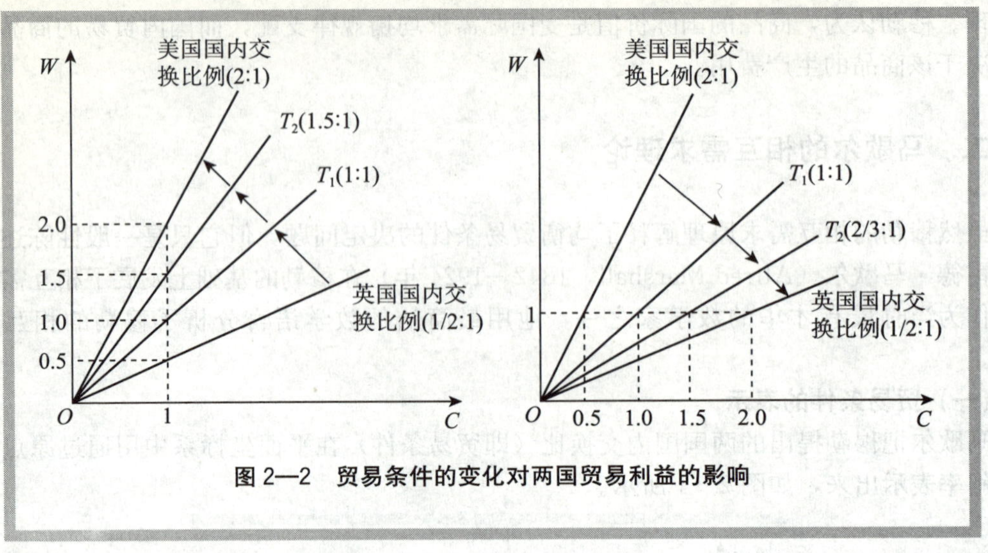

图 2—2　贸易条件的变化对两国贸易利益的影响

（二）提供曲线

马歇尔在穆勒的基础上发展了相互需求理论，穆勒的相互需求原理仅限于探讨需求，而马歇尔既探讨了需求又探讨了供给，并将两者结合起来，提出了提供曲线这一重要的分析工具。

提供曲线（offer curves）表示一国在各种不同的相对价格下愿意出口和进口的商品数量组合，也称供应条件曲线。提供曲线上每一点与坐标原点连线的斜率都表示一个贸易条件。马歇尔用提供曲线来解释贸易条件的确定与变动，即国际交易方程式的形成机制。

图 2—3 是两国在物物交换条件下的提供曲线，从相互需求的角度来看，横轴 X 表示 A 国的出口供给量或 B 国的进口需求量，纵轴 Y 表示 B 国的出口供给量或 A 国的进口需求量。为了把提供曲线与一般需求曲线联系起来，我们可以把横轴看成相互需求量 X，把纵轴看成用 Y 表示的产品 X 的价格。图中，OA 代表 A 国的提供曲线，A 国具有生产产品 X 的比较优势，可以专业化生产并出口产品 X，OA 向 Y 轴方向弯曲，表明随着产品 X 的价格上升，即 A 国贸易条件改善时，产品 X 的价格需求弹性越来越小；OB 代表 B 国的提供曲线，B 国具有生产产品 Y 的比较优势，可以专业化生产并出口产品 Y，OB 向 X 轴方向弯曲，也表明随着产品 Y 的价格上升，即 B 国贸易条件改善时，产品 Y 的价格需求弹性越来越小。两国的提供曲线均呈弯曲形态，说明随着贸易量的增加，贸易条件均朝着有利于本国的方向改善。至于提供曲线为什么呈弯曲形态？马歇尔认为这是商品边际效用递减与边际成本递增共同作用的结果。当 A 国大量出口某一产品（如产品 X）而进口另一产品（如产品 Y）时，出口产品（如产品 X）在国内的数量就会减少，从而效用提高，进口产品（如产品 Y）在国内的数量就会增加，从而效用降低，进口产品（如产品 Y）对出口产品（如产品 X）的边际替代率越来越低，此时出口同样数量的产品（如产品 X）就会换回越来越多的进口产品（如产品 Y），贸易条件朝着有利于本国的方向改善。此外，随着一国出口规模的扩大，其生产规模必然扩大，本国提供出口产品（如产品 X）的边际成本会越来越高，这就决定了只有贸易条件朝着有利于本国的方向改善，才能继续扩大进出口数量。

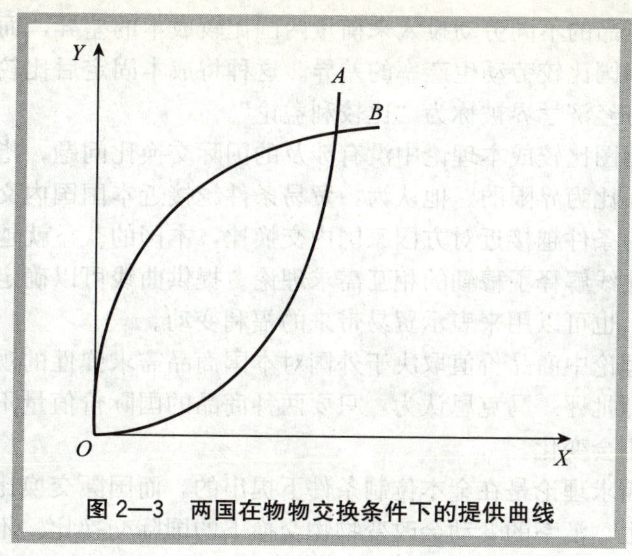

图 2—3 两国在物物交换条件下的提供曲线

由于提供曲线上的每一点都代表着不同的贸易条件，曲线上的任一点可能只是有利于一国，而不利于另一国，双方的贸易可能并不能发生。两国可以发生的实际贸易条件应该在两国提供曲线的交点（如图 2—4 中的 E 点）上，只有在该点上，一国的出口才正好等于另一国的进口，也就是一国的供给等于另一国的需求，形成国际市场均衡。

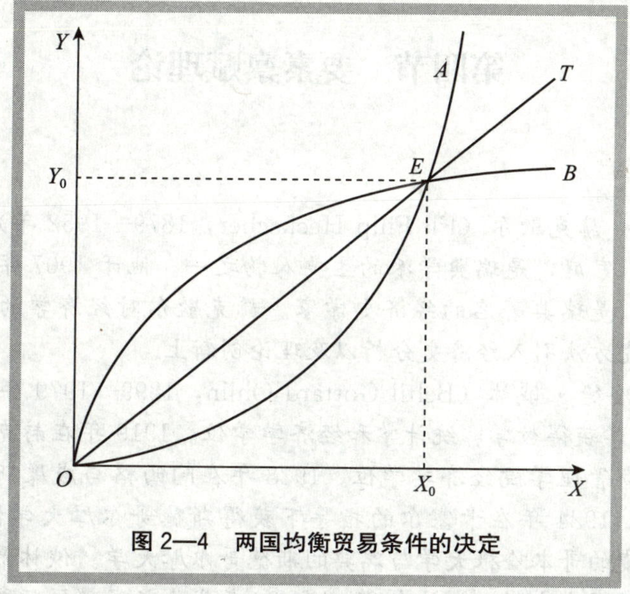

图 2—4 两国均衡贸易条件的决定

相互需求的变动会导致相对价格（即贸易条件）的变化，当供给或需求发生变化时，提供曲线就会发生位移。两国提供曲线的位移将形成新的国际市场均衡。

三、对相互需求理论的评价

（1）相互需求理论是对比较成本理论的丰富与补充。

李嘉图用等量产品的不同劳动投入来衡量两国比较成本的差异，而穆勒则以等量劳动的不同产出来衡量两国比较劳动生产率的差异。这种将成本固定后比较某国生产某种产品的利益大小，在西方经济学界被称为“比较利益论”。

穆勒补充了李嘉图比较成本理论中没有涉及的国际交换比问题，指出国际交换比的范围是以两国国内交换比为界限的。他认为，贸易条件越接近本国国内交换比，本国的获益就越少；反之，贸易条件越接近对方国家国内交换比，本国的获益就越多。

马歇尔用提供曲线解释了穆勒的相互需求理论。提供曲线可以确定两国进行交换时的相对价格和贸易量，也可以用来表示贸易带来的福利变动。

(2) 相互需求理论中商品价值取决于外国对本国商品需求弹性的观点，受到马克思主义劳动价值论的猛烈批评。马克思认为，只要两种商品的国际价值量不发生改变，它们之间的国际交换比就不会变化。

(3) 由于相互需求理论是在金本位制条件下提出的，而国际交换比的决定舍弃了汇率变动因素——实际上，汇率的变动会改变物物交换下的国际交换比。不过，相互需求理论仍能部分解释当今世界汇率变动的原因，比如当本国对外国进口需求的增加以及外国对本国出口需求减少时，本国贸易条件恶化，最终导致本国货币贬值。这实际上就是在金本位制条件下，国际交换比朝着不利于本国的方向变化。

(4) 相互需求理论讨论的是大国的贸易条件决定问题，也就是参与贸易的国家对国际市场价格有足够的影响力。当参与贸易的国家是小国时，国际交换比如何确定被完全忽略了。

第四节　要素禀赋理论

背景资料

伊利·菲利普·赫克歇尔（Eli Filip Heckscher，1879—1952 年），出生于瑞典斯德哥尔摩的一个犹太人家庭，是瑞典学派的主要人物之一。他于 1907 年在乌普萨拉大学获得经济学博士学位，是瑞典著名的经济史学家。赫克歇尔对经济学的贡献表现在方法创新——他将定量研究方法引入经济史分析以及理论创新上。

贝蒂尔·戈特哈德·俄林（Beltil Gottard Ohlin，1899—1979 年），瑞典经济学家，于 1917 年在隆德大学获得数学、统计学和经济学学位。1919 年在赫克歇尔的指导下获得斯德哥尔摩大学工商管理学院经济学学位。1923 年在陶西格与威廉斯的指导下获得哈佛大学文科硕士学位。1924 年在卡塞尔的指导下获得斯德哥尔摩大学博士学位。毕业后，俄林先后执教于丹麦的哥本哈根大学与瑞典的斯德哥尔摩大学。俄林最杰出的贡献在于为国际贸易理论提供了现代分析。俄林在 20 世纪 30 年代出版了《区际贸易与国际贸易》一书，对他的导师赫克歇尔的要素禀赋理论做了清晰而全面的解释，提出了著名的赫克歇尔-俄林要素禀赋理论（H-O 原理），深入探讨了国际贸易产生的原因和基础，并因此于 1977 年获得了诺贝尔经济学奖。

萨缪尔森在国际贸易方面具有持久影响的论文是 1941 年与沃尔夫冈·斯托尔珀（Wolfgang F. Stolper）合写的《贸易保护与实际工资》，文中提出了要素价格日趋均等化的观点以及斯托尔珀-萨缪尔森定理。1948 年，萨缪尔森发表了《国际贸易与要素价格均等化》，1953年又发表了《一般均衡中的要素价格与商品价格》，系统地讨论了有关国际贸易与收入分配关系的重要定理，即要素价格均等化定理。萨缪尔森对国际贸易理论的贡献是经典的，涉及贸易与收入分配、价值转移与贸易条件问题、李嘉图模型、赫克歇尔-俄林-萨缪尔森模型、瓦伊纳-李嘉图模型、特定要素模型等各个方面，他与赫克歇尔和俄林一起奠定了新古典贸易模型的分析框架。

从各国生产要素禀赋的差异来解释国际贸易中比较优势形成原因的赫克歇尔-俄林理论（以下简称"H-O原理"），是赫克歇尔与其学生俄林共同完成的学术杰作。由于H-O原理将贸易中国际竞争力的差异归因于生产要素禀赋的国际差异，人们又称该理论为要素禀赋理论（the theory of factor endowment）。要素禀赋理论以新古典经济学为基础，被称为新古典国际贸易理论。广义的要素禀赋理论包括四部分内容：H-O原理（即生产要素比例学说）、要素均等化定理、斯托尔珀-萨谬尔森定理、罗伯津斯基定理。

一、理论假设前提

(1) 赫克歇尔-俄林模型（简称H-O模型）：2×2×2模型。

1) 两个国家，即本国与外国。这两个国家总体经济实力比较接近，双方均有充分的出口供给能力，可提供对方所需的商品，但双方在相对资源供给（即相对要素禀赋）方面是不同的。

本国和外国在消费方面表现出相同的偏好，即在任何相对价格下两国都有相同的效用函数，而且不受收入水平的影响。这意味着两国需求的收入弹性不变，而且每种商品需求的收入弹性也相等。这个假设是为了将需求变动引致的商品价格变动排除，同时也将收入水平变动引致的需求变动和价格变动排除。这样便于人们将商品相对价格的国际差异原因归到供给方面，尤其是要素禀赋方面的差异。

没有完全的专业化分工现象，即假定两国在自由贸易条件下均生产两种产品。

2) 两种生产要素。这里的要素通常是指传统的生产要素，如土地、资本、劳动，而且两国的生产要素是同质的。

3) 用上述生产要素生产两种可贸易商品。这两种商品对要素需求量是不同的，即两种商品的相对要素密集度不同。

(2) 要素密集度：不发生逆转。

该假设是指，当产品A（如衣服）被称为劳动密集型产品，产品B（如食品）被称为土地密集型产品后，无论劳动和土地的价格怎样变动，产品A为劳动密集型产品、产品B为土地密集型产品的性质始终不发生改变，即对产品A与产品B要素密集度的界定对一切要素价格比率适用。

(3) 贸易对象：最终产品。

国际交易的是最终产品，生产产品的生产要素不能在国际自由流动，但可以在国内各部门间自由流动。

(4) 贸易政策取向：自由贸易与完全竞争。

在完全竞争的条件下，每种商品的价格等于其成本。

(5) 生产技术：边际成本递增。

两国的生产技术是相同的，它们的生产函数呈现两个特征：一是规模报酬不变；二是每种要素的边际报酬递减或边际成本递增。

生产技术相同这一假设是为了排除因国际技术差异导致的生产成本差异与商品价格差异，从而把后者有效地归于生产要素禀赋的差异。

（6）交易成本为零。

二、主要概念

（一）要素禀赋

要素禀赋是指一个国家或经济体可利用经济资源的拥有总量。它既包括自然存在的资源，如土地、矿产、森林、气候条件等，也包括社会积累的资源，如技术、资本、劳动力、管理、信息等，通常用“充裕”或“稀缺”来表示。

（二）相对要素充裕度

相对要素充裕度（relative factor abundance）是指两国要素相对拥有量或要素相对价格的比较。

它可用两个指标来度量：

（1）依据相对实物供给量来度量。例如，在其他因素不变的条件下，如果本国的劳动总量与土地总量的比率小于外国的劳动总量与土地总量的比率（即 $L/T<L^{*}/T^{*}$），则可以称本国是土地相对充裕型国家，外国是劳动相对充裕型国家。

（2）依据相对要素价格来度量。例如，在其他因素不变的条件下，本国的工资与地租比率大于外国的工资与地租比率（即 $W/R>W^{*}/R^{*}$），我们也可以称本国是土地相对充裕型国家，外国是劳动相对充裕型国家。

用相对要素价格定义要素充裕度，需要考虑要素需求与要素供给两个方面的因素，而用相对实物供给量来定义，只需考虑要素的供给情况。因为假设两国对商品需求与要素需求的偏好均相同，并且生产技术也相似，故两种定义都是有效的。

相对要素充裕度会影响一国生产可能性曲线的形状，如图 2—5 所示。

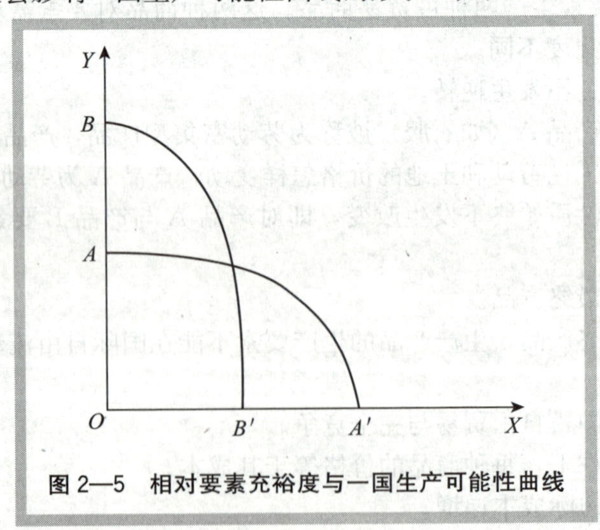

图 2—5　相对要素充裕度与一国生产可能性曲线

图 2—5 中的 X 轴表示劳动密集型产品，Y 轴表示资本密集型产品；AA'为 A 国生产可能性曲线，BB'为 B 国生产可能性曲线。AA'相对偏向 X 轴，表明 A 国的劳动相对充裕；BB'相对偏向 Y 轴，表明 B 国的资本相对充裕。

（三）要素密集度

要素密集度（factor intensity）是指生产单位产品投入的生产要素组合比例。

相对要素密集度（relative factor intensity）是指生产两种单位产品投入的要素组合比例的比较。例如，假设生产两种单位产品 X、Y，使用两种生产要素 K（资本）和 L（劳动）。如果生产单位产品 Y 的 K/L 比率高于生产单位产品 X 的 K/L 比率，或生产单位产品 X 的 L/K 比率高于生产单位产品 Y 的 L/K 比率，则产品 Y 是资本密集型产品，产品 X 是劳动密集型产品。

（四）要素密集度逆转

要素密集度逆转是指同种商品在要素相对价格不同的国家或要素相对拥有量不同的国家表现出不同的要素密集度特征，我们称该商品发生了要素密集度逆转。它主要表现为同种商品在不同的国家或处于产品生命周期的不同阶段，具有不同的要素密集度特征。

三、H-O 原理

俄林从两国商品的绝对价格差异开始，层层深入，论证了国际贸易产生的基础。H-O 原理认为，商品价格的国际绝对差异是国际贸易产生的直接原因，各国商品相对价格的不同是国际贸易产生的必要条件，而各国商品相对价格的不同是各国要素的相对价格不同决定的，各国要素的相对价格是由该国要素供给比例或相对要素充裕度决定的。一个国家相对充裕的生产要素，其价格就会便宜。例如，劳动力相对充裕的国家，工资（劳动价格）就低一些，资本相对充裕的国家，利率（资本价格）就低一些；反之，一个国家比较稀缺的生产要素，其价格当然就高一些。

这种逆推过程可用箭头示意图表示如下：

商品价格差异⟶商品相对生产成本不同⟶生产要素相对价格不同⟶

生产要素相对充裕度不同：国际贸易的基础

可见，H-O 原理认为各国的生产要素相对充裕度不同是决定国际贸易中各国比较优势的基本原因。如果各国都专业化生产密集使用本国要素禀赋较多、价格相对便宜的商品，然后进行贸易，就会得到互利的结果。因此，一国应当出口密集使用该国相对充裕且便宜的生产要素生产的商品，同时进口密集使用该国相对稀缺且昂贵的生产要素生产的商品。例如，劳动相对充裕、资本相对稀缺的国家应该出口劳动密集型产品，进口资本密集型产品；而资本相对充裕、劳动相对稀缺的国家应该出口资本密集型产品，进口劳动密集型产品。

由于该理论特别强调不同国家可利用生产要素的比例（即相对要素充裕度）和生产相同产品所使用的生产要素比例（即相对要素密集度）之间的相互作用，故人们也称 H-O 原理为生产要素比例学说。

四、要素价格均等化定理

要素价格均等化定理（the factor price equalization theorem，FPE 定理）反映了自由贸易带给不同国家同种要素价格的长期影响。

H-O 原理认为自由贸易的结果不仅使贸易国之间商品价格均等化，而且使生产要素的绝对价格和相对价格趋于均等。在俄林看来，通过国际贸易，要素价格均等化是一种趋势。萨缪尔森认为，在特定的条件下，国际要素价格均等是必然的，而不只是一种趋势。该观点由萨缪尔森在 1947—1972 年发表的系列论文中得到了逐步阐述和论证。在规模报酬不变的生产条件下，只要本国与外国生产两种商品，只要商品的自由贸易得到充分发展，即使生产要素不具备国际流动的条件，商品的自由贸易将导致两国商品的相对价格均等化，同时它也会导致两国生产要素的相对价格均等化，甚至导致两国商品与生产要素的绝对价格也均等化，以致无论两国的要素供给和需求格局如何，要素所有者将得到相同的报酬。萨缪尔森还详细阐述了多种要素和多种商品价格的均等化问题，发展了 H-O 原理，使其分析更加周密。因此，要素价格均等化定理也称赫-俄-萨（H-O-S）定理。

例如，假设在没有贸易的情况下，A、B 两国同时生产产品 X、产品 Y 两种产品，这两种产品具有不同的要素投入比例，产品 X 为劳动密集型产品，产品 Y 为资本密集型产品。由于 A 国劳动力丰裕，故工资低、资本短缺、利率高；由于 B 国资本充裕，故利率低、劳动短缺、工资高，即有

$$(W/R)_A < (W/R)_B$$

根据 H-O 原理，由于 $(W/R)_A$ 和 $(W/R)_B$ 之间存在差异，所以两国 P_X/P_Y 存在差异，从而发生贸易。A 国出口劳动密集型产品 X，进口资本密集型产品 Y。B 国出口资本密集型产品 Y，进口劳动密集型产品 X。

在贸易后，由于 B 国增加了对 A 国产品 X 的需求，故产品 X 的价格将提高，导致 A 国生产产品 X 的厂商扩大生产，从而增加了对劳动的需求，并使工资提高。同样，由于 A 国增加了对 B 国产品 Y 的需求，故产品 Y 的价格将提高，导致 B 国生产产品 Y 的厂商扩大生产，从而增加了对资本的需求，并使利率提高。

贸易的结果使两国的工资逐渐变得相等，而两国资本的利率也逐渐变得相等。

要素价格均等化定理试图说明，国际贸易不仅可以合理配置资源、调整经济结构，也可以改善各国的收入分配，缩小各国的经济发展差距。此外，该定理还隐含着国际贸易与国际投资之间存在替代关系，即自由贸易越是发展，则国际投资与国际要素流动的必要性越是减弱（H-O 模型假定要素不具备国际流动性）。这是因为前者使国家间同种要素的相对报酬甚至绝对报酬均等化。

五、斯托尔珀-萨缪尔森定理

H-O 原理对贸易与收入分配的关系予以特别关注。它不仅说明了按要素禀赋的国际差异组织专业化生产和从事国际交换会使两国的总体贸易利益得到改善，这与李嘉图理论模

型的结论一致；同时，H-O 原理还指出，在两国均不可能实现完全专业化的前提下，短期内，自由贸易会使贸易国内部各生产部门、各要素所有者得到不均等的贸易利益，这种思想在斯托尔帕与萨缪尔森 1941 年合写的经典文章《保护与实际工资》中得到了表述。人们将该思想称为斯托尔珀-萨缪尔森定理（Stolper-Samuelson theorem，S-S 定理）。该定理的基本含义是：当一个国家由自给自足走向自由贸易时，贸易使出口产品的价格相对提高、进口产品的价格相对下降，这会使出口产品生产中密集使用的那种生产要素，也就是国内供给相对充裕的生产要素价格提高；同时，它也使进口产品生产中非密集使用的那种生产要素，也就是国内供给相对稀缺的生产要素的价格下降。1965 年，琼斯对斯托尔帕-萨缪尔森定理进行了发展，她指出：最终产品价格的上升必定导致生产要素价格更大幅度的提高，因此被称为琼斯扩大效应（Jones' magnification effect）。

斯托尔珀-萨缪尔森定理说明了商品相对价格与要素价格、要素报酬之间的关系，阐述了国际贸易对要素收益的长期影响。因为在短期中，生产要素不会在各部门之间流动，故价格上升部门中所有要素的所有者都会获益，价格下降部门中所有要素的所有者都会受损。中期内，一部分要素可以在各行业之间流动，其余要素则不能流动。价格上升的行业中不能流动要素的所有者继续获益，而价格下降行业中不能流动要素的所有者继续受损。流动要素所有者的收益不确定。但是，在长期中，所有要素都可以在各行业间流动。价格上升部门的产量扩大、各要素流入，而且该部门密集使用要素的需求量大大增加，导致该要素价格上升、要素所有者报酬增加。价格下降部门的产量下降、各要素流出，而且该部门密集使用要素的需求量大大减少，导致该要素价格下降、要素所有者报酬减少。

例如，现假定 A 国的土地相对充裕、劳动力相对稀缺，在自由贸易时出口小麦、进口纺织品。A 国生产这两种单位产品的要素投入比例（劳动/土地）为 30/2（小麦）和 50/1（布）。可见，小麦是土地密集型产品，布是劳动密集型产品。根据 H-O 原理，该国生产并出口利用本国相对充裕要素生产的产品小麦，进口利用本国相对稀缺要素生产的产品布。经过长期的贸易后，小麦的相对价格上升，而布的相对价格下降，A 国的生产者会减少布的生产，将资源转移到小麦的生产上。但我们必须注意到，A 国生产这两种产品的要素比例不同，因此新增小麦生产所需的生产要素和停止生产布腾出来的生产要素比率是不同的。每多生产 1 单位小麦需要 2 单位土地和 30 单位劳动，而停止生产 1 单位布腾出来的生产要素是 1 单位土地和 50 单位劳动，则每多生产 1 单位小麦就必须多用 1 单位土地，少用 20 单位劳动。此时，生产要素市场的供求矛盾出现了，土地因需求增加而价格上升，劳动则因需求减少而价格下降，也就是土地要素的报酬增加、劳动要素的报酬减少。这说明商品相对价格的变动将影响到要素价格的变动，即影响到要素报酬变化。本例中，要素报酬增加的是该国出口产业中密集使用的生产要素，要素报酬减少的是该国进口产业中密集使用的生产要素。

实际上，斯托尔珀-萨缪尔森定理指出了自由贸易会引发贸易利益分配不均的问题，也对传统自由贸易理论认为的只有自由贸易才能产生福利的观点提出了质疑。国际贸易会使一部分人的福利得到改善，另一部分人的福利得到恶化。如果因为自由贸易引起的贸易利益分配格局变得不合理，就会影响社会和谐，从而影响经济发展。

当然，出口收入分配对经济发展的影响大多是间接的，需要通过商品的收入弹性、居民的边际消费倾向、居民的边际储蓄倾向等因素发挥作用。例如，如果是那些对国内商品具有较高边际消费倾向的人们或集团获得了较多出口收入的好处，他们就会有效提高对国内商品的需求，从而带动本国的生产和就业；如果是那些对进口商品具有较高边际消费倾向的人们或集团获得了较多出口收入的好处，他们就会有效提高对进口商品的需求，从而抑制本国的生产和就业；如果是那些具有较高边际储蓄倾向的人们或集团获得了较多出口收入的好处，他们会给其他部门的生产提供资金，从而提高投资率。

斯托尔珀-萨缪尔森定理为贸易保护行为提供了一种解释，即保护进口竞争性产业可以提高该部门密集使用的生产要素所有者的收入。

六、罗伯津斯基定理

英国经济学家塔德乌什·罗伯津斯基（Tadeusz M. Rybczynski）认为，从长期来看，一国的资源禀赋无论在量上还是在质上都存在着变动。1955 年，罗伯津斯基在《要素禀赋与相对要素价格》中对一国生产要素增长与国际贸易关系问题进行了讨论。他利用 2×2×2模型指出，若两种商品的相对价格不变，且生产这两种商品的相对要素密集度也不变时，当其中一种生产要素供给增加、另一种生产要素供给不变，将使密集使用该要素的商品产量增加，密集使用另一种生产要素的商品产量减少。该论断被称为罗伯津斯基定理。

这是因为在商品相对价格不变时，如果商品的要素密集度不变，要素的相对价格也将保持不变。假如增加劳动这种要素，为了使增加的劳动充分就业，并使两种商品的要素比例不变的唯一方法就是：降低资本密集型商品的产量，以转移足够的资本以及小部分劳动，用来吸收增加的劳动，最终增加了劳动密集型产品的产量。

罗伯津斯基定理解释了一国生产要素的变化对该国产出和外贸的影响，它还可以解释国际贸易中的“贫困化增长”问题和“荷兰病”现象。

1. 贫困化增长

所谓“贫困化增长”是指一国由于出口量的扩张所带来的贸易利益不能弥补其由于贸易条件恶化所带来的贸易利益减少的现象，这种说法是由美国经济学家巴格沃蒂（Jagdish N. Bhagwati）提出的。根据罗伯津斯基定理，如果一国出口部门密集使用的要素增加，该要素密集型产品的产量增加，将导致出口增加。假设该国是此类产品世界出口的贸易大国，将会导致该国的贸易条件恶化，甚至出现贫困化增长问题。

但是，如果该国是此类产品世界出口的贸易小国，则不会导致该国的贸易条件恶化，也不会出现贫困化增长问题。如果一国进口部门密集使用的要素增加，该要素密集型产品的产量增加，将导致进口替代产品的产量增加、进口产品的数量减少。如果该国是此类产品世界进口的贸易大国，会导致该国的贸易条件改善；如果该国是此类产品世界进口的贸易小国，则不会导致该国的贸易条件改善。

2. 荷兰病

“荷兰病”是指一个行业的增长、扩张导致其他行业萎缩的现象。20 世纪 70 年代荷兰大规模开发和出口北海的石油及天然气，使得大量的劳动力和资本流向石油及天然气，从而造成荷兰制造业的生产和出口变得相对萎缩。这种现象后来在挪威、英国等国也发生过。

罗伯津斯基定理与斯托尔珀-萨缪尔森定理是一对互逆命题，即由生产要素相对供给变动引发的商品相对供给的变动，等价于由商品相对价格变动引发的生产要素相对报酬的变动，它们分别从投入—产出关系的角度与商品价格—要素价格关系的角度来阐明国际贸易给贸易参与国带来的收入分配变化。例如，上述“贫困化增长”也可以用斯托尔珀-萨缪尔森定理来解释，即当一国贸易条件恶化时，该国出口产品的相对价格下降，出口部门要素所有者的报酬将减少。可见，在一些特殊的条件下，不平衡的经济增长会给一国经济带来不利的影响。

七、理论评价

要素禀赋理论仍属于比较成本理论的范畴，使用的是比较成本理论的分析方法。该理论通过分析国家间要素禀赋的差异发展了比较优势理论，并且分析了国际贸易对要素价格（即要素所有者收入）的长期影响，以及贸易产品相对价格或贸易参与国要素禀赋发生变化对一国产量和收入分配的影响。

与李嘉图的个量分析不同，俄林不是用等量产品耗费的不同劳动投入来比较两国的生产成本，而是利用总量分析法，通过比较两国等量产品不同的货币价格来说明构成两国比较优势差异的基础在于两国生产要素相对充裕度的不同。这种“靠山吃山、靠水吃水”的资源优势理论，对于解释国际贸易格局具有实际意义。要素禀赋理论用多种生产要素的理论代替了古典学派单一生产要素的劳动价值论，是现代国际贸易理论的开端。现代西方国际贸易理论的争论大多是围绕这一理论的大前提进行具体论证的。

生产要素禀赋理论的局限性在于：

(1) 该理论的假设前提有悖于现实，因而使得该理论在解释现实贸易时，只要其中任何一个假设前提不存在，就会导致悖论。

(2) 以要素比例说来反对古典经济学中的劳动价值论，使比较成本理论庸俗化。

(3)“靠山吃山、靠水吃水”的贸易思想不利于一国总体经济结构的调整，要素价格均等化的趋势会使一国沦落到“山穷水尽”的地步。

实际上，当今世界尤其是发达国家的经济增长使得资本存量的增加总是比劳动力的增加要快，加上新技术、新技能的逐步积累，新材料、新能源的不断发明与发现，技术、资本替代劳动力、自然资源的空间日益扩大，劳动、自然资源密集型产业将会逐步收缩，资本、技术密集型产业将会不断扩大，出口也会相应增加。

欧佩克——防止贫困化增长的有效武器

欧佩克（OPEC）也称石油输出国组织，是一个永久性的政府间组织，也是世界最著名的石油垄断组织。它于1960年9月10日在伊拉克首都巴格达成立，其创立国是以石油出口为主要收入来源的伊拉克、伊朗、科威特、沙特阿拉伯与委内瑞拉，现在的成员国除了原有的五个创立国，还包括新加入的卡塔尔、印度尼西亚、阿拉伯联合酋长国、阿尔及利亚、尼日利亚、厄瓜多尔、加蓬。其总部在瑞士的日内瓦。截至2001年底，世界已探明石油储量的78.7%、生产与出口石油的60%以上集中在欧佩克。沙特阿拉伯、伊拉克、伊朗、阿拉伯联合酋长国、科威特是世界最大的五个储油大国。

依据巴格沃蒂的贫困化增长理论，对于初级产品的出口国，其生产要素与经济增长所引发的该产品的生产与出口量的大幅增加，往往会引致出口价格的下降、贸易条件的恶化与国民福利的降低。欧佩克正是为了防止贫困化增长而建立的政府间国际组织，它们相信，在可预见的世界里，石油仍是最主要的能源，石油需求持续增加。因此，欧佩克确定了如下的目标，即统一与协调成员国之间的石油政策——确定每年成员国的石油生产量与出口配额，以确保公平与稳定的石油生产价格，向国际社会提供确保有效经济的正常石油供给，以及保护石油部门投资者的合理报酬。

欧佩克已成为世界上最大的石油出口卡特尔，其影响力超出了单纯的经济领域。1973年10月，中东欧佩克国家停止对美国及其他西方国家的石油出口，以惩罚西方国家在犹太赎罪日战争中对以色列的偏袒与支持。石油禁运的一个重要结果是整个西方世界，特别是美国的石油价格高涨，引发了第二次世界大战以来持续时间最长、影响范围最广、危害程度极深的经济危机。这次石油禁运事件迫使美国重新考虑有关能源的事情，如能源的成本与供给。与此同时，通过石油禁运，欧佩克也意识到其通过石油出口对世界的影响——石油成为它们向西方世界争取政治与经济地位的武器。

近半个世纪以来，欧佩克成为最成功也是最富争议的石油垄断组织。其成功的经济原因可归纳如下：

（1）石油产品的价格需求弹性很低，它是目前世界上最主要的能源供给产品，不存在密切的替代品与竞争，其价格的上升不会引发石油出口量的剧烈下降。

（2）非OPEC的石油储备与生产量低，因而其供给弹性也很低；相反，欧佩克的石油生产储备占世界的总储备、生产与出口的70%以上，它有能力影响世界石油贸易条件。这意味着新企业或国家无法轻易进入市场，无法对高价格做出敏感反应。因此，即使OPEC提高石油价格，也不会导致销售量剧减。

（3）欧佩克的成员国关系是稳定且有效的，使得它们能够对价格、生产配额及其他事务进行有效的协商——部长会议以法律的形式确定成员国的生产与出口配额，以维持稳定的价格。

（4）密切的文化联系。欧佩克的主要成员国为阿拉伯国家，它们共同的语言、宗教信仰与文化及地理上的邻近性，使它们之间组织协调的成本低、遵守承诺的可能性大。

第五节　里昂惕夫之谜及其解释

一、里昂惕夫之谜

自赫克歇尔-俄林理论发表以来，经若干著名经济学家的再度解释，它不断地得到完

善与扩展，已奠定了其在自由贸易理论中的主导地位，并被人们公认为是继李嘉图比较成本理论之后，贸易理论史上的又一个里程碑。赫克歇尔-俄林理论给人们建立了这样的思维定式：只要知道贸易国要素相对充裕度的差异，人们便可准确地判定各国的比较优势和贸易模式；也就是说，要素禀赋的差异是确定国际分工方向和建立贸易模式的充要条件。

对 H-O 原理的第一次经验检验是在 1954 年，美国经济学家瓦西里·里昂惕夫（Wassily W. Leontief，1906—1999 年）利用美国 1947 年和 1951 年的统计资料，运用自己研究的投入—产出分析法，计算了美国 200 个行业中最有代表性的出口行业和进口竞争行业每生产 100 万美元出口商品及进口替代商品中的资本存量与工人人数的比值，得到了如表 2—5 所示的结果。

表 2—5　　美国出口商品及进口替代商品的要素投入比例表

	每 100 万美元出口	每 100 万美元进口
劳动	182 313	170 004
资本	2 550 780	3 091 339
资本/劳动	13.991	18.184

如果我们用 a_{kx}、a_{km} 分别表示美国每生产 100 万元出口产品与进口替代产品的资本投入量；a_{lx}、a_{lm} 分别表示美国每生产 100 万元出口产品与进口替代产品的劳动投入量。那么，我们由表 2—5 可得到不等式：

$$\frac{a_{kx}}{a_{lx}}=13.991<\frac{a_{km}}{a_{lm}}=18.184$$

即

$$\frac{a_{kx}}{a_{lx}}<\frac{a_{km}}{a_{lm}}$$

这个不等式说明作为世界上资本最充裕的国家，美国出口的是劳动密集型产品，进口的是资本密集型产品。由于美国是世界上资本最充裕的国家，检验结果却与里昂惕夫期望得出的美国出口资本密集型商品、进口劳动密集型商品的结论相反。这种由里昂惕夫发现的赫克歇尔-俄林理论与贸易实践的巨大背离现象，即要素充裕度差异不能有效地决定现实贸易模式，被人们称为里昂惕夫之谜或里昂惕夫悖论（Leontief paradox）。

此后，鲍德温（Robert Edward Baldwin）又对 H-O 原理进行了验证，他利用美国 1958 年和 1962 年的数据进行分析，得出了与里昂惕夫相似的结果：印度对美国、加拿大对美国的双边贸易都显示出里昂惕夫之谜，即印、加出口资本密集型产品、进口劳动密集型产品，20 世纪 50 年代日本的出口偏向于资本密集型产品。1979 年，鲍德温进一步证实了里昂惕夫之谜的普遍性，他计算了 20 世纪 60 年代初许多国家的全部贸易要素构成，发现英国的进口产品比其出口产品包含更多的资本，而许多发展中国家则相反。

H-O 原理的逻辑似乎能使人们相信它的正确性，然而“里昂惕夫之谜”的存在彻底动摇了人们的思维定式。作为西方国际贸易理论发展史上的一个重大转折点，它引发了经济学家对第二次世界大战后国际贸易新现象、新问题的深入探索，于是围绕着“里昂惕夫之谜”的解开产生了种种解释与新的贸易理论。

二、对里昂惕夫之谜的解释

（一）熟练劳动说

这是里昂惕夫自己的解释。H-O 原理假定各国劳动具有相同的性质，熟练劳动说强调各国劳动不是同质的。里昂惕夫认为，美国工人的效率和技巧更高，是外国工人的 3 倍，这是因为美国工人所受的教育和培训较多、较好，美国管理水平更高。如果把美国的劳动量乘以 3，则美国就成为劳动要素相对丰富、资本要素相对稀缺的国家，因而美国出口劳动密集型产品、进口资本密集型产品是符合 H-O 原理的。这一解释并没有被广泛接受，后来里昂惕夫自己也否定了它。

（二）人力资本说

该学说认为，在里昂惕夫的统计检验中存在明显的缺陷，它只考虑了物质资本（physical capital），忽略了人力资本（human capital）。人力资本主要是指一国在职业教育、技术培训等方面投入的资本。由于美国投入了较多的人力资本，拥有更多的熟练技术劳动力，因此美国出口的产品含有较多的熟练技术劳动。如果把熟练技术劳动的收入高出简单劳动的部分算作资本，并与物质资本相加，美国仍是出口资本密集型产品，因而以人力资本的差异来解释美国对外贸易商品结构，其结论仍然符合 H-O 原理。

与人力资本相关的另一个因素是科学研究对美国出口的影响。科学研究和进步带来的"知识"资本提高了从等量的资源中获得的产出水平。即使是最粗略的统计也会表明美国的大部分出口商品都是科研和技能密集型的。由此，人力资本和知识资本在决定美国的贸易模式上起着重要的作用，如果里昂惕夫在其研究中考虑这些，里昂惕夫之谜就会得到解释。

（三）自然资源论

自然资源论仍是从里昂惕夫的统计检验方法上寻找突破口。其论点是里昂惕夫使用的是两要素（劳动、资本）模型，忽略了其他要素［如自然资源（土地、矿藏、森林、气候等)］的影响。如果一种商品是自然资源型的，而在两要素模型中却将其简单地划分为资本或劳动密集商品，显然是不正确的。美国的出口产品中消耗了大量的自然资源，如采矿业、钢铁业、农业等，它们的开采、提炼与加工均投入了大量的资本，如果加入这部分资本投入量，那么里昂惕夫不等式将会由 $a_{kx}/a_{lx}<a_{km}/a_{lm}$ 改写为 $a_{kx}/a_{lx}>a_{km}/a_{lm}$，H-O 原理也会与贸易实践相吻合。

（四）要素密集度逆转论

该理论认为，支持 H-O 原理的另一个假定是要素密度不发生逆转。也就是说，如果在一种要素价格比率下，一种商品较之另一种商品是资本密集型的，那么它将在所有的要素价格比率下均属于资本密集型。这表明商品的要素密集度是一种特殊的技术规定，它不会随要素价格比率的改变而改变。但在现实中，如果两个产业的要素替代比率不同时，要素密集度是会发生逆转的，即一个产业在某些要素价格水平时是资本密集的，而在另一些要素价格水平时则为劳动密集的。要素密集度逆转通常表现为同类商品在不同国家生产具有不同的要素密集度特征，或在产品生命周期的不同阶段，产品要素密集度也可能发生逆转。

如果释放 H-O 原理的该假定条件，当劳动的相对价格提高（工资提高），美国进口替代部门会用相对便宜的资本替代相对昂贵的劳动，由于资本替代劳动的能力很大，或者说进口替代部门较之出口生产部门有很高的资本替代劳动的替代弹性，致使该部门生产的产品由劳动相对价格提高前的劳动密集型产品变成现在的资本密集型产品，从而会有美国出口劳动密集型产品、进口资本密集型产品的结果。

（五）需求偏向论

该理论试图以国内的需求结构来解释里昂惕夫之谜。这种解释认为，H-O 原理成立的一个前提假定是，贸易国双方的需求偏好是无差异的，因此消费结构也是相同的，由此 H-O 原理便忽略了需求偏好的差异对贸易模式的影响。实际上，贸易各国人们的需求、偏好是不相同的，而且这种偏好会强烈地影响国际贸易模式。一个资本相对充裕的国家，如果国内需求偏向资本密集型产品，其贸易结构就有可能是出口劳动密集型产品、进口资本密集型产品。

根据该理论，里昂惕夫之谜之所以在美国发生，是因为美国人不喜好消费劳动密集型产品，而偏好消费资本密集型产品。因此，消费偏好的力量使美国将劳动密集型产品出口国外，而把资本密集型产品留在国内消费或进口具有资本密集型特征的产品。

（六）贸易保护论

该理论指出，H-O 原理是假设以自由贸易、完全竞争为贸易政策取向的，但在现实中，贸易保护是最普遍的政策取向，美国也不例外。美国劳工代表在国会中有强大的影响力，从而会使美国政策倾向于保护与鼓励劳动密集型行业的生产与出口，限制外国同类产品的进口。克拉维斯（Kravis）在 1954 年的研究发现，美国受贸易保护最严格的产业就是劳动密集型产业。这就影响了美国的贸易模式，从而使美国出口劳动密集型产品、进口资本密集型产品。

上述关于里昂惕夫之谜的几种解释，实际上都是从不同侧面对生产要素禀赋理论一系列假定前提进行修正，这些修正或是重新审视立论前提的合理性，或是深入思考里昂惕夫统计检验的有效性，一方面努力捍卫 H-O 原理的崇高学术地位，另一方面也能在特定的条件和环境下对里昂惕夫之谜进行解释。这种对生产要素禀赋理论的补充，增强了生产要素禀赋理论的现实性和对第二次世界大战后国际贸易实践的解释能力。

通过本章学习，可以：

1. 了解自由贸易理论的核心思想。
2. 掌握比较成本理论的基本内容。
3. 掌握相互需求理论。
4. 掌握要素禀赋理论的基本内容。
5. 了解里昂惕夫之谜及其解释。

绝对优势　　比较成本　　机会成本　　比较成本理论　　相互需求理论

· 提供曲线　　要素密集度　　要素禀赋　　　要素比例学说　　　里昂惕夫之谜

1. 绝对成本理论的主要内容是什么？它对国际贸易理论的发展有什么贡献？

2. 试评述李嘉图的比较成本理论。

3. 有比较优势的一定有绝对优势，但有绝对优势的不一定有比较优势。请对这句话进行分析。

4. 什么是里昂惕夫之谜？对它的一些可能解释是什么？

5. 比尔·盖茨先生无论在编写软件还是打字速度上都强于他的秘书。比尔·盖茨先生编写软件的速度是秘书的 $N(N>2)$ 倍，打字的速度是秘书的 2 倍。由于盖茨在编程和打字上都强于其秘书，他是否应该自己来完成全部的工作，以节省下每天付给秘书的 20 美元薪水（据说，如果盖茨掉了 100 美元，他是不会弯腰去捡的，因为弯腰的 5 秒钟会使他丧失 1 万美元）？试用学过的贸易理论来解释盖茨先生是否要自己做编写软件和打字的全部工作。

6. 下表列出了加拿大和中国生产 1 单位计算机和 1 单位小麦所需的劳动时间。假定生产计算机和小麦都只用劳动一种生产要素，加拿大的总劳动为 600 小时，中国的总劳动为 800 小时。

	中国	加拿大
计算机	100 小时	60 小时
小麦	4 小时	3 小时

（1）计算不发生贸易时各国生产计算机的机会成本。

（2）哪个国家具有生产计算机的比较优势？哪个国家具有生产小麦的比较优势？

（3）如果给定的世界价格是 1 单位计算机交换 22 单位的小麦，加拿大参与贸易可以从每单位的进口中节省多少劳动时间？中国可以从每单位进口中节省多少劳动时间？如果给定的世界价格是 1 单位计算机交换 24 单位的小麦，加拿大和中国可以从每单位的进口中节省多少劳动时间？

（4）在自由贸易的情况下，各国应生产什么产品？数量是多少？整个世界的福利水平是提高还是降低了？试用图进行分析（以效用水平来衡量福利水平）。

1. 20 世纪 50 年代，荷兰因发现海岸线蕴藏巨量天然气而迅速发展成以出口天然气为主的国家，其他工业逐步萎缩。资源带来的财富使荷兰国内的创新动力萎缩，国内其他部门失去国际竞争力。至 20 世纪 80 年代初，荷兰经历了一场前所未有的经济危机。试运用国际贸易相关理论进行评析。

2. “中国工人每小时的工资为 2.50 美元，如果允许中国无限制地向美国出口，美国工人的工资也会降到这个水平。你不可能只进口 5 美元 1 件的 T 恤，而不进口 2.50 美元的工资率。”请分析这段话。

第三章

当代国际贸易理论

案例导入　意大利瓷砖业的发展

到20世纪90年代，意大利一直是世界屋顶和地面瓷砖的主要生产及出口国，其产量占世界总产量的30%，出口占60%，这源于该国生产工艺的高超。意大利的生产主要集中于北部小城萨索罗周围的爱尼里亚——罗马涅大区。该区有几百家瓷砖生产公司和釉料、瓷漆、瓷砖设备等辅助行业的公司，在世界上的密集度最高。

意大利瓷砖业发达的一个重要原因是该国的地中海式气候，因为瓷砖需要在温暖的天气里慢慢晾干。此外，意大利有使用天然石料的传统，这使得意大利人均瓷砖使用量排全球第一。而第二次世界大战后的重建带来建筑业的繁荣，导致对瓷砖需求旺盛，使得20世纪50—60年代萨索罗地区的生产厂商剧增，在1962年达到102家。

除需求旺盛外，瓷砖企业的生产成本低也是一个原因。瓷砖制造商为争取到零售渠道而激烈竞争。零售商需要成本低、质量高、外观美的瓷砖，这迫使生产企业必须在技术、设计上不断创新模仿，周期有的只有几周。瓷砖业的发展还诱使技术人员离开企业开办自己的加工设备制造企业，如窑炉、抛光机等，此类企业在20世纪80年代中期达到120多家。为赢得生意，它们不断进行创新，以提高设备质量、降低生产成本，从而大大节省了瓷砖生产的能源和人力成本。萨索罗地区辅助设备行业在全球处于领先水平。

20世纪70年代，意大利瓷砖工业日趋成熟，第二次世界大战后的国内需求旺盛期过后，生产出现过剩，于是它们转而开拓国际市场，特别是北美市场。在国际市场上，它们比西班牙和德国的对手生产率更高、成本更低、设计更好，90年代意大利的市场份额是西班牙的2倍。

资料来源：张二震、马野青：《国际贸易学》，2版，南京，南京大学出版社，2009。

第一节　需求相似论

最早对当代工业化国家之间的贸易和产业内贸易现象做出理论解释的是瑞典经济学家林德（S. B. Linder），他在1961年出版的《贸易和转移支付》中提出了需求偏好相似理论。

林德指出，要素禀赋理论只能解释初级产品国际贸易发生的原因，而不能解释制成品国际贸易发生的原因，制成品的贸易应当从需求方面探讨。

一、决定需求的因素

商品价格是由供求两方面所决定的，在同样的生产条件下，商品的相对价格会因需求的不同而不同，本节主要从需求的角度研究产生贸易的可能性。

那么，造成各国对同一商品不同需求的原因是什么？决定需求的因素主要包括以下三个方面：

1. 实际需求

所谓实际需求是指地理气候等环境的差别造成的不同需求。例如，皮毛衣服对于寒冷地区的国家来说是不可缺少的商品，而对于赤道地区气候炎热的国家来说则没有什么必要。

2. 喜爱偏好

对商品的不同喜爱偏好主要是由不同的历史文化、宗教信仰和风俗习惯造成的。例如，中东大部分的国家因为信奉伊斯兰教而不吃猪肉，美国人过圣诞节的时候会购买火鸡。可见，各国消费者喜爱偏好的差异会造成对同一商品的不同需求。不过，与实际需要不同的是，随着各国经济文化的交流，喜爱偏好也会相互影响。随着偏好的转移，对商品的需求也会发生变动。

3. 收入水平

实际上，各国对同一商品的不同需求在很大程度上是因为收入水平不同。中国人对奢侈品的消费量不如美国，不是因为中国人不能开汽车，也不是因为中国人不爱开汽车，而是在中国的收入水平上，很多人还买不起汽车。发达国家对旅游、高档住宅等商品的需求较多，而发展中国家则对粮食等基本谷物的需求较多，这种需求上的差别是由收入水平不同造成的。

二、需求的收入弹性和恩格尔法则

在微观经济学中，针对收入水平对需求的影响已有很多研究。一般来说，当消费者的收入增加或减少时，其对具体商品的需求量也会发生相应变动。在价格不变时，经济学家将人们对收入变动所做出的需求反应称为需求收入弹性，即

$$\eta=\frac{\text{对商品需求变动的百分率}}{\text{收入变动的百分率}}$$

经济学家根据商品需求收入弹性的值，将商品分为奢侈品（$\eta>1$）、必需品（$1>\eta>0$）和劣等品（$\eta<0$）。在对各种商品的需求收入弹性做出估值后，人们便可根据收入差别来说明需求的不同，在说明和预测收入与需求的变动关系上，德国的经济学家恩格尔（Ernst Engel）做出了重要贡献。恩格尔指出，随着人均收入的增长，人们花费在食品上的支出占收入的比重会越来越少，这一论断被称为恩格尔法则。

恩格尔法则在贸易理论中的意义并非局限于分析食品需求，当经济不断增长、人民收入水平不断提高的时候，各国对商品的需求会逐渐从农副产品转移到工业消费品。这不仅

说明了为什么发达国家与发展中国家有着不同的模式需求，也说明了整个世界的贸易为什么会出现从以初级产品为主到以工业产品为主的变动。

三、需求偏好相似论的内容

林德认为，一国经济增长以及人均收入提高会使该国的代表性需求向某种比较昂贵的商品或奢侈品移动。为了满足市场需求，生产者不断扩大生产、改进技术，致使产量增长速度超过需求增长速度，从而使该国有能力向别国出口。可见，林德的基本论点是：一种工业品能否出口要由国内需求来决定。首先，该产品必须是一种在本国消费和投资生产的产品，这样它才有可能成为出口产品。其次，林德探讨了哪些国家之间工业品贸易量最大的问题。此时，林德提出了他的另一个观点，即需求决定了一些新产品的出口市场。这些新产品的出口市场应是能够接纳这些产品的市场。一般来说，一些新产品的成本较高、价格较贵，它的出口市场必须是广大消费者能够接受这些新产品的市场。因此，只有那些消费结构和消费偏好与出口国具有相似性的国家，才能接纳这些新产品，从而产生产业内贸易。那么，什么因素可以影响一个国家的需求结构？林德认为，人均收入水平是影响需求结构的最主要因素。人均收入水平的相似可用来作为需求结构相似的指标。由于工业化国家的人均收入水平比较接近，消费者的偏好相似程度比较高，这为工业制成品贸易和产业内贸易提供了广阔的市场基础。这就是为什么第二次世界大战后工业化国家之间的制成品贸易在国际贸易中所占的比例越来越高的原因。

下面利用图 3—1 对林德的理论进行直观说明。如图所示，横轴表示人均收入，纵轴表示产品档次，*OP* 表示了产品档次与人均收入的一般关系——人均收入水平越高，人们所需要的产品质量档次越高。低收入水平的 A 国，其人均收入为 Y_a，其所消费的商品质量档次处于 *aa* 线范围之内；同样，高收入水平的 B 国的消费档次则处于较高的 *bb* 线之内，由于两国收入分配的完全不均等性，因而两国的需求出现重叠，重叠度可以用 Q_1Q_2 之间的距离来表示。两国将在此范围内进行贸易，这就是两国开展产业内贸易的基础。

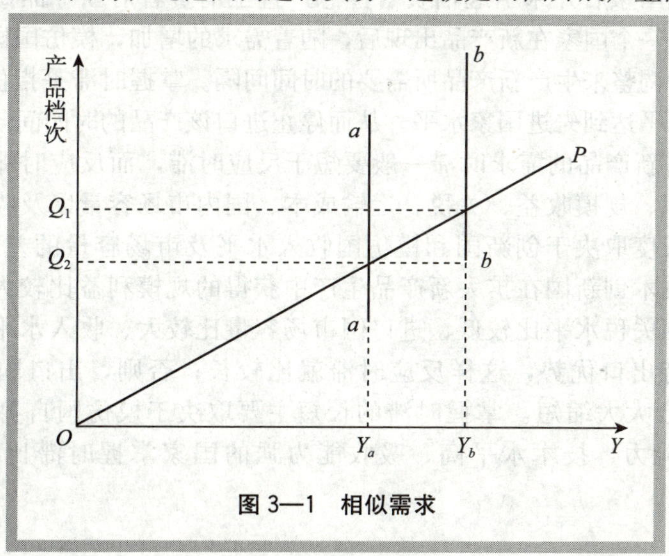

图 3—1　相似需求

四、需求偏好相似论的意义和评价

需求偏好相似论从需求的角度阐述了产业内贸易发展的原因，因而是对比较利益说的一个补充；林德的需求偏好相似论对于解释第二次世界大战以后迅速发展的发达国家之间的贸易做出了贡献。

当然，需求偏好相似论的不足为：一是一国的国内生产首先是满足国内市场需求这样的假设受到当代理论界的挑战。二是国内消费结构与国内产业结构之间的密切联系随着经济全球化以及国内市场的开放而弱化。林德的理论观点意味着一个国家进口商品和出口商品往往具有许多共同特征，但在要素禀赋相似的情况下，产品的差异仍会反映在占主导地位的产业内贸易中。

第二节　技术差距论

技术差距论（technological cap theory）由美国经济学家波斯纳（M. Posner）在 1961 的《牛津经济论丛》上发表的一篇名为《国际贸易与技术进步》的文章中首次提出。

技术差距论以科学发明、技术创新的推广过程来解释国际贸易的发生和发展。技术差距论认为，新产品总是在工业发达国家最早产生，然后进入世界市场。此时，虽然其他国家想对新产品进行模仿，但由于它们与先进国家之间存在着技术差距，需要经过一段时间的努力才能实现。因此，先进国家可以在一段时间内垄断这一产品，并在国际贸易中获得比较利益。但是，随着新技术向国外转移，其他国家开始模仿生产并不断加以扩大，导致创新国的比较优势逐渐丧失、出口下降，甚至可能从其他国家进口该产品。

波斯纳将从新技术产生到技术差距引起的国际贸易终止之间的时间间隔称为模仿滞后时期。模仿滞后时期又包括三个阶段：需求时滞、反应时滞和掌握时滞。需求时滞是指从新产品出口到其他国家后并未引起消费者注意，直至消费者对新产品做出购买反应的时期。反应时滞是指一个国家在新产品出现后，随着需求的增加，模仿国国内生产厂商对原有的生产方法进行调整来生产新产品所需要的时间间隔。掌握时滞是指仿制国从开始生产新产品到其技术水平达到先进国家水平，从而停止进口该产品的时间间隔。

波斯纳认为，新产品的需求时滞一般要短于反应时滞，而反应时滞的长度主要取决于厂商的决策意识、规模收益、关税、运输成本、国内市场容量以及收入水平高低等因素。需求时滞的长度取决于创新国和模仿国收入水平及市场容量的差距——差距越小、长度越短。如果技术创新国在扩大新产品生产中获得的规模利益比较大、产品的运输成本比较低、进口国关税水平比较低、进口国市场容量比较大、收入水平比较高，则出口国就能长时期保持出口优势，这样反应时滞就比较长；否则，出口国的优势就较易打破，反应时滞就会大大缩短。掌握时滞的长短主要取决于模仿国自身的技术基础和吸收消化新技术的能力，技术水平高、吸收能力强的国家掌握时滞比较短，如图 3—2 所示。

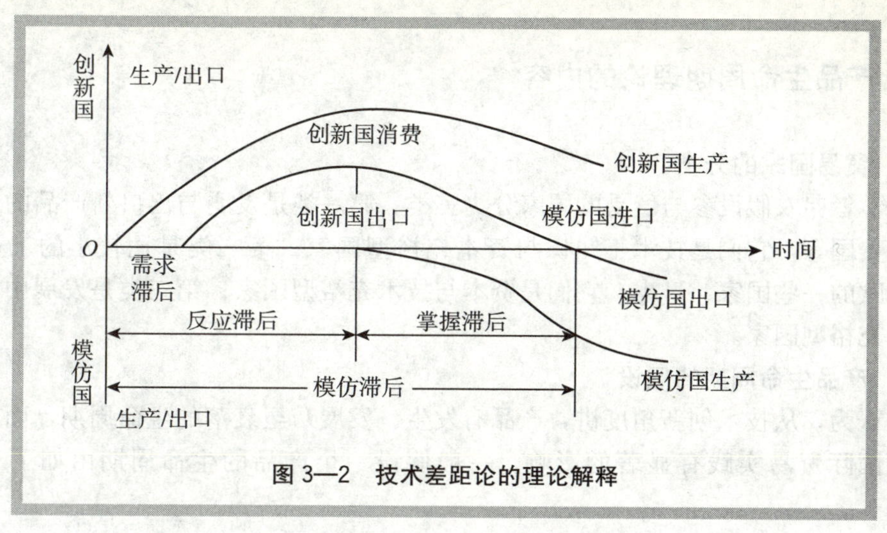

图 3—2　技术差距论的理论解释

1963 年，道格拉斯（Gordon Douglas）运用模仿时滞的概念，解释了美国电影业的出口模式，即一旦某个国家在给定产品上处于技术领先的优势，该国将在相关产品上继续保持这种技术领先的优势。1966 年，赫夫鲍尔（G. C. Hufbauer）利用模仿时滞的概念解释了合成材料产业的贸易模式，即一个国家在合成材料出口市场的份额可以用该国的模仿时滞和市场规模来解释。当他按照各国的模仿时滞对国家进行排序时发现，模仿时滞短的国家最新引进新合成材料技术，并开始向生产和模仿时滞长的国家出口。随着技术的传播，模仿时滞长的国家也逐步开始生产这种合成材料，并逐步取代模仿时滞短的国家的出口地位。对技术差距理论的经验研究支持了技术差距论的观点，即技术差距是解释国家贸易模式的最重要因素。

第三节　产品生命周期理论

在现代国际贸易中，伴随着知识密集型产品贸易量不断上升的另一个现象是：作为技术创新产物的知识密集型产品均是在以美国为代表的西方发达国家里创造发明的，而且随着产品标准化程度的提高，该产品的生产与出口逐渐由原发明国转向其他国家。人们不禁要问，形成这一贸易现象的原因究竟是什么？美国经济学家弗农（Venlon）在 1966 年出版的《产品生命周期中的国际投资与国际贸易》（The International Investment and International Trade in the Product Cycle）中提出了产品生命周期理论，试图用产品生命周期假说对上述现象进行解释。人们将弗农提出的这一理论称为产品生命周期理论（the theory of the product life cycle）。

一种新产品从其诞生开始，经过发展到衰退，乃至被替代，是该产品的生命周期。产品生命周期就是指产品要经历投入、成长、成熟和衰退等时期。国际贸易的产品生命周期是将周期理论与国际贸易理论相结合，从动态角度分析国际贸易的产生和利益。

一、产品生命周期理论的内容

(一) 贸易国家的分类

美国学者弗农假设参与贸易的国家分为三类：第一类是发明与出口新产品的工业发达国家，如美国等，它们是技术、知识与资本充裕型国家；第二类是比较小的工业发达国家，如西欧的一些国家、日本，它们是资本与技术充裕型国家；第三类是发展中国家，它们是劳动充裕型国家。

(二) 产品生命周期的假设

弗农认为，从技术创新角度讲，产品有发生、发展乃至衰落的生命周期，而且这种生命周期对国际贸易实践有显著的影响。一般假设一个产品的生命周期由如下三个阶段构成：

1. 新产品导入期

新产品导入期（the phase of the introduction）是指新产品被技术领先国发明并在国内市场批量生产与销售的时期。

一个新产品被技术领先国发明并销售的理由是：从供给角度讲，新产品在发明时属于知识与技术密集型产品，它要求有较高的研究与开发能力。在发达国家，良好的教育条件与雄厚的科技力量可以为企业提供鼓励发明的税收结构与产权制度，这些为产品的研究与开发提供了宽松的外部环境。此外，创新企业家对新机会的把握与利用能力，取决于其与市场沟通的难度。由于企业将新产品投入本国市场，这将使企业家能及时把握消费者的消费评价，从而积极调整产品的设计、改进产品的质量，使新产品尽早走向成熟。从需求角度讲，只有发明国的国内消费者才有能力购买该产品。因为新产品最初投入市场时，其需求的价格弹性较低、收入弹性较高，属于高档产品或奢侈产品，需要高收入的消费者来购买，而作为技术领先、收入丰厚的产品发明国，最具备高新产品的社会购买力。

新产品在导入期属于知识密集型产品，成本条件对产品的制造起决定作用，而生产区位因素则居次要地位。

2. 产品的成熟期

新产品获得了稳定的国内市场支持，达到了一定程度的标准化，产品进入资本密集型阶段并由厂商逐渐出口到国外市场时，产品便进入了成熟期（the phase of the maturation）。在这个时期，厂商开始寻求服务外国消费者的最好途径：一方面，它继续在本国生产新产品，并出口给外国消费者；另一方面，它向外国生产者出售生产许可证，或在外国设立分厂生产并销售新产品。在弗农看来，因国际专利技术交易市场是不完善的，采用许可证贸易较为无效，而采用跨国公司的直接投资则较为有效，即当单位产品中国内出口生产的边际成本加上运输成本和关税的总额超过国外子公司的边际生产成本时，新产品的发明国将选择跨国公司直接投资的方式，而发达国家是首选的国家。随着分公司的设立，发明国对发达国家的直接出口下降乃至消失，但它仍对发展中国家保持出口。

3. 产品高级标准化阶段

当新产品作为一种成熟型产品——由资本密集型产品变为劳动密集型产品时，该产品进入生命周期的第三个阶段，即高级标准化阶段（the phase of the advanced standardization）。由于在该阶段，产品的品质差异度逐渐消失，致使发明国初始的比较优势减弱，乃至消失。此时，生产成本的大小对企业的盈利能力有很大的影响。因此，产品在标准化初期将由资本充裕型国家生产并出口，在标准化晚期则细分为两个阶段：第一，技术扩散期，即从西欧、日本等工业国家出口该产品起到欠发达国家出口该产品时止。第二，技术停止期，即从欠发达国家出口该产品以后的阶段，见表 3—1。

表 3—1　　产品生命周期不同阶段的区别

市场周期	导入期	成熟期	标准化阶段
技术周期	研制开发期	技术转移	标准化
产品特点	未定型新产品、价高	多样化、多品种、价格不断降低	定型产品无开发价值、价低利小
要素特点	技术、资本密集型	资本密集型	劳动密集型
贸易规律	本国高收入阶层消费，少量出口	次发达国家进口、模仿，跨国公司	落后国家进口产品、进口技术设备，反出口
贸易国家指向	美国垄断出口	美国与欧、日激烈的市场争夺	发展中国家反出口到发达国家

二、产品生命周期理论的图示

从创新国与模仿国的角度，将产品生命周期划分为五个阶段（见图 3—3）：第一阶段为 $t_0 \rightarrow t_1$，即新产品阶段。在这一阶段，由于新产品刚刚问世，人们对其还没有足够的了解和认识，仅仅在创新国生产和消费，所以既无出口也无进口。第二阶段为 $t_1 \rightarrow t_3$，即产品成长阶段。在这一阶段，创新国对新产品进行了改进，使产量迅速提高。此时，国外还不能生产这种产品，故创新国在国内外市场都拥有垄断地位。在这一阶段，将有一定量的新产品出口到国外，主要是其他一些发达国家。第三阶段为 $t_3 \rightarrow t_4$，即产品成熟阶段。新产品在创新国已经标准化，创新厂商开始授权外国厂商生产这种产品。第四阶段为 $t_4 \rightarrow t_5$，其他发达国家参与新产品的出口市场竞争。模仿国不仅为本国消费者生产，而且出口产品，并且成为该产品的主要出口国。第五阶段为 t_5 以后，美国成为该产品的进口国。由于外国的技术水平与美国的技术水平逐渐接近，同时外国的工资水平仍低于美国，因此该产品在其他一些发达国家生产和出口，而美国逐渐成为该产品的净进口国。此外，由于技术日益陈旧，技术的转让费用越来越低，技术逐渐在发展中国家扩散。一些发展中国家开始引进该产品的技术进行生产和出口。最后，由于该产品的技术陈旧、生产过程也都简单化了，因而发展中国家成为其主要的生产和出口国。

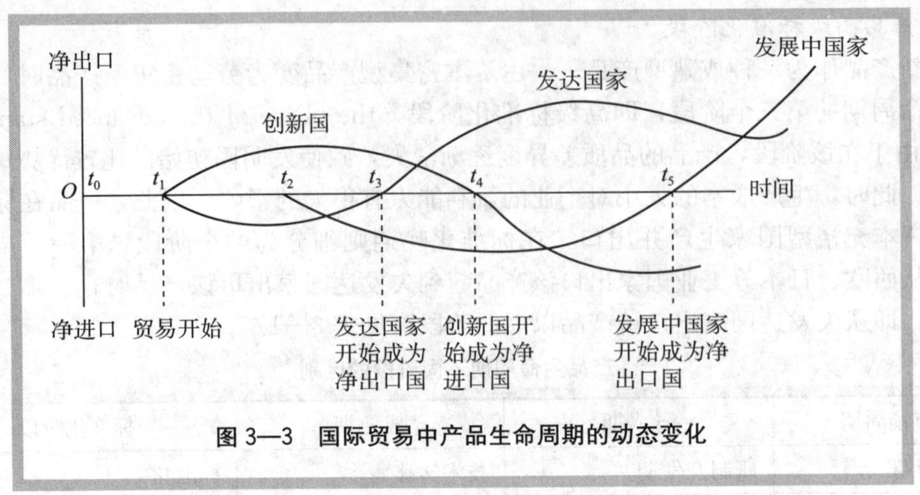

图 3—3　国际贸易中产品生命周期的动态变化

第四节　产业内贸易理论

一、产业内贸易的概念和特点

所谓的产业内贸易（intra-industry trade），也称部门内贸易，是指一国同时存在进口和出口同类产品的贸易活动，或者说贸易两国彼此买卖同一部门所生产的产品。它是相对于产业间贸易而言的。产业间贸易是指一国进口的产品属于不同的生产部门。美国和日本相互进口对方的电脑就属于产业内贸易，而美国进口日本汽车、日本进口美国的钢铁则属于产业间贸易。当今世界，这两种类型的贸易均有发生。

通过与产业间贸易模式的比较，我们可以发现产业内贸易模式具有以下几个特点：

（1）根据传统贸易理论，产业间贸易是建立在国家之间要素禀赋差异或者生产技术差异基础上的。产业内贸易理论认为产品的异质性和规模经济是产生产业内贸易的基础，因此国家间的要素禀赋或生产技术差异越大，产业间贸易的机会就越大；国家之间的要素禀赋和技术水平越相似，经济发展水平越接近，产业内贸易发生的可能性就越大。产业间贸易反映的是自然形成的比较优势，而产业内贸易反映的是获得可能的比较优势。

（2）产业间贸易的流向可以凭借贸易前同种商品的价格差来确定，而产业内贸易的模式则不可以简单地凭贸易前同种商品的价格差来确定。因为在产业内贸易发生之前，价格是由于规模不同造成的，一个大国可能由于国内市场容量大而生产成本较低。然而，发生产业内贸易后，各国都以世界市场作为自己的市场，无论是大国还是小国，所有国家利用规模经济降低成本的机会是相同的，所以很难事先预测哪个国家将生产哪一种产品。

（3）按照要素禀赋理论，产业间贸易会提高本国丰裕要素的报酬、降低本国稀缺要素的报酬，而产业内贸易是以规模经济为基础的，所有的要素都可能从中受益。这可以用来解释欧盟的形成和第二次世界大战后制成品的贸易开放都没有遭到利益集团的阻挠，而发达国家向新兴发展中国家的开放却受到了来自劳工力量的强烈反对。其主要原因是后一种贸易模式是产业间贸易而不是产业内贸易，这会引起工业化国家某些产业的完全崩溃和大批劳动者的失业。

(4) 产业间贸易是由各国要素禀赋之间存在的差异引起的，要素的流动在一定程度上是贸易的一种替代品。但是，在一个以产业间贸易为主的世界里，要素流动带来了作为产业内贸易载体的跨国公司的兴起，从这一点上看，产业内贸易与要素流动之间存在着一定的互补关系。

二、产业内贸易程度的测定

产业内贸易的计量方法有很多种，但经济学家最常使用的是格鲁贝尔与劳埃德的计量法。这种方法是 1975 年由格鲁贝尔与劳埃德通过对产业内贸易进行探索后提出的。我们通常使用产业内贸易指数（index of intra-industry trade，*IIT*）来测度产业内贸易程度，根据格鲁贝尔与劳埃德计量法，该指数的计算公式为：

$$IIT=1-\frac{|X-M|}{|X+M|}$$

式中，X 为某产业产品的出口量；M 为某产业产品的进口量。

IIT 的值介于 0 和 1 之间，其数值的大小反映了产业贸易程度的高低。当 $IIT=0$ 时，有 $M=0$，$X\neq 0$ 或 $X=0$，$M\neq 0$，说明该产业产品的贸易完全是产业间贸易。当 $IIT=1$ 时，有 $X=M$，说明某种产业产品的进出口量完全相等，此时的贸易完全是产业内贸易。

应当指出的是，产业部门的划分不同，计算出的产业内贸易程度也是不同的。一般来说，产业部门的划分越细致，产业内贸易指数一般越小，而产业部门的划分越粗略，计算出的产业内贸易指数就越大。

三、产业内贸易理论的发展

产业内贸易理论是自 20 世纪 60 年代以来从西方国际贸易理论中产生和发展起来的一种解释国际贸易分工格局的新理论，其发展可以分为两个阶段：

(1) 20 世纪 70 年代中期以前的经验分析。在这个时期，经济学家佛丹恩（Verdoorn）、迈凯利（Michaely）、巴拉萨（Balassa）和小岛清（Kojima）等对产业内贸易做了大量的经验性研究。1960 年，佛丹恩对比荷、比、卢经济同盟的集团内贸易格局变化的统计分析表明：与集团内贸易相关的生产专业化形成于同种贸易类型之内，而不是在异种贸易类型之间，而且交易的产品具有很大的异质性。1962 年，迈凯利计算了 36 个国家五大类商品的进出口差异指数后指出：高收入国家的进出口呈现出明显的相似性，而大多数发展中国家则相反。巴拉萨对原欧共体贸易商品结构的研究结果表明，欧共体制成品贸易的增长大部分是产业内贸易。小岛清对发达国家间贸易格局的研究发现：高度发达的、类似的工业国之间横向制成品贸易增长迅速，并且认为产业内贸易现象背后应该也隐含着新的原理。

(2) 自 20 世纪 70 年代中期以来，在上述经验性研究的基础上，以林德、波斯纳、弗农、格鲁贝尔、劳埃德、戴维斯、克鲁格曼、兰卡斯特等人为代表的一大批经济学家对产业内贸易进行了理论性研究。在此阶段提出的需求偏好理论、产品生命周期理论以及克鲁格曼等人的新理论都成为了解释产业内贸易的经典理论。在对产业内贸易的理论性研究不断深入的同时，对产业内贸易的经验性研究也步步深入。这一阶段的经验性研究已从20世纪70年代中期以前主要研究地区经济集团形成而导致的专业化格局变化转向主要研究产业内贸易的程度和趋势，以及产业内贸易在不同类型国家、不同产业中的发展状况及原因。

四、产业内贸易的理论解释

产业内贸易形成的原因及主要制约因素的涉及面比较广，经济学家主要是从以下几个方面进行说明。

（一）同类产品的异质性

同质产品或异质产品，也称相同产品或差异产品。同质产品或相同产品是指产品间可以完全相互替代，也就是这些产品有很高的需求交叉弹性，消费者对这些产品的消费偏好完全一样。通常说来，这些产品的贸易形式都属于产业间贸易，但在下列几种情况下会发生产业内贸易：一是两国边境的交叉型产业内贸易；二是季节性贸易；三是大量的转口贸易；四是倾销；五是跨国公司的内部贸易。

产品的异质性与产品的同质性相对应，是指产品间不能完全替代，但要素投入具有相似性。大多数产业内贸易的产品都属于差异产品。差异产品可以分成三种：水平差异产品、技术差异产品和垂直差异产品。不同类型的差异产品引起产业内贸易的动因也不相同，可以分为水平差异、技术差异、垂直差异。

（1）水平差异。水平差异是指由同类产品的相同属性进行不同组合而产生的差异。

（2）技术差异。技术差异是指由于技术水平提高所带来的差异，也就是新产品的出现带来的差异。

（3）垂直差异。垂直差异就是产品在质量上的差异，汽车行业中普遍存在这种差异。

产品的差异化程度与产业内贸易之间有着紧密联系。在每一个产业部门内部，由于产品的外在特征、品牌、包装、质量、性能、规格、牌号、设计等方面的不同，每种产品在其中一个或几个方面的差异都会导致产品差异的形成。受财力、物力、人力市场等要素的制约，任何一个国家都不可能在具有比较优势的部门生产所有的差别化产品，必须有所取舍，并专注于某些差别化产品的专业生产，以获取规模经济利益。因此，每一产业内部的系列产品常产自不同的国家。而消费者需求的多样化造成了市场需求的多样化，使各国对同种产品的不同类型产生了一定的需求，从而产生了产业内贸易。例如欧共体（现欧盟）建立以后，其内部贸易迅速扩大，各厂商得以专业化生产少数几种差异化产品，使单位成本大大下降，成员国之间的差异产品交换随之大量增加。与产业内差异产品贸易有关的是中间投入品贸易的增长。为了降低成本，一种产品的不同部分往往需要在成本最低的国家或地区进行生产，从而充分利用各国的比较优势，进而达到生产成本的最小化。

（二）规模经济

发生产业内贸易的另一个原因是为了获取规模经济，规模经济效应导致生产成本的降低，这成为比较优势的一个重要来源，而规模生产形成的经济性也成为促进产业内贸易发展的重要因素。由于国际上企业之间的竞争非常激烈，为了降低成本、获得规模经济，工业化国家的企业会选择某些产业中的一种或几种产品，而不是全部产品。国家间的要素禀赋越相似，越可能生产更多类型的产品，因而它们之间的产业内贸易量将越大。

没有规模就没有效益。假定生产 1 辆自行车投入的劳动为 10 小时，当生产扩大到 500 辆自行车时，投入的劳动为 3 000 小时，即每辆自行车投入 6 小时；当生产扩大到 5 万辆自行车时，投入的劳动为 15 万小时，即每辆自行车 3 小时。由此可见，随着企业规模的扩大，产出的增加超过投入的增加，致使单位产品的成本下降、收益递增。正是有了规模经济优势，美国的波音公司和欧洲的空中客车两家公司才控制了全球商用飞机的生产。

目前，世界各国形成产业规模的现象十分普遍。值得注意的是，规模并非越大越好，如果不顾客观条件的限制，主观上一味追求规模经济，其结果只能是规模不经济。规模不经济是当规模扩大到一定程度时再继续扩大规模，其产量的增加低于投入的增加，致使单位产品的成本上升、收益下降。

（三）经济发展水平

经济发展水平反映了一国的收入水平和最终的消费水平：收入水平越高，消费者对差异化产品的需求越大，产业内贸易产生的基础越牢固。经济发展水平还与产业结构密切相关。一般来说，经济发展水平越高的国家，工业制成品所占的比重越大，所以工业制成品中产业内贸易的比重是很高的，这类国家的产业内贸易也活跃。经济发展水平越高，产业内异质性产品的生产规模越大，产业部门的内部分工就越发达，从而形成异质性产品的供给市场。

五、对产业内贸易理论的评价

产业内贸易有三点值得注意：

首先，产业内贸易可能并不是比较利益的反映。参加产业内贸易的两个国家可能生产率同样高，它们之所以能够进行贸易，是因为差异产品生产的规模经济使两国分别专门生产同类产品的某一品种，而各国消费者对差异产品的追求或偏好促成了交易的形成。

其次，产业内贸易使贸易参加国获得了两方面的利益：一是规模经济导致的低成本和产品的低价格；二是消费者享受了差异产品。根据西方经济学的基本原理，消费者产品选择性的增加也会提高其满足程度。

最后，产业内贸易的结构形式很难确定，它产生于两个方面的不确定性：一方面，很难确定哪个国家在产品的生产中会首先达到规模经济；另一方面，很难确定哪个国家专门生产哪个品种的产品，这取决于多方面的条件。

产业内贸易理论是对传统贸易理论的批判。如果产业内贸易的利益能够长期存在，那么其他的厂商就不能自由进入这一行业，这就说明了不存在自由竞争的市场。另外，产业内贸易理论强调了同时考察供给和需求两方面。这种理论还认为，产业内贸易的利益来源于规模经济的利益。这种分析比较符合实际。产业内贸易理论是对比较优势学说的补充，它揭示了李嘉图的比较优势学说和传统的赫克歇尔-俄林模型用于解释初级产品和标准化产品的合理性，但这种理论仍是用一种静态的观点进行分析，这也是它的不足之处。

第五节　规模报酬递增理论

规模报酬递增理论（theory of increasing returns to scale）由克鲁格曼与赫尔普曼在合著的《市场结构与对外贸易》（1985）一书中提出，其论点为：规模报酬递增也是国际贸易的基础，当某产品的生产发生规模报酬递增时，随着生产规模的扩大，由单位产品的成本递减而取得成本优势，因此导致专业化生产并出口这一产品。

一、国际贸易中的不完全竞争

我们知道，无论是古典经济理论还是新古典经济理论，在分析国际贸易时都假定产品市场是完全竞争的。根据微观经济学理论，完全竞争的商品市场有两个重要特征：一是商品的同质性，即各厂商生产的商品都是一样的。二是单个厂商在市场中的微弱地位。由于市场上有很多厂商都生产同样的产品，而且每个厂商的市场占有率都微乎其微，因此单个厂商面对的都是一条水平的需求曲线，它们都是市场价格的接受者。但是，纵观第二次世界大战后经济的发展状况，我们不难发现，国际贸易的现实与完全竞争的假设已经越来越远了。

首先，我们来看各行业的商品结构。一般来说，初级产业中的产品基本是同质的。例如矿产品、农产品等，它们虽有差别，但对消费者来说，其基本效用是差不多的。一个国家在出口小麦时一般不会进口小麦，因为本国与外国的小麦之间具有完全的替代性，所以初级产品之间的贸易通常是行业间贸易。

但是，从产品来看，大多数产品则是同类不同质，经济学家称之为差异产品。差异产品是指产品具有基本相同的功能，但有差异。例如，虽然日本的丰田汽车、美国的通用汽车都属于汽车这一类，但在性能、品牌选型等方面无法代替，所以消费者把它们看作不同的产品。

其次，我们再来看各国产品生产者的规模及其对市场的影响力。如果我们对各国经济略加研究就可看到，现在生产和出口商品都不是什么小企业，也不存在很多企业，尤其是在国际贸易中占有重要地位的汽车、家电、钢铁等行业。

由此可见，古典与新古典贸易理论之所以无法解释当代国际贸易中的许多现象，原因之一是有关完全竞争的假设。当代国际贸易理论是在不完全竞争的基础上研究国际贸易。

二、规模报酬递增理论的内容

不完全竞争市场有两个典型的特征：市场中的产品不是同质产品；市场中的厂商或多或少都有一定的垄断力。

规模报酬递增是指随着厂商生产规模的扩大、产量的增加，产品的平均成本下降，厂商因生产规模扩大而获得额外的报酬。规模报酬递增也称规模经济。但是，生产规模不可能无限扩大，当规模报酬达到最大后，单位成本就会随着产量的增加而提高。由于垄断的存在，厂商就能运用自己的垄断力来扩大产量，获得规模报酬。

规模经济有内部规模经济（internal economies of scale）和外部规模经济（external

economies of scale）之分。内部规模经济是指企业由于自身规模的扩大而产生的产品平均成本下降。由于企业生产规模的扩大引起产量增加，所以每个产品所分担的固定成本反而会下降。我们知道，许多固定成本都具有不可分性，它不会因为产量的高低而发生变化，如研发支出、管理成本、广告支出等。因此，在固定成本一定的条件下，产量越高，产品的平均固定成本就越低。

外部规模经济是因为行业规模扩大而导致个别厂商生产成本的降低。外部规模经济是实现内在规模经济的条件，它源于经济的外部性，一般发生在具有很强同质性的行业中。美国的“硅谷”、北京的中关村都是很好地发挥了外部规模经济的实例。无论是哪一种规模经济，厂商都可以降低成本，从而取得价格上的优势。

把规模报酬递增理论成功引入国际贸易的理论研究中是经济学家克鲁格曼和赫尔普曼等人的贡献，规模报酬理论放弃了传统贸易理论中对于市场完全竞争和规模报酬不变的假设，这不仅使国际贸易理论更加贴近现实，而且更好地解释了国际贸易模式的变化，也为传统贸易理论与产业内贸易理论的相互衔接提供了纽带。

三、坎姆模型：规模经济和同类国家之间的贸易

说明外部经济导致国际贸易，从而解释“北北贸易”的一个模型是由经济学家默瑞·坎姆在 1964 年提出的。我们可以用坎姆模型来说明两个技术相同、资源禀赋相同甚至需求相同的国家为什么会进行贸易。在此，两国贸易的基础是由规模经济带来的成本差异。为了证明规模经济怎样引起国际贸易，我们假设有两个国家——美国和日本，生产两种产品——电脑和照相机，并假定生产这两种产品的行业都具有外部规模经济。随着行业规模的扩大和生产量的增加，单位产品的成本下降。

为了集中说明规模经济与贸易的关系，我们假设美、日两国的生产技术、资源禀赋和需求偏好都相同，因此两国的生产可能性边界和社会无差异曲线（*CIC*）也完全相同。我们可以用图 3—4 来代表两个国家。

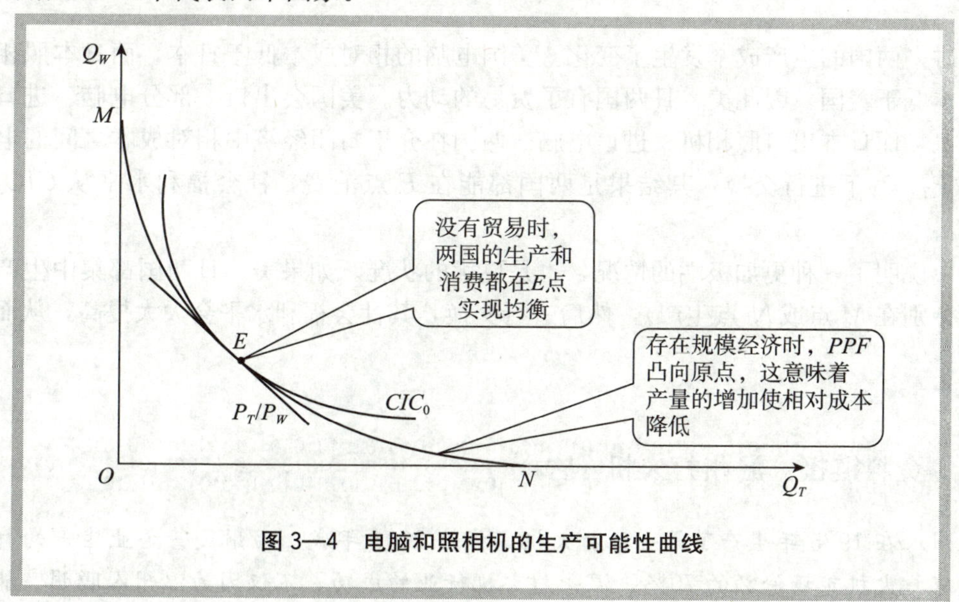

图 3—4　电脑和照相机的生产可能性曲线

在没有贸易的情况下，任何一国都必须根据本国的生产能力和消费偏好来决定这两种产品的产量。在图 3—4 中，我们假设这一点为 E 点。在 E 点，两个国家都生产和消费一定量的电脑和照相机。此时，社会福利水平为 CIC_0。

由于两国产品的相对价格、生产量和消费量都一模一样，在比较优势理论中，两国不会发生贸易。现在，我们假设美国的生产发展迅速，有更多的人从事生产。在图 3—5 中，其生产点从 E 点移到了 I 点，由于规模经济，在 I 点，电脑的相对成本下降而照相机的相对成本上升。另外，假设日本的照相机生产扩大，生产点从 E 点移到了 C 点，则日本照相机的相对成本下降而电脑的相对成本上升。

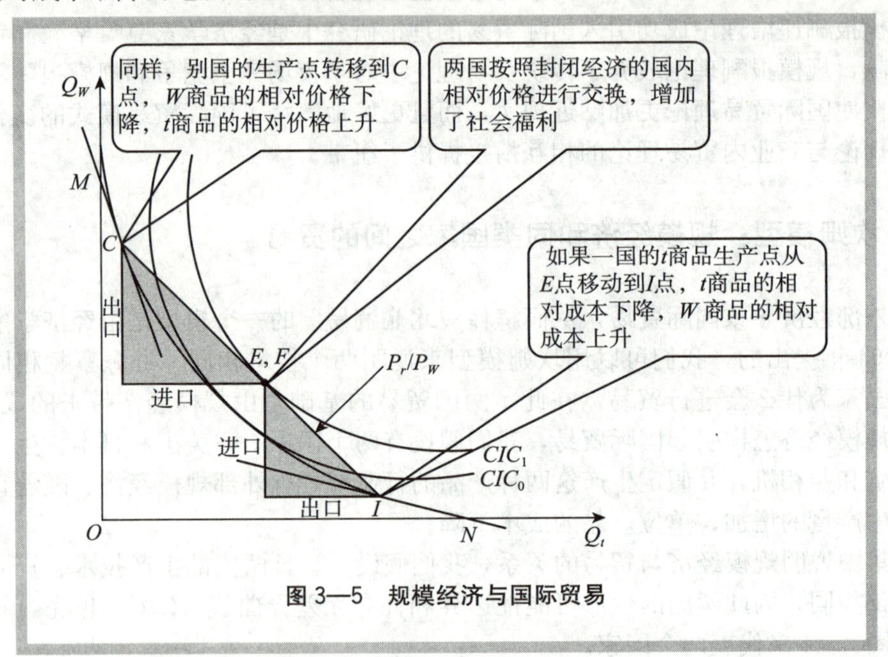

图 3—5　规模经济与国际贸易

此时，两国的生产成本发生了变化。美国电脑的相对成本低于日本，而日本照相机的相对成本低于美国，因此美、日两国有了贸易的动力。美国会出口一部分电脑、进口一部分照相机，而日本出口照相机、进口电脑。两国在介于封闭经济中相对成本之间的电脑相对价格 P_T/P_W 下进行交换，其结果是两国都能在 F 点消费，社会福利水平从 CIC_0 增加到 CIC_1。

图中说明了一种更加极端的情况，也是更优的状况。如果美、日两国都集中生产一种产品（分别在 M 点或 N 点生产），然后进行交换，其社会福利水平会大大提高，从而达到最优。

资料链接：温州打火机

温州人在 1985 年生产了第一批打火机，截至 2006 年底，温州民营企业生产的打火机占了全球打火机市场份额的 70%。温州打火机行业的成功，不仅因为温州人聪明、能吃苦耐劳，也不仅因为温州的劳动力价格低廉，而是因为温州特有的社会化大分工的生产环境，使温州形成了良好的规模生产格局，这大大降低了生产成本。

温州市出入境检验检疫局技术中心的打火机实验室出具的打火机出口检测报告在2007年5月得到了欧盟的认可，这意味着温州打火机拿到了出口欧盟的正式通行证。

——引自CCTV经济信息联播。

第六节　国家竞争优势理论

国家竞争优势理论从企业参与国际竞争这个微观角度来解释国际贸易现象，在资源禀赋论和产品生命周期论的基础上，波特试图对国家的作用赋予新的生命力，提出了国家具有竞争优势的观点，正好弥补了比较优势理论的不足。

一、国家竞争优势及其决定因素

一个国家，特别是其产业，为什么能在国际竞争中获得胜利？事实上，一国在国际贸易中的竞争力取决于生产力发展水平。出口成本低的国家、有大量贸易顺差的国家以及在世界出口贸易总额中比重不断上升的国家，都不一定有很强的竞争力。有的国家实行货币贬值，从而暂时扩大了出口；有的国家被动地采取低成本、低价出口方式，这些都不能说竞争力很强。中国的出口贸易额自20世纪90年代以来增长较快，但出口商品的竞争力并不强，而日本的贸易顺差是靠竞争力强赢得的。因此，一国的竞争优势实质上是生产力发展水平上的优势。

波特认为，应该从每个国家都有的四项环境因素中去寻找答案，这些单一或系统性的环境因素都关系到企业的产生与竞争模式。例如，企业能否拥有资源和技术，以便在产业中形成竞争优势；能否取得相关信息，以捕获商机和趋势，并妥善运用本身的资源和技术；能否建立管理者、经营者、员工的共同目标，并促使员工发挥竞争力。这些因素可能会加强本国企业的国际竞争优势，也可能会造成企业发展停滞不前。这四种因素如下：

（1）生产要素。一个国家在特定产业竞争中有关生产力方面的表现。

（2）需求条件。本国市场对该产业所提供的产品或服务的需求如何。

（3）相关产业和支持产业。这些产业的相关产业和上游产业是否具有国际竞争力。

（4）企业的战略、结构和竞争对手。企业在一个国家的基础、组织和管理形态以及国内市场竞争对手的表现。

以上四种因素互相影响，构成了所谓的“钻石”模型，见图3—6。由上述四项关键要素形成的“钻石体系”，关系到一个国家的产业或产业环节能否成功，但这并不意味着只要是属于该国的企业都能成功。事实上，即使在最有活力的国家环境中，资源和技术也不是平均分配使用，部分企业的失败是必然的。然而，一旦企业能够在一国之内脱颖而出，它必然也会成为国际竞争中的赢家。

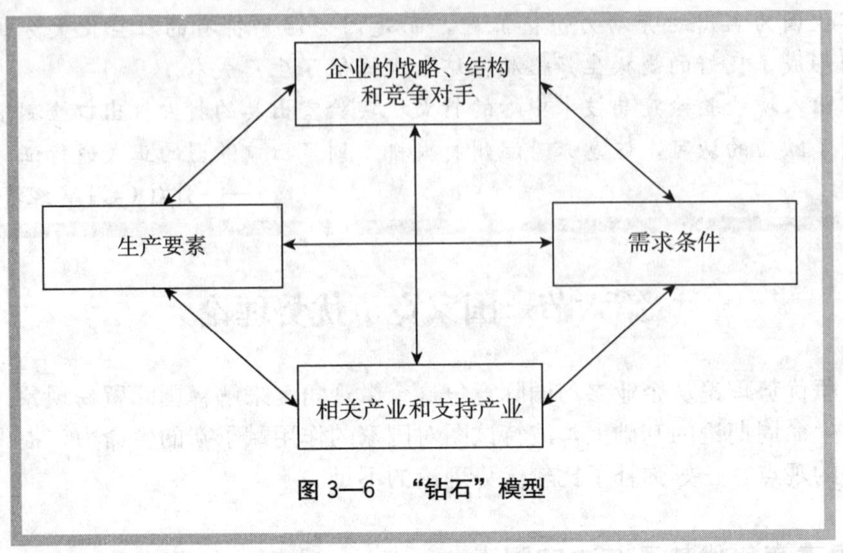

图 3—6 “钻石”模型

“钻石体系”也是一个双向强化的系统，其中任何一项因素的效果必然会影响到另一项因素的状况。以需求条件为例，除非竞争情形十分激烈，可以刺激企业有些反应，否则再有利的需求条件并不必然形成它的竞争优势。当企业获得“钻石体系”中任何一项因素的优势时，也会帮助它创造或提升在其他因素上的优势。

对于高度依赖天然资源或技术层次较低的产业而言，可能只需具备“钻石体系”中的两项因素就能得到竞争优势。但问题是，这样的优势通常会因为产业的快速变化或其他国际竞争者的先发制人而无法持久。即使是由知识密集产业构成骨干的先进经济实体，也必须先融合“钻石体系”内部的各项因素，才能保有其竞争力。拥有“钻石体系”中的每一项优势，并不等于拥有了国际竞争优势。企业要将这些因素交错运用，形成自身不断强化的优势，才是国外竞争对手无法模仿或摧毁的。

在国家环境与企业竞争力关系上，还有“机会”和“政府”两个变数。产业发展的机会通常要等基础发明、技术、战争、政治发展、国外市场需求等方面出现重大变革与突破。因此，“机会”通常非企业或政府所能控制。这些“机会”因素调整产业结构，提供一国企业超越另一国企业的机会，因此机会条件对许多产业竞争优势消亡的影响力不容忽视。

构成整个竞争力拼图的最后一片是政府，即各层次的政府部门在这方面的影响力。最容易看到的就是政策对“钻石体系”造成的作用，如反托拉斯法有助于国内竞争对手的崛起、法规可能改变国内市场的需求情形、教育发展可以改变生产要素、政府的保护收购可能刺激相关产业的兴起等。漠视经济政策对国家优势的影响，正如过度夸大或过度贬抑国家与企业的关系，都是不切实际的。竞争力与国家繁荣并不是一个零和博弈，许多国家既提高了生产率又增加了国家财富。但是，如果措施不当，一国的财富很难维持。如果一国由于不当的政策、投资不足或者其他原因而不能确保生产率的改进，则本国的工资和国民收入就很难保持，更难继续增长。

在现代经济条件下，繁荣是一国自己的选择，竞争力的大小也不再由先天继承的天然条件所决定。如果一国选择了有利于生产率增长的政策、法律和制度，如升级本国国民的能力、对各种专业化的基础设施进行投资、使商业运行更有效率等，那么它就选择了繁荣。与此相反，如果一国允许破坏生产力的政策存在，或者技能培训仅为少数人服务，或者仅靠家庭背景或者政府的妥协才能成功，则该国就限制了本国财富的增加，即选择了贫穷。虽然战争和无效的政府会破坏繁荣，但战争和无效的政府在民主国家却受制于本国公民的集体行动。

二、国家竞争优势的发展阶段

波特的竞争优势理论特别强调了各国生产力的动态变化，强调了主观努力在赢得优势地位中所起的作用。他将一国优势产业参与国际竞争的过程分为四个依次递进的阶段：

（1）要素驱动阶段。在要素驱动阶段，基本要素上的优势是竞争优势的主要源泉。产业竞争主要依赖于国内自然资源和劳动力资源的拥有状况，具有竞争优势的产业一般是那些资源密集型产业。在这一阶段，产业技术水平层次较低。一国在生产要素上拥有的优势，如廉价的劳动力和丰富的资源，类似于比较优势理论。

（2）投资驱动阶段。在投资驱动阶段，竞争上的优势主要取决于资本要素，大量投资可更新设备、扩大规模，增强产品的竞争力。

在这一阶段，企业仍在相对标准化的、价格敏感的市场中进行竞争。但是，随着就业的大量增加、工资及要素成本的大幅提高，一些价格敏感的产业开始失去竞争优势。政府可以引导稀缺的资本投入特定的产业，增强特定产业承担风险的能力，同时提供短期的保护以鼓励本国企业进入，并建设有效的公用设施，以刺激和鼓励获取外国技术、鼓励出口等。

（3）创新驱动阶段。在创新驱动阶段，竞争优势主要来源于企业的创新。产业竞争依赖于国家和企业的技术创新愿望及技术创新能力，具有竞争优势的产业一般是技术密集型产业，如高新技术产业或被高新技术产业改造过的传统产业。在这一阶段，企业能够在广泛的领域成功地进行市场竞争，并实现不断的技术升级；一些率先进入创新驱动阶段的产业不断实现新的升级，并向其他产业扩散，进而形成一系列产业以及产业群的横向扩展能力，即通过建立企业或拓展业务形成新的产业发展领域；越来越多的企业进入高水平的服务业，高水平的服务业占据了越来越高的国际地位。

按照波特的标准，英国在19世纪上半叶就进入了创新驱动阶段，美、德、瑞典在20世纪上半叶也进入了这一阶段，日、意到20世纪70年代进入了这一阶段。

（4）财富驱动阶段。在财富驱动阶段，产业竞争依赖于已获得的财富、投资，经理人员和个人的动机转向了无助于投资、创新和产业升级的方面；企业回避竞争，更注重保持地位而不是进一步增强国际竞争力，其实业投资下降，有实力的企业试图通过影响政府政策来保护自己。在这一阶段，产业竞争力逐渐衰弱。

三、创新机制论

波特认为，一国兴衰的根本在于赢得国家竞争优势，而竞争优势的形成有赖于提高劳动生产效率。提高劳动生产效率的源泉在于国家是否具有适宜的创新机制和创新能力。创新机制可以从微观竞争机制、中观竞争机制和宏观竞争机制三个层面来阐述。

（一）微观竞争机制

国家竞争优势的基础是企业内部的活力，企业缺少活力则不思进取，国家就难以树立整体优势。能使企业获得长期盈利能力的创新，应当是在研究、开发、生产、销售、服务各环节都能使产品增值的创新。企业要在整个经营过程的升级上下功夫，在强化管理、研究开发、降低成本等方面实行全面改革。

企业活动的目标在于使其最终产品的价值增值，而增值要通过研究、开发、生产、销售、服务等诸多环节才能逐步实现。这种产品价值在各环节上首尾相连，就构成了产品的价值链。

价值链有三个含义：

（1）企业各项活动之间有密切联系，如原料供应的计划性、及时性和协调一致性与企业的生产制造有着密切联系。

（2）每项活动都能给企业带来有形或无形的价值。例如服务这种价值链，如果密切注意顾客所需或做好售后服务，就可以提高企业信誉，从而带来无形价值。

（3）不仅包括企业内部各链式活动，而且更重要的是，还包括企业外部活动，如供应商之间的关系以及与顾客之间的联系。

（二）中观竞争机制

从产业上看，个别企业的价值链顺利增值，不仅取决于企业的内部要素，而且有赖于企业的前向、后向和旁侧关联产业的辅助与支持。

从区域上看，各企业为寻求满意利润和长期发展，往往在制定区域战略时将企业的研发部门设置在交通方便、信息灵通的大城市，而将生产部门转移到劳动力成本低廉的地区，利用价值链的空间差，达到降低生产成本、提高竞争力的目的。

（三）宏观竞争机制

"钻石"理论认为，生产要素、需求条件、相关产业和支持产业以及企业的战略、结构和竞争对手对企业开发其自身竞争能力有很大影响。最有可能在国际竞争中取胜的是国内"四要素"环境对其特别有利的企业。

四、产业聚集论

1998年，波特发表了《集群与新竞争经济学》一文，系统地提出了新竞争经济学的产业集群理论，并解释了产业集群的含义。集群是特定产业中互有联系的公司或机构聚集在特定地理位置的一种现象。集群包括一连串上、中、下游产业以及其他企业或机构。这些产业、企业或是机构对于竞争都很重要，它们包括零件、设备、服务等特殊原材料的供应商以及特殊基础建设的提供者。集群通常会向下延伸到下游的通路和顾客上，也会延伸到互补性产品的制造商以及与本产业有关的技能、科技或共同原料等方面的公司。最后，集群还包括了政府和其他机构——像大学、制定标准的机构、职业训练中心以及贸易组织等——可以提供专业的训练、教育、资讯、研究以及技术支援。波特认为，集群通常发生在特定的地理区域，产业地理集中的原因是，集群由于地理接近，可以使生产率和创新利益提高、交易费用降低。一个国家在国际上具有竞争优势的产业，其企业在地理上通常呈现集中的趋势，往往聚集在某些城市或某些地区。波特认为，集群的规模可以从单一城市、一个州到一个国家，甚至与一些邻国连成网络。集群具有不同的形式，要视其纵深度和复杂性而定。

波特认为，形成产业集群的区域往往从三个方面影响竞争：第一，提高了该区域企业的生产率；第二，指明了创新方向并提高了创新速率；第三，促进了新企业的建立，从而扩大和加强了集群本身。他认为，产业集群与竞争的关系表现在三个方面：第一，产业集群内的企业通过在群内的生产力对群外企业施加影响；第二，集群内的企业通过低成本进行技术创新，为将来的发展奠定了基础；第三，集群的环境有利于新企业的产生和集群规模及影响的扩大。因此，产业集群能够提高企业的竞争力。

根据这个理论，形成产业集群需要相应的条件，这些条件主要包括生产要素、需求条件、相关产业和支持产业以及企业的战略四个基本因素和合适的机会、政府的作用两个附加因素。上述六个因素形成了一个相互影响、相互作用的有机整体，任何一个因素的变化都能强化或改变其他因素，并由此产生巨大的合力。与此同时，一个地方好的制度、“习俗”和地方化规则等社会环境的“非经济因素”，必然会对企业的生存、发展产生重要影响，进而对企业的地域选择趋向产生影响，而这种企业的地域选择趋向又是产业地理集聚的重要诱因。产业集聚是工业化进行到一定阶段的必然产物，也是区域经济竞争力的重要来源和集中体现，能够有效促进产业集聚地区的经济发展。

波特的竞争优势理论在一些方面也受到了批评。有的学者认为，竞争优势理论过分强调国家和区域政府在产业国际竞争中的作用，并把复杂的经济活动因素简单地构造成四个基本要素，而且忽视了跨国贸易活动对“钻石”模型的影响。但是，波特的竞争优势理论仍然具有非常重要的理论和实践意义，特别是竞争优势理论强调了竞争是动态的和不断变化的、国家竞争优势的产生依赖于国内竞争环境等问题。

本章小结

通过本章学习，可以：

1. 理解在第二次世界大战后，国际贸易出现了许多新的倾向，如同类产品之间的贸易量大大增加、发达工业国家之间的贸易量大大增加以及产业领先地位不断发生转移。

2. 学习并掌握在这一时期中出现的贸易理论，当代贸易理论用规模经济和不完全竞争来解释同类工业产品之间的双向贸易。弗农用产品生产技术的周期变化来解释各国比较优势的变化，贸易的基础也可以是需求的不同。林德从收入和需要的变化来解释发达国家之间工业制成品的贸易。

本章关键词

外部规模经济　　内部规模经济　　不完全竞争　　产业内贸易

产品生命周期　　　需求相似　　　规模报酬递增　　　国家竞争优势

本章思考题

1. 什么是规模经济?

2. 简述产业内贸易的理论解释。

3. 下述例子中，主要显示出的是外部规模经济还是内部规模经济?

(1) 云南省昆明市郊斗南镇的鲜花市场。

(2) 天津的食街。

(3) 微软公司。

(4) 香港作为亚洲的金融中心。

(5) 美国的大型家庭农场。

4. 试述国家竞争优势理论的主要内容。

5. 讨论以下问题：美国为什么在喷气式飞机制造方面还保留有比较优势，而在钢铁制造和汽车生产方面正在失去比较优势?

思考案例

在1965年以前，加拿大与美国的关税保护使加拿大成为一个汽车基本自给自足的国家，其进口不多，出口也少得可怜。加拿大的汽车工业被美国汽车工业的几个大厂商所控制。这些厂商发现，在加拿大建立分散的生产体系比支付关税要划算，因此加拿大的汽车工业实质上是美国汽车工业的缩小版，大约为其规模的1/10。但是，这些美国厂商在加拿大的子公司发现了小规模生产带来的种种不利：一部分原因是在加拿大的分厂比其在美国的分厂要小，更重要的原因可能是美国的工厂更加"专一"——集中精力生产单一型号的汽车或配件。然而，加拿大的工厂不得不生产各种各样的产品，以致工厂不得不经常停产，以实现从一个产品项目向另一个产品项目的转换，因而不得不保持较多的库存、不得不少采用专业化的机器设备等等。因此，加拿大汽车工业的劳动生产率比美国的要低大约30%。

为了消除这些问题，美国与加拿大政府通过努力在1964年建立了一个汽车自由贸易区（附有一些限制条件）。这一举措使汽车厂商得以重组生产：这些厂商在加拿大各子公司大力削减其产品种类，但加拿大的总体生产及就业水平并没有改变。一方面，加拿大从美国进口自己不再生产的汽车型号；另一方面，加拿大向美国出口仍在生产的型号。在汽车自由贸易区建立前的1962年，加拿大出口了价值1 600万美元的汽车产品，却进口了5.19亿美元的汽车产品；到1968年，这两个数字已分别变为24亿美元和29亿美元。换言之，加拿大的进口和出口均大幅增长，因而其贸易所得是惊人的。到20世纪70年代初，加拿大汽车工业的生产效率可与美国同行的生产效率相媲美。请分析加拿大汽车工业为何增长得如此之快。

第四章 贸易保护理论

案例导入　　我国幼稚产业适度保护的现状

我国是一个产业部门较为齐全的大国，但许多产业的发展水平与发达国家相比有着较大的差距。新中国成立后，特别是20世纪80年代以来，我国政府相继出台并实施了一系列保护幼稚产业的政策措施。我国的基本措施是凭借保护关税和非关税壁垒建立起双重屏障，用以保护幼稚产业成长，主要非关税壁垒措施包括计划限制、许可证限制、经营限制、外汇限制、进口审查限制和价格限制等；与此同时，凭借政府作为国有资产的所有者和管理者的地位，通过直接投资、行政计划和调节等途径，直接干预和推动幼稚产业的成长，发挥其在幼稚产业成长这一领域内的资源动员能力和实际组织者的影响。

除了上述保护措施外，我国还通过财税、金融、价格和技术等手段对幼稚产业进行了间接扶持。但从实际的保护效果来看，与发达国家相比，近20年来我国大多数幼稚产业尚未形成在自由贸易中稳定生存和发展的基本国际竞争力。不但如此，我国还产生了很多因保护而引起的负面效果，以至于有人对幼稚产业保护的必要性提出质疑并提出反对意见，进而在理论界引起了争论。虽然我国加入WTO意味着要承担开放市场的义务，但这并不等于要立即全面开放市场、完全参与竞争。鉴于现状，我国保护幼稚产业成长的政策原则和具体手段在加入WTO后必须做出相应的调整和创新，并且需要大力和快速地推进这种调整及创新。

资料来源：邱亦维：《WTO下我国幼稚产业适度保护的思考》，载《商业时代》，2009（28）。

第一节　重商主义

一、重商主义的背景

重商主义是对16—18世纪出现在欧洲的一种经济思想的统称。该思想揭示了贸易保护的必要性，是最早的贸易保护理论。当时正值“地理大发现”，商业规模空前扩大、货币需求急剧膨胀。与此同时，封建君王间战争不断、军事费用不断增加，导致货币需求进一步扩大。由于当时处于金属本位币的货币制度下，只有金、银等贵金属是货币，政府无法像在纸币本位制下那样靠发行货币来满足扩张的货币需求，也就是只有找到新的贵金属来源才能填补这一货币缺口。重商主义将贸易盈余作为获取货币的重要途径之一。

二、重商主义思想的基本内容

重商主义认为，一个国家的财富由其拥有的贵金属代表，也就是拥有的贵金属越多，这个国家就越富有。由于世界资源是有限的，因此国与国之间的经济交往是一种零和博弈，即一方所得为另一方所失。对于国际贸易来说，贸易盈余是贸易所得，而贸易赤字为贸易所失，因此重商主义主张贸易要实现盈余。在当时的金属本位币制度下，贸易盈余意味着贵金属的流入，这有助于缓解货币缺口。

通常说来，重商主义可分为两个阶段：早期重商主义和晚期重商主义。早期重商主义是指从15世纪末至16世纪中叶的重商主义思想，也称重金主义，它着眼于利用流通领域的措施从国际贸易中积累货币，体现为以少买多卖来保证贸易顺差和严禁货币输出。晚期重商主义流行于16世纪下半叶到17世纪下半叶，也称重工主义，它将重心从流通领域转移到生产领域，主张通过发展工场手工业来扩大出口、实现贸易顺差，具体体现为通过政府对出口企业的扶植来促进出口和在贸易顺差的前提下才允许货币输出。

要实现重商主义的贸易盈余主张，需要国家对贸易的管制，主要手段为：①由政府来控制贵金属的使用，个人不得从事贵金属的出口，对走私贵金属的处以重至死刑的刑罚；②将对外贸易经营权控制在少数企业手中；③对出口产品实行补贴，对消费品进口采取高关税或配额。

三、对重商主义的评价

休谟利用其价格—货币—流通机制最先对重商主义的贸易思想提出质疑。在休谟看来，一国不可能永远保持贸易盈余，价格—货币—流通机制会自动实现贸易均衡。其机理是，当一国实现了贸易盈余，那么该国的货币供给就会增加，这将导致物价的上升，从而削弱该国产品的国际竞争力，导致出口减少、进口增加，贸易盈余会因此而自动消失。

亚当·斯密的绝对优势说肯定了贸易是双赢的经济行为，从而否定了重商主义对贸易是零和博弈的观点。

第二节　幼稚产业保护理论

幼稚产业保护理论最早是由美国第一任财政部长汉密尔顿于1791年在《关于制造业的报告》中提出，而后由美籍德国经济学家弗里德里希·李斯特（Friedrich List，1789—1846年）予以发挥。

19世纪初，美国、德国与“世界工厂”的英国相比，其工业发展较幼稚，因而国内市场时常受到英国廉价工业品的冲击。为此，汉密尔顿和李斯特先后提出了以保护幼稚产业为核心的贸易保护理论

一、汉密尔顿的保护关税论

汉密尔顿是美国独立运动时期的政治家、经济学家，美国独立后的首任财政部长。

1776 年 7 月 4 日，美利坚合众国宣告独立，但独立以后的美国在经济上仍不得不严重依赖英国，尤其是在工业发展方面困难重重。在这种情况下，汉密尔顿代表美国工业资产阶级的利益，推出了贸易保护的理论观点。1791 年 12 月，汉密尔顿在《关于制造业的报告》中明确表达了他的思想主张。

汉密尔顿的保护关税论提出了像美国这样的国家应实行贸易保护政策的主张，其主要内容包括：

第一，率先提出了“幼稚产业”的概念。汉密尔顿在《关于制造业的报告》中明确指出，“幼稚产业”是指由于外来的竞争力（主要是指英国），可能会在最初试验阶段和资金方面受到较大的压力、尚未发展起来的工业—— 这很明确地指出了应该保护的对象。

第二，进一步分析了为什么需要保护“幼稚产业”。新的工业在早期发展中效率不高，不能与经验丰富的外国生产商进行竞争，若实行自由贸易政策，将会严重损害其经济利益。

第三，提出了具体的保护措施和时间。汉密尔顿指出，需要用关税壁垒保护新兴工业，直至效率提高到可以在免税的基础上与外国同类企业进行竞争的水平，方可撤销关税壁垒。具体措施包括：①向私营工业发放政府贷款。②以高额关税保护国内新兴工业。③为必需品工业发放津贴，给各类工业发放奖励金。④建立联邦检查制度，保证和提高制造品质量。⑤限制改良机器的输出。

由此可见，汉密尔顿推行的贸易保护的目的在于排除外部竞争的不利影响，在国内创造一个有利于工业发展的环境。但是，他并不主张对一切进口商品征收高关税或禁止进口，只是对本国能生产但竞争力弱的同类进口商品实施严厉的限制进口政策。

二、李斯特的幼稚产业保护论

李斯特是 19 世纪上半叶德国著名的资产阶级经济学家，德国历史学派的杰出代表人物，1817 年任图宾根大学教授。1819 年，由于他组织了旨在统一德国经济的全德工商联盟而受到迫害，被迫辞去图宾根大学的教授职务，并被解除其他政府公职。1820 年，他在担任市议员期间，由于提出了激进的民主改革主张，被判处 10 个月监禁。随后，李斯特逃到了法国和瑞士，两年后回国，随即被关押。1825 年，李斯特移居美国。他经营过农场，还担任过报社编辑，并开办过煤矿。1832 年，李斯特回到欧洲参与莱比锡——德累斯顿铁路建设工程，希望通过建立全国铁路系统推动德国经济的统一。1834 年，德国关税同盟建立，但他的全国铁路系统计划由于封建割据和资产阶级狭隘的唯利是图本性而失败。1837 年，李斯特经营的美国矿山在银行危机中破产，导致其生活陷入困境，被迫流亡法国，最后自杀身亡。

李斯特的主要经济学著作有《美国政治经济学大纲》（1827 年）、《政治经济学的国民体系》（1841 年）、《德国政治经济的国民统一》（1846 年）等。其中，《政治经济学的国民体系》是李斯特的代表作，该书系统地提出了他的保护幼稚工业理论。

李斯特在汉密尔顿理论的基础上建立了以生产力理论为基础、以保护关税制度为核心的保护幼稚产业理论。该理论包括两大内容：一是他对古典学派国际贸易理论的批评；二是他提出的贸易保护政策。他主张以贸易保护为过渡，扶持有前途的幼稚工业，促进社会生产力的发展，最终加入自由贸易。其主要理论观点可概括为以下几个方面：

第一，反对不加区别的自由竞争，主张在一定条件下的保护制度。李斯特认为，按照古典学派比较成本理论形成的国际分工，是一种不考虑各国性质和各自特有利益的世界主义经济学，不利于各国参与自由竞争和综合国力的提高。所以，要在彼此竞争的条件下使双方共同获利，只有当两者在工业发展上处于大体相等的地位时才能实现。他还认为，保护制度是使落后国家与优势国家保持同等地位的唯一方法。

第二，反对比较成本理论，主张发展生产力（生产力论）。李斯特认为，比较成本理论不利于德国生产力的发展。他指出，财富的生产力比财富本身不知要重要多少倍。他强调指出，一国采取什么样的外贸政策，应首先着眼于生产力的发展，不能局限于目前从贸易中获得了多少利益。他说，从外国购买廉价的商品，从表面上看，是要合算些，但这样做的结果就会使德国的工业不能得到发展，从而长期处于落后和从属于外国的地位。如果德国采取保护关税政策，虽然一开始会使工业品的价格提高，但经过一段时期后，德国工业得到充分发展，生产力将会提高，商品的生产费用将会下降，最终的商品价格甚至会低于外国进口的商品价格。因此，他主张，尽管开始有所失，但可以建立自己独立的工业体系。

第三，提倡发展本国工业，但不排斥有利可图的国际分工。李斯特指出：一个国家没有工业，只经营农业，就等于一个人在物质生产中少了一只臂膀……如果依存于国外工业，那就要受到牵制。但是，他同时指出，在尽量利用本国资源的同时，也应利用国际分工，比如有些产品由于自然条件的限制，不宜在国内生产，依照国际分工的原则，通过对外贸易向国外采购，质量既好，价格也低；如果对这类物品仍采用国内分工原则，试图由本国供应，那就是十分愚蠢的事。

第四，反对自由放任，主张国家对经济的干预（国家干预论）。李斯特批判了古典学派的"自由放任"论，他认为：要想发展生产力，必须借助国家的力量。他认为，英国工商业之所以能够发展，主要还是由于当初政府实施了扶植政策。德国正处于类似英国发展初期的状况，应该实行在国家干预下的贸易保护政策。他认为，主张国家干预经济生活，是为了国家和民族的长期利益。与此同时，他还强调各国的经济水平、历史特点和经济发展道路互不相同，不存在适用各国的普遍规律。一国应根据经济发展的不同阶段确定自己的对外贸易政策，并根据国民经济发展程度把各国经济的发展分为五个时代（见表4—1），然后针对具体的时期采用相应的贸易政策及目标。

表4—1　　不同时期应采用的贸易政策及目标

	历史时期	应采取的贸易政策	目标
第一时期	渔猎时代 畜牧时代 农业时代	自由贸易政策	脱离未开化状态
第二时期	农工时代	贸易保护政策	促进工业、渔业、海运业和外贸发展
第三时期	农工商时代	自由贸易政策	竞争中保持既得的优势地位

第五，提出了贸易保护的具体原则和措施。李斯特认为，贸易保护的目的是为了促进

和保护国内民族工业生产力的发展，但保护并不是无条件的，保护应采用关税制度来实现贸易保护主义。在关税制度的设计上，应体现以下几点：①差别关税。以对幼稚产业的保护为出发点，对不同的产业征收不同的关税。例如，对与国内幼稚工业相竞争的进口产品征收高关税，同时以免税或低关税的方式来鼓励国内不能自行生产的机械设备进口。②有选择性地保护。并非对所有工业都加以保护，保护是有条件的。只有那些经过保护可以成长起来的、能够获得国际竞争力的产业，才对其加以保护。对于那些通过保护也不能成长起来的产业，则不予保护。③适时调整。对幼稚产业的保护不是无休止的，而是有限期的，以30年为最长期限。超过了规定的限期，即便该产业没有成长起来，也要解除对它的保护。

需要注意的是，李斯特并不否认自由贸易政策的一般正确性。他认为，当一个国家解决了落后问题，即实现了工业化后，是可以选择自由贸易政策的。这是幼稚产业保护理论与重商主义以及后面提到的贸易乘数理论的一个不同之处。

三、幼稚产业的判定标准

将幼稚产业保护理论运用到现实中的关键是幼稚产业的确定问题。关于保护对象的选择，李斯特并未给出具体的标准，只是指出，受保护的应是国内幼稚但有发展前途的工业，受保护的对象在一段时间后能够成长起来。如何确定幼稚产业，这的确是个难题，如果选择不当，必然造成资源的浪费。有关幼稚产业的判定标准有很多，下面提供有代表性的五个标准。

（一）穆勒标准：潜在竞争力标准

某产业由于技术经验不足、劳动生产率低下、产品成本高于世界市场价格，因而无法与国外企业竞争，但在关税、补贴等保护措施下，该产业通过改进技术等措施继续生产，经过一段时间后迅速形成国际竞争力，最终在自由贸易条件下取得独立自主的生存力和发展能力，能够在自由贸易条件下获利。对于这样的幼稚企业，提供暂时的保护是必要的，也是值得的。

（二）巴斯塔布尔标准：现值标准

该标准引进了经济分析的现值概念，经济学家巴斯塔布尔（C. F. Bastable）认为：判断一种产业是否属于幼稚产业，不仅要看它将来是否具有竞争优势，还要将保护成本与该产业未来所能获得的预期利润的贴现值加以比较之后才能确定。如果未来预期利润的贴现值小于目前的保护成本，那么对该产业进行保护是得不偿失的，因此该产业就不能作为幼稚产业加以保护；如果未来预期利润的贴现值大于保护成本，那么对该产业加以保护才是值得的。

（三）肯普标准：外部经济标准

该标准在包括前两个标准的同时，又提出了外部经济的内容。肯普认为，被保护的先行企业在学习过程中取得的成果具有对国内其他企业也有好处的外部经济效应时，对先行企业的保护才是正当的。由于先行企业投资所取得的知识、技术、经验等存在着被其他企业“搭便车”而免费学会的可能，所以先行企业不愿这种投资。因为私人边际收益与社会边际收益之间的偏离可能会导致私人投资动力的缺乏，产业的继续发展也就无从谈起。如果某产业能够产生外部经济效应，那么该产业的发展就会给其他产业或社会带来额外的好处。在这种情形下，即使该产业不符合巴斯塔布尔标准，即保护期间所导致的损失大于该产业预期利润的贴现值，但只要该产业在保护之后能够产生显著的外部经济效应，则仍有保护的必要。

（四）小岛清的标准：总体经济发展标准

小岛清认为前面的判断标准都是根据个别企业或个别产业收益与成本的比较，这是不合理的。合理的做法是：应将要素禀赋比率和比较优势的动态变化作为幼稚产业的判断标准。只要有利于国民经济整体的发展，即使某些幼稚产业不符合前面的标准，也是值得保护的。那么，符合什么样的标准才是有利于国民经济整体发展的幼稚产业？他要求所保护的产业能够带来经济增长，即生产可能性曲线的扩张。

（五）筱原三代平标准：产业基准标准

该标准包括“收入弹性基准”和“生产率上升基准”。收入弹性基准是指将收入弹性高的产业作为优先发展产业。这是因为这类产业具有广阔的市场，可以为其提供成长的空间。生产率上升基准是指优先发展生产率上升快、技术进步率高的产业作为受保护的幼稚产业，以提高其在整个产业结构中的比重。

四、对幼稚产业保护理论的评价

在所有的贸易保护理论中，幼稚产业保护理论是经济学家和政治决策者们最为青睐的一种。在许多欠发达国家中，政府经常通过征收关税来限制国外同类产品的进口，以保护本国的幼稚产业。

幼稚产业保护理论在理论上具有一定的合理性。政府把贸易保护政策作为一种暂时的过渡性政策，强调保护关税制度是有条件与限度的，保护的目的是为了培养竞争力，是为了最终走向自由竞争。这是非常清醒的认识，在实践中也是十分有效的。目前，世界上最强大的三个市场经济国家都是在该理论及其政策的指导下，用关税保护制度开始它们的工业化进程的。美国和德国在19世纪对制造业产品征收高额关税，而日本在第二次世界大战后直至20世纪70年代一直保持很大范围的进口限制。既然发达国家都是如此，那么发展中国家在工业化进程中更应合理地应用该理论。当然，在应用该理论时，关于保护的尺度是较难把握的问题，在科技发展一日千里的时代，稍不小心，就会造成过度保护或保护不足。

相关链接：WTO对幼稚产业保护的界定

WTO对幼稚产业保护进行了如下界定：允许一个国家为了建立一个新工业或为了保护刚建立不久、尚不具备竞争力的工业而采取的进口限制措施，对于被确认的幼稚产业可以采取提高关税或实行进口许可证等方式加以保护。然而，幼稚产业保护理论的经济效应仍需大量的实证数据支持。

产业适度保护是指对不同的工业部门采取不同程度的、适合产业快速发展的保护措施。适度保护在适度性上包含两方面的内容：一方面是指某一时刻保护程度的适度，比如某时刻保护关税的税率、关税水平等；另一方面是指保护的持续时间，即保护时期的适当。对于这两方面适度性的把握，在依照保护幼稚产业的标准基础上，必须要产生足够的激励，因为激励不足会引起竞争不足，而竞争不足必然使受保护产业没有成长壮大的动力，导致技术进步缓慢，因而受保护产业很难形成比较优势。正确理解幼稚产业的适度保护，就必须把握以下基本特征：适度保护是一种选择性保护、暂时性保护、动态性保护、扶持性保护、综合性保护、间接性保护以及合法性保护。

第三节　超保护贸易理论

一、凯恩斯超保护贸易理论

约翰·M·凯恩斯（John. M. Keyens）是英国资产阶级经济学家，其代表作是1936年出版的《就业、利息和货币通论》（以下简称《通论》）。20世纪30年代以前，凯恩斯是一个自由贸易论者；在经历了1929—1933年的经济大危机后，凯恩斯转而批判自由贸易学说，提出了超保护贸易政策。

（一）凯恩斯超保护贸易理论产生的历史背景

超保护贸易理论在第一次世界大战与第二次世界大战之间盛行。在这个阶段，资本主义经济具有以下特点：①垄断代替了自由竞争；②国际经济制度发生了巨大变化；③1929—1933年经济大危机。此后，各国相继放弃了自由贸易政策，改为奉行保护政策，强化了国家政权对经济的干预作用。在这种情况下，凯恩斯改变了立场，进而赞同超保护贸易政策，并积极为其提供理论依据。随着20世纪30年代大萧条波及的层面越来越广，许多人开始寻找"治疗"经济危机的"药方"，人们在宏观政策上找到了一剂"良药"——"罗斯福新政"，而在经济理论界则诞生了"凯恩斯主义"。"凯恩斯主义"不仅被一些学者称为解决经济危机的一针"强心剂"，还带动了经济学理论的大变革。

在20世纪30年代中期，经济危机不断深化，随着德国经济的崩溃和恶性通货膨胀时代的来临，以及后来被称为大萧条的全球生产衰退的到来，对金本位、经济自动调整的特性以及以生产带动经济模式的批评开始浮出水面，数十个不同的学派众说纷纭。凯恩斯就是在这种情况下传播了一个简单的观点：大萧条之所以产生是因为20世纪30年代有一股投机的风潮存在于生产和投资领域——当时的工厂和运输网络远远超出了个人的支付能力。对"需求不足"的重视和他提出的政府直接干预经济的主张赢得了当时众多经济学家的赞同，被当时各主要资本主义国家的统治阶级所接纳。

（二）凯恩斯超保护贸易理论的基本内容

1. 鼓吹贸易顺差，以扩大有效需求

古典自由贸易理论假定国内是充分就业的，国家间贸易以出口抵偿进口，进出口能够平衡。偶尔出现差额，也会由于黄金的移动和由此产生的物价变动而得到调整，使进出口重新平衡。

凯恩斯主义认为，古典学派的贸易理论已经过时了。首先，他们的理论前提条件（即充分就业）事实上并不存在，现实社会存在着大量的失业现象。其次，传统理论只用国际收支自动调节机制来证明贸易顺差、逆差的最终均衡过程，忽视了在调节过程中对一国国民收入和就业的影响，这是不对的。

2. 鼓吹贸易顺差有益、贸易逆差有害

凯恩斯主义认为，总投资包括国内投资和国外投资，国内投资额由“资本边际收益”和利率决定，国外投资量由贸易顺差大小决定。贸易顺差可为一国带来黄金，也可扩大支付手段、压低利率、刺激物价上涨、扩大投资，这有利于国内危机的缓和与扩大就业率。贸易逆差会造成黄金外流，致使物价下降，招致国内经济趋于萧条和增加失业人数。

结论：贸易顺差能增加国民收入，扩大就业；贸易逆差会减少国民收入，加大失业。

（三）超保护贸易理论——政策主张

1. 认为古典学派的国际贸易理论已经过时，反对自由贸易

凯恩斯主义认为：首先，古典学派理论的前提条件（即充分就业）事实上并不存在，现实社会存在着大量失业。其次，传统理论用“国际收支自动调节机制”来证明贸易顺差、逆差的最终均衡过程，忽视了它们在恢复均衡过程中对一国国民收入和就业的影响，这是不对的。

2. 主张扩大贸易顺差，减少逆差

凯恩斯主义认为，贸易顺差可为一国带来黄金，可以扩大支付手段、压低利率、刺激物价上涨、扩大投资，这有利于国内危机的缓和与扩大就业量。

3. 扩大有效需求的目的在于救治危机和失业

凯恩斯的拥护者以提高有效需求为借口，极力提倡国家干预对外贸易活动，运用各种保护措施，以扩大出口、减少进口、争取贸易顺差。

（四）对凯恩斯超保护贸易理论的评价

与以前的贸易保护政策相比，在两次世界大战之间兴起的超保护贸易理论有以下特点：①保护的对象扩大了。超保护贸易不但保护幼稚工业，而且更多地保护国内高度发展或出现衰落的垄断工业。②保护的目的变了。超保护贸易不再是培养自由竞争的能力，而是巩固和加强对国内外市场的垄断。③保护的手段从保护转为进攻。④保护的阶级利益从一般的工业资产阶级转向保护大垄断资产阶级。⑤保护的措施多样化，并不断向非关税壁垒倾斜。⑥组成货币集团，划分世界市场。

凯恩斯的超保护贸易学说作为超保护贸易理论的理论论据，具有重大的影响。当然，其他的学说也有不少是支持超保护贸易理论的。我们可以从以上两类政策措施来分析这两类理论的差别。

二、对外贸易乘数理论

自 20 世纪 30 年代之后，贸易保护理论从侧重于贸易保护依据的研究开始转向贸易保护政策的效应分析。凯恩斯主义的对外贸易乘数理论就是其中极富影响力的一种代表性理

论，在国际贸易理论界被称作超保护贸易理论。

（一）对外贸易乘数论的基本观点

针对20世纪30年代西方资本主义世界普遍陷入经济危机、经济增长缓慢、失业率不断上升的状况，凯恩斯以有效需求不足为出发点，论述了边际消费递减、资本边际效率递减以及灵活偏好三大规律，得出了国家必须干预经济生活、实行需求管理的结论。由于凯恩斯理论政策一个很重要的方面就是提高国内就业率，所以从保护国内就业的角度出发，在对外贸易方面，凯恩斯主张国家积极干预，实行“奖出限入”的贸易政策，最终形成了自己的一套贸易保护主义理论。凯恩斯主义在对外贸易方面的理论主要体现在以下几个方面：

1. 投资乘数原理

凯恩斯认为，一国投资量的变动（增加或减少）与国民收入的变动之间客观存在一种依存关系，这种关系称为投资乘数或倍数。每增加一笔投资，不仅可以增加本部门的生产和投入，使失业率降低，还可以引起连锁反应，带动许多其他部门增加投资和就业，从而带动人们收入增加，进而引起消费与投资的扩大；如此反复，结果使增加的国民收入总量是原投资量的若干倍。他认为，由投资引发的国民收入变动往往数倍于投资量的变动，其倍数的大小取决于该国的边际消费倾向、资本边际效率与利率三个因素的关系。当资本边际效率大于利率时，投资会增加；反之，则会减少。凯恩斯认为，要解决有效需求不足的问题，国家应对经济生活进行行政干预，鼓励消费，利用货币政策与财政政策增加公共投资，扩大社会总有效需求。

2. 对外贸易乘数原理

凯恩斯的追随者马克卢普和哈罗德等人将凯恩斯的投资乘数引入对外贸易，创立了对外贸易乘数原理。他们认为，一国的出口和进口波动会对国民收入的变动产生倍数影响，国民收入的变动量将数倍于出口与进口的变动量。一国的出口与国内投资一样，有增加国民收入的作用，而进口则有减少国民收入的作用。

下面，我们以简单的数理方式来看一下贸易乘数思想。

国民收入的关系表达式为：

$$Y=C+I+G+X-M \quad (4—1)$$

式中，Y为国民收入；I为投资；G为政府支出；X为出口；M为进口。

消费取决于收入，因此有

$$C=C_0+\alpha Y \quad (4—2)$$

式中，C_0为不受收入影响的自发消费；α为边际消费倾向。

通常假定投资、政府支出与收入无关，因此分别假定投资、政府支出为常量I_0、G_0，即有

$$I=I_0 \quad (4—3)$$

$$G=G_0 \quad (4—4)$$

出口由进口国的收入决定，通常假定与本国收入无关，因而设为常量X_0；而进口则取决于本国收入，因此有

$$X=X_0 \quad (4—5)$$

$$M = M_0 + \beta Y \tag{4—6}$$

式中，M_0为不受收入影响的自发进口；β为边际进口倾向。

将（4—2）式、（4—3）式、（4—4）式、（4—5）式、（4—6）式都代入（4—1）式，可得：

$$Y = \frac{C_0 + I_0 + G_0 + X_0 - M_0}{1 - \alpha + \beta} \tag{4—7}$$

由（4—7）式可知，出口乘数为：

$$\frac{dY}{dX_0} = \frac{1}{1 - \alpha + \beta} \tag{4—8}$$

由于不考虑收入对投资的影响，因此进口的全部是消费品。边际消费倾向既包括对本国产品的边际消费倾向，又包括对进口产品的边际消费倾向，是两者之和，因此边际进口倾向小于边际消费倾向，即$\alpha > \beta$。因此，$1 - \alpha + \beta < 1$，$\frac{dY}{dX_0} > 1$，即出口乘数为正且大于1。换言之，出口的增加将带来产出的增加，产出的增加规模将大于出口的增加。

同理，可得进口乘数为：

$$\frac{dY}{dM_0} = \frac{-1}{1 - \alpha + \beta} \tag{4—9}$$

由此可见，进口乘数为负且绝对值大于1，即进口的增加将导致产出减少，产出的减少规模将大于进口增加的规模。

从上述原理出发，凯恩斯主义者认为，传统贸易理论忽略了国际贸易自动平衡过程对一个国家的经济，尤其是对一国收入和就业水平可能造成的影响。贸易逆差将导致金、银外流，收入、消费减少，最后导致国内经济活动的萎缩、经济危机的加重和国内就业的缩减。与此相反，贸易顺差所带来的黄金可以扩大国内外的支付手段，一方面引起物价的上升，另一方面压低了利率，两者都将刺激投资的增长和扩大就业。贸易顺差增加了一国的有效需求，有助于提高该国的国民收入水平，而人们的收入增加，消费也会增加，这必然引起其他产业部门的生产增加、就业增加、投资增加、收入增加和国内有效需求增加。如此反复，收入增加将为出口增加的若干倍或乘数倍。因此，凯恩斯主义者最后得出结论：对外贸易必须顺差，政府应该干预对外贸易，实行“奖出限入”的超保护贸易政策。

除了凯恩斯学说，当时还有一些有代表性的观点，如认为实行超保护贸易可以优化国内的配置，可以改善国际贸易条件，可以增加本国的就业，可以维持本国工人的工资水平，可以改善贸易收支和国际收支；甚至还有观点认为，实行超保护贸易可以提高社会公平、政治稳定以及民族自豪感。

（二）对对外贸易乘数理论的评价

凯恩斯纠正了以往经济学中关于供给自身创造需求的错误假设，引入了总量分析方法。他指出了自由放任的缺陷，强调了国家干预的必要性，提醒人们要关注一国经济内外之间的平衡关系，说明了一国对外贸易量与该国宏观经济各变量之间的相互依存关系以及各种经济活动之间存在的连锁反应关系，在一定程度上阐述了对外贸易与一国经济发展之间的某些内在规律。凯恩斯的这些论点，无论在理论上还是在实践中都具有一定的参考价值和进步之处，也对今后贸易保护理论的发展和新贸易保护主义的形成及其观点起了重要的导向作用。

当然，凯恩斯理论的局限性也是显而易见的，对外贸易的乘数作用是以外国国民收入不变为前提的，当外国也同时采取贸易保护措施时，不仅无法扩大本国的出口，反而会引起本国出口的急剧下降。与此同时，对外贸易乘数理论体现的是一种超贸易保护理论，其目的就是为发达国家摆脱滞胀、转嫁危机开路，在一定程度上助长了贸易保护主义的势头。

三、其他超保护贸易理论

（一）改善国际收支论

改善国际收支论主张以关税、配额等贸易保护措施限制进口、减少外汇支出，以达到迅速、有效改善国际收支的目的。改善国际收支论作为临时性紧急措施，能使一国的国际收支逆差状况暂时改善，因而发达国家和发展中国家不时求助于关税以减少其逆差。但是，该理论忽略了一个事实，即国际收支状况是出口和进口（或外汇流入与流出）的一种差额，仅减少进口并不能保证国际收支一定获得改善。若在本国限制进口的同时，外国采取报复手段或本国资源由出口部门转移至进口部门生产而使本国出口减少；或本国对进口品的需求缺乏弹性，关税也无法有效减少进口；或用于出口品生产的中间投入物进口减少或者价格上涨而削弱了出口能力；或本国进口减少导致外国的进口能力也随之下降；或本国进口减少而致本国货币汇率上升等。这些情况的发生均会使本国无法达到改善国际收支的目的。因此，改善国际收支的更有效办法应是改善经济结构、提高要素生产力，以增强本国产品的国际竞争力，使出口增加，吸引外汇流入。

（二）矫正国内市场扭曲论

传统贸易理论假设市场处于完全竞争状态，因而资源分配可达到最优化。然而，现实经济不符合完全竞争状态：商品市场存在垄断现象；生产要素市场各种人为的举措使要素不能完全移动，造成生产要素价格刚性，从而产生产业界的工资差异；再加上外部经济等因素，使价格机制无法促使资源配置，造成市场出现扭曲。市场扭曲是指阻碍市场机制达到帕累托最优状况的一切制度性原因，包括不完全竞争与市场机制失败两种情况。市场扭曲可能来自国内市场，也可能来自国外市场，无论来自何处，最佳的政策就是直接干预产生扭曲的市场。这种干预政策就是对国外市场扭曲采取征收关税措施，对国内市场扭曲采取非关税措施。

（三）保护就业论

保护就业的措施对短期内缓解失业压力有一定意义，尤其是在严重失业时期，诸如20世纪30年代，保护就业的措施不失为缓解失业的有效补救措施。但是，保护就业的措施并非解决失业问题的最佳途径，首先不一定十分有效。若一国通过关税等措施限制进口，其贸易伙伴的出口便会相应减少，贸易伙伴国的就业和收入随之下降，对进口品的支出因而减少，该国通过保护就业的措施所增加的就业就会在很大程度上被抵消。其次，该国有可能面对其他国家的报复，使关税等保护措施所获得的就业和收入提高无法长久维持。再次，保护措施的长期效果并不能增加就业。从长期看，一个国家必须有进口才能维持出口的扩张，从而真正增加就业。而保护措施只是使劳工由出口产业转到保护产业，使资源的使用效率降低、福利水平下降。因此，要提高本国的就业水平，财政政策和货币政策比保护政策更有效。

（四）保护公平竞争论

在国际贸易中，倾销、补贴等做法破坏了公平贸易这一国际贸易规则，因而必须以反倾销税、反补贴税等保护手段来抵制，以维护国际贸易的公平竞争。该论点在关贸总协定、世界贸易组织及许多国家的贸易立法中被采用。但是，在实践中，保护公平竞争论常常被滥用。一方面，因为一些国家实行保护，有时不加区别地对待普通的商业策略和不公平贸易行为。例如，有的国家对贸易对手国以低于国内市场价格进行的销售不分青红皂白地征收反倾销税。另一方面，各国对不公平竞争的解释不一致也导致了以公平贸易为由的保护手段的滥用。不公平竞争的定义已从最初针对国际贸易中因为政府参与而出现的不公平竞争行为发展到现在的伙伴国的市场开放不对等，甚至比较成本的差异这一贸易基础也被歪曲为不公平竞争。保护措施的滥用会使国际贸易偏离公平更远，因此各国应自觉采取真正能限制不公平贸易的正当措施。

第四节　发展中国家的贸易保护理论

劳尔·普雷维什（Roal Prebisch）——中心—外围论的创始者——是当代著名的阿根廷经济学家。他生于1901年，早年信奉新古典主义经济学，在1929年的大危机时期开始对传统经济理论产生怀疑。普雷维什曾担任该国央行机构的总经理、财政部副秘书长和政府主要经济顾问。1949年，他出任联合国拉丁美洲经济委员会的总秘书；1962年，担任拉丁美洲经济和社会计划研究所所长。在此期间，他深入考察了世界经济关系中的种种不平等现象，1950年发表了《拉丁美洲的经济发展及其主要问题》一文，被称为《拉美经委会宣言》，提出了著名的中心—外围论，并以此学说为基础分析了拉丁美洲发展中国家实现工业化的一套政策主张。

一、中心—外围论的核心理论

中心—外围论的核心理论是关于发展中国家发展的战略、道路等。在国际贸易方面，普雷维什对比较成本理论进行了彻底的批评，批判了比较成本理论中参加贸易的双方都可获利，并且劳动生产率低的发展中国家获利会更多的说法。

普雷维什基于对国际经济体系中心和外围的划分，以及对旧的分工和贸易格局下外围国家贸易条件长期恶化的分析，提出了外围发展中国家必须实行工业化的主张。他根据拉丁美洲各国的实际情况，提出了进口替代工业化的发展战略，即采取限制工业品进口的措施，努力发展本国工业，改变工业品依靠从中心国家进口的局面。随着世界经济形势的变化和拉丁美洲国家经济的发展，他又进一步提出了出口替代的发展战略，即大力发展本国工业品出口，改变出口商品结构，由以出口初级产品为主向出口工业品为主转变，使外围国家的工业更趋成熟。

二、贸易条件恶化论

1. 普雷维什命题

普雷维什认为，国际经济体系在结构上分为两部分：一部分是由发达工业国家构成的中心国家；另一部分是由发展中国家组成的外围国家。中心国家和外围国家在经济上是不平等的，中心国家是技术的创新者和传播者，外围国家是技术的模仿者和接受者；中心国家主要生产和出口制成品，外围国家主要生产和出口初级产品。制成品与初级产品进行交换的比价一般不利于发展中国家，因此外围国家的贸易条件越来越恶化，中心国家与外围国家的差距越来越大。

普雷维什认为，现存的“这种经济体系使中心国家大量侵吞外围国家的收入”，造成了“富国与贫国的经济差距越来越大”——这被称为“普雷维什命题”。

2. 普雷维什分析发展中国家贸易条件恶化的原因

第一，技术进步的利益主要被工业发达国家获得。一般来说，随着技术进步和劳动生产率的提高，单位商品的价格应该会下降，而且制造业部门的劳动生产率增长会快于原料部门，因此技术进步的结果应该是制成品的价格下降比原料快。但是，工业发达国家利用自己的支配地位，使生产要素的收入增长幅度大于劳动生产率的增长幅度，就会使制成品的价格不但没有随生产率的提高而下降，反而进一步上升。而发展中国家生产要素的收入增长幅度小于劳动生产率的增长幅度，因而其原料价格下降。于是，发展中国家因技术进步而产生的利益也被发达国家获得。

第二，制成品的市场结构具有垄断性。在经济繁荣时期，制成品和原料价格都会上涨，但在经济危机时期，由于制成品市场具有垄断性，因而其价格下降缓慢，而原料价格则比制成品价格的下降快得多。

第三，发达国家工会有较强的工资谈判能力。由于发达国家的工人运动有比较悠久的历史，形成了较强的工会力量，在经济危机时期能够尽可能抵制工资水平的下降，因而仍有可能维持较高的工资水平。发展中国家的劳动力供给通常超过需求，又缺乏强有力的工会组织，工资谈判能力弱，因而在危机时期难以阻挡劳动力的价格下降。

三、主要结论和政策建议

为了实现工业化，普雷维什主张外围国家实行贸易保护政策。他认为，在一个相当长的时期内，贸易保护政策是发展中国家发展工业所必需的；在出口替代阶段，为了鼓励制成品出口，除了实行保护关税政策外，还应有选择地实行出口补贴措施，以增强发展中国家的制成品在世界市场上的竞争力。普雷维什还指出，外围国家的保护政策与中心国家的保护政策性质不同。外围国家的保护是为了发展本国工业，有利于世界经济的全面发展，而中心国家的保护是对外围国家的歧视和遏制，不仅对外围国家不利，对于整个世界经济的发展也是不利的。

四、对中心—外围论的简要评价

中心—外围论的提出是以维护发展中国家的利益为基础的，对当代国际分工体系和国际贸易体系中存在的发达国家控制和剥削发展中国家的实质进行了深刻的剖析，从理论和实践上揭示了发达国家与发展中国家之间的不平等交换关系，指责了发达国家自由贸易政策的虚伪性。该理论倡导发展中国家应实施贸易保护政策、走工业化道路的主张和政策建议对经济落后的广大发展中国家有积极的指导意义。

第五节　战略性贸易政策理论

进入20世纪70年代以后，发达国家的经济增长普遍遇到了各种问题的困扰。为了刺激经济的发展，各国都在对外贸易方面出台了一系列政策和措施，战略性贸易政策就是其中有代表性的一种。按照美国经济学家保罗·克鲁格曼（Paul Krugman）的解释，所谓战略性贸易政策是指“通过鼓励特定产品的出口或限制其进口来达到改善经济绩效的政策”。

一、战略性贸易政策的理论基础

就理论而言，战略性贸易政策是基于经济学在20世纪的两个重要发展：一是不完全竞争的市场理论；二是生产中的规模经济理论。与传统的贸易理论相比，不完全竞争的市场理论和生产中的规模经济理论有一些新观点：第一，工业产品的世界市场不是完全竞争的，产品的差异性使得各国企业都有可能在某些工业产品上具有一定的垄断或垄断性竞争力量，从而占领部分市场、取得利润。第二，许多工业产品的生产具有规模经济，也就是生产越多，产品的单位成本越低。与这两点新认识相对应，便出现了具有战略意义的贸易政策。该政策试图解决怎样分享外国企业的垄断性利润，以提高国民福利。第三，通过帮助本国企业取得一定的市场份额，从而达到一定的生产规模，使企业成本下降，在国际竞争中获胜。

战略性贸易政策的理论基础有一个重要的特点，它既具有自由贸易政策理论基础的色彩，也具有贸易保护政策理论基础的色彩：一方面，该学说认为，贸易双方除了从资源和技术差异互补中得到利益外，贸易国还可通过专业化生产不同产品来获得规模经济，使本国消费者有机会以较低的价格享受对于同类产品不同品种的选择机会。此外，通过创造一个更大的、竞争性更强的市场，将竞争引入不完全竞争的次优世界中，贸易还能减少封闭情形下与不完全竞争相联系的各种扭曲。另一方面，该学说也认为，在规模收益递增和不完全竞争的情况下，市场本身的运行是处于一种次优的境界，这种次优的境界并不能保证潜在的收益一定能得以实现，因此适当的政府干预或许有可能改进市场的运行结果。具体说来，战略性贸易政策就是指一国通过出口补贴、关税等战略性措施来增强本国企业的国际竞争能力，从而实现下述目标：第一，分享外国企业的垄断利润；第二，取得一定的市场份额，并使专业分工朝着有利于自己的方向转化。

二、战略性贸易政策理论的主要观点

我们知道，从古典到现代，主流经济学一直坚持的信条是，自由贸易比限制贸易更有利于增加一国的国民福利，因此反对任何形式的贸易保护主义政策，尤其是反对出口补贴与高进口关税壁垒的保护主义政策措施。然而，主流经济学的这一信条在战略性贸易政策倡导者那里似乎遇到了挑战。战略性贸易政策理论将某些传统上属于保护主义的贸易政策提高到事关一国经济或产业发展的战略高度来看待，认为有些鼓励出口、限制进口的保护主义政策在现实中有利于促进国家特定产业的发展政策，因而有利于这些国家国民福利的增加。事实上，战略性贸易政策并非系统的贸易政策，而是经济学家对20世纪中后期西方大国产业政策、贸易政策与国际竞争之间联系的考察与理论反思。战略性贸易政策的论题广泛，因而吸引了许多经济学家的注意，但直到目前，战略性贸易政策理论依然缺乏完整的体系，有的只是一些论点，主要包括以下三个方面。

(一)“以补贴促进出口”论

该学说认为，传统贸易理论是建立在完全竞争的市场结构之上的，因而自由贸易政策为最优贸易政策。然而，在现实中，不完全竞争和规模经济普遍存在，市场结构是以寡头垄断为特征的。在寡头垄断市场结构下，产品的初始价格高于边际成本。政府通过对本国厂商生产和出口该产品进行补贴，包括直接补贴和减税，可使本国厂商实现规模经济，降低产品的边际成本，从而产品可以在国内外竞争中占有较大的市场份额并获得垄断利润；与此同时，未来规模经济的实现也可以为消费者带来利益。该学说根据产业组织理论和博弈论的研究成果，创造性地探讨了在不完全竞争和规模经济的条件下，政府的补贴政策对一国产业发展和贸易发展的影响，建立了战略性贸易政策理论的基本框架。

(二)“以进口保护促进出口”论

该学说认为，在寡头垄断市场和存在规模经济的条件下，对国内市场的保护可以促进本国的出口。因为进口保护措施可以为本国企业提供超过其国外竞争对手的规模经济优势。这种规模经济优势可以转化为更低的边际成本，其结果增强了本国厂商在国内外市场的竞争能力，最终达到促进出口的目的。也就是说，在不完全竞争和规模经济存在的条件下，一个受到保护的企业可以充分利用国内封闭起来的市场扩大生产，获取静态规模经济效益，不断降低产品生产的边际成本，通过销售经验的积累使销售成本沿着学习曲线不断下降，从而降低产品的总成本；同时，通过差异价格策略的采用，在国外市场借助倾销，扩大企业的市场份额。

在动态规模经济条件下，进口保护也能达到促进出口的目的。在此，规模经济表现为生产的边际成本随着研究与开发支出的增加而趋于下降，而本国厂商一旦在边际生产成本的竞争中处于优势，便可以达到促进出口的目的。

实际上，以进口保护促进出口实现的具体过程为：该国的进口保护措施为本国企业提供了超过国外竞争者的规模经济优势，这种规模经济优势将转化为更低的边际成本和更高的市场份额。其结果是，贸易障碍的设立进一步增强了本国厂商在对方国家和第三国市场上的竞争力，同时削弱了外国厂商在本国及第三国市场上的竞争力。正是由于存在着产量—边际成本—产量之间相互作用的机制，政府通过对本国市场的保护，可以为本国企业带来不断增大的规模经济效益，从而进一步提高企业的竞争能力，使该国企业在所有市场上扩大本国的销售量，减少外国企业的销售量。

"以进口保护促进出口"论进一步丰富和发展了战略性贸易政策理论，使人们对战略性贸易政策发生作用的机理更加清楚。

（三）"战略支持产业的外部经济效应"论

外部经济效应是指某一产业的经济活动对其他产业的有利影响。新兴的高技术产业往往具有这种积极的外部经济效应，其创造的知识、技术和新产品将对全社会的科技进步与经济增长起到积极的推动作用。

该学说认为，现实世界中存在着由于知识的无偿占用而导致的潜在市场失灵。也就是说，一些企业所创造的知识技术被其他企业无偿占用，但实际上这种知识生产所带来的外部经济效益并不对该知识技术的原创企业形成有益的正激励，因此原创企业感觉其投入与产出是不平衡的。如果这些原创企业得不到政府某种形式的补偿或扶持，就会逐渐丧失投资于高技术产业的原动力，而这有损于国家长远发展目标的实现。在这种条件下，只要外部经济效应比较重要和明显，政府的补贴与财政扶持在逻辑上就变得十分必要。

在发达国家，客观存在着这样一些产业，它们产业活动的核心就是不断地生产知识、技术，并利用生产出来的知识和技术制造及销售产品。政府给予财政支持的必要性在于，虽然这些企业可以获得它们对生产知识进行投资所带来的收益，但遗憾的是，它们并不能获取投资产生的全部利益。为了保护企业对于知识创造的热情、刺激企业的知识开发活动、扩大知识外溢所产生的经济效应，政府直接扶持这些产业的活动是十分必要的。

此外，该学说还认为，对合适的产业提供战略支持不仅能促进该行业的发展，使它在国内外市场的扩张成功，而且该国还能获取该行业（作为战略支持产业）得到迅速发展而产生的外部经济效应。但是，与其他战略贸易政策理论的原理相同，战略性产业的选择和扶持程度的确定相当关键。政府的补贴或扶持必须确保落到真正的高技术产业或企业，补贴或扶持的程度要根据外部经济效应的重要性来确定。

三、对战略性贸易政策理论的评价

综上所述，战略性贸易政策理论的核心是政府通过干预对外贸易和扶持战略产业的发展，实现一国在不完全竞争和规模经济条件下资源的次优配置。这对促进一国经济的发展和提高国际竞争能力无疑具有积极作用。但是，我们在肯定战略性贸易政策理论具有积极一面的同时，也必须指出该理论不成熟的一面，其理论和政策的主基调仍是零和博弈，一国的成功是以牺牲别国利益为代价的，这就容易引发贸易保护主义抬头以及遭受别国的报复。

相关链接：确保经济安全和整体福利的中国石油产业战略性贸易政策引导

目前，决定世界石油定价的有两大集团：一是通过金融市场形成定价机制的美欧集团；二是通过调节石油供给来影响国际石油价格的欧佩克石油组织。中国的目标不仅是要增强话语权，还要成为定价中心。为此，应逐步建立我国石油等品种的期货市场，形成我国自己的能源价格定价中心来影响国际价格，增强在国际市场中的话语权。要加强渠道控制，降低渠道可靠性变动造成的成本提升。通过战略进口政策对国内企业的引导，实现供应多元化。目前，我国应调整主要依赖中亚、中东等地石油进口的格局，缓解地缘政治危机引发的能源进口风险。要调整石油、天然气消费结构，加强天然气的供应和利用，缓解石油的供应压力，强化需求管理，减少向外界的利润转移。面对居高不下的石油价格，应制定针对性的战略进口政策，降低石油进口依存度。例如，加快国内石油勘探开采力度，选择性地增加国内开采量，开发具备开采价值的边际小油田，通过进口替代减少向外部的利润转移。

资料来源：佟家栋等：《论我国石油产业战略性贸易政策的实施》，载《开放导报》，2007-06。

第六节　贸易保护理论的新发展

自20世纪90年代以来，随着国际贸易的扩大和经济全球化的发展，各国在贸易领域的竞争日趋激烈。在这种形势下，各种形式的保护主义纷纷出现。多米尼克·萨尔瓦多(Dominick Salvatore）在《国际经济学》一书中列出的新贸易保护主义包括：自动出口限制，技术、行政与其他法规限制，国际卡塔尔，倾销，进出口补贴等。目前，较有代表性的新贸易保护主义包括地区经济主义新贸易保护论、国际劳动力价格均等化新贸易保护论以及环境优先新贸易保护论。

一、地区经济主义新贸易保护论

1994年，英国学者蒂姆·朗和科林·海兹在《新贸易保护主义》一书中提出，地区经济主义新贸易保护论“旨在通过减少国际贸易和对整个经济的重新定位及使其多样化，让它朝地区或国家内生产的最大化方向发展，然后以周边地区作为依赖对象，并且只把全球贸易作为最后选择”。该学说的代表人物是英国学者蒂姆·朗和科林·海兹，他们认为在目前的世界环境中，自由贸易带来的问题比其期望解决的问题多。鉴于自由贸易无法解决贸易与发展、贸易与环境等问题，因此必须用新的贸易保护主义取代它。新贸易保护主义主张：首先要加强地区间合作，实施新型的地区主义自力更生应该成为国家内部以及特定地区国家之间的一个共同目标，这样可以使它们在力所能及的范围内最大限度地满足需要和提供服务。如果经济活动是为自力更生提供服务，那么它们对国际贸易的依赖程度就会降低，经济增长受到的竞争影响也会减少，当生产和就业都为了满足地方需要而服务时，就应该重新将经济活动定位，使其摆脱出口导向的模式。

实行地区性贸易保护主义后，既可以利用本地资源来促进经济发展、增加福利，又可以改变发展中国家在国际贸易结构中的不利地位，同时也可以保护环境，促进人类的可持续发展；新贸易保护主义还主张，为了使地区经济发展，实现贸易平衡和保护世界环境，就需要一国根据预期的出口量控制进口量，并且使两者严格平衡，同时制定高标准的进出口限制规则。

二、国际劳动力价格均等化新贸易保护论

国际劳动力价格均等化新贸易保护论源于两位瑞典经济学家赫克歇尔和俄林提出的要素价格均等化学说。他们认为，国际贸易是因各国生产要素禀赋不同导致的生产要素价格差异所引起的，但国际贸易反过来也会影响生产要素的价格。他们还认为，国际贸易最重要的结果是各国都能更有效地利用各种生产要素，使生产要素在供求关系的影响下可在世界范围内自由流动，最终促使各国的要素价格自动趋于均等。

要素价格均等化学说的提出最初并未在贸易保护方面得到运用。然而，在 20 世纪 90 年代，随着一些发展中国家出口事业的迅速发展，西方各国国内主张对这些发展中国家实行贸易保护的呼声日益高涨，该理论就成为西方工业国进行贸易保护的理论工具。法国著名经济学家莫里斯就是国际劳动力价格均等化新贸易保护论的倡导者，他认为：由于西方发达国家的工资水平远远超过发展中国家，如果西方发达国家不对发展中国家实行贸易限制，将会造成发达国家工人的工资水平向低收入国家工人的工资水平看齐，从而导致发达国家工人的生活水平下降，因此发达国家应对发展中国家的劳动密集型产品实行贸易限制。欧美等发达国家也持有这种观点。据美国经济政策协会机构估算，仅北美自由贸易区协议的签订就使美国失去了 50 万人的就业机会。进入 20 世纪 80 年代后，发达国家受到低增长和高失业率的困扰，因而增加了对大工业的保护，抵制发展中国家的进口。1993 年，发展中国家将近 1/3 的出口产品受到发达国家的配额制和其他非关税壁垒的限制。

三、环境优先新贸易保护论

由于近 20 年来全球工业化加速，致使生态平衡遭到破坏、人类的生存环境日趋恶化。国际社会对环境问题以及全球经济可持续发展问题的关注，导致了诸多国际公约的产生。各国政府也相继制定了一系列法律、法规和政策措施，希望政府通过对自由贸易政策的干预，实现保护自然环境、改善生态环境的目的。在此背景下产生了环境优先新贸易保护论，它主要表现为借保护环境为名来限制商品的进口。该学说的主要论点是：由于生态系统面临巨大威胁，在国际贸易中应该优先考虑保护环境，减少污染产品的生产与销售。为了保护环境，任何国家都可以采取保护措施，限制对环境产生威胁的产品进口。同时，企业要将保护环境所耗费的成本计人产品价格之内，这就是环境成本内在化。事实上，进口国主要采用以技术壁垒和环境壁垒为核心的非关税壁垒措施，以保护环境、保护人类、保护动植物的生命健康安全为名，行贸易保护之实。

资料链接：新贸易保护主义理论的实质

新贸易保护主义理论从根本上削弱甚至使对方丧失国际竞争力。其主要表现在：通过征收高额的反倾销税等削弱对方国家的国际竞争力；通过设置技术性贸易壁垒，使发展中国家丧失高附加价值产品的国际竞争力；通过设置动植物检疫标准、劳工标准等，使发展中国家丧失在劳动密集型产品出口方面的国际竞争力。

新贸易保护主义理论借公平贸易为由，行贸易保护之实。例如，发达国家肆意挥舞反倾销的大棒，歧视发展中国家。反倾销措施是WTO所认可的维护国际经贸秩序、保护本国产业免受不合理侵犯和对付不公平竞争的合法措施，反倾销正是顺应了WTO所倡导的自由贸易需要合法适度保护这一固有要求而产生的，但发达国家并未严格按照反倾销守则去实施。而是借反倾销合法之名，行贸易保护之实。而今，反倾销已成为新贸易保护主义的主要贸易保护手段，其主要的指控对象是包括中国在内的所谓“非市场经济国家”。

新贸易保护主义理论对发达国家的贸易保护适得其反。新贸易保护主义理论重视环境保护符合人类可持续发展的目标，提出的劳工标准也有助于保护劳动者的基本权利。但是，该理论无视发达国家和发展中国家在环境保护及劳动条件方面的较大差距，将其与贸易挂钩并纳入WTO框架，这样不仅会削弱发展中国家在劳动密集型产品出口方面的优势，严重损害发展中国家的利益，而且由于发展中国家市场的萎缩，也必将影响发达国家的市场开拓。

本章小结

通过本章学习，可以：

1. 了解贸易保护主义的起源及发展。
2. 掌握对外贸易乘数论和发展中国家的贸易保护理论。
3. 熟悉当今存在的几种新贸易保护主义理论。
4. 特别关注战略性贸易政策理论及其在各国的应用。

本章关键词

幼稚产业保护论　　对外贸易乘数论　　战略性贸易政策理论

本章思考题

1. 李斯特幼稚产业保护论的主要内容是什么？
2. 幼稚产业的判定标准有哪些？
3. 对外贸易乘数论的基本观点是什么？
4. 对外贸易乘数论对我们有哪些启示？

5. 什么是战略性贸易政策理论?

6. 你是如何理解“战略支持产业的外部经济效应”论的?

2005 年，欧盟以保护环境为借口，颁布了《欧盟电子垃圾处理法案》，将保护环境的成本计入电子产品的价格之内，从而提高了电子产品向欧盟出口的价格。根据中国有关部门的初步调查显示，由于该法案的实施，使中国对欧盟出口的约 120 亿美元的机电产品被拒之门外。请从新贸易保护主义主张中寻找其理论依据并进行分析讨论。

第五章

国际贸易与利益分配

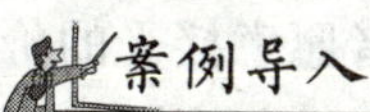

案例导入　　《谷物法》之争

19世纪初，英国正处于资产阶级工业革命时期，其工业得到了很大发展。当时，英国的贸易结构大致是出口劳动密集型的产品布，进口土地密集型的产品谷物。谷物的大量进口压低了国内谷物的价格，使农场主受到了损失；为了保护农场主的利益，英国于1815年修订了《谷物法》，增加了对农业歉收时期的保护措施。这个措施限制了谷物的进口，提高了国内谷物的价格，使农场主得到了实惠。然而，粮价的上升提高了工业部门的生产成本。另外，由于限制谷物的进口，引起其他国家采取报复措施，对来自英国的布及其他工业制成品也采取限制措施，致使英国的新兴资产阶级受到了很大损失。自此，发生了《谷物法》是否应该废除的大辩论。

允许廉价的谷物进口或废除《谷物法》绝对不利于地主阶级的经济利益，而有利于新兴资产阶级的利益。因此，地主阶级极力反对废除《谷物法》，而新兴的资产阶级极力主张废除《谷物法》。两大阶级各自陈述自己的理由，证明《谷物法》废除与否直接关系到英国的利益。实际上，其关键是哪个阶级的利益代表英国的最大利益，或者说哪个阶级在英国经济、政治中居主导地位。废除《谷物法》的斗争，实际上是两大阶级在经济利益驱使下所进行的斗争。从历史唯物主义的角度看，新兴资产阶级的利益得到维护将有利于英国经济的发展。幸运的是，英国的选择也是如此。在这场斗争中作为共同生产要素所有者的工人阶级——劳动力的所有者则无足轻重，因为他们的经济利益居于中性。

第一节　国际贸易的福利分析

一、国际贸易利益的一般均衡分析

一般均衡分析是指把各种市场和价格的相互作用都考虑进去的分析。一般均衡分析属于微观经济学范畴，主要考察产品市场上个别产品供求相互作用的关系以及要素市场上个别要素供求相互作用的关系。在国际贸易利益的均衡分析中，我们可以通过发生国际贸易时一种产品市场的消费者剩余、生产者剩余的改变来衡量整个国家的贸易利益。

需求曲线代表消费者在购买一定数量商品时愿意并有能力支付的价格。当购买量较少时，产品消费所产生的边际效用较高，消费者愿意支付较高的价格。随着消费量的增加，产品消费所带来的边际效用递减，人们愿意支付的价格也逐渐降低。然而，消费者在市场上实际支付的价格并不因为产品带来的效用不同而有差别，不管消费者愿意支付多少，他们最终支付的都是由市场决定的同一价格。如果市场价格低于消费者愿意支付的价格，消费者将因省钱获得了额外满足。此“愿意支付”和“实际支付”的差价或额外的满足，经济学称其为消费者剩余，如图 5—1 中 a 所表示的面积。

供给曲线代表生产者在销售一定数量商品时能够接受的最低价格。当生产量较少时，产品的边际成本较低，生产者要求得到较低的价格。由于产品的边际成本递增，随着生产量的增加，产品的边际成本增高，生产者能够接受的价格也逐渐增加。然而，消费者在市场上实际支付的价格并不因为产品的销售数量而有差别。无论不同生产者的产品边际成本是多少，他们得到的都是由市场决定的同一价格。如果市场价格高于生产者愿意接受的价格，则生产者获得了额外满足。此生产者愿意接受的价格（由供给曲线表示）与实际卖出价格（市场价格）的差额称为生产者剩余，如图 5—1 中 b 所表示的面积。

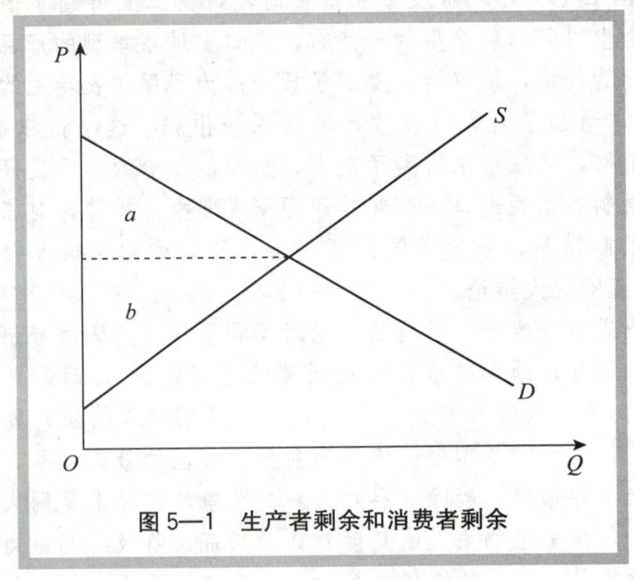

图 5—1　生产者剩余和消费者剩余

（一）国际贸易对进口国的福利分析

在此，我们假设有两个国家——中国和美国。中国是资本稀缺的国家，钢铁是资本密集的产品，因此钢铁是中国的进口产品。美国是劳动力稀缺的国家，小麦是劳动力密集的产品，因此小麦是美国的进口产品。

在封闭经济条件下，中国的钢铁价格由国内市场的供求状况决定，均衡价格为 P_d，此时国内供给量和国内需求量相等，均为 Q_e。对外贸易后，中国从美国进口钢铁。其结果是，原来供求均衡的国内钢铁市场出现过剩，造成国内的钢铁价格下跌，直至与国际市场价格一致。此时，钢铁价格稳定下来，新价格 P_w 比没有贸易时要低。在国际市场均衡价格水平 P_w（低于 P_d）下，国内生产者只愿意提供 Q_s 的钢铁，而在较低的价格水平，消费者愿意购买的数量增加至 Q_d，消费与国内生产的缺口 Q_dQ_s 被进口所填补，见图 5—2。

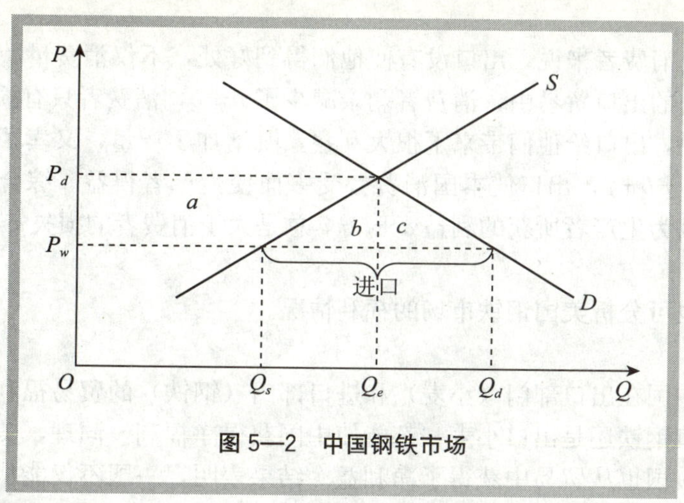

图 5—2 中国钢铁市场

对中国的钢铁生产者来说，自由贸易并非好事，因为在廉价进口产品的冲击下，生产者剩余减少了 a 部分。对钢铁的消费者来说，由于廉价外国产品的进口，他们可以付更少的钱而享受更多的产品，故消费者剩余增加了 $a+b+c$，多于生产者的损失。因此，进口使本国消费者受益而使生产者损失。综合考虑，中国进口钢铁仍然获利，因为消费者所获的利益 $a+b+c$ 总是大于生产者的损失 a，进口钢铁的纯利益是 $b+c$。

同理，我们也可分析美国小麦市场的福利情况。

（二）国际贸易对出口国的福利分析

在封闭经济条件下，中国小麦的价格由国内市场的供求状况决定，均衡价格为 P_d，此时国内供给量和国内需求量相等，均为 Q_e。中国小麦的均衡价格低于美国小麦的均衡价格，因此贸易后，中国向美国出口小麦。其结果是，原来供求均衡的国内小麦市场出现短缺，造成国内小麦价格上涨，直至与国际市场价格一致。此时，小麦停止出口并满足国内市场的需要。价格稳定后，新价格 P_w 比没有贸易时要高。在国际市场的均衡价格水平 P_w（高于 P_d）下，国内生产者愿意提供 Q_s 的小麦，而在较高的价格水平下，消费者愿意购买的数量减少至 Q_d，国内生产与消费的缺口 Q_sQ_d 为中国小麦产品的出口量，见图 5—3。

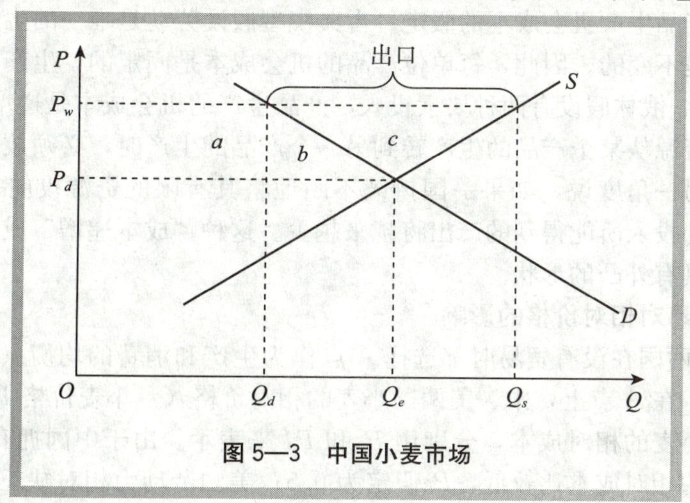

图 5—3 中国小麦市场

对中国的小麦消费者来说，出口没有使他们得到好处，不仅消费量减少，还要支付高价。因此，在小麦的出口贸易中，消费者剩余减少了 $a+b$，消费者只有损失没有获利。对小麦的生产者来说，出口给他们带来了很大利益，既增加了产量，又卖了高价。总之，生产者剩余增加了 $a+b+c$，出口使本国消费者受害而使生产者得益。综合考虑，中国出口小麦仍然获利，因为生产者所获的利益 $a+b+c$ 总是大于消费者的损失 $a+b$，故出口小麦的纯利益是 c。

同理，我们也可分析美国钢铁市场的福利情况。

（三）结论

前文分析了中国在出口部门（小麦）和进口部门（钢铁）的贸易福利效应，我们可以看出，不论是进口钢铁还是出口小麦，都能使中国获得净福利。同理，美国作为小麦的进口国、钢铁的出口国也从贸易中获得了净利益。结果表明，一国不仅能从扩大出口中获得利益，而且开放市场同样可以提高社会福利。国际贸易的结果不是“一赢一输”的零和博弈，而是双赢的局面。

二、国际贸易利益的总体均衡分析方法

总体均衡分析方法是指用生产可能性曲线和消费无差异曲线来分析贸易均衡的方法。这种方法把经济整体的相互依存关系全部考虑进去，并把货币机制抽象掉，可同时分析多个产品、多个市场的贸易情况，也称国际贸易的纯理论分析。在此，我们以 H-O 模型为基础来分析国际贸易利益。

与古典贸易模型相比，H-O 模型对一国生产可能性的假设有两个方面的不同：

第一，关于两国生产各种产品能力不同的原因。古典贸易模型解释为生产技术上的不同，H-O 模型则强调要素的禀赋不同。中国的劳动力资源相对充裕而资本相对不足，因此中国生产劳动密集型产品（小麦）的能力比生产资本密集型产品（钢铁）的能力要强，其生产可能性曲线偏向小麦。然而，美国生产钢铁的能力强于生产小麦的能力，其生产可能性曲线向钢铁倾斜。

第二，关于产品生产机会成本的假定。古典模型假设劳动是唯一的生产要素，每单位劳动投入的产出是不变的。因此，每单位产品的机会成本是固定的，生产可能性曲线是一条直线。赫克歇尔-俄林假设有两种要素投入，产品生产的机会成本是递增的。也就是说，当一国将其生产资源从某个产品的生产转到另一个产品的生产时，必须放弃的该产品的数量越来越大。从另一角度说，如果一国持续不断地将其有限的资源投向一种产品的生产时，每个新增加的投入所能得到的产出将越来越少。这种“成本递增”或“收益递减”的生产可能性曲线具有外凸的形状。

（一）国际贸易对相对价格的影响

图 5—4 中，两国在没有贸易时都选择 A 点作为生产和消费的均衡点，各国都只消费本国生产的产品。在 A 点上，中、美两国小麦的相对价格（＝小麦价格 P_w/钢铁价格 P_s）都等于本国生产小麦的相对成本，分别用 P_0 和 P_0^* 来表示。由于中国拥有充裕的劳动力，故中国生产小麦的相对成本比较低，P_0 假定为 0.5；美国劳动力相对缺乏，小麦生产的相

对成本比较高，P_0^* 假定为 1.5。而两国钢铁生产的相对价格（小麦相对价格的倒数）则正好相反，中国是 2，美国是 2/3。如果两国发生贸易，根据比较优势的原理，美国会向中国出口钢铁以换取小麦，中国会向美国出口小麦以换取钢铁。

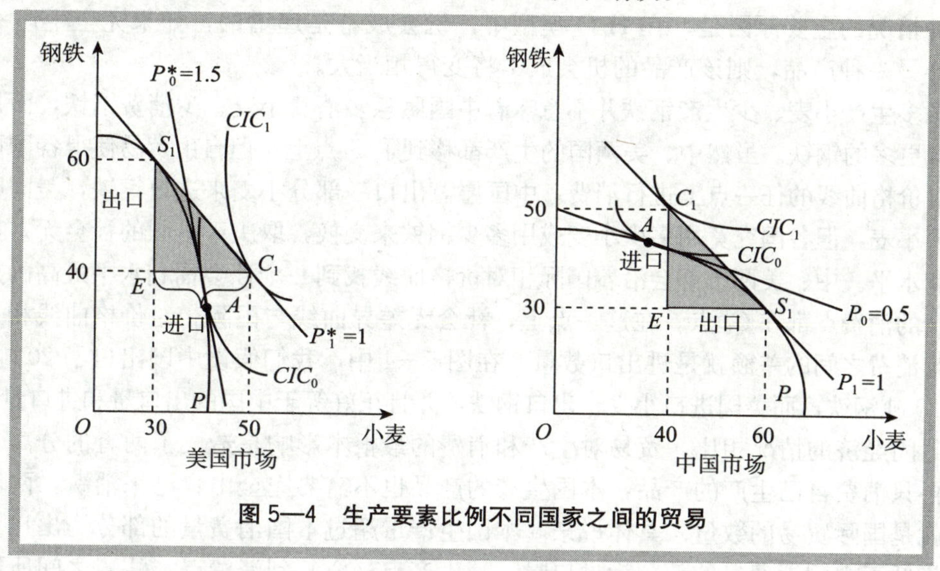

图 5—4 生产要素比例不同国家之间的贸易

自由贸易对各国经济的第一个直接影响是产品价格的变动。在总体均衡分析中，表现为产品相对价格的变化。在封闭经济中，中国小麦的相对价格低于美国。对于中国来说，出口小麦会使国内小麦的价格（P_w）上升，进口钢铁又会使国内钢铁市场的价格（P_s）下降，从而使小麦的相对价格上升（从 P_0 到 P_1）。对美国来说，情况正好相反，出口钢铁、进口小麦，小麦的相对价格下降（从 P_0^* 到 P_1^*）。在自由贸易的情况下，只要中国小麦的相对价格低于美国，中国的小麦就会不断地出口到美国，美国的钢铁就会出口到中国，直至两国小麦的相对价格相等为止。这个相等的相对价格也是两国进行贸易的国际相对价格。

两国进行交换的国际相对价格的最终确定取决于国际市场上的相对供求关系。在决定小麦的相对价格过程中，中国是相对供给方，美国是相对需求方。从中国方面来说，希望小麦的相对价格越高越好，至少不能低于封闭时的 0.5，否则就没有动力从事国际贸易。对美国来说，希望小麦的相对价格越低越好，至少要比自给自足时的 1.5 低，否则也没有必要与中国交换。因此，我们至少可以知道国际小麦相对价格的两个边界分别是中、美两国在没有贸易时的国内相对价格。也就是说，最终进行交易的国际相对价格一定高于 0.5、低于 1.5。在图 5—4 中，我们分别用 P_1 及 P_1^*（假定数值 1）表示中国小麦和美国小麦的相对价格。

（二）国际贸易对生产和消费的影响

产品相对价格的变化会影响两国的生产和消费。由于国际市场相对价格为每吨小麦可以交换 1 吨钢铁。在中国，小麦相对价格的上升（钢铁相对价格下降）使得中国小麦生产增加、钢铁生产减少。在美国，更多的资源会被用来生产钢铁，同时减少小麦的生产，各国的生产点都会从原来没有贸易时的 A 点向 S_1 点转移，在新的生产均衡点 S_1 上，国际相对价格曲线与各国的生产可能性曲线相切，小麦的相对成本等于小麦的国际相对价格。

国际贸易产生的价格变化会引起生产的变动，形成中国多生产小麦、美国多生产钢铁的“国际分工”局面。但与斯密和李嘉图模型不同的一点是，H-O模型中的分工不是完全的，各国的生产只是“多”生产本国拥有比较优势的产品，而非“完全”生产这种产品。出现这种情况的主要原因是，在H-O模型中，机会成本是递增的，如果完全生产一种产品而放弃另一种产品，则该产品的机会成本将变得相当大。

中国多生产小麦、少生产钢铁并不意味着中国愿意多消费小麦、少消费钢铁，而是用小麦来换取更多的钢铁。虽然中、美两国的生产都移到了S_1点上，但自由贸易使得各国可以在国际相对价格曲线的任一点上进行消费。中国愿意出口一部分小麦来进口钢铁，美国则希望用钢铁换小麦，但各国究竟用多少小麦或用多少钢铁来交换，取决于本国的社会无差异曲线的偏向和水平。中、美两国都会沿着国际相对价格曲线找到一个社会福利水平最高的点进行消费，新的消费点都在C_1点。在这一点上，社会无差异曲线与国际相对价格曲线相切，两国生产与消费之间的差额就是进出口数量。在图5—4中，我们假设中国出口了20吨小麦、进口了20吨钢铁，而美国进口小麦、出口钢铁，并且正好等于中国的出口量和进口量。

与封闭经济的情况相比，贸易对生产和消费的最根本影响是造成了两者的分离。任何一国不再只消费自己生产的产品，本国生产的产品也不需要完全由自己来消费，两者之间的差额就是国际贸易的数量。具体说来，本国生产量超过本国消费量的部分为出口量，本国生产量低于本国消费量的部分为进口量。从生产点（S_1）到消费点（C_1）之间所形成的三角形（阴影部分）被称为贸易三角。在两国的贸易模型中，两个贸易三角是相等的。

（三）国际贸易的收益分析

衡量国际贸易的收益，我们既可以从整体上做抽象说明，也可以针对个别商品做具体计算。下面仍用生产可能性曲线和社会无差异曲线来说明一国的贸易收益。

图5—5显示了中国在贸易前（后）的情况。在没有贸易的情况下，中国的生产和消费都在A点。在有限的生产资源限制下，A点是最佳的选择，因为A点的消费组合使整个社会的福利水平达到最高。如果用社会无差异曲线来表示社会效用或福利水平，则没有贸易时中国社会的福利水平是CIC_0。

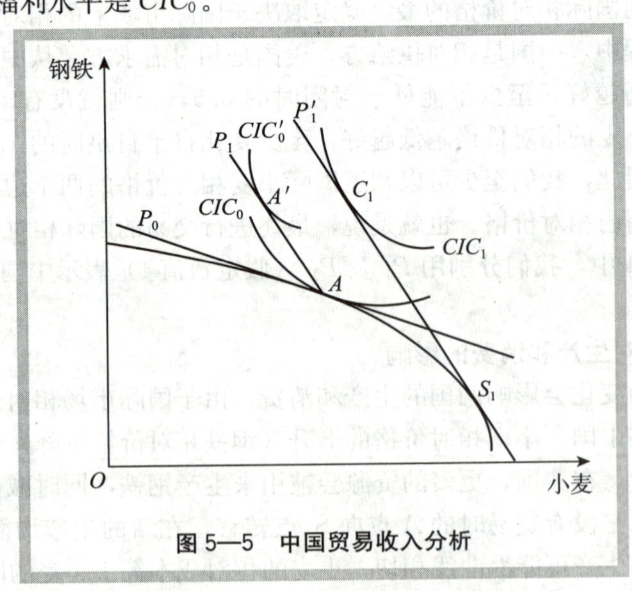

图5—5　中国贸易收入分析

根据我们的假定，中国拥有生产小麦的相对优势和生产钢铁的相对劣势，因此在贸易时，中国会出口小麦、进口钢铁。进出口的结果使国内小麦的相对价格从 P_0 上涨到 P_1（图中直线 P_1、直线 P_1' 的斜率相同，说明 $P_1=P_1'$），即中国的小麦生产增加、钢铁生产减少，生产点由 A 点转移到 S_1 点。然而，中国的消费组合却不必跟着转移到 S_1 点。中国可以按照国际市场的价格高价出口小麦、低价进口钢铁，最终使小麦和钢铁的消费都超过没有贸易时的水平而达到 C_1 点。

在 C_1 点上，中国对小麦和钢铁两种产品的消费都比原来多，而且在生产可能性曲线以外的水平上消费。如果我们用社会无差异曲线离原点的远近来表示社会福利程度的高低，那么 C_1 点所达到的社会福利水平（CIC_1）显然高于 A 点的社会福利水平（CIC_0）。整个社会的贸易利益可以用社会福利水平的提高来衡量：贸易使一国可以消费超出其生产能力的产品，提高社会的满足程度。

在以上贸易利益的分析中，从 CIC_0 到 CIC_1 表示的是全部的贸易利益。如果进一步分析，贸易利益主要来自两个方面：一方面来自商品的交换，另一方面来自对生产的调整。在贸易前，中国的小麦便宜、钢铁昂贵，而美国的钢铁便宜、小麦昂贵。即使中国不改变原来的生产结构，仅将生产出来的一部分小麦用于出口换取美国的钢铁，就可以获得利益。在图 5—5 中，这种单纯交换使中国的消费点从 A 点移到 A' 点，从而使社会福利增加（从 CIC_0 到 CIC_0'）。事实上，为了发挥小麦生产中的比较优势，中国会进一步调整生产结构，将生产点从 A 点移到 S_1 点，以便多生产小麦来交换钢铁，从而使消费从 A' 点移到 C_1 点，其收益则更大（从曲线 CIC_0' 移到曲线 CIC_1）。

第二节　生产要素价格和收入的短期变动

在微观经济学中，关于供给面的分析通常分为短期分析和长期分析两种，短期和长期并不是完全按时间长短划分的，主要视生产要素的流动性而定。要素禀赋理论出现之后，随着时间的发展，经济学家又将短期因素引入到要素禀赋理论框架中，进一步丰富了原有的理论。本节介绍要素禀赋理论的短期分析——特定要素模型。在国际贸易理论中，特定要素模型主要用于解释短期内国际贸易对收入分配的影响。

在 H-O 模型中，我们假设只有两种要素、两种产品，即产品与要素的种类相等。如果要素种类多于产品种类，比如说三种要素、两种产品，则贸易对生产和收入分配的影响是不同的。三种要素、两种产品模型也称特定要素模型，其基本思想可追溯到 20 世纪 30 年代的哈伯勒（1936）、哈罗德（1939）、俄林（1933）等，真正建立模型并进行系统分析的是萨缪尔森和琼斯。20 世纪 70 年代后期，尼瑞、马萨又对此做了进一步分析，将特定要素模型看作短期内某些要素不能流动的 H-O 模型。

一、特定要素

特定要素是指那些只能用于某产品生产而不能用于其他产品生产的要素。从要素的物质形态来看，不同的产品生产都需要不同的生产手段、不同的生产工具和具有不同技能的劳动力，这些要素往往无法不经任何改动或培训就用于其他产品的生产，因此从这个意义上说，它们具有专用性。例如，生产轿车的生产工具就不能用于生产电脑，进行石油炼制的技术人员也不能从事轿车的生产。

另一种考察特定要素的视角是时间的长短。经济学在分析经济行为时常常根据某些变量的可调整性分为长期和短期。在短期内，经济学分析的变量来不及变动。例如，某种要素的价格因为种种原因上涨了，厂商也会降低对这种要素的需求；然而，在短期内，厂商来不及用更便宜的要素来取代较为昂贵的要素，主要是因为生产过程来不及调整。但是，只要时间足够长，厂商就可能对要素的价格变化做出反应。例如，厂商可以改变技术和生产过程，也可以改变产出量，使之与改变价格后新的均衡要素需求量相匹配。所以，特定要素模型是一种短期分析。

由于厂商不能调整特定要素的数量，一旦遇到产品价格变动，特定要素的报酬就会有较大变动。例如，当汽车价格上升时，汽车产量增加，但生产汽车的特定要素（如由流水线组成的实物资本）不能增加，这些特定要素与更多的可变要素（如劳动）结合，它的边际产出也将提高，最终特定要素的实际报酬也将提高，反之则下降。下面主要介绍特定要素模型及其在国际贸易中的应用。

二、特定要素模型的基本假设

特定要素模型的基本结构与要素禀赋理论模型是一致的，差别在于：前者在生产函数中有特定要素，它不能随要素报酬变化而调整。具体说来，该模型包括以下几个假设条件：

(1) 两种产品：小麦和钢铁。

(2) 三种要素投入：劳动 L、资本 K、土地 T。其中，资本、土地是特定要素，资本只用于钢铁，土地只用于小麦；劳动是公共要素，在两种产品的生产中都需要使用。

(3) 各个要素达到充分利用，所有的资本和土地都分别用于生产小麦和钢铁。

(4) 劳动资源总量为：

$$L=L_w+L_s$$

式中，L_w 为用于生产小麦的劳动；L_s 为用于生产钢铁的劳动。

(5) 生产要素在各国之间不能自由流动。

根据上述假设，小麦和钢铁的生产函数可表示为：

$$Q_w=f(T, L_w)$$

$$Q_s=f(K, L_s)$$

在特定要素不变时，钢铁与小麦的产量分别是用于这两种产品生产的劳动投入的函数。

一般来说，在生产一种产品时，当一种生产要素的投入量保持不变时，增加另一种生产要素的投入量，将增加该产品的生产量，但其边际产量将会减少。因为当一定量的某种生产要素与另一种不断增加的生产要素相结合时，将影响到不断增加投入的生产要素的生产效率，表现为增加的那种生产要素的生产率或产出率下降，即边际物质产品下降。图

5—6 的左图横轴表示在土地（或资本）不变时劳动的投入量，纵轴表示劳动的边际产量 MP_l。显然，由于土地（或资本）的投入不变，因而新增每单位劳动力所增加的产品数量逐渐减少，即劳动的边际产量减少。但是，这并不意味劳动增加导致产品的总产量减少。图 5—6 的右图所示，横轴代表在土地（或资本）不变时劳动的投入量，纵轴表示产品的总产量。由图可知，随着劳动投入量的增加，总产量也不断增加。

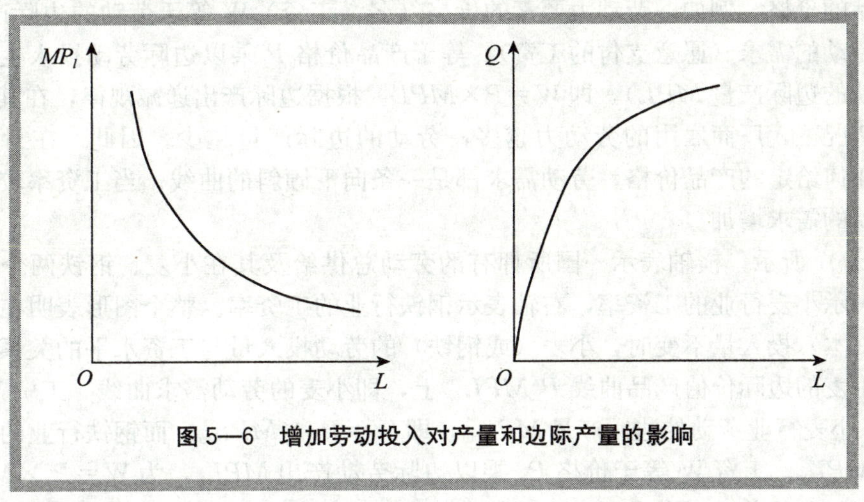

图 5—6　增加劳动投入对产量和边际产量的影响

三、封闭条件下的要素收益

由于劳动是公共要素，它可在两个部门间自由流动。劳动究竟怎样在两个部门之间分配，取决于劳动市场上的供给与需求。根据完全竞争和充分就业的假定，在市场均衡工资下，本国劳动的总供给（L）等于小麦生产中使用的劳动（L_w）和钢铁生产中使用的劳动（L_s）之和，即 $L=L_w+L_s$。图 5—7 显示了两个行业对劳动的需求和劳动总供给。

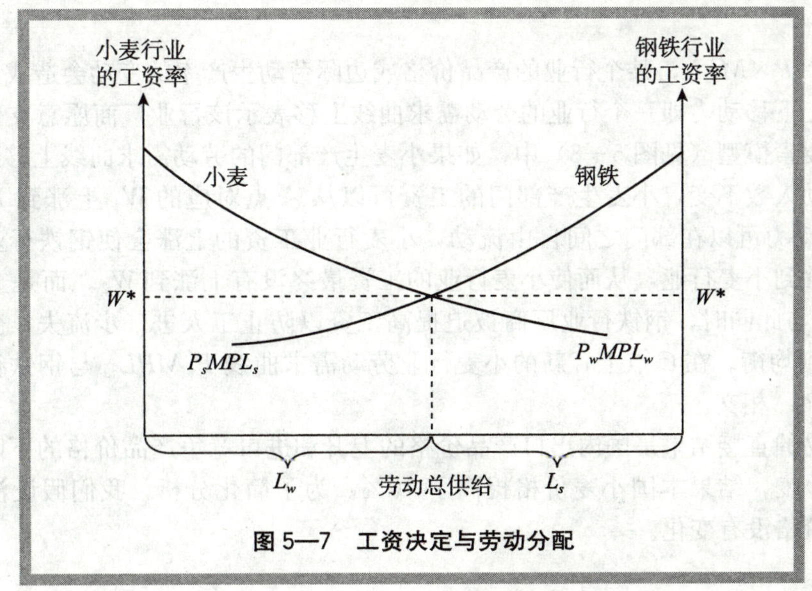

图 5—7　工资决定与劳动分配

各行业对劳动的需求由边际劳动生产率和产品价格决定。为了追求利润最大化，厂商支付的生产要素的名义价格等于该要素的边际价值产品。边际价值产品是指在投入两种生产要素的情况下，如果其中一种生产要素的投入量保持不变，增加一单位另一种生产要素投入所带来的产品价值。边际价值产品取决于两个因素，一个是生产要素的边际产量，另一个是产品的价格。例如，劳动力要素的价格（名义工资）W 等于劳动的边际产品价值，即厂商对劳动的需求（愿意支付的工资），等于产品价格 P 乘以边际劳动投入生产的产品数量（劳动的边际产量 MPL），即 $W=P\times MPL$。根据边际产出递减规律，在其他要素投入不变的情况下，厂商雇用的劳动力越多，劳动的边际产量越少。因此，在封闭的情况下，对于任何给定的产品价格，劳动需求都是一条向下倾斜的曲线；当工资率较低时，该行业对劳动的需求增加。

如图 5—7 所示，横轴表示一国所拥有的劳动总供给及其在小麦、钢铁两个行业的分配，左轴表示小麦行业的工资率，右轴表示钢铁行业的工资率。整个图形表明在特定要素土地（或资本）投入量不变时，小麦（或钢铁）的劳动投入量与工资水平的关系。这种关系反映在小麦的边际价值产品曲线 P_wMPL_w 上，即小麦的劳动需求曲线。工资 W 等于价格 P_w 乘以小麦行业劳动的边际产量 MPL_w，即 $W=P_w\times MPL_w$；而钢铁行业的劳动需求曲线为 P_sMPL_s。工资 W 等于价格 P_s 乘以边际劳动产出 MPL_s，为 $W=P_s\times MPL_s$。因此，当两个行业的劳动工资为 W^* 时，小麦对劳动的需求为 L_w，钢铁对劳动的需求为 L_s。此时，两个行业雇用的劳动之和等于劳动总供给，因而劳动市场达到均衡。其中，工资水平 W^* 以下的面积代表了两个部门的劳动总收益，$W^*\times L_w$ 部分为小麦行业的劳动收益，$W^*\times L_s$ 为钢铁行业的劳动所得。工资水平 W^* 以上、劳动需求曲线以下的部分分别表示特定要素的收益。P_wMPL_w 以下、W^* 以上的类三角形面积是土地的总收益，P_sMPL_s 以下、W^* 以上的类三角形面积是资本的总收益。

四、国际贸易对要素收益的影响

根据 $W=P\times MPL$，某个行业的产品价格或边际劳动生产率的变动会造成该行业劳动需求曲线的上下移动，即一个行业的劳动需求曲线上移表示该行业厂商愿意支付更高的工资。在特定要素模型（见图 5—8）中，如果小麦生产部门的劳动需求曲线上移到 P'_wMPL_w 而雇用的劳动人数不变，小麦生产部门的工资可以从 A 点对应的 W_1 上涨到 B 点对应的 W_2。由于劳动力可以在部门之间自由流动，小麦行业工资的上涨会使钢铁行业中的一部分劳动力转移到小麦行业，从而使小麦行业的工资最终没有上涨到 W_2，而是上升到 C 点对应的 W_3。与此同时，钢铁行业厂商被迫提高工资以防止工人进一步流失，劳动市场最终在 C 点达到均衡。在 C 点上，新的小麦行业劳动需求曲线 P'_wMPL_w 与钢铁行业劳动需求曲线 P_sMPL_s 相交。

国际贸易的直接结果是国内出口产品价格的上升和进口竞争产品价格的下降。现在假设本国出口小麦，结果本国小麦价格提高了 10%。为了简化分析，我们假设没有进口钢铁，即钢铁价格没有变化。

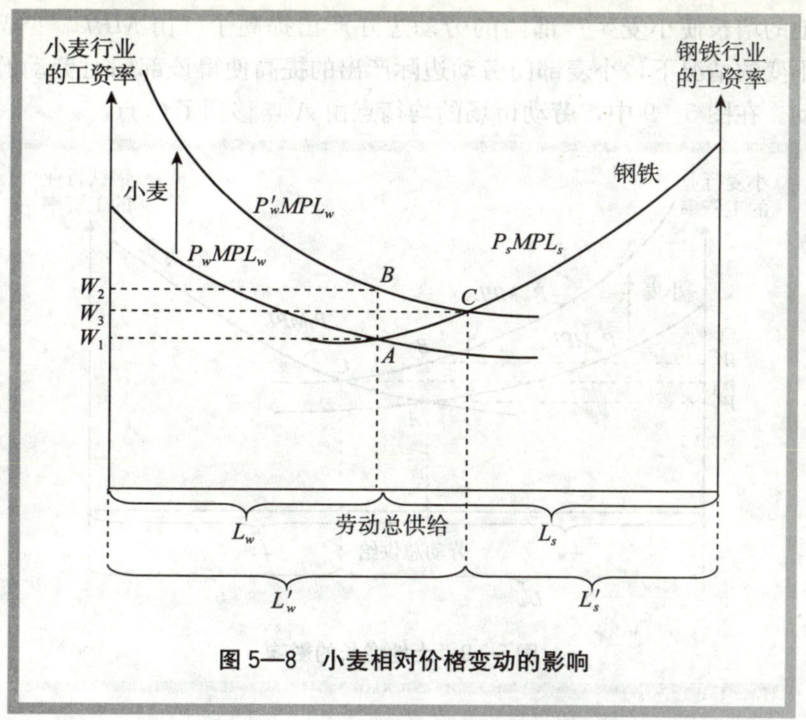

图 5—8　小麦相对价格变动的影响

小麦价格（P_w）上升 10%使得小麦生产部门的劳动需求曲线成比例地向上移动了10%。新的小麦行业劳动需求曲线与钢铁行业劳动需求曲线相交，市场均衡点从 B 点移到 C 点，劳动名义工资上涨不到 10%。在新的劳动市场均衡点上，我们可以看到以下结果：

(1) 在劳动总量不变的情况下，小麦行业的劳动投入 L_w 增加，钢铁行业的劳动投入 L_s 减少。

(2) 名义工资上升，但上升幅度小于小麦价格上升的幅度。用名义工资衡量的劳动收益率增加，但实际工资是否增加不能确定，取决于用什么产品价格衡量，或取决于两种产品价格的权重。因为名义工资的上涨幅度低于小麦价格的上涨幅度，所以用小麦价格衡量的实际工资下降；若用钢铁价格衡量，则实际工资提高。

(3) 由于劳动力更多地流向小麦行业，因而小麦行业的土地边际产出增加，故实际的土地收益率增加；与此同时，小麦的价格上涨，所以名义的土地收益率也是增长的。也就是说，小麦行业的特定要素（土地）收益率，无论是名义的收益率还是实际的收益率都是增加的。

(4) 由于部分劳动力流出钢铁行业，因而钢铁行业的资本边际产出减少，故实际的资本收益率减少；与此同时，钢铁的价格不变，所以名义的资本收益率也是减少的。也就是说，钢铁行业的特定要素（资本）收益率减少，无论是名义的收益率还是实际的收益率都是如此。

五、特定要素增长对要素收益的影响

假定其他条件不变，一国的特定要素（如土地）增加了。由于土地只用于小麦的生产，所以土地的增长使小麦生产部门的劳动边际产出提高了（由 MPL_w 变成了 MPL'_w）。在产品价格不变的情况下，小麦部门劳动边际产出的提高使得该部门对劳动的需求曲线按比例向上移动。在图 5—9 中，劳动市场的均衡点由 A 点移到了 C 点。

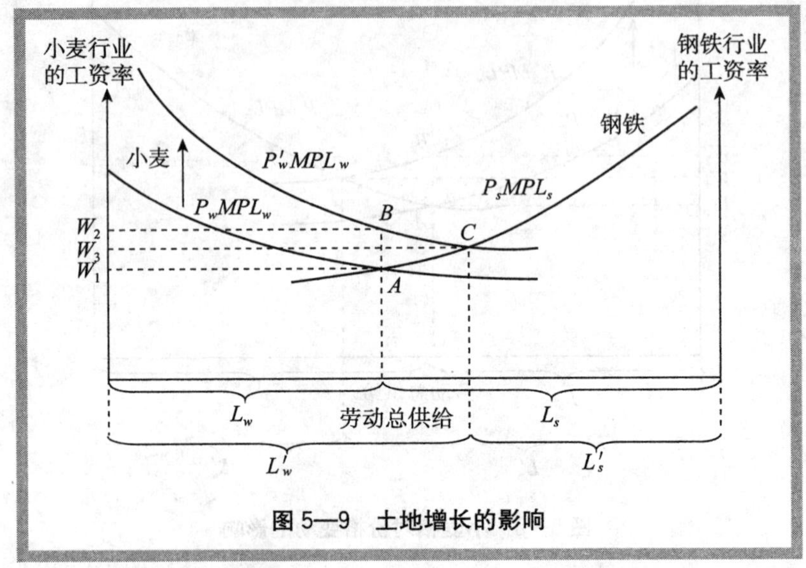

图 5—9　土地增长的影响

（1）由于部分劳动力流出钢铁行业，因而钢铁行业的资本边际产出减少，故实际资本收益率减少；与此同时，钢铁产品的价格不变，所以名义的资本收益率也是减少的。也就是说，钢铁行业的特定要素（资本）收益率减少，无论是名义的收益率还是实际的收益率都是如此。

（2）由于产品价格没有变动，所以随着工资的上升，劳动的名义收益与实际收益都有所提高。

（3）由劳动需求曲线以下的面积增加，可以看出土地的名义总收益和实际总收益都增加了，但由于土地总量也比以前多了，所以土地的收益率（土地的平均收益）是否提高，从图中无法确定。

相应地，如果资本供给增加，那么钢铁部门的劳动边际产出会提高，从而使劳动力从小麦部门向钢铁部门转移，并使钢铁生产增加、小麦生产减少。其结果是劳动收益提高、土地收益下降、资本总收益增加，但每单位资本的收益是否提高不能确定。

六、公共要素增长对要素收益的影响

如果特定要素的供给不变，而公共要素（劳动）的供给增加，则原来的劳动力市场规模扩大。

在图 5—10 中，劳动力市场规模扩大表现为劳动力市场边界的扩展，致使钢铁部门的劳动需求曲线向右平移。由于产品价格和劳动边际产出都没有发生变化，因此这两个部门的劳动需求曲线没有变动，只是由于劳动供给的增长，导致两条劳动需求曲线之间的距离扩大了。

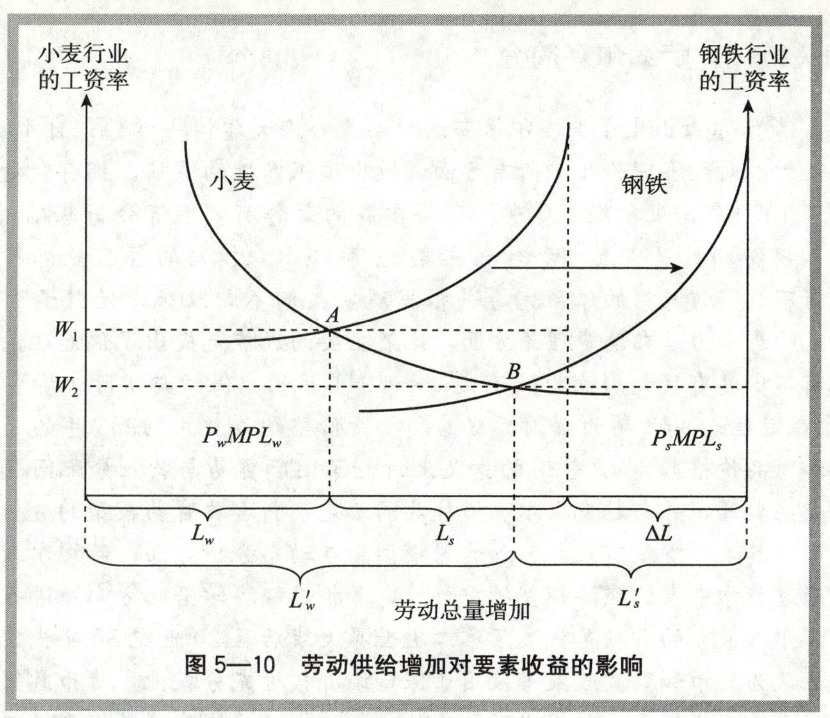

图 5—10　劳动供给增加对要素收益的影响

如果还按原来的工资水平 W_1 支付，那么这两个部门的劳动需求量不会增加。此时，劳动力市场会出现供大于求的情况，即出现失业，而且失业人数正好等于新增的劳动力人数 ΔL。实际上，劳动力市场的边界向左、向右或者向两边扩展，而两条劳动需求曲线相应地向左、向右或者向两边平移都可以，其结果是一样的。

过剩的劳动力会给市场工资带来压力。失业的劳动力愿意以较低的工资工作，两个生产部门也会在较低的工资下增加劳动投入。劳动力市场调整的最终结果是工资下降到 W_2，新增的劳动供给量 ΔL 分别被两个部门雇用，劳动力市场达到了新的均衡点 B 点。

公共生产要素（劳动）增长的结果是：

（1）两个部门的劳动投入都增加，但增加的幅度不一定相同，取决于各个部门的劳动需求弹性。在同样的工资下降幅度下，劳动需求弹性大的部门劳动投入增加的幅度大。

（2）名义工资和实际工资都下降，公共生产要素的收益率下降。

（3）两个部门特定要素的名义收益和实际收益都增加。

第三节　生产要素价格均等与收入分配

赫克歇尔和俄林在要素禀赋理论中不仅研究了贸易模式的决定因素，还讨论了国际贸易对收入分配的影响。在此基础上，许多经济学家进一步分析了国际贸易对本国要素收益分配以及对各国收益差距的影响，发展和完善了要素禀赋理论体系。从长期来看，一国国内的生产要素都能自由流动，斯托尔帕-萨缪尔森定理研究的问题便是长期内国际贸易对国内不同要素实际收益的影响。

相关链接：萨缪尔森简介

1915 年，萨缪尔森出生于美国印第安纳州，获哈佛大学博士学位；自 1940 年起在麻省理工学院任教，对经济理论几乎所有方面都做出过根本性的贡献，拥有数量众多的研究成果并获得了 1970 年诺贝尔经济学奖。萨缪尔森的著作有《经济分析基础》、《经济学、线性规划和经济分析》及五卷《科学论文集》。萨缪尔森撰写的著名教科书《经济学》，几十年来流行不衰。该教材的体系完善并根据现实案例不断改版，吸引了无数经济学学生，具有非凡的影响力。在消费理论方面，他最主要的成就是提出了偏好理论。在国际贸易方面，他有不少具有巨大影响力的论文，如 1941 年的《保护与实际工资》提出了斯托尔珀-萨缪尔森定理；1948 年的《国际贸易和要素价格均等化》、1953 年的《一般均衡中的要素价格和商品价格》，在更普遍的意义上讨论了国际贸易与收入分配问题。其对贸易理论的贡献是经典的，并与赫克歇尔和俄林共同奠定了新古典贸易模型的分析框架。在宏观经济学方面，其主要贡献有乘数、加速器模型。在动态分析方面，萨缪尔森有很高的声望，他坚信通过数学来表达经济模型的重要性，并推动经济学沿此方向演进并做出了非凡的贡献。萨缪尔森最大的贡献是代表了第二次世界大战后至 20 世纪 80 年代宏观经济学的主流观点，他认为货币和财政政策可被用于保持经济接近充分就业，货币政策—财政政策可以混合运用来决定投资率，并提供了简单的一般均衡结构消费贷款模型，以模拟生活周期最大化的时际问题。该论点影响巨大、广为流行。

一、基本假设

(1) 世界上有两个国家——中国和美国，生产两种产品——小麦和钢铁，使用两种生产要素——劳动和资本。

(2) 在两种产品的生产中，小麦是劳动密集型产品，钢铁是资本密集型产品。

(3) 中国劳动力要素丰裕，美国资本要素丰裕。

(4) 生产要素的存量一定，即不会发生要素存量的变化。

(5) 生产要素在国与国之间不流动。

(6) 生产要素得到充分利用。

(7) 两国实行自由贸易，不存在贸易的障碍和运输费用。

根据厂商利润最大化原则，劳动收益由劳动边际产品价值决定，资本收益由资本边际产品价值决定。如果劳动收益由工资（W）代表，资本收益由利润（R）代表，则

$$W=P\times MPL$$

$$R=P\times MPK$$

式中，P 为产品价格；MPL 为劳动边际产量，即边际劳动生产率；MPK 为资本边际产量，即边际资本生产率。

可见，国际贸易对生产要素收益（W、R）的影响，将通过产品价格和边际要素生产率的变化产生。其中，产品价格变化是国际贸易的直接结果，在短期内就会影响工资、利

润；而要素的边际产量是生产组合变动、生产要素流动的结果，需要经过一段时间，只有在长期才会对工资、利润产生影响。因此，分析有短期和长期之分。

二、国际贸易对本国生产要素收益的影响

在国际贸易中，出口使本国生产者盈利，进口使本国生产者受损。生产者包括参与生产的所有要素，如劳动、资本、土地等。生产者由于国际贸易受益或受损，并不意味着该产品生产中的所有要素都受益或受损。

(一) 短期影响

假设生产要素不能在行业间流动。尽管各行业的工资、利润会因贸易而产生变化，但劳动力和资本还没有足够的时间来变换工作和重新投资，所以短期内各行业劳动力和资本的数量都没有改变，劳动、资本的边际生产率没有变动，则工资、利润的变动主要由产品价格的变动来决定。

对于劳动密集型产品，有

W_w(上升) = P_w(上升) × MPL(短期不变)

R_w(上升) = P_w(上升) × MPK(短期不变)

对于资本密集型产品，有

W_s(下降) = P_s(下降) × MPL(短期不变)

R_s(下降) = P_s(下降) × MPK(短期不变)

其中，由于中国出口小麦、进口钢铁，造成小麦价格上升、钢铁价格下跌，由此导致小麦产业的工资、利润都会增加，钢铁产业的工资、利润都会下降。短期内，价格上升的出口行业的所有生产要素都会获益；相反，价格下降的进口行业的所有生产要素都会受损。

(二) 长期影响：斯托尔珀-萨缪尔森定理

在长期，生产要素可以在各行业间流动，各行业的生产、投资会由于贸易发展而调整。例如，出口行业价格上升、生产扩大，进口行业价格下降、生产缩减，生产要素量因此变动。各国经济处于充分就业，没有闲置要素，生产要素在行业间流动，一个行业使用的生产要素增加，另一行业使用的生产要素必定减少。短期内，由于贸易使出口行业所有要素的收益都增加，因而进口行业所有要素的收益都下降。其结果是，生产要素会向收益高的行业流动，即长期内劳动和资本会从进口行业向出口行业转移。

中国进口的钢铁属于资本密集型产品，资本所占比例高。当钢铁生产减少时，转移出来的资本较多、劳动力较少，而出口的小麦属于劳动密集型产品，小麦生产扩大时所需的劳动力超过对资本的需求。

生产要素自由流动导致社会劳动因为小麦生产扩大变得相对不足、资本因为钢铁生产减少变得相对过剩，如果按原有资本、劳动比例进行生产，则部分资本会闲置。

由于要素市场完全竞争、要素间可互相替代，因而各类要素会被充分使用。此外，资本闲置后会相对便宜且容易获得，所以闲置资本会被两个行业共同吸收使用。钢铁生产、小麦生产都会比以前使用更多的资本，用以替代相对不足的劳动力，因此两个行业的劳

动、资本比例（人均资本）都会增加。两个行业的劳动边际生产率都会由于资本投入的增加而提高，而资本的边际生产率则因为资本/劳动比例的提高而下降。

对于劳动密集型产品，有

$$W_w(\text{上升}) = P_w(\text{短期上涨}) \times MPL(\text{长期提高})$$

$$R_w(\text{上升或下降}) = P_w(\text{短期上涨}) \times MPK(\text{长期下降})$$

对于资本密集型产品，有

$$W_s(\text{上升或下降}) = P_s(\text{短期下降}) \times MPL(\text{长期提高})$$

$$R_s(\text{下降}) = P_s(\text{短期下降}) \times MPK(\text{长期下降})$$

由此可以得出国际贸易对要素的长期影响：

(1) 出口产业的工人工资不仅在短期内由于小麦价格上涨而提高，在长期内还会由于工人边际劳动生产率的提高而进一步上涨。

(2) 进口产业的资本不仅由于钢铁价格的下跌而受损，其收益还会由于长期资本边际生产率的下降而进一步下降。

(3) 由于劳动力市场和资本市场都是完全竞争的，劳动力与资本在行业间自由流动必然造成两个行业的工资和利润率在长期相等。即 $W_s=W_w$，$R_w=R_s$。在长期，由于小麦部门劳动力的工资上涨、钢铁部门的利润率下降，因此小麦部门的利润率 R_w 在长期会下降、钢铁部门的劳动力工资 W_s 会上涨。

斯托尔珀-萨缪尔森定理　在出口产品生产中密集使用的生产要素（本国充裕要素）报酬提高，在进口产品生产中密集使用的生产要素（本国稀缺要素）报酬降低，不论这些要素在哪个行业中使用。

三、国际贸易对各国收入差距的影响

1948 年 6 月，萨缪尔森在《经济杂志》上发表文章，他在 H-O 模型的基本假设下证明了以下结果：自由贸易不仅使两国的商品价格相等，而且使两国生产要素的价格相等，以致两国的所有工人都能获得同样的工资率，所有的资本（或土地）都能获得同样的利润（或租金）报酬，而不管两国生产要素的供给与需求模式如何。也就是说，两国之间的贸易最终会使两国的工资相等、利润也相等，不仅是相对工资相等，连绝对工资也相等。该理论是建立在 H-O 模型的基础上，所以生产要素价格均等化定理也称赫克歇尔-俄林-萨缪尔森定理。

（一）推理说明

下面仍用假设的中、美贸易例子来表述生产要素价格均等化定理的经济学逻辑。首先，我们将劳动价格（工资率）与资本价格（利润率）定义为：

$$\text{工资率}(W) = \text{产品价格}(P) \times \text{边际劳动生产率}(MPL)$$

$$\text{利润率}(R) = \text{产品价格}(P) \times \text{边际资本生产率}(MPK)$$

在贸易前，两国的劳动力市场与资本市场都处于均衡状态，两个部门的工资率和利润率都相等。由于中国是劳动力充裕的国家而美国是资本充裕的国家，因而在两个部门的生产中，中国都比美国使用了更多的劳动，中国在两个部门中的边际劳动生产率都低于美国。由于中国劳动密集型产品（小麦）的相对价格低于美国，因此中国劳动力的相对工资也低于美国劳动力的相对工资。

中、美之间一旦发生贸易，对中国的直接影响是小麦价格上升、钢铁价格下跌。对美国的直接影响正好相反，小麦价格下跌、钢铁价格上升。产品价格的变动会在长期引起生产的调整和国内部门之间生产要素的流动。根据斯托尔珀-萨缪尔森定理，这种生产调整和要素流动最终会导致中国劳动力市场上均衡工资率的上升和资本市场上均衡利润率的下降，以及美国的工资率下跌和利润率上升。也就是说，中、美两国劳动力的相对工资差距缩小。

产品的价格是由生产成本决定的。在完全竞争的情况下，产品价格定义为：

$$P_j = a_{Lj}W + a_{Kj}R\alpha$$

式中，a_{ij}是要素i（i=劳动，资本）和产品j（j=小麦，钢铁）的投入产出比例。

在H-O模型中，两国的生产技术假设是相同的，贸易后的生产调整和要素流动最终使两国同样产品中的投入产出比例（a_{ij}）趋于相同。在这种情况下，如果两国的工资率和利润率仍然存在不同，那么两国产品的生产成本以及产品价格之间的差别就会存在，各国都会继续出口成本低于价格的产品、进口成本高于价格的产品，贸易（产品流动）会继续进行，直到两国的产品价格和要素价格完全相等。

（二）埃奇沃斯盒状图说明

用埃奇沃斯盒状图可以比较直观地描述要素价格均等化的过程。

在图 5—11 中，矩形的长为中国的劳动存量，宽为资本存量，中国是劳动力丰富、资本缺乏的国家。O_w 为小麦产量原点，O_s 为钢铁产量原点。小麦等产量线和钢铁等产量线的切点轨迹形成生产契约曲线 *PCC*，表示有效地使用资本和劳动，这些切点的生产组合达到最大化。在这条曲线上的各个生产点恰好是两种生产要素的价格线，并且同时切于两种生产要素的等产量线。在 *PPC* 曲线之外，资源未实现有效利用。*PCC* 曲线倾向 *L* 轴，表明小麦是劳动密集型产品，钢铁是资本密集型产品。

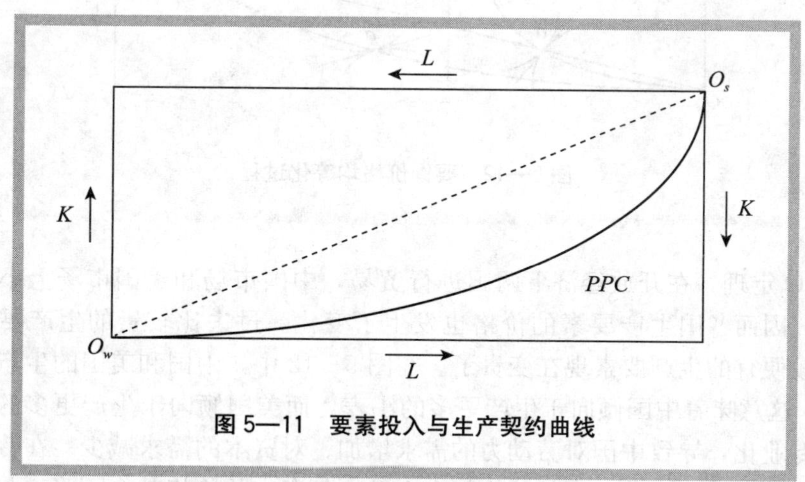

图 5—11 要素投入与生产契约曲线

同理，我们也可以画出美国的生产契约曲线。

现在，把中国和美国的生产契约曲线叠加在一起，见图 5—12。由于两国生产要素的相对丰裕程度不同，其埃奇沃思盒状图的形状也不同。横矩形是中国，劳动力丰富、资本缺乏；竖矩形是美国，资本充裕、劳动力不足。贸易前，双方的经济均衡点分别在 a 点和 c 点，由于中国劳动力丰富，因此两种产品的生产都使用了较多的劳动，其产品具有劳动密集型特点；由于美国的资本丰富，因此两种产品都使用了较多的资本，其产品具有资本密集型特点。

在封闭经济条件下，中国的生产均衡点位于 a 点，此时生产要素的价格线（即等产量线的切线）比较平坦，说明中国的劳动力相对比较便宜。这是因为中国是劳动力比较丰裕而资本比较稀缺的国家。在封闭经济条件下，美国的生产均衡点位于 c 点，此时生产要素的价格线（即等产量线的切线）比较陡峭，说明美国的劳动力相对比较昂贵。这是因为美国是劳动力比较稀缺而资本比较丰裕的国家。同时，可以看出 O_w 与 a 点连线的斜率小于 O_w 与 c 点连线的斜率，说明中国小麦产品的要素密集度（K/L）小于美国小麦产品的要素密集度；O_s 与 a 点连线的斜率小于 O_s' 与 c 点连线的斜率，说明中国钢铁产品的要素密集度（K/L）同样小于美国钢铁产品的要素密集度。

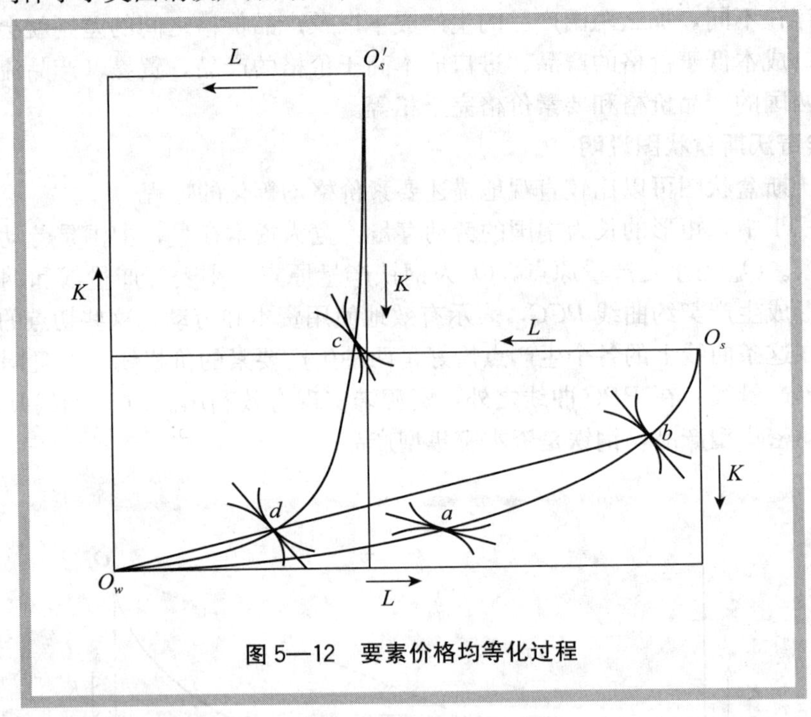

图 5—12　要素价格均等化过程

根据 H-O 定理，在开放经济下两国进行贸易，中国市场和美国市场上小麦和钢铁的价格统一了，因而各国生产要素的价格也发生了变化。过去比较贵的生产要素变得便宜了，过去比较便宜的生产要素现在变贵了。在图 5—12 中，中国和美国的生产点分别移到 b 点和 d 点。这意味着中国倾向于生产更多的小麦，而美国倾向于生产更多的钢铁。由于这种生产的专业化，导致中国对劳动力的需求增加、对资本的需求减少。在劳动力和资本的供给量不变的情况下，劳动力的价格就会上升，而资本的价格就会下降。与此相反，美国的劳动力价格会下降，而资本的价格会上升。

生产要素价格的变化，进而促使厂商重新考虑了两种生产要素适用的技术使用比

例——生产要素的密集度，以便用最低的生产成本生产产品。在中国，由于需要较多的劳动力来生产更多的小麦，致使劳动力的价格变贵，而资本的价格变得便宜起来。这些促使中国的厂商调整使用两种生产要素的配比或密集度，进而使小麦和钢铁两种产品的资本密集度上升。在美国，由于需要较多的资本来生产更多的钢铁，致使资本的价格变贵，而劳动力的价格变得便宜起来。这些促使美国的厂商调整使用两种生产要素的配比或密集度，进而使小麦和钢铁两种产品生产的劳动密集度上升。在图 5—12 中体现为 O_w 与 a 点连线的斜率小于 O_w 与 b 点连线的斜率，O_s 与 a 点连线的斜率小于 O_s 与 b 点连线的斜率，说明中国小麦和钢铁的资本密集度提高；O_s' 与 c 点连线的斜率大于 O_s' 与 d 点连线的斜率，O_w 与 c 点连线的斜率大于 O_w 与 d 点连线的斜率，说明美国小麦和钢铁的资本密集度降低。从两国比较来看，两个国家的要素密集度相向变动，进而相同。最后，直线 O_wb 与 O_wd 重合，$O_s'd$ 与 O_sb 平行。由此可以得出结论，国际贸易不仅使商品的价格达到均等化，也使要素的价格达到均等化；不仅使要素的价格达到均等化，还使两国生产同种产品的要素密集度达到均等化。

（三）生产要素价格均等化的评价

根据生产要素价格均等化定理，即使要素不能在各国自由流动，贸易最终仍然导致各国要素收益相同。对于此结论，应该结合世界现实分析，不能全面否定或肯定。虽然贸易的确使一些国家的要素收益发生很大变化，如中国经过 30 年发展，某些行业与国外的收入差距在缩小。但是，各国的要素收益仍然存在巨大差异：相同的生产要素，如具有相同技术的劳动者在不同国家获得不同的收入，某些领域的差距还有扩大的趋势。虽然要素价格均等化理论逻辑严格，但其基础假设条件只是现实的简单化和抽象化，所以无法实现。

首先，国际贸易并非完全自由。各种利益集团的存在、各国政治经济利益的冲突造成了许多的贸易障碍，使得各国同类商品的价格不可能相同。即使在各国国内，生产要素也达不到完全的自由流动，导致一国内同一生产要素在不同产业的收益也不相同。

其次，各国的生产技术并非固定不变。发达国家工人工资的不断增长，更多源自生产技术的不断革新、新产品的不断开发。所以，尽管国际贸易日益自由，但发达国家与发展中国家的工资差距仍然很大。

当然，排除技术进步因素，贸易的确在个别行业缩短了各国要素收益的差距。各国要素收益的差距由于发达国家的科技发展在不断扩大，同时又通过自由贸易在不断缩小。生产要素价格均等化的“化”是要阐明一种趋势而非描述一种结果。从局部和静态的角度说，生产要素价格均等化定理仍具有重要意义。

通过本章学习，可以：

1. 了解国际贸易利益的总体均衡分析。

2. 了解国际贸易利益的局部均衡分析。

3. 用特定要素模型解释国际贸易的短期利益分配。

4. 用要素价格均等化理论解释国际贸易对要素收入的长期影响。

消费者剩余　　生产者剩余　　国际贸易利益　　特定要素模型

斯托尔珀-萨缪尔森定理　　生产要素价格均等化定理

1. 美国的得克萨斯州和路易斯安那州是盛产石油的地区，美国总体上是一个石油进口国。在 1986 年世界石油价格下跌的时候，人们普遍认为这一情况有利于美国经济利益，但上述两州的经济出现下滑，请对此做出解释。

2. 假设中国香港和日本的偏好及技术都完全相同，中国香港劳动力丰富，日本资本丰富。服装是劳动密集型产品，汽车是资本密集型产品。

(1) 如果两种要素在部门间可以自由流动，那么下列集团对开放的贸易会有怎样的感受：中国香港的资本所有者、中国香港的劳动力、日本的资本所有者、日本的劳动力？

(2) 假设劳动在部门间可以自由流动，但资本不能自由流动，那么下列集团对开放的贸易会有怎样的感受：中国香港的汽车生产资本所有者、中国香港的服装生产资本所有者、日本的汽车生产资本所有者、日本的服装生产资本所有者、中国香港的劳动力、日本的劳动力？

3. 试比较特定要素模型与 H-O 模型在要素名义收入和实际收入与商品价格之间的关系上有什么区别，说明造成两者不同的主要原因。

4. 国际贸易的结果不是"一赢一输"的零和博弈，而是双赢的局面。请你解释这句话。

5. 什么是特定要素？请举例说明。

6. 如果假定法国生产葡萄和汽车，土地是生产葡萄的特定要素，资本是生产汽车的特定要素，工人可以在这两个部门之间自由流动。当世界市场上葡萄的价格上升 5%，在特定要素模型的框架内，讨论国内要素的报酬怎样变化。

7. 设中国是汽车进口的小国，对汽车的需求和供给分别为：

$$D_c = 2\,000 - 0.02P$$

$$S_c = 1\,200 + 0.02P$$

并设国际市场上汽车的价格为 10 000。请用数字和图形说明下列问题：

(1) 贸易前，中国汽车的产量和价格。

(2) 在自由贸易下，中国汽车的产量及进口量或出口量。

(3) 自由贸易对国内消费者、厂商和整个社会的福利影响。

美国国会在2000年就是否给予中国永久正常贸易地位一案进行投票表决。此案在美国国内引起了很大的争议，各方都在努力游说。反对该提案的主要是美国的各个工会组织，而支持该提案的多是大公司。请用国际贸易利益分配相关理论解释这一现象。

第六章

国际贸易政策

案例导入　中国稀土出口政策转变引发世界性争议

“中东有石油，中国有稀土。”这是邓小平在1992年说的一句话。虽然中国稀土占据了世界市场的95%左右，但由于中国稀土企业未能形成规模，缺乏统一的监管，无序竞争和走私盛行，致使中国“第一稀土大国”的地位未能相应地转化为稀土的定价权。1990—2005年中国稀土的出口量虽增长了近10倍，平均价格却跌至1990年时的一半。难怪网友普遍感叹，中国珍贵的稀土卖的是“泥土”或“白菜”的价格。就在中国廉价且不加限制地出售稀土之际，日本等国趁机收购并储存了大量稀土。日本储存的稀土资源甚至已够四五十年之用。对此，有中国媒体指出：30年后，世界上最大的稀土产地——内蒙古包头白云鄂博可能将无矿可采，而一直依靠进口中国稀土发展电子工业的日本，到时却坐拥充足的稀土资源。中国到时也许要花比现在高数百倍的价钱，从国外进口稀土！

自2007年起，中国开始对稀土生产实行指令性规划，并开始减少稀土出口。2010年，商务部下达的稀土产品出口配额比2009年骤减了40%，并且中国今后的稀土出口配额将会继续缩小。中国限制稀土出口的措施，引起了美、欧、日等西方世界的强烈反应。2009年6月，美国和欧盟就中国限制稀土等战略性物资出口上诉世界贸易组织。近年来，日本也高调加入向中国施压的行列。日本经济产业省8月中旬宣称，自中国2010年7月宣布减少出口稀土以来，一些稀土元素的市场价格已经上涨了20%。日本媒体也附和说，中国的稀土限卖令以及由此引发的价格上涨，让日本许多相关企业“感到紧张”。在北京举行的中、日经济高层对话上，日本方面更是锲而不舍地在多个场合向中方提及稀土问题，要求中国放宽对稀土出口的限制，称突然减少稀土出口正在“影响全球生产链条”。

分析人士认为，日本对中国限制稀土出口如此敏感，其实并不难理解，因为日本近九成的稀土从中国进口，是中国廉价稀土的最大受益国。中国稀土业内人士指出，目前日本是世界上利用稀土实现附加值最高的国家，用于高新技术领域的稀土占到其消费总量的90%以上。通过从中国进口价格低廉的稀土原料，然后再出售经过加工的高新技术产品，日本可从中赚取丰厚的经济利益，因为经过加工的稀土价格往往堪比黄金和钻石。

资料来源：水母网，http：//www.shm.com.cn。

第一节　对外贸易政策概述

国际贸易被誉为世界经济增长的发动机。纵观世界经济发展历程，从古至今，凡是对外贸易发达的国家（或地区），经济都非常繁荣。例如，16 世纪的威尼斯、佛罗伦萨，因广泛的对外贸易成为当时全球最富有的地方；第二次世界大战后日本的迅速崛起，中国香港的繁荣，中国改革开放后经济的腾飞都得益于对外贸易的发展。在当今世界经济中，对外贸易对于各国的经济增长和发展更是起着十分重要的作用，因此各国都努力通过各种对外贸易政策的制定和施行来促进本国的对外贸易发展。当然，各国的对外贸易政策因各自的经济体制、经济发展水平及其产品在国际市场上的竞争力而有所不同，并随其经济实力的变化而不断变化，但其对外贸易政策的目标大致是相同的，即保护本国市场、扩大本国产品的出口市场、促进本国产业结构优化、为本国发展积累资金、为本国对外政策服务。

一、贸易政策的含义

贸易政策（trade policy）是指一个经济体（国家、地区、区域组织）在一定时期内为了实现其特定的政策目标（经济目标、政治目标），运用经济、行政或法律手段对贸易活动进行管理和调控而采取的一系列措施。例如，2010 年韩国政府为了缓解因为恶劣气候导致白菜大幅减产而造成的“泡菜危机”，宣布临时取消对大白菜 30%、白萝卜 27%的进口关税，并紧急从中国进口 5 万吨白菜，就是一项具体的贸易政策。

二、贸易政策的类型

从考察角度和政府干预程度可以把贸易政策细分为不同的类型。

（一）从考察角度分

1. 对外贸易政策

从国别或地区角度来考察贸易政策称为对外贸易政策（foreign trade policy），即一国（或地区）一定时期对进口贸易和出口贸易所实行的政策措施的总和。具体来看，即一国政府为了实现其经济、政治目标，运用各种手段对对外贸易活动的方向、数量、规模、结构和效益进行的干预和调节行为。对外贸易政策既是一国总经济政策的一个重要组成部分，又是一国对外政策的一个重要组成部分。

2. 国际贸易政策

从整个世界的角度来考察贸易政策称为国际贸易政策（international trade policy）。国际贸易政策也称世界贸易政策，是世界各国贸易政策措施的总和，体现了世界贸易体制和贸易政策系统。

（二）从政府干预程度分

1. 自由贸易政策

自由贸易政策是指国家取消了对进出口贸易和服务贸易的限制及障碍，取消了对本国进出口贸易和服务贸易的各种特权及优待，使商品自由进出口、服务贸易自由经营。也就是说，国家对贸易活动不加或少加干预，任凭商品、服务和相关要素在国内外市场公平、自由地竞争。自由贸易政策首先产生于19世纪的英国，是自由放任经济政策的一个重要组成部分。英国率先完成产业革命以后，英国经济的国际竞争力大大增强。为了扩大国外市场，追求高额利润，形成以英国为中心的国际分工体系，英国确立了单方面的自由贸易政策，并通过各种渠道推行，甚至通过战争强加给战败的国家。

但是，由于对外贸易与一国经济、国家利益和国家安全息息相关，所以自由贸易政策并不等同于自由放任，并不意味着一国政府完全放弃对外贸活动的管理和干预，而是根据相关外贸法规和贸易条约，为国内外商品创造一个公平的竞争环境，通过自由贸易鼓励竞争，让价格机制自动调节供求，以充分利用资源。

2. 贸易保护政策

贸易保护政策是指一国广泛利用各种关税与非关税措施来促进出口、限制进口，保护本国的产品和服务在本国市场上免受外国产品和服务的竞争，并对本国出口的产品和服务给予优待与补贴。在贸易保护政策下，国家对贸易活动进行干预，限制外国商品、服务和有关要素参与本国市场竞争。

三、对外贸易政策的内容

从对外贸易政策的内部构成看，对外贸易政策主要包括三个层次的内容：

1. 对外贸易总政策

对外贸易总政策包括进口总政策和出口总政策两个方面，是各国根据本国国民经济发展需要，结合本国在世界经济贸易中所处的地位、本国的经济发展战略和本国产品在世界市场上的竞争能力以及本国的资源、产业结构等情况制定的，在一个较长时期内实行的对外贸易基本政策。例如，19世纪的英国率先完成第一次产业革命后，生产力大大提高，其产品在国际市场上具有很强的竞争力，因而推行自由贸易政策；同时期的德国、美国则因生产力低下、产品竞争力弱而推行贸易保护政策，以保护本国幼稚工业的发展。

2. 对外贸易进出口商品政策

对外贸易进出口商品政策是一国在其贸易总政策的基础上，根据本国不同产业的发展需要、不同商品在国内外的需求和供应情况以及在世界市场上的竞争能力，针对各种进出口商品的生产、销售分别制定的具体政策，对不同商品的进出口给予不同的待遇。例如，我国为了优化产业结构，对某些高污染、高能耗、高排放产品的出口征收高额的出口关税，并降低甚至取消对这些产品的出口退税。与此同时，为了鼓励某些新兴产业的发展，对这些产业所需的关键设备进口征收低关税，甚至免税进口。

3. 对外贸易国别（或地区）政策

对外贸易国别（或地区）政策是根据对外贸易总政策及世界政治经济形势、本国与不同国家（或地区）的政治经济关系，分别制定的适应特定国家（或地区）的对外贸易政策，即对不同国家采取不同的外贸政策和措施。具体说来，就是对不同国家的进口商品规定差别关税税率、差别优惠待遇、差别配额水平。例如，俄罗斯在禽肉进口上实行国别配额制度，2010年俄罗斯给美国70多万吨配额，给中国的只有几万吨配额。

四、对外贸易政策制定的目的

对外贸易政策作为一国经济政策的重要组成部分，与一国的其他经济政策（如产业政策、财政政策、货币政策、汇率政策）紧密相关，对外贸易政策的制定必然具有某种具体的政策目的。

（一）保护国内市场

一国通常通过对进口商品征收高关税或设置进口配额来限制外国商品的输入，使本国商品和产业免受外国商品的竞争。

（二）扩大本国产品的出口市场

各国都采取各种鼓励出口的措施，比如为本国出口产品的生产企业提供出口补贴、对出口产品实行出口退税、举办并组织本国企业参加各种商品展销会和博览会，以促进本国产品出口，努力扩大本国产品的国外市场。例如，我国每年举办的中国进出口商品交易会（也称广交会），都有来自全国两万多家资信良好、实力雄厚的外贸公司、生产企业、科研院所、外商投资/独资企业、私营企业参展，并且吸引了来自世界各地的大量客商，从而大大促进了我国企业对国际市场的开拓。

（三）优化本国产业结构

通过对各产业产品的进出口实行有差别的对外贸易政策，可以促进本国产业结构的优化。

（四）积累本国经济发展资金

通过对外贸易实现贸易顺差以及对进出口商品征收各种税费，可以增加一国财政收入，为一国经济发展积累建设资金。例如，2010年全国海关税收突破万亿元大关，共征收关税和进口环节税1.25万亿元。从1980年至2010年，海关累计征税7.43万亿元，占同期中央本级财政收入的比重保持在30%左右。

（五）维护国家安全

通过贸易政策的制定，限制本国战略性物资出口，禁止危害本国经济、社会、文化、环境产品的进口，以维护一国国家安全。例如，我国从2007年12月20日起取消小麦、稻谷、大米、玉米、大豆等原粮及其制粉的出口退税，以减弱相关粮食品种的出口积极性，增加国内市场的供应，从而达到缓解国内CPI增长过快的目的。

（六）为本国对外政治经济关系服务

通过各种贸易政策的制定，能够维护、改善、加强一国与他国之间的政治经济关系，为一国发展争取一个良好的外部环境。

相关链接：中、美签署450亿美元订单，中方购200架波音飞机

伴随着中国国家主席胡锦涛于2011年1月18日访美，中、美两国政府与企业间掀起一股合作签约的高潮。据路透社援引一位美国高官的说法，中、美已签署价值450亿美元

的订单。其中，中国采购了200架波音客机，价值190亿美元。上述订单包括此前几个月签署的项目。

18日，胡锦涛抵达华盛顿当晚，出席了美国总统奥巴马在白宫为欢迎他的到访专门举行的私人晚宴。当地时间18日，参加第二届中美清洁能源论坛的中、美企业和研究机构签署了多项清洁能源领域的合作协议，涉及高能效建筑、清洁煤、电动汽车等领域。此前一天，由中国商务部副部长王超率领的中国贸易投资促进团在休斯敦同美方签署了六项贸易投资协议。

对外经济贸易大学国际贸易学院院长赵忠秀认为，从中、美签署的清洁能源协议来看，主要是满足美方对华的诉求，而中方主要是在争取一个良好的外部发展环境，为“十二五”的发展定调。

资料来源：人民网，http：//people.com。

五、影响一国对外贸易政策的主要因素

不同的贸易政策在各国经济发展的历史进程中曾有不同的作用，一国在不同的历史阶段会选择不同的贸易政策。一个国家在一定时期采取何种贸易政策，主要取决于以下几个方面的因素：

1. 经济发展水平及其在世界市场上的地位和力量对比

一般来说，处于工业经济发展初级阶段的国家，倾向于采取贸易保护政策；而处于工业经济发达阶段的国家，倾向于采取自由贸易政策。处于劣势地位、商品竞争力弱的国家，倾向于采取贸易保护政策；而处于优势地位、商品竞争力强的国家，倾向于采取自由贸易政策。

2. 国内经济状况和经济政策

世界经济发展呈现周期性变化，在不同的阶段，由于一国国内经济状况不同，必然引起对外贸易政策的调整。一般来说，在经济发展的繁荣阶段，倾向于实行自由贸易政策；在经济发展的萧条阶段，如20世纪30年代和20世纪70年代，对贸易保护政策的倾向就会蔓延和加强。

3. 统治集团内部的矛盾和斗争

一个国家的对外贸易政策代表了统治阶级中占上风的利益集团的利益。因此，统治集团内部的矛盾和斗争、政权的更迭，也会带来对外贸易政策的变化。一般来说，商品市场主要在国外的一些阶级利益集团主张贸易自由化；相反，商品市场主要在国内并受到进口商品激烈竞争的阶级利益集团则主张限制进口，实行贸易保护政策。

4. 一国经济发展战略的选择

在通常情况下，如果一国采取外向型经济发展战略，就倾向于施行比较开放和自由的对外贸易政策；如果一国采取内向型经济发展战略，就倾向于施行贸易保护政策。

5. 国际经济环境

在国际贸易自由化流行的时期，一国施行贸易保护政策就容易遭到其他国家的指责和报复；而在贸易保护主义盛行的时期，为了保护本国利益，各国一般都会采取一些保护贸

易政策措施。

六、对外贸易政策的历史演变

在对外贸易的长期发展历程中，对外贸易政策大致经历了五个阶段的发展变化：

1. 在资本主义生产方式准备时期：主要实行贸易保护政策

该时期实行贸易保护政策的目的是：促进资本的原始积累，通过限制货币流出和扩大贸易顺差的办法扩大货币的积累。其中，英国实行得最为彻底。

2. 资本主义自由竞争时期：主要实行自由贸易政策

在这个时期，以最先完成工业革命的英国和航运大国荷兰两国最为典型。由于各国经济发展水平不同，一些经济发展起步较晚的国家（如美国、德国）在该时期采取了贸易保护政策。

3. 第二次世界大战前的垄断资本主义时期：主要实行超保护贸易政策

进入20世纪，资本主义发展进入垄断时期，垄断代替了自由竞争。此时，外贸政策从自由贸易政策和贸易保护政策过渡到代表垄断资产阶级利益的侵略性贸易保护政策。由于这种政策具有更大的掠夺性和扩张性，因而被称为超保护贸易政策。超保护贸易政策在第一次世界大战与第二次世界大战期间最为盛行，特别是1929—1933年资本主义世界爆发了空前严重的经济危机，使失业加剧、市场问题进一步尖锐化。大萧条后，许多资本主义国家都提高了关税、实行外汇管制等；与此同时，政府积极干预外贸、鼓励出口、扶持本国垄断组织夺取国外市场，从而使贸易政策发展为超保护贸易政策。

4. 第二次世界大战后至20世纪70年代中期：出现了世界范围内的贸易自由化

在这个时期，随着生产国际化和资本国际化，资本主义世界出现了贸易自由化。广大发展中国家在走上政治独立后，为了发展民族经济，大部分国家实行贸易保护主义，小部分国家推行自由贸易政策。社会主义国家为了发展本国经济，实行了国家统一管制下的贸易保护主义。但随着经济的发展，这些国家也逐步转向实行自由贸易政策。

5. 20世纪70年代中期以后：出现了新贸易保护主义

新贸易保护主义（new trade protectionism）以绿色壁垒、技术壁垒、反倾销和知识产权保护等非关税壁垒措施为主要表现形式，与传统的贸易保护主义相比有了很大的变化。

第二节　自由贸易政策的演变

不同国家在不同的历史发展阶段将根据国际政治、经济、国际关系以及本国在国际分工体系中的地位采取不同的贸易政策。在同一时期，自由贸易政策与贸易保护政策往往交织在一起，不存在绝对的自由贸易政策，也不存在绝对的贸易保护政策。在国际贸易发展过程中，自由贸易政策盛行的时期主要有两个阶段：第一个阶段是19世纪中叶至第一次世界大战前的资本主义自由竞争时期；第二个阶段是20世纪50年代至70年代初出现的全球范围的贸易自由化。

一、资本主义自由竞争时期：自由贸易政策

18 世纪中叶至 19 世纪末，资本主义进入自由竞争时期，资本主义生产方式占据了统治地位。为了从国外获取廉价原材料和广阔的产品销售市场，在国内工业资产阶级的斗争下，一些资本主义强国（如最早完成工业革命的英国和航海业发达的荷兰）开始全面实行自由贸易政策。但是，由于该时期各资本主义国家生产力发展不平衡，因而它们所采取的贸易政策也不完全相同。例如，同时期的德国、美国由于国内生产力低下、产品的国际竞争力弱，主张对国内幼稚产业进行保护，用以促进本国民族工业发展。

英国于 18 世纪 60 年代开始了第一次产业革命，先是国内纺纱机械的发明和改进，而后是蒸汽机的发明与应用，接着是各行各业从工场手工业向机器大工业的转变。机器大工业的建立，使英国的制造业（如纺织业）迅速发展。机器化的大规模生产大大降低了产品的生产成本，使英国产品在世界市场上具有了极强的竞争力，英国"世界工厂"的地位得以确立和巩固。随着制造业的发展，英国工业资产阶级不断壮大，为了维护自身的利益，从 18 世纪末起，一些新兴的产业资产阶级就开始向土地贵族阶级发起挑战，主张自由贸易。从 19 世纪 20 年代开始，英国工业资产阶级以伦敦和曼彻斯特为中心开展了大规模的自由贸易运动，到 19 世纪 60 年代，自由贸易取得了全面胜利，确立了其在对外贸易政策方面的主导地位。该时期的自由贸易政策是一种开放的贸易政策，即国家对进出口贸易不设任何障碍、不进行干预，让商品在国内外市场上自由竞争。在这个时期，英国的自由贸易政策主要表现在以下几个方面：

（1）废除了《谷物法》。1663 年开始实施的《谷物法》是维护英国地主贵族阶级利益的法令。该法令规定，必须在国内谷物上涨到某一限额时才允许进口谷物，而且这个限额还不断地提高。《谷物法》限制了英国对谷物的进口，使国内粮食价格和地租长期保持在很高的水平上，对英国工业资产阶级非常不利，受到英国工业资产阶级的强烈反对。废除《谷物法》的议案于 1846 年通过，并于 1849 年生效。

（2）废除了《航海法》。《航海法》是英国限制外国航运业竞争和垄断殖民地航运业的法律，该法规定：凡是亚洲、非洲、美洲产品必须由英国船舶装运进口。《航海法》于 1854 年全部废除。

（3）废除了贸易垄断特权。1831 年和 1834 年，英国先后取消了东印度公司对印度和中国贸易的垄断权，将对印度和中国的贸易向所有英国人开放。

（4）逐渐降低了关税税率、减少了纳税商品数目。英国从 1825 年开始简化税法、建立新税率以及调整应税商品目录。英国的进口纳税商品数从 1841 年的 1 163 种减少到 1853 年的 466 种、1862 年的 44 种和 1882 年的 20 种，并且关税税率大幅降低。

英国推行自由贸易政策长达 60 年之久，而自由贸易政策的推行对英国的经济和贸易发展起到了巨大的促进作用，使英国的经济总量跃居世界首位。例如，截至 1870 年，英国的工业总产值占世界工业总产值的 32%，对外贸易额占世界贸易总额的 25%，拥有商船的吨位数为世界第一，伦敦成为当时的国际金融和保险中心。在英国的带动下，自 19 世纪中叶开始，欧美一些主要资本主义国家逐渐降低了本国的关税税率，实行了自由贸易政策。

二、20 世纪 50 年代至 70 年代初期：全球贸易自由化

（一）第二次世界大战后全球贸易自由化的原因

第二次世界大战后到 20 世纪 70 年代初，世界政治经济力量重新分化组合。美国的国家实力空前提高，强大的经济实力和不断膨胀的经济，使其既有需要又有能力冲破当时发达国家实行的高关税政策。日本和西欧为了战后经济尽快恢复和发展，也愿意彼此减少贸易壁垒、扩大国内出口。此外，国际分工进一步深化，推动了生产国际化和资本国际化，随着跨国公司的迅速兴起，迫切需要一个自由贸易环境来推动商品和资本流动。因此，这一时期发达资本主义国家的对外贸易政策先后出现了自由化倾向。其中，关贸总协定（GATT）缔约方的内部关税大幅降低，平均进口最惠国税率下降至 4%左右；欧共体对内取消关税，对外通过谈判达成关税减让协议，使关税大幅降低；此外，在广大发展中国家的努力下，从 1971 年开始，20 多个发达国家对 170 多个发展中国家实施制成品和半制成品的普惠制待遇。在非关税减让方面，发达国家不同程度地放宽了进口数量限制，扩大了进口自由化，增加了自由进口的商品，放宽或者取消了外汇管制，实行了货币自由兑换。这些措施大大促进了自由贸易的发展。

（二）第二次世界大战后全球贸易自由化的主要表现

1. 关税大幅减让

借助关贸总协定、欧共体实行的关税同盟、1975 年《洛美协定》的签订和普遍优惠制的实施，第二次世界大战后各国大幅削减关税，世界平均关税水平大幅下降。第二次世界大战时，世界平均的关税水平为 40%，到 2000 年关税水平降至 4%以下。

2. 降低或撤销非关税壁垒

第二次世界大战后，随着经济的恢复和发展，发达资本主义国家在不同程度上放宽了进口数量限制，扩大了进口，增加了自由进口的商品，放宽或取消了外汇管制，实行了货币自由兑换等，从而推进了贸易自由化的发展进程。

（三）第二次世界大战后全球贸易自由化的主要特点

然而，值得注意的是，该时期的贸易自由化与资本主义自由竞争时期由英国等少数国家倡导的自由贸易不同。这一时期的贸易自由化是在西方国家国家垄断资本主义日益加强的条件下出现的，既反映了垄断资本的利益，也反映了生产力和世界经济发展的内在要求，在一定程度上是与贸易保护政策相结合的有差别、有选择的贸易自由化，具有以下特点：

（1）美国成为贸易自由化的积极倡导者和推行者。

（2）第二次世界大战后全球贸易自由化是在资本主义经济迅速发展的基础上展开的，与生产的国际化、资本的国际化和国际分工的发展有关，与跨国公司的大量出现有关，反映了世界性的生产力发展的内在要求。

（3）第二次世界大战后全球贸易自由化主要是通过关贸总协定在世界范围内进行的。此外，区域性关税同盟、自由贸易区、共同市场等也促进了贸易自由化。

（4）第二次世界大战后全球贸易自由化的发展很不平衡，具体表现为发达国家之间的

贸易自由化程度远高于它们对发展中国家和社会主义国家的贸易自由化程度；区域性经济集团内部的贸易自由化程度超过集团对外的贸易自由化程度；工业制成品的贸易自由化程度远高于农产品的贸易自由化程度。在工业制成品中，机器设备的贸易自由化程度超过工业消费品的贸易自由化程度，特别是那些属于“敏感性”的劳动密集型产品，如纺织品、服装、鞋类、皮革制品和罐头食品等受到较多的进口限制。因此，这种贸易自由化倾向发展并不平衡，甚至是不稳定的。当本国经济利益受到威胁时，贸易保护倾向必然重新抬头。

第三节　贸易保护政策的演变

从历史上看，贸易保护政策盛行的时期主要有四个阶段，前三个阶段为传统贸易保护政策阶段，第四个阶段为新贸易保护政策阶段。

一、传统贸易保护政策阶段

（一）16—18世纪重商主义的贸易保护政策

16—18世纪是资本主义生产方式的准备时期，也是西欧各国开始开辟世界市场的时期。在这一时期，为了促进资本原始积累，西欧各国在重商主义的影响下，纷纷推行强制性的贸易保护政策。重商主义的政策主张主要有：①主张实行由国家管制的对外贸易政策，如对金银货币实行管制、国家实行对外贸易的垄断；②实行“奖出限入”的政策，即鼓励出口、限制进口，最大限度地实现贸易顺差，以积累财富；③管制本国工业，实行鼓励和扶持幼弱工业的政策，如大力发展制造业和加工业、禁止熟练技工和机器设备输出、鼓励增加人口等；④实行保护关税政策，对进口商品课以重税。例如，1667年法国将从英国和荷兰进口的呢绒税率提高了一倍，以阻止这些产品的进口。

（二）19世纪70年代至第一次世界大战前的贸易保护政策

19世纪70年代以后，美国和西欧的一些国家纷纷从自由贸易转向贸易保护，逐步实施了一系列限制进口和鼓励出口的保护性措施。其主要原因是这些国家的工业发展水平与英国相比还存在很大差距，它们的经济实力和商品竞争力都难与英国抗衡，需要采取强有力的贸易保护政策来保护本国的新兴工业（即幼稚产业），使之免受英国商品的竞争。

（三）两次世界大战之间的超保护贸易政策

在第一次世界大战与第二次世界大战之间，资本主义处于垄断阶段，主要资本主义国家均已完成了产业革命，各国争夺世界市场的斗争加剧。特别是1929—1933年的世界性经济危机，使市场问题更加突出。西方各国的垄断资产阶级为了垄断国内市场和争夺世界市场，纷纷推行超保护贸易政策。这一时期的贸易政策具有如下特点：①贸易保护的对象不仅是幼稚工业，而且更多地保护已高度发展的或出现衰落的垄断工业；②贸易保护的目的不再是培养本国商品的国际竞争力，而是巩固和加强对国内外市场的垄断；③保护措施不只限于关税，还推行各种非关税壁垒和其他“奖出限入”措施；④不再是防御性的限制进口，而是在垄断国内市场的基础上对国外市场进行进攻性扩张；⑤贸易保护的受益者从一般的工业资产阶级转向大垄断资产阶级。

二、20 世纪 70 年代中期后的新贸易保护政策

进入 20 世纪 70 年代，西方国家陷入滞胀困境，特别是美国的国际经济地位相对衰落，因而 70 年代中期以后，在国际贸易领域再次出现了贸易保护主义浪潮。到 80 年代后半期，贸易保护主义浪潮席卷全球。

（一）新贸易保护主义的特点

1. 限制进口的措施重点从关税壁垒转向非关税壁垒

据统计，20 世纪 60 年代末经济发达国家实行的非关税措施共计 850 多项，到 80 年代末已达 3 000 多项，如进口配额制、自动出口限制、有秩序的销售安排、进口许可证制度、歧视性政府采购、进口押金制、苛刻的技术标准和卫生检验规定、劳工标准，甚至动物福利等。例如，2002 年乌克兰曾有一批生猪经过 60 多个小时的长途跋涉运抵法国，却被法国有关部门拒收，理由是运输过程没有考虑到猪的福利，中途未按规定时间休息。

2. 被保护的商品范围不断扩大

传统贸易保护政策的保护对象都是针对幼稚产业或者夕阳产业这种竞争力比较弱的产业，新贸易保护政策保护的对象已从农业、传统产业部门发展到新兴、高技术产业，受保护的商品日益增多，被保护商品的范围从传统工业品（如钢铁、纺织品等）、农产品转向高级工业产品（如汽车、飞机、数控机床、计算机等）、劳务和知识产权。

3. 保护的措施日益多样化且更具隐蔽性和歧视性

由于 WTO 等相关政策对于贸易保护主义的限制，新的贸易保护措施已不再像之前那么明显。限制进口措施重点从关税壁垒转向非关税壁垒，非关税壁垒往往貌似正当、公平，实际上具有较大的隐蔽性和歧视性。例如，在有组织的自由贸易（即管理贸易）的口号下，绕过关贸总协定的原则，搞灰色区域措施，即不受关贸总协定规则管辖与监督的保护性贸易限制措施，如自动出口限制、有秩序的销售安排等。所谓的自动出口限制，实际上是出口国迫于进口国的政治经济压力，不得不接受的数量限制。例如，1977 年美国通过与日本的谈判，规定日本在 1980 年以前每年对美国出口彩电 175 万台，该出口数量比 1976 年减少了 40%。

4. 从贸易保护制度转向更系统化的管理贸易制度

管理贸易就是对进出口贸易和全球贸易关系进行干预、协调和管理，是介于自由贸易和贸易保护之间的一种贸易制度。管理贸易的基本特点就是通过贸易立法使贸易保护主义合法化。例如，美国《1974 年贸易法》中的“301 条款”，授予美国总统对那些向美国出口时给予不公平待遇的国家进行报复的权力；美国《1988 年综合贸易与竞争力法案》中的“超级 301 条款”，要求政府对在实行自由公平贸易方面做得不好的国家进行谈判或报复，其“特别 301 条款”要求政府对保护美国知识产权做得不够好的国家进行谈判或报复。

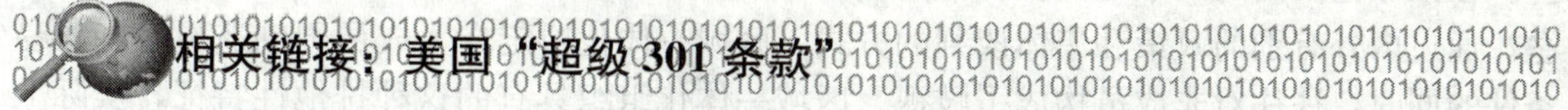

相关链接：美国“超级 301 条款”

在 20 世纪 70 年代以前，美国一直倾向于自由贸易，直到 20 世纪 70 年代贸易出现重

大赤字后，美国朝野才发现自己产品的竞争力下降，因而归咎于各国的贸易不公平措施。经过许多周折，美国国会终于通过了《1974年贸易法》，该法第三篇“不公平贸易之纠正”第一条法律的标题为“回应外国‘301条款’，目前称为“普通301条款”或“一般301条款”。

“普通301条款”极富弹性，它规定：当认定贸易对手采取“不正当的”、“不合理的”或“歧视性的”贸易措施，使美国产品拓展海外市场受到限制时，美国贸易代表团在采取强制措施时，要受到美国总统具体指标的约束，而且要在总统的权限内采取其他适当的实际可行的行动，以协助这一权力，消除外国政府这一法律、政策或做法，以进行报复。

在20世纪80年代，美国外贸出现了双赤字的爆发性增加，美国国会强制政府在一定期限内将所有贸易障碍予以解决。经过多次磋商，1988年8月，对于“普通301条款”的修正出笼了，这就是国际贸易界谈虎色变的“超级301条款”。

“超级301条款”是指经1988年《综合贸易与竞争法》修改补充后，对“301条款”新增加的第1302节。该条款的名称为“贸易自由化重点的确定”。该条款要求美国政府一揽子调查解决某国对美出口产品方面的贸易壁垒问题。所以，该条款的规定比“普通301条款”更强硬、适用范围更广泛、具有更浓厚的政治色彩，俗称“超级301条款”。

首先，“超级301条款”将原先的贸易报复权由总统转到贸易代表署，从而使贸易的谈判者与报复的执法者合二为一；一方面增加了对贸易谈判对手的压力，另一方面减少了政府其他部门对贸易代表署采取报复措施的干扰。其次，“超级301条款”强行规定，贸易代表署于每年3月31日至9月30日提出美国认为“市场最封闭”、“最不公平”的贸易伙伴和贸易领域。在接下来的18个月时间内，美国政府将同这些贸易对手进行谈判，如果贸易纠纷无法解决，美国就可以对这些贸易对手实施单方面贸易制裁，主要是对其进口的某些产品实行高关税，关税最高可达100％。

资料来源：虞先泽：《美国“超级301条款”》，载《国际金融报》，2001-02-05。

5. 各国“奖出限入”措施的重点从限制进口转向鼓励出口

新贸易保护不仅是消极防御，而是采取更有利的进攻措施，即由以限制进口为主转到以鼓励出口为主的政策。由于限制进口容易遭到对方的谴责和报复，各国纷纷从经济、法律、组织等方面采取措施来促进出口。在经济上实行出口补贴、出口信贷、建立出口加工区等；在法律上通过立法为扩大出口提供支持，以法律为武器强迫外国开放市场。例如，1989年美国对日本动用“超级301条款”，要求日本在1年内向美国开放计算机、卫星、林产品等市场；在组织上建立商业情报网络，设立综合协调机构，为扩大出口服务。

6. 贸易保护从国家贸易壁垒转向区域贸易壁垒

随着区域经济集团化的发展，贸易保护主义也由一国的贸易保护演变为区域贸易保护。在区域范围内的国家之间实行自由贸易，而对区域范围外的国家则实行共同的关税壁垒。通过内外有别的政策和集体谈判的方式，区域一体化协定在为成员国创造更有利贸易条件的同时，往往对非成员构成了歧视。区域一体化组织具有的这种排他性特征，实际上起到了对成员国进行贸易保护的作用。

（二）新贸易保护主义不断加强的原因

1. 发达国家经济发展缓慢，失业率居高不下

从20世纪70年代开始，西方国家经济进入滞胀状态，经济衰退和严重的失业问题给工业发达国家造成巨大压力。为了增加就业、促进本地区的经济增长，多数发达国家都开始制定并实施贸易保护政策，以便使本国尽快摆脱经济困境。

2. 发展中国家在制成品出口中与发达国家竞争加剧

面对来自发展中国家廉价劳动密集型产品的竞争，发达国家针对来自发展中国家的劳动密集型产品开始实行严格的保护。为了削弱发展中国家的竞争实力，一方面利用发达国家在技术方面的优势，通过设立严格的技术标准限制发展中国家出口；另一方面，利用发展中国家在环境保护和劳动条件方面的弱势，通过多边贸易谈判极力将劳工标准纳入WTO框架下，限制发展中国家劳动密集型产品的出口。例如，在乌拉圭回合谈判中，美国和法国首次将劳工标准引入贸易中。

3. 发达国家之间产业发展不平衡

发达国家之间产业发展不平衡，导致在国际多边贸易谈判中，发达国家对本国劣势产业实行保护，很难就共同关注的问题达成一致。例如多哈回合关于农产品的谈判中，在出口补贴方面，凯恩斯集团建议取消并禁止对农产品一切形式的出口补贴，而欧盟不同意完全终止或一次性大幅削减出口补贴，认为凯恩斯集团提出的出口补贴建议是一种歧视，无法接受，主张渐进式削减出口补贴；在特殊保障措施方面，美国坚持取消特殊农业措施，而日本主张保留，并引入季节性和易腐烂农产品的特殊保障机制。

4. 发达国家内部传统产业和现代产业发展不平衡

在科技革命的影响下，发达国家的劳动密集型产业及能源密集型产业逐渐被技术密集型产业等取代。工业结构、贸易结构的调整及贸易比较优势的转移打破了此前的均衡结构，这些结构调整带来的严重结构性失业，促使发达国家采取了新贸易保护主义的政策，由此导致发达国家极力主张对本国优势产业实行自由贸易，并将其纳入WTO统一框架中，而对本国劣势产业实行贸易保护。例如，美国在乌拉圭回合中将本国优势产业服务业纳入WTO框架中，确立了《服务贸易总协定》，而对于本国劣势产业（如纺织品等领域）则通过配额和保障措施等实行限制保护。

5. 贸易政策的相互影响

随着世界经济相互依存性的加强，贸易政策的连锁反应更为敏感。美国采取了许多贸易保护措施，而这些措施反过来也会遭到其他国家的报复，致使新贸易保护主义不断蔓延与扩张。

（三）新贸易保护主义的影响

在传统的贸易保护中，贸易保护的对象或者是国内幼稚产业、衰退产业，或者是国内战略性产业，采取的手段主要是关税措施。新贸易保护主义与此不同，新贸易保护的手段主要是通过劳工标准、环境标准、技术标准等实施贸易限制，不符合标准的产品一律不能进口，而要使产品符合上述标准出口，必须改变现有的经济发展模式和发展战略，调整社会经济政策，建立健全相关的法律制度等，导致新贸易保护不仅影响到经济领域，而且会影响国内的社会经济制度。大量的事实表明，贸易保护的结果不仅没有达到保护的目的、

获得经济利益，反而付出了沉痛代价。贸易保护的结果不仅使消费者受到损失，使生产者付出了巨大的代价，而且政府在限制别国进口的同时也抑制了本国出口，使本国的出口贸易受到了影响。2005 年，英国财政部和贸工部发表的研究报告《贸易与全球经济：国际贸易在生产力、经济改革和增长中的作用》显示，贸易保护主义使全球经济遭受了巨大损失，发达国家持续的贸易壁垒使世界经济每年损失 5 000 亿美元。

第四节　第二次世界大战后发达国家的对外贸易政策

发达国家的贸易政策在不同的时期有不同的特点。第二次世界大战后，发达国家率先推行了贸易自由化，但当本国或国际经济环境恶化时，发达国家的贸易保护主义就会重新抬头，非关税壁垒成为发达国家实行贸易保护的主要措施，如技术性贸易壁垒、绿色贸易壁垒。

一、第二次世界大战后至 20 世纪 70 年代初的自由贸易政策

第二次世界大战后，世界经济的发展有了很大的变化。一方面，由于第二次世界大战的推动，军事科学技术有了长足的进步与发展；战争结束后，大量的军事科学技术被用于民用生产，从而大大推动了经济的增长。此后，科学技术的发展更加迅速。在科学技术加速发展的推动下，航空运输业迅速发展，家用电器业异军突起，信息产业后来居上，生物工程、海洋工程、宇航工程等方兴未艾。科学技术的发展引起了产业结构的重大变化，不断开发出巨大的新市场，给国民经济的发展以非常有力的推动，使社会生产力得到了迅速提高。另一方面，战争与危机也推动了社会生产关系的变化。社会生产关系的变化在一定程度上适应了社会生产力发展的要求，缓和了生产关系和社会生产力的矛盾，从而使各国经济乃至世界经济能够较为顺利地向前发展。

如前所述，第二次世界大战后，美国的国家实力空前提高，强大的经济实力和不断发展的经济，使其既有需要又有能力冲破当时发达国家实行的高关税政策。日本和西欧为了战后经济的尽快恢复及发展，也愿意相互减少贸易壁垒、扩大国内出口。此外，国际分工进一步深化，推动了生产国家化、资本国际化，致使跨国公司迅速兴起，因而迫切需要一个自由贸易环境来推动商品和资本流动。因此，这一时期在美国的带动下，发达资本主义国家相继实行了贸易自由化政策，如大幅削减关税、逐步消除各国贸易障碍。从 1947 年到 20 世纪 70 年代初，关贸总协定共举行了六次多边贸易谈判。1947 年通过关税减让谈判，达成了占发达国家进口总值 54%的商品的平均关税下降 35%的协议。此后，各届谈判都有不同程度的关税减让成果，发达国家的关税水平大幅下降，平均进口关税水平从 1947 年的 40%降到目前的平均 4%。

二、20 世纪 70 年代至 90 年代初的新贸易保护政策

自 20 世纪 60 年代开始，随着经济全球化、区域化的发展，针对商品和生产要素国际

流动的限制大大减少，世界市场竞争加剧。两次石油危机给西方国家的经济发展带来了沉重打击，这场第二次世界大战后最严重的世界性经济危机给西方发达国家的经济发展蒙上了一层阴影，由于经济发展严重停滞，致使对国际市场的争夺空前激烈，最终导致了贸易保护主义的爆发。在这场经济危机中，美国的霸权地位受到了日本和西欧国家的威胁。为了维护全球霸主的地位，美国在20世纪70年代中期率先采取了贸易保护政策，并被其他发达国家效仿，由此激起了全球性的贸易保护浪潮，其对全球经济贸易发展的影响延续至今。这次保护主义浪潮不同于传统的贸易保护主义，它以名目繁多的非关税壁垒的设置为特征，通常称为新贸易保护主义，以区别于以关税壁垒为主要保护措施的传统贸易保护主义。

三、20世纪90年代初至今发达国家对外贸易政策的发展趋势

进入20世纪90年代以后，西方主要发达资本主义国家逐渐走出经济低谷，其贸易政策呈现出一些新的特点和趋势。

（一）管理贸易日益成为贸易政策的主导内容

管理贸易（managed trade）也称协调贸易，是指国家对内制定一系列的贸易政策、法规，用以加强对外贸易的管理，实现一国对外贸易的有序、健康发展；对外通过谈判签订双边、区域及多边贸易条约或协定，协调与其他贸易伙伴在经济贸易方面的权利与义务。简单地说，管理贸易是介于自由贸易与贸易保护之间，属于有组织的自由贸易。管理贸易是以协调国家经济利益为中心，以政府干预贸易环境为主导，以磋商谈判为轴心，对本国贸易和全球贸易关系进行全面干预、协调和管理的一种贸易制度。它具有以下几个方面的特点：①发达国家加强了贸易立法，使贸易保护主义合法化；②双边、区域、多边贸易协调日益加强，并与国际多边贸易协调体制相交织；③管理措施以非关税措施、协商和立法为主；④跨国公司逐渐成为管理贸易的主体；⑤服务贸易、知识产权贸易和农产品贸易是管理贸易的重要对象。

管理贸易政策是20世纪80年代以来，在国际经济联系日益加强且新贸易保护主义重新抬头的双重背景下逐步形成的。在这种背景下，为了既保护本国市场，又不伤害国际贸易秩序，同时保证世界经济的正常发展，各国政府纷纷加强了对外贸易的管理和协调，从而逐步形成了管理贸易政策或者说协调贸易政策。美国先后于1974年、1978年和1988年制定了《综合贸易与竞争法》，开始了向管理贸易政策的转变。克林顿上台后，随着其经济振兴计划的提出，对外贸易政策成为美国新经济政策的主要组成部分，这标志着美国进入一个政府全面干预外贸活动的时期。在美国的示范和推动下，管理贸易逐渐成为西方发达资本主义国家的基本对外贸易制度。各国政府纷纷加强政府对贸易活动的介入，管理的商品不仅包括劳动密集型产品和农产品，而且包括高科技产品和知识产品等。

随着美国经济地位的日益衰落，美国的贸易逆差快速扩大，截至1984年，美国的经

常项目赤字达到创历史纪录的1 000亿美元。为了控制贸易逆差，美国政府及时对外汇市场进行干预，使美元兑主要货币有秩序地下调，以解决美国巨额的贸易赤字。而美国政府进行干预的措施就是在1985年9月，美国财政部长詹姆斯·贝克与日本财长竹下登、联邦德国财长杰哈特·斯托登伯、法国财长皮埃尔·贝格伯、英国财长尼格尔·劳森五个发达工业国家财政部长及五国中央银行行长在纽约广场饭店举行会议，签订了"广场协议"。协议规定，日元与马克应大幅升值，以挽回被过分高估的美元价格。协议要求各国对外汇市场进行"协调干预"——售出美元、买进本国货币，使美元汇率迅速下降。

"广场协议"签订后，五个发达工业国家开始抛售美元，在不到三年的时间里，美元兑日元贬值达50%。"广场协议"对日本到底有何影响？日本式泡沫经济是"广场协议"带来的最直接后果。自协议签订实施后，日元币值持续上升。据统计，1993年为1美元兑111.08日元，1994年为1美元兑102.18日元，日元的升值趋势大致持续了10年之久，日本所持的美元资产随之大幅贬值。据日本机构统计，"广场协议"导致日本对外净资产的汇率损失累计约为3.5万亿日元，包括日本许多保险公司在内的机构投资者损失惨重。

为了防范日元升值萧条，日本期望以内需主导经济增长，日本央行连续5次下调利率，利率水平由1985年的5%降至1987年的2.5%，此后又有下降。超低利率使金融贷款大量增加，贷款额度与GDP的比例20世纪80年代初为50%左右，到80年代末升至100%。

"广场协议"的负面影响也涉及日本的股市。1985—1989年日元升值幅度接近1倍，日经指数收盘价从12 756点上涨至38 916点，升幅达205.1%，东京证券交易所总市值是GDP的1.3倍，成为全球最大市值的股票交易所。签订"广场协议"后，日本的房地产泡沫巨大。1985年，东京都的商业用地价格指数为120.1，1988年暴涨到334.2，3年间暴涨了近2倍，东京都中央区的地价上涨了3倍，制造了世界上空前的房地产泡沫。与此同时，日本商人还用坚挺的日元购买了美国10%的不动产。

资料来源：当当网在线阅读，http：//read. dangdang. com/。

（二）各国纷纷实行战略性贸易政策

战略性贸易政策（strategic trade policy）是指一国政府在不完全竞争和规模经济条件下，可以凭借生产补贴、出口补贴或保护国内市场等政策手段，扶持本国战略性工业的成长，增强其在国际市场上的竞争能力，从而谋取规模经济之类的额外收益，并借机劫掠他人的市场份额和工业利润。也就是说，在不完全竞争的环境下，实施这一贸易政策的国家不但无损于其经济福利，反而有可能提高自身的福利水平。战略性贸易政策是20世纪80年代由布兰德（J. A. Brander）、斯宾塞（B. J. Spencer）、克鲁格曼（P. R. Krugman）等人发展起来的一种新贸易政策理论。该理论以不完全竞争和规模经济理论为前提，以产业组织中的市场结构理论和企业竞争理论为分析框架，突破了以比较优势为基础的自由贸易学说，强调了政府适度干预贸易对于本国企业和产业发展的作用。战略性贸易政策强调了国际贸易中的国家利益，政府通过确立战略性产业（主要是高技术产业），并对这些产业实行适当的保护和促进，使其在较短时间内形成国际竞争力。随着国际竞争的加剧，特别是发达国家在高技术领域的较量不断升级，战略性贸易政策被越来越多的发达国家和新兴工业化国家的政府所接受，成为新贸易保护主义的核心政策。例如，第二次世界大战后，日本重视高科技产业的发展与应用，致使欧、美在该领域的优势逐步丧失，从而激发了欧、美的竞争意识。出于经济利益的驱使，西方各国纷纷制定了促进本国高科技产业发展的政策。各国都在竞相资助研究与开发活动，鼓励本国发展高科技部门。

（三）对外贸易政策与对外关系加强

各国把对外贸易看成处理国家关系越来越重要的手段，如美国利用人权、民主、军事控制等问题干扰贸易的举措时有发生，这些做法都把贸易政策与其政治目标相结合。可以肯定，西方国家未来的贸易政策势必与其他经济政策和非经济领域的政策更大限度地融合，向着综合方向发展。

（四）公平贸易、互惠主义代替发达国家的自由贸易和多边主义

第二次世界大战后，以自由贸易为主旨的关贸总协定一直主宰着世界贸易体制。尽管各国摩擦不断，但还是以自由贸易为主要原则。近年来，西方发达国家一面反对贸易保护主义，另一方面又强调贸易的公平性。与贸易保护主义或放任自流的自由主义政策有所不同，这种公平贸易是指在支持开放的同时，以寻求公平的贸易机会为主旨，主张贸易互惠的对等与公平原则，具体表现为：①进入市场机会均等，判定的标准为双边贸易平衡；②贸易限制对等，即以优惠对优惠，以限制对限制；③竞赛规则公平。

第五节　第二次世界大战后发展中国家的对外贸易政策

20 世纪 50 年代，阿根廷经济学家普雷维什提出了中心—外围论，将世界经济体系划分为中心和外围两个部分。发展中国家位于外围，在国际经济体系中处于依附地位，受中心国家的控制和剥削。普雷维什认为，外围国家必须实现工业化，独立自主地发展民族经济。他提出了进口替代政策（import substitution policy）和出口替代政策（export substitution policy），并被广大发展中国家所采用。

一、进口替代政策

（一）进口替代政策的含义

进口替代政策是指一国采取关税、进口数量限制和外汇管制等严格限制进口的措施，限制某些重要工业品进口，扶植和保护本国有关工业部门发展的政策。实施这项政策的目的在于用国内生产的工业品替代进口产品，以减少本国对国外市场的依赖，促进民族工业的发展。

进口替代政策就是从经济独立自主的目的出发，减少或完全消除该商品的进口，国内需求完全由本国生产者供应的政策。狭义的进口替代局限于以本国生产的产品替代一种特定产品的进口。但从广义上看，对于一个领域的进口替代，其目的是通过减少或禁止某些产品的进口，引起所希望的国内经济结构的变化，或者创造向国内非传统领域进行投资的推动力，使资源有机会进入这个新的工业部门，导致生产活动的产生和扩大，从而使得总体经济结构得到改善。第二次世界大战后初期，进口替代被认为是低收入的发展中国家实现工业化不可避免的发展阶段，因此在实践中，大多数发展中国家在 20 世纪 50—60 年代

先后实行了进口替代的战略和政策。

（二）实施进口替代政策的主要措施

进口替代的目的是要通过增加国内生产来替代进口、保护和促进国内的幼稚工业成长，以迅速实现工业化。一国在实行进口替代政策的过程中，采取的主要政策包括以下三个方面：

（1）实行保护关税政策，即对最终消费品的进口征收高关税，对生产最终消费品所需的资本品和中间产品征收低关税或免征关税。

（2）实行进口配额和许可证制度，即限制各类商品的进口数量，以减少非必需品的进口，并保证国家扶植的工业企业能够得到进口的资本品和中间产品，降低它们的生产成本。

（3）使本国货币升值，以降低进口商品的成本，减轻外汇不足的压力。

其中，关税和配额是进口替代政策中最重要的保护措施。

（三）实施进口替代政策的两个阶段

进口替代政策大体上经历了两个发展阶段：第一个阶段，以建立和发展消费品工业为主，适用于工业基础比较薄弱的国家和发展时期；第二个阶段，以建立和发展国内急需的中间产品和资本产品的工业为主，适用于自力更生能力不断增强、进口替代工业日趋成熟的国家和发展时期。

（四）实施进口替代政策的主要缺陷

（1）不能完全消除对外的依赖性。实施进口替代政策的国家依然在很大程度上依赖进口，只是改变了进口商品的结构，从进口成品改为进口国内不具备的原料、技术专利、机器设备、中间产品与资本等。当发展中国家用高关税保护民族工业时，发达国家也用各种措施破坏或打破关税保护，抵制发展中国家的进口替代，所以进口替代政策常常出现无能为力的状态。

（2）以牺牲国内消费者为代价，而且由于其降低了该国与世界市场的联系程度，造成国内市场相对狭小、生产成本高、经济效益低、产品质量差、竞争能力不够。因此，实行进口替代政策的发展中国家，虽然在一定程度上促进了国内轻工业的发展，同时工业增长速度有所加快，但这只是短期现象，并不能长期保持。这就迫使它们不得不进行调整，甚至放弃，转而实行出口替代工业化政策。

（3）由于政策着眼于进口替代工业，对基础设施重视不够，特别是忽视了农业的发展，从而严重削弱了国家的发展后劲，阻碍了整个工业化的进程。

（4）排斥了外来竞争，阻碍了技术创新和技术能力的提高，从而使生产效率不高、生产能力利用效率低下。

二、出口替代政策

（一）出口替代政策的含义

出口替代政策是指一国采取各种措施扩大出口，发展出口工业，逐步用轻工业产品出口替代初级产品出口，用重、化工业产品出口替代轻工业产品出口，以促进出口产品的多样性，从而增加外汇收入，最终带动经济发展、实现工业化的政策。

由于进口替代是建立在高关税和非关税壁垒的基础之上，将造成不可避免的竞争能力低、效率低、不能利用规模经济等缺陷，使经济的持续稳定发展面临较大困难。20 世纪 60 年代中期，东亚和东南亚一些国家或地区最先转向出口替代政策。在 20 世纪 70 年代，印度尼西亚、马来西亚和泰国的制造业产值年平均增长率分别为 12.8%、11.8%和 10.6%，大大超过了国内生产总值的平均增长率，也远远超过了低收入国家 3.7%、中等收入国家 6.4%和工业发达国家 3.2%的发展速度，成为世界上制造业发展速度最快的地区。在它们的示范下，其他国家或地区纷纷效仿。由于各国的具体条件不同，实施这一政策的措施和策略也不尽相同：一些国家（如巴西、墨西哥等）一般是在原进口替代的基础上发展出口替代工业，即把出口替代和进口替代结合起来；一些国家则是增加对初级产品的出口加工，以提高附加值，如马来西亚、泰国等；一些国家则是充分利用本国廉价劳动力资源发展劳动密集型的加工装配业，如亚洲“四小龙”。

（二）出口替代政策的主要措施

（1）给出口企业提供减免出口关税、出口退税、出口补贴、出口信贷和出口保险等措施，目的是降低出口成本、开拓国外市场、增强出口竞争能力。

（2）给出口生产企业提供低利生产贷款，优先供给进口设备、原材料所需外汇，大力引进资本、技术、经营管理知识，建立出口加工区等，目的是降低生产成本、提高产品质量、增加创汇能力。

（三）出口替代政策的主要发展阶段

（1）着眼于发挥低价劳动力优势，促进轻工业成长，使出口总值中轻工业产品所占比重大大高于初级产品。

（2）当劳动力优势逐渐丧失后，采取产业调整政策，发挥资本、技术优势，发展重、化工业，使出口总值中重、化工业产品所占的比重大于轻工业品。

（3）在此基础上，开始发展高科技产业，力图在高科技工业产品的世界出口贸易中占据一席之地。

（四）出口替代政策存在的主要问题

各国在实施出口替代政策中也产生了不少问题。

（1）过分依赖国际市场。由于该政策的主要目标是促进出口，为此建立的工业严重依赖国际市场。特别是自 20 世纪 70 年代以来，发达国家的贸易保护主义重新抬头，给依赖制成品出口的发展中国家带来了严重的影响。

（2）为了促进出口而实行货币贬值，致使国内货物和进口货物的价格上涨、通货膨胀率上升。

出口替代政策对一些发展中国家，特别是一些新兴工业化国家或地区的工业化及工业制成品出口起到了一定的积极作用。例如，20 世纪 60 年代发展中国家的出口年平均增长率为 6.7%，1970—1980 年发展中国家制成品出口占全部商品的比重从 24.9%上升到 38.4%。

三、实行横向联合政策

面对实力雄厚的发达国家，广大发展中国家深感仅凭自身的力量难以维护其民族经济的发展。发展中国家认识到，只有发展中国家加强团结、联合斗争并协调彼此立场，制定共同的对外经济与贸易政策，并采取共同行动，才能促进合理的国际经济秩序的建立，维护发展中国家在世界经济中的权益，改善和提高发展中国家在国际贸易领域的地位。

发展中国家除了实施进口替代政策和出口替代政策外，还采取了经济集团化和加强横向联合的政策。实行经济集团化政策，可以运用共同的力量与发达国家相抗衡。为此，20世纪60年代和70年代，发展中国家采取了一系列重大的联合行动：

第一，成立了77国集团。1963年，在第18届联合国大会讨论召开贸易和发展会议问题时，75个发展中国家共同提出一个“联合宣言”，当时称为75国集团。后来，在1964年召开的第一届联合国贸易和发展会议上，77个发展中国家和地区发表了“联合宣言”，自此称为77国集团。1979年，其成员国已增加到120个，但沿用了77国集团的名称。77国集团为推动南南合作和南北合作做出了重要贡献。

第二，提出了建立国际经济新秩序的战略目标。在1974年召开的第六届特别联合国大会上，发展中国家正式提出并系统阐述了建立国际经济新秩序的要求，为其联合斗争进一步指明了方向。

第三，发展相互间的经济贸易合作，建立区域集团。例如，东非共同体、中美洲一体化体系、南部非洲发展共同体、非洲联盟、东南亚国家联盟等。

第四，建立了国际性的原材料生产与供应组织。由于原材料在发展中国家出口中占有较大的比重，为了维护发展中国家的利益，广大发展中国家联合建立了相应的原料生产和出口国组织。例如，1960年建立的石油输出国组织是发展中国家第一个原料生产和出口国组织，目的在于协调各国石油政策，商定石油产量和价格，采取共同行动反对西方国家对产油国的剥削和掠夺，以保护本国资源、维护自身利益。

通过本章学习，可以：

1. 了解自由贸易政策和贸易保护政策的发展及演变。
2. 掌握对外贸易政策的目的和影响对外贸易政策制定的因素。
3. 熟悉第二次世界大战后发达国家和发展中国家的对外贸易政策。

自由贸易政策　　贸易保护政策　　管理贸易　　出口替代　　进口替代

本章思考题

1. 对外贸易政策制定的目的是什么？
2. 影响对外贸易政策制定的因素有哪些？
3. 对外贸易政策的历史演变是怎样的？
4. 发达国家实行管理贸易的原因是什么？
5. 什么是出口替代政策？出口替代政策有哪些不足？
6. 什么是进口替代政策？进口替代政策有哪些不足？

思考案例

2009年6月26日，美国众议院以微弱的领先票数通过了《美国清洁能源安全法案》。该法案规定，从2020年起对不接受污染物减排标准的国家实行贸易制裁，具体措施为对未达到碳排放标准的外国产品征收惩罚性关税。该法案规定，以2005年为基准，2012年二氧化碳减排3%，2020年减排17%。为了完成这一艰巨目标，该法案同时提出了排放总量控制、排放配额分配、交易等一系列措施。此外，目前法国正在酝酿开征碳税（只针对国内产品征收），主要对在生产、运输和使用中会产生二氧化碳的产品征收“气候—能源”税，加拿大也在酝酿相关政策。在经济衰退和全球气候危机的双重背景下，西方发达国家一方面以此为契机，试图寻找新的经济支撑点，早日摆脱经济衰退带来的困扰；另一方面，它们也希望通过征收“碳关税”，设置新的贸易壁垒，削弱来自发展中国家的竞争。可以肯定的是，各国拟实行的碳税政策将给我国以出口拉动为主的经济发展模式带来深远的影响。

第七章 关税措施

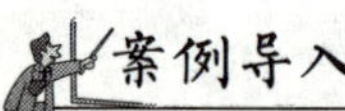

案例导入　专家称进口关税如降　国内乳业难熬

日前有消息称，部分产品的进口关税将降低。尽管尚未得到官方确认，但专家认为此消息的可能性较大。长远来看，中国关税将进一步走低。如果奶粉和化妆品等产品进口关税降低，本土品牌毫无疑问将受到冲击。

——乳业影响：国内奶粉市场将受大冲击

对于降税可能造成的影响，昨天美赞臣和雅培方面均表示，因为进口税变动还只是传闻阶段，需要等政策出台后才能评估直接的影响。不过，一家从事瑞士原装进口奶粉的企业负责人则对本报表示，降低进口税从字面上看，将对“洋奶粉”进入中国市场有利。

“但我也怀疑真正推行的可能性。”这位负责人认为，国家又不大可能向“洋品牌”扩大通行证，毕竟这可能会对国产品牌造成较大的冲击。他分析，针对目前很多消费者到境外购买奶粉，降低进口税防止奶粉税收流失或有一定可能性，但按照以往的惯例，如果不是因为加入世界贸易组织或相关贸易协定需要中国降低奶粉进口税的话，主动下降税率的动力似乎不太大。

事实上，2010 年 9 月我国针对赴海外购买奶粉的政策甚至收紧了。海关总署宣布，境外邮递进入境内的个人物品免税额从原来的港、澳、台 400 元，其他地区 500 元下降到 50 元。这意味着代购 3 罐奶粉便达到征税标准，需缴纳 10%的关税。按海关总署现行规定，奶粉的完税价是 200 元/公斤，进口税率是 10%，一罐奶粉的普通规格约 0.9 公斤。如果从国外代购 3 罐这种规格的奶粉，进口税就是 54 元（=0.9×3×200×10%）（进口税=完税价×进口税率）。

资料来源：引自《广州日报》，2011-02-22。

对外贸易政策是各国政府从本国某种利益的角度出发，对本国对外贸易活动采取的政策措施，一国可以采取干预对外贸易活动的政策，也可以采取不干预对外贸易活动的政策。当一国采取干预对外贸易活动的政策时，该国的贸易政策措施主要可以分为两大类：关税（tariff）措施和非关税措施（non-tariff trade）。这些政策措施的实施不仅会对本国产生影响，而且还会对贸易伙伴乃至整个世界产生影响。本章着重讨论关税措施及其经济效应。

第一节　关税的含义与作用

一、关税的含义

关税（tariff）是一国政府依据本国的海关法和海关税则，通过由政府设置的海关，对通过其关境的进出口商品所征收的一种税负。

海关是设立在一国关境上的，依据本国（或地区）的法律、行政法规行使进出口监督管理职权的国家行政管理机构。它的主要职责是对进出口货物、旅客行李和邮递物品、进出境运输工具实施监督管理；征收关税和其他税费，除征收关税外，还在进出口环节代征国内税费，如增值税、消费税和石油税等，有些国家的海关还征收反倾销税、反补贴税和进口商品罚金等；查缉走私；编制对外商品贸易统计、保税管理、沿海巡逻警戒、管理航行以及保护版权和专利权等。海关在执行职务过程中，可以行使检查权、查阅权、查验权、复制权、扣留权、处罚权以及强制执行权等一系列权利。

关税征收的领域就是关境。一般来说，国境和关境是一致的，商品进出国境也就是进出关境。但是，两者也有不一致的情况，如有些国家在国境内设有自由港、自由贸易区、保税区或出口加工区时，关境小于国境；当几个国家组成关税同盟，成员国之间互相取消关税，对外实行统一关税时，就成员国而言，其关境大于国境。

二、关税的特征

（一）关税具有强制性、无偿性和预定性

关税作为国家的一种税收，具有与其他税收形式相同的强制性、无偿性和预定性。强制性是指关税的征收不是自愿献纳，而是凭借国家法律强制征收的。凡是要纳税的商品都要按照国家法律规定无条件地履行自己的义务，否则将受到法律的制裁。无偿性是指征收的关税都是国家向纳税人征收的税款，全部作为国家财政收入，不必把税款直接返还纳税人。预定性是指国家对税目、种类、税率以及征收方法等内容做出明确具体的规定，在一定时期内相对稳定，征、缴双方必须同时严格遵守执行，不得随意变化、减免等。

（二）关税是一种间接税

关税主要是对进出口商品征收，其税负可以作为成本的一部分加在货价上，转嫁给买方或消费者。因此，对外国即将进入本国的商品征收高关税，就会削弱外国商品的竞争力，从而保护本国同类商品的生产与出售。

（三）关税的税收主体和客体是进出口商和进出口货物

关税的税收主体是本国的进出口商，当商品进出国境或关境时，进出口商根据海关法

的规定向当地海关缴纳关税，他们是关税的纳税人；关税的税收客体是进出口货物，根据海关法的相关规定，对各种进口商品制定不同税目和税率，征收不同的关税。

（四）关税具有涉外性

关税是专门为进出口商品设立的税种，关税是否征收、征收多少、怎样征收等问题不仅涉及本国利益，还会影响到贸易相关方的国家利益。因此，各国都通过制定可行的税率来体现本国的对外贸易政策，关税也就成为国际经济合作与斗争的工具，具有明显的涉外性质。

三、关税的作用

（一）关税是各国对外贸易政策的重要措施

对进出口货物征收关税，从表面上看似乎只是一个与对外贸易相关的税收问题，其实一国采取什么样的关税政策直接关系到国与国之间的主权和经济利益。合理的关税设置也有利于国家间比较优势的发挥，促成合理的国际分工。税率的高低影响着国家或地区间贸易创造、贸易转移、市场统一以及资源的配置。历史发展到今天，关税已成为各国政府维护本国政治、经济权益，乃至进行国际经济斗争的一个重要武器。

（二）关税是保护和促进本国工农业生产发展的重要手段

一个国家采取什么样的关税政策，是实行自由贸易政策，还是采用保护关税政策，是由该国的经济发展水平、产业结构状况、国际贸易收支状况以及参与国际经济竞争的能力等多种因素决定的。国际上许多发展经济学家认为，自由贸易政策不适合发展中国家的情况；相反，这些国家为了顺利地发展民族经济、实现工业化，必须实行保护关税政策。

（三）关税可以调节国民经济和对外贸易

关税是国家的重要经济杠杆，通过税率的高低和关税的减免，可以影响进出口规模，调节国民经济活动；可以调节出口产品和出口产品生产企业的利润水平，有意识地引导各类产品的生产，维护本国市场供应；可以调节进出口商品的数量和结构，促进国内市场商品的供需平衡，保护国内市场的物价稳定。

（四）筹集国家财政收入

从世界大多数国家尤其是发达国家的税制结构分析，关税收入在整个财政收入中的比重不大，并呈下降趋势。但是，一些发展中国家，特别是那些国内工业不发达、工商税源有限、国民经济主要依赖于某种或某几种初级资源产品出口，以及国内许多消费品主要依赖于进口的国家，征收进出口关税仍是它们取得财政收入的重要渠道之一。

第二节　关税的种类与征收方法

各国关税种类繁多，可以按照不同的划分标准进行分类，如图 7—1 所示。

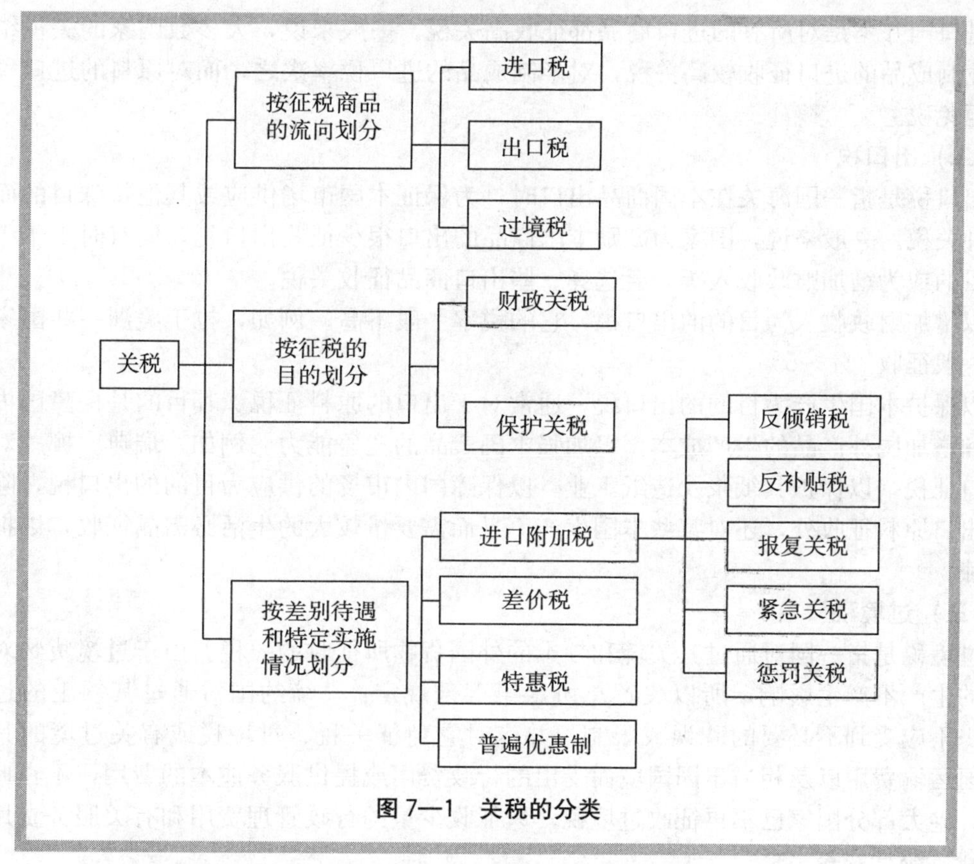

图 7—1 关税的分类

一、按征税商品的流向划分

按征税商品的流向，关税可以分为进口税（import duty）、出口税（export duty）和过境税（transit duty）。

（一）进口税

进口税是指一国进口商品时，由海关根据海关税则对本国进口商所征收的关税。一般情况下，我们提到的关税往往是指进口关税。这种进口税在外国货物直接进入关境或国境时征收，或者外国货物由自由港、自由贸易区或海关保税仓库等提出运往进口国的国内市场销售，在办理海关手续时根据海关税则征收，也称一般进口税。

从以往的贸易实践来看，当代发达资本主义国家大多经历过通过征收高额进口税来提高进口商品的价格，削弱这些进口商品的竞争能力，从而保护本国产业发展的阶段。因此，高额的进口税是发达资本主义国家垄断资本垄断国内市场的重要措施。我们通常所讲的关税壁垒就是指高额进口税。发达资本主义国家不仅利用进口税作为限制进口的手段，而且把它作为在贸易谈判时逼迫对方国家让步的手段。

第二次世界大战后，许多发展中国家加强了保护关税的作用，利用保护关税作为保护本国经济发展和反对发达资本主义国家进行商品倾销和转嫁经济危机的重要手段。

进口国并不是对所有的进口商品都征收高关税。一般来说，大多数国家的关税结构是对工业制成品的进口征收较高关税，对半制成品的进口税率次之，而对原料的进口税率最低甚至免税。

（二）出口税

出口税是指一国海关在本国商品出口时，为保证本国市场供应或其他特殊目的而征收的一种关税。一般来说，国家为鼓励本国商品的出口很少征收出口税，但有时出于干预市场的目的或为增加财政收入等，会选择一些出口商品征收关税。

以增加财政收入为目的的出口税，它的税率一般不高。例如，拉丁美洲一些国家的出口税一般征收1%～5%。

以保护本国生产为目的的出口税，通常对于出口的原料征税。其目的是保障国内生产需要和增加国外产品的生产成本，以加强本国产品的竞争能力。例如，瑞典、挪威对于木材出口征税，以保护其纸浆及造纸工业。以保障国内市场的供应为目的的出口税，除了对某些出口原料征收外，还对某些本国生产不足而需要量较大的生活必需品征收，以抑制价格上涨。

（三）过境税

过境税是指一国对通过其关境和领土的外国货物所征收的关税。由于过境货物对过境国家的生产不产生影响，所以关贸总协定第五条规定："缔约国对通过其领土的过境运输……不应受到不必要的耽误或限制，并应对它免征关税、过境税或有关过境的其他费用。但运输费用以及相当于因国境而支出的行政费用或提供服务成本的费用，不在此限。"目前，绝大部分国家已不再征收过境税，只征收少量的行政管理费用和有关服务费用，如印花费、统计费等。

二、按征税的目的划分

按征税的目的，关税可以分为财政关税（revenue tariff）、保护关税（protective tariff）。

（一）财政关税

财政关税是指以增加国家财政收入为主要目的而征收的关税。对进口商品征收财政关税时，必须具备以下三个条件：①征税的进口货物必须是国内不能生产或无代用品而必须从国外输入的商品；②征税的进口货物，在国内必须有大量消费；③关税税率要适中或较低，如税率过高，将阻碍进口，达不到增加财政收入的目的。

（二）保护关税

保护关税是指以保护本国工业或农业发展为主要目的而征收的关税。保护关税的税率较高，越高越能达到保护的目的。有时，保护关税的税率高达100%以上，等于禁止进口，成为禁止关税（prohibited duty）。

三、按差别待遇和特定实施情况划分

按差别待遇和特定实施情况，关税可以分为进口附加税（import surtax）、差价税

(variable levy)、特惠税（preferential duties）和普遍优惠制（generalized system of preferences，GSP）。其中，进口附加税还可进一步分为反倾销税（anti-dumping duty）、反补贴税（counter-vailing duty）、报复关税（retaliatory tariff）、紧急关税（emergency tariff）和惩罚关税（penalty tariff）。

（一）进口附加税

进口附加税是指进口商品时，进口国海关除了征收一般进口税外，根据某种目的又额外加征的关税。进口附加税通常是一种特定的临时性措施。其目的主要有：应付国际收支危机，维持进出口平衡；防止外国商品低价倾销；对国外某个国家实行歧视或报复等。因此，进口附加税也称特别关税。

1. 反倾销税

反倾销税是指对于实行倾销的进口货物所征收的一种进口附加税。进口商品以低于正常价值的价格进行倾销，并对进口国的同类产品造成重大损害是构成征收反倾销税的重要条件。反倾销税的税额一般根据倾销差额征收，其目的在于抵制商品倾销，保护本国的市场与工业。合理征收反倾销税能起到保护本国产品市场的目的，但若滥用反倾销手段，则可能成为非关税壁垒。近年来，我国遭受多起反倾销诉讼，导致我国企业深受其害。

2. 反补贴税

反补贴税也称反津贴税、抵消税或补偿税，是对于直接或间接地接受奖金或补贴的外国进口商品所征收的一种进口附加税。进口商品在生产、制造、加工、买卖、输出过程中接受了直接或间接的奖金或补贴，并使进口国生产的同类产品遭受重大损害是构成征收反补贴税的重要条件。反补贴税的税额一般根据“补贴数额”征收，其目的在于增加进口商品的成本，抵消出口国对该项商品所做的补贴，削弱进口商品的竞争力。

相关链接：2008年9月至2010年2月国外对华反补贴案件统计

序号	国家	立案	初裁	终裁	合计
1	美国	5	2	5	12
2	加拿大	0	0	4	4
3	澳大利亚	1	0	0	1
合计		6	2	9	17

说明：（1）立案数包括新发立案数和复审立案数，但扣除了已经初裁或终裁的案件。

（2）初裁数包括已初裁但未终裁的案件数。

（3）终裁数只包含裁定有补贴行为的终裁数。

资料来源：卢荣忠、黄建忠：《国际贸易》，2版，北京，高等教育出版社，2010。

3. 报复关税

报复关税是一国为报复他国对本国商品、船舶、企业、投资或知识产权的不公正待遇而对从该国进口的商品所课征的进口附加税。通常说来，这些不公平待遇包括：

（1）对本国商品征收歧视性差别关税或采取贸易保护措施。

（2）给予第三国比本国更优惠的待遇。

（3）在与本国的贸易中，自由贸易方面做得不够。

（4）对本国产品的知识产权没有提供足够的保护。

（5）在与本国的原贸易协定期满时，对新协定提出不合理要求。

当他国取消上述不公正待遇时，报复关税也应立即取消。然而，报复关税往往容易引起他国采取同样的手段，最终导致关税战。1962 年，美国与欧洲共同体之间爆发的“冻鸡战”，就是由双方都对对方采取报复关税引起的，持续了两年之久，最后以两败俱伤而告终。

4. 紧急关税

紧急关税是指为应付某种紧急情况，对某些商品加征的进口税。在国际贸易中，外国某种商品大量涌入某国，使该商品的进口量大大超过正常水平，对某国生产此种商品的行业构成威胁，甚至造成巨大损失，而通过正常谈判渠道又难以解决时，该国往往以加征紧急进口附加关税来限制该商品的大量涌入，从而保护本国工业生产。但是，紧急情况一旦缓解，紧急关税必须撤除，否则将会引起其他国家的贸易报复。美国汽车制造商曾因日本汽车大量涌入美国市场而要求政府加征此类关税。1972 年 5 月，澳大利亚对于进口涤纶除征收正常关税外，也加征了紧急进口关税。

5. 惩罚关税

惩罚关税是指出口国的某种商品违反了与进口国之间的协议，或者未按进口国海关规定办理进口手续时，进口国海关对该进口商品征收的一种临时性的进口附加税。例如，1988 年日本半导体元件出口商因违反了与美国达成的自动出口限制协定，被美国征收 100%的惩罚关税。2009 年，美国钢铁工人联合会以中国对美轮胎出口扰乱了美国市场为由，向美国国际贸易委员会提出申请，对中国产乘用车轮胎发起特保调查，美国贸易委员会建议在现行进口关税（3.4%～4.0%）的基础上，对中国输美乘用车与轻型卡车轮胎连续 3 年分别加征 55%、45%和 35%的特别从价关税。

（二）差价税

差价税也称差额税，当某种本国生产产品的国内价格高于同类的进口商品价格时，为了削弱进口商品的竞争能力、保护国内生产和国内市场，按国内商品价格与进口商品价格之间的差额征收关税，就叫差价税。

由于差价税是随着国内外商品价格差额的变动而变动的，因此它是一种滑动关税（sliding duty）。对于征收差价税的商品，有的规定按价格差额征收，有的规定在征收一般关税以外另行征收。例如，欧盟对冻牛肉进口首先征收 20%的一般进口税，然后根据每周进口价格与欧盟的内部价格变动情况征收变动的差价税。

差价税也是欧盟对从非成员国进口的农产品征收的一种进口关税。其税额是欧盟所规定的门槛价格与实际进口的货价加运保费（CIF）之间的差额。门槛价格是欧盟根据欧盟境内谷物最短缺地区公开市场上可能出售的价格（境内谷物最高价格）减去从进境地到达该地区市场的运费、保险费、杂费和销售费用后所规定的价格。门槛价格是计算差价税的基准价格，外国农产品抵达欧盟港口（地）的 CIF 价格低于此价时，即按其差额征税，使税后的外国农产品进入欧盟的市场价格不低于欧盟同类产品的价格。征收差价税是欧盟实施共同农业政策的一项主要措施，其主要目的是为了保护和促进欧盟内部的农业生产。所征差价税款作为农业发展资金，用于资助和扶持内部农业生产的发展。

（三）特惠税

特惠税的全称为特定优惠关税，是指对从特定国家或地区进口的全部商品或部分商品给予特别优惠的低关税或零关税待遇，其税率低于最惠国税率，但它不适用于从非优惠国家或地区进口的商品。特惠税一般在签订了友好协定、贸易协定等国际协定或条约的国家之间实施。任何第三国不得根据最惠国待遇条款要求享受这一优惠待遇。有的特惠税是互惠的，有的特惠税是非互惠的（单向的）。

（1）非互惠的特惠关税。目前，在国际上影响最大的非互惠特惠税是《洛美协定》(Lome Convention)。它是欧盟向参加《洛美协定》的非洲、加勒比和太平洋地区的发展中国家单方面提供的特惠税。中国为扩大从非洲国家的进口、促进中非双边贸易的进一步发展，自 2005 年 1 月 1 日起，对贝宁、布隆迪、赞比亚等非洲 25 个最不发达国家的部分输华产品给予特惠关税待遇，对涉及水产品、农产品、药材、石材石料、矿产品、皮革、钻石等十多个大类的 190 种商品免征关税，其中宝石或半宝石制品的关税由 35%降至零。

（2）互惠的特惠税，但不一定是对等的相同税率。互惠的特惠税主要是区域贸易协定或双边自由贸易协定成员间根据协定实行的特惠税，如欧盟成员之间、《北美自由贸易协定》的成员之间、中国与东盟国家之间实行的特惠税。

相关链接：《洛美协定》

《洛美协定》是以欧盟为一方，以非、加、太地区国家为另一方签订的关于贸易与发展的协定。1975 年 2 月 28 日，非洲、加勒比和太平洋地区 46 个发展中国家（以下简称“非、加、太地区国家”）和欧洲经济共同体 9 国在多哥首都洛美开会，签订贸易和经济协定，全称为《欧洲经济共同体—非洲、加勒比和太平洋地区（国家）洛美协定》，简称《洛美协定》或《洛美公约》。其后，经过三次修订，目前适用的是自 2002 年起生效的第五个《洛美协定》。

资料来源：http：//www. fmprc. gov. cn/chn/gxh/zlb/tyfg/t9628. htm。

（四）普遍优惠制

普遍优惠制（以下简称“普惠制”）是联合国贸易和发展会议在 1968 年通过建立普惠制决议之后生效的，是指发达国家承诺对从发展中国家或地区输入的商品，特别是制成品和半制成品，给予普遍的、非歧视的和非互惠的关税优惠待遇。这种关税也称普惠税。

普惠制的主要原则是普遍的、非歧视的、非互惠的。所谓普遍的，是发达国家应对发展中国家或地区出口的制成品和半制成品给予普遍的优惠待遇。所谓非歧视的，是指发达国家应使所有发展中国家或地区都不受歧视、无例外地享受普惠制的待遇。所谓非互惠的，是指发达国家应单方面给予发展中国家或地区关税优惠，而不要求发展中国家或地区提供反向优惠。

普惠制的目的是：增加发展中国家或地区的外汇收入；促进发展中国家或地区工业化；加速发展中国家或地区的经济增长率。截至2009年，全世界198个发展中国家或地区享受到了普惠制待遇，给惠国40个。这些给惠国包括欧盟27国以及挪威、日本、新西兰、瑞士、澳大利亚、美国、加拿大、俄罗斯、乌克兰、哈萨克斯坦、白俄罗斯、列支敦士登、土耳其。其中，除美国外，其余39个国家均给予我国普惠制待遇。

相关链接：普惠制方案

普惠制的给惠国通过普惠制方案（GSP scheme）给予受惠方普惠制待遇。这些方案是由各给惠国或国家集团单独制定和公布的，各有特点，不尽相同。但在各种方案的组成中，主要的规定如下：

1. 关于受惠国家或地区的规定

普惠制在原则上应对所有发展中国家或地区都无歧视、无例外地提供优惠待遇，但有的给惠国从自身的经济和政治利益出发，单方面确定一个受惠国或地区的名单，把某些受惠国或地区排除在受惠国名单之外，如美国公布的受惠国名单中不包括某些发展中的社会主义国家、石油输出国组织成员国等。

2. 关于受惠产品范围的规定

各给惠方案都列有自己的给惠产品清单与排除产品清单。普惠制原本应对受惠国家或地区的制成品和半制成品普遍实行关税减免，而实际上许多给惠国都不是这样，只有被列入普惠制方案名单的商品才能享受普惠制待遇。一般来说，在公布的受惠商品清单中，农产品的受惠产品较少，工业品的受惠商品较多。少数敏感性产品（如石油产品等）被排除在外，被列入排除产品清单中。

3. 关于受惠产品减税幅度的规定

受惠产品减税幅度的大小取决于最惠国税率和普惠制税率间的差额。最惠国税率越高，普惠制税率越低，差额就越大；反之，差额就越小。一般来说，农产品的减税幅度小，工业品的减税幅度较大。为了削弱某些受惠产品的竞争力，有些给惠国按各类受惠国产品分别规定了不同的减税幅度。例如，欧盟对受惠产品按敏感性程度分为五类：①非常敏感产品，如某些棉、麻、丝纺织品等的减税幅度为15%；②敏感产品，如化工、鞋、电器等的减税幅度为30%；③半敏感产品，如塑料制品、毛皮革制品、伞类、陶瓷和玻璃制品、照相器材和钟表等的减税幅度为65%；④非敏感产品，免征关税；⑤部分工业品（如某种石油产品）不给予关税减让，仍征收最惠国关税。

4. 关于给惠国保护措施的规定

各给惠国一般都在其方案中规定了保护措施，以保护本国某些产品的生产和销售，主要包括：

(1) 例外条款（escape clause），是指受惠国产品的进口量增加到对其本国同类产品或有直接竞争关系的产品的生产者造成或即将造成严重损害时，给惠国保留对该产品完全取消或部分取消关税优惠待遇的权利。

(2) 预定限额（prior limitation），是指预先规定在一定的时期内某项受惠产品的关税优

惠进口限额，对超过限额的进口按规定恢复征收最惠国税率。预定限额包括最高限额（ceiling quota）、分配配额（allocated quota）、国家最大额度（maximum country amount）。

（3）毕业条款（graduation clause），当一些受惠国或地区的某项产品或其经济发展到较高的程度，使它在世界市场上显示出较强的竞争力时，则取消该项产品或全部产品享受关税优惠待遇的资格，称为“毕业”。这项条款按适用范围的不同，可分为“产品毕业”和“国家毕业”。前者是指取消从受惠国或地区进口的部分产品的关税优惠待遇；后者是指取消从受惠国或地区进口的全部产品的关税优惠待遇，即取消其受惠国或地区的资格。

5. 原产地规则

原产地规则（rules of origin）是衡量受惠国出口产品是否取得原产地资格、能否享受优惠的标准。其目的是确保发展中国家或地区的产品利用普惠制扩大出口，防止非受惠国的产品利用普惠制的优惠扰乱普惠制下的贸易秩序。

一般来说，各给惠国普惠制方案中的原产地规则包括原产地标准、直接运输规则和原产地证书三部分。

（1）原产地标准。普惠制的原产地标准分为两大类：

1）完全原产的产品，是指完全用受惠国的原料、零部件并完全由其生产或制造的产品。完全原产品是一个非常严格的概念，稍微含有一点进口或来源不明的原料、零部件的产品，都不能视为完全原产的产品。

2）非完全原产的产品，也称含有进口成分的产品，是指全部或部分使用进口（包括来源不明的）原料或零部件制成的产品。这些原料或零部件经过受惠国或地区充分加工或者制造后，其性质和特征达到了“实质性变化”的程度，变成了另一种完全不同的产品，才可享受关税优惠待遇。

（2）直接运输规则（rule of direct consignment），是指受惠产品必须从该受惠国直接运到进口给惠国。由于地理原因或运输需要，受惠产品也可通过第三国或地区的领土运往进口给惠国，但必须置于海关监管之下，并向进口给惠国海关提交过境提单、过境海关签发的过境证明书等，才能享受普惠制待遇。

（3）原产地证书（certificate of origin）。出口商品要获得给惠国普惠制的关税优惠待遇，必须向进口给惠国提交出口受惠国政府授权的签证机构签发的普惠制原产地证书格式A（Form A）和符合直运规则的证明文件，作为享受普惠税待遇的有效凭证。格式A的全称是《普遍优惠制原产地证明书（申报与证明联合）格式A》。它是受惠产品享受普惠制待遇的官方凭证，也是受惠产品获得受惠资格必不可少的重要证明文件。

资料来源：陈宪、韦金銮、应诚敏：《国际贸易理论与实务》，3版，北京，高等教育出版社，2010。

四、关税的征收方法

征收关税最基本的两种方法是从量税（specific duties）和从价税（ad valorem duties）。在这两种税收的基础上，又有混合税（mixed or compound duties）、选择税（alternative duties）和滑准税（sliding duties）。

（一）从量税

从量税是指以征税货物的数量、重量、容量、面积、体积或长度等为标准，每一单位征收一定金额的关税。

对于历史上各国早期的关税来说，由于商品品种、规格简单，同一品种商品的价格差异不大，常以从量税方法计征。20世纪70年代以前，美国和一些发达国家大多是以从量税的形式征税的，因而从量税在关税的征收中占主导地位。然而，目前绝大多数国家都是以从价税为主。出现这种变化很重要的原因是这两种不同的征税方法有着不同的特征。70年代以后，在世界经济形势发生变化的条件下，从价税更适应变化了的形势，从而成为征税的主要形式。当然，凡事总有例外。瑞士因其地理位置和经贸特点，为了大量陆运货物在边境口岸进出通关的方便，全部采用从量税。

从量税额＝每单位从量税×商品数量

从量税的优点可概括为：第一，操作比较简单。海关人员只需要将商品进行分类，分成按重量征税、按数量征税或是按长度征税等即可。征收从量税与商品的价格无关，不需要对进口商品的价格进行再审查。第二，对于外国的出口商进行削价倾销有着较高的保护作用。

从量税的缺点主要有：第一，从量税具有累进性。同一类商品在征收从量税的条件下，价格越低的商品，关税在价格中所占的比重越高；相反，价格越高的商品，关税在价格中所占的比重越低。第二，在通货膨胀时期，从量税将失去其保护作用。由于通货膨胀，商品的价格大幅上涨，从量税的税率是按照商品的数量或重量等确定的，因此随着价格的上涨，关税在价格中所占的比重逐渐下降。

由于上述原因，从量税通常只适用于征税对象比较单一、价格相对稳定的税种（税目），难以普遍采用，比如珠宝、古玩、字画等不可能用从量税标准征收，因此很少有国家单纯使用从量税。目前，我国对原油、啤酒、胶卷等少量商品征收从量税。

（二）从价税

从价税是以商品的价格为标准而征收的关税。

从价税额＝商品总值（关税完税价格）×从价税率

经海关审定的作为计征关税依据的价格称为关税完税价格。在征收从价税时，商品的关税完税价格在各国采用的标准不完全相同，大体包括三种：进口离岸价（FOB）、进口到岸价（CIF）和法定价格。

从价税税率表现为货物价格的一定百分率。从价税随着商品价格的变化而变化，当商品价格上涨时，从价税随之提高。

与从量税相比，从价税的优点非常显著。第一，税额随商品档次与价格高低的变化而增减，税负公平。它既不具有累进性也不具有累退性，仅按照商品价格的一定比例征税。同一商品的价格高，征收的税额较多；价格低，征收的税额较少。所以，人们普遍认为从价税比较公平。第二，税率明确，便于各国比较。第三，关税的保护作用随着价格的上涨而增加。在通货膨胀时期，从价税的关税税率不需要随着通货膨胀率的变动而变动，价格上涨，关税会随着价格的上升而自动增加。可见，在通货膨胀时期，从价税有比较好的保护作用。

因此，从价税的保护作用不受价格变动的影响。由于从价税具有税负公平、易于实施、征收简单、税负明确等优点，因此成为使用最广泛的关税税种。目前，我国对绝大多数进口商品均征收从价税。

从价税的缺点是操作困难，完税价格不易掌握；通关时间长，征纳双方往往因估定货物价格发生摩擦，从而延缓了通关进程。对于海关来说，从价税的操作比较复杂。海关工作人员对每件进口商品的价格都必须进行审查，不能仅凭提货单或是发票上的价格征税，因为进口者总会想尽办法低报进口商品的价格，从而少缴关税。对于进口者来说，一些国家的海关工作人员会尽力高估进口商品的价格。有些国家的政府有意鼓励海关工作人员高估商品的价格，这种现象引起了很多国家的不满。直到 1979 年，在关税与贸易总协定的东京回合谈判中达成了《关于实施〈关税与贸易总协定〉第七条的协议》（亦称《海关估价守则》）。此协议有 34 个国家参加签字，1981 年开始生效。协议生效以后，上述现象才得以纠正。乌拉圭回合谈判在对《海关估价守则》进行修订和完善的基础上，达成了《海关估价协议》。世界贸易组织要求，每一个成员必须接受该协议。

相关链接：WTO《海关估价协议》关于关税完税价格的主要内容

1. 海关估价的方法

《海关估价协议》规定了海关估定的关税完税价格是成交价格，即货物出口到进口商时实付或应付的价格（如发票价格）。另外，海关还可视具体情况加上以下各项费用：

（1）除购货佣金以外的佣金和经纪费。

（2）集装箱使用费以及包装费（包含劳动力和材料的费用）。

（3）出口商以免费或减价形式向进口商直接或间接提供的、与进口货物的使用或销售有关的物品或劳务价格。

（4）专利费、许可费和其他知识产权费用。

（5）由于进口货物的转售、处理或使用而由进口商直接或间接向出口商支付的有关费用。

（6）若以到岸价格进行海关估价，还可包括运费、保险费以及装卸费等费用。在确定成交价格时，除上述费用外，不得再增加任何额外费用。

如果海关拒绝使用进口商申报的成交价格，《海关估价协议》把海关可以使用的估价方法限定在以下 5 种标准以内，而且应当按照下列顺序加以使用：

（1）相同货物的成交价格。与该进口货物同时或大约同时向同一进口国出口的相同货物的成交价格。

（2）类似货物的成交价格。与该进口货物同时或大约同时向同一进口国出口的类似货物的成交价格。

（3）扣除价格。进口商品在其国内市场的单位销售价格或其相同或类似商品在其国内市场的单位销售价格，扣除通常要支付或议定支付的佣金、利润、关税、国内税、运费、保险费以及在进口时产生的其他费用。

（4）推算价格。成本加上利润及其他费用。

(5) 符合关贸总协定的其他方法。

2. 禁止使用的海关估价方法

禁止使用的海关估价方法包括：

(1) 进口商生产的相应货物的售价。

(2) 在两个可适用的价格之间选取较高的一个价格。

(3) 货物在出口商境内市场上的价格。

(4) 不得用第三国（或地区）的生产成本作为出口商货物估价的基础。

(5) 不得使用出口商向其他第三国（或地区）出口的价格。

(6) 不得规定价格下限。

(7) 不得使用武断的或虚构的方法进行海关估价。

(三) 混合税

混合税是指对于同一种商品同时制定从价和从量两种税率，采用从量税和从价税同时征收的方法。混合税可以从量税为主加征从价税，也可以从价税为主加征从量税。

混合税额＝从价税额＋从量税额

但在实践中，货物的从价税额和从量税额难以同时确定，而且手续繁杂，常用于本身较重的原材料或耗用原材料较多的工业制成品的进口计税。目前，我国对录像机、放像机、摄像机和摄录一体机四种商品实行复合税。

(四) 选择税

选择税是指对一种进口商品同时规定有从价税和从量税两种税收，但在征收时选择其中一种税额较高的征收。然而，有时为了鼓励进口，往往选择其中税额较低的一种征收。

(五) 滑准税

滑准税是对进口税则中的同一种商品按其市场价格标准分别制定不同价格的税率并征收的一种进口关税。1997 年 10 月 1 日，我国开始对新闻纸实行滑准税。自 2005 年 5 月 1 日至 2005 年 12 月 31 日，对关税配额外报关进口的棉花按“有数量限制的暂定关税生产率”征收进口关税。按照规定，增发配额部分进口棉税前价格高于 10 029 元/吨的暂定关税率为 5%；低于 10 029 元/吨的，按照一定公式征收 5%～40%的滑准关税。

第三节　关税的效应与最佳关税

关税是一国对外贸易政策中用来限制甚至禁止外国商品流入本国的重要措施。一个国家征收关税，必然会导致进口商品价格的变化，进而影响进口国和出口国商品价格的变化，最终对进口国和出口国各自的生产者、消费者和政府产生不同的经济效应。

下面以进口关税的征收为例，运用局部均衡分析和一般均衡分析的方法对贸易大国和贸易小国由于征收进口关税而对进口国的消费者、生产者以及政府产生的各种经济效应加以分析。

一、关税效应的局部均衡分析

（一）贸易小国关税效应的局部均衡分析

贸易小国是指该国对某种商品的进出口量无法影响国际市场的价格，即该国面临一条完全有弹性的进口供给曲线和一条对它的出口有完全弹性的需求曲线，如图 7—2 所示。

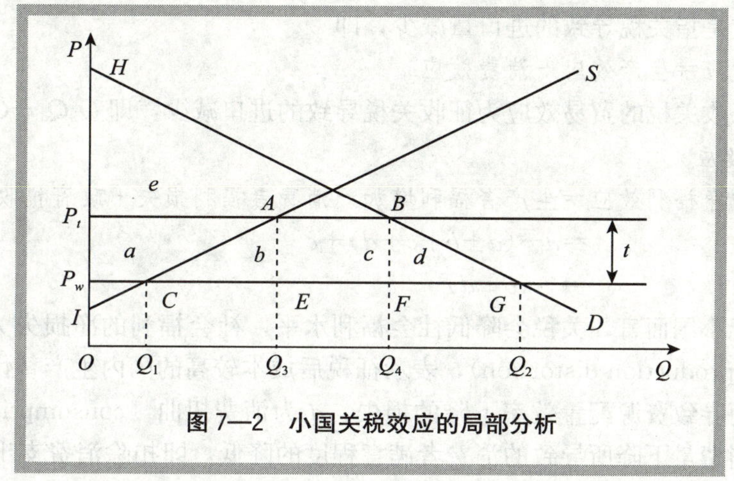

图 7—2　小国关税效应的局部分析

图中，曲线 S、曲线 D 分别表示国内的供给曲线和需求曲线；P_w 表示征收关税前的世界价格，即自由贸易下的价格；t 是对单位商品征收的进口（从价）关税。

征收关税后，该国会因进口产品价格上涨而减少对进口商品的需要，但由于该国为贸易小国，其需求量的变化不会对国际市场价格产生影响。因此，征税后，该国国内价格的上涨部分就等于所征收的关税，即关税全部由国内消费者来承担。此时，国内市场价格等于征收前的世界价格（自由贸易条件下的价格）加上关税，即征收关税后的国内价格为：

$$P_t = P_w + t$$

1．消费效应

关税的消费效应（consumption effect of a tariff）是指征收关税使国内市场价格提高，导致国内消费量减少。征税后，国内消费量为 OQ_4，与征收关税前的消费量 OQ_2 相比，消费量减少了 Q_2Q_4。消费量的下降会对消费者的福利产生不利影响，消费者福利的受损可以用消费者剩余的变化来度量。征收关税以前消费者剩余为面积 $a+b+c+d+e$，征收关税以后消费者剩余为面积 e，所以消费者福利的损失为 $a+b+c+d$。

2．生产效应

关税的生产效应（production effect of a tariff）是指征收关税后，国内进口替代部门的价格同步上升，国内生产厂商能够补偿因产出增加而提高的边际成本，从而扩大生产。征税前，国内生产为 OQ_1；征税后，国内价格由原来的 P_w 上升至 P_t。此时，国内生产提高到 OQ_3，国内生产增加了 Q_1Q_3，所以关税保护了国内生产者。国内生产者的受益可以用生产者剩余的变化来度量。征税前，生产者剩余为三角形 ICP_w 的面积；征收关税后，生产者剩余为三角形 IAP_t 的面积，增加了面积 a，就是征税后生产者的福利所得。

3. 税收效应

关税的税收效应（revenue effect of a tariff）是指政府由于征收关税而获得的财政收入，即图中的面积 c。

4. 贸易效应

综合关税的生产效应和消费效应，便可得到关税的贸易效应（trade effect of a tariff）。关税的贸易效应是指关税导致的进口量减少，即

贸易效应＝生产效应＋消费效应

在图中，征收关税的贸易效应为征收关税导致的进口减少，即 $Q_1Q_3+Q_2Q_4$。

5. 净福利效应

$$
\begin{aligned}
\text{关税的净福利效应} &= \text{生产者福利增加} - \text{消费者福利损失} + \text{政府税收收入} \\
&= a-(a+b+c+d)+c \\
&= -(b+d)
\end{aligned}
$$

所以，对于小国而言，关税会降低社会福利水平，社会福利的净损失为 $b+d$。其中，b 为生产扭曲（production distortion），表示征税后成本较高的国内生产替代了成本较低的外国生产，从而导致资源配置效率下降的损失；d 为消费扭曲（consumption distortion），表示征税后因消费量下降所导致的消费者满意程度的降低，即扣除消费支出下降部分之后的净额。

（二）贸易大国关税效应的局部均衡分析

贸易大国是指该国对某种商品的进出口能够影响国际市场的价格。贸易大国通过征收进口关税、改变国内商品需求量，能影响该产品的国际市场价格。

在图 7—3A 中，曲线 S、曲线 D 分别表示大国的国内供给曲线和需求曲线；P_w 表示征收关税前的世界价格，即自由贸易下的价格；P_t 是征收从价税后的价格。

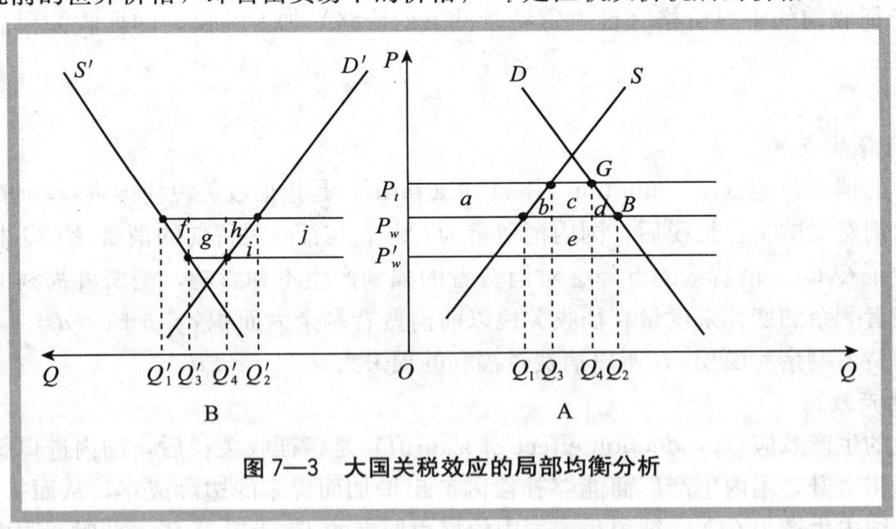

图 7—3　大国关税效应的局部均衡分析

该国征收关税后，由于价格上涨，该国对进口产品的需求量下降，从而引起世界市场价格的下降。在这种情况下，关税负担实际上由国内消费者和国外出口商共同承担，征收

关税后的国内市场价格等于征收关税后的世界市场价格（低于征收关税前或自由贸易条件下的世界市场价格）加上关税。

假定 t 是对单位商品征收的从价税税额，那么征收关税后，国内价格由原来的 P_w 降至 P'_w，征税后的国内价格为 $P_t=P'_w+t$。与小国相比，征收相同的关税，大国国内价格的上涨幅度要小于小国。世界市场价格的下降部分抵消了关税的效应，减弱了关税对国内生产和消费的影响。

1. 大国征收关税对本国的影响

（1）消费效应。征税后的国内消费量为 OQ_4，与征收关税前的消费量 OQ_2 相比，消费量减少了 Q_2Q_4。消费量的下降对消费者的福利有不利的影响。征收关税后，消费者的福利损失为梯形 GBP_wP_t 的面积（$=a+b+c+d$）。

（2）生产效应。在自由贸易的条件下，对应于世界价格 P_w，国内生产为 OQ_1；征收关税后，国内价格由原来的 P_w 上升至 P_t，此时国内生产提高到 OQ_3。也就是说，征收关税后，国内生产增加了 Q_1Q_3，所以关税保护了国内生产者。征收关税后，生产者剩余增加了，增加的部分为面积 a，即征收关税后生产者的福利所得。

（3）税收效应。征收关税所获得的收入为面积 $c+e$。

（4）贸易效应。

关税的贸易效应＝生产效应＋消费效应

在图 7—3A 中，征收关税的贸易效应为征收关税使进口减少了 $Q_1Q_3+Q_2Q_4$。

（5）贸易条件效应（trade terms effect of a tariff）。在小国的情形下，征收关税后的进口价格不会发生变化，因此该国的贸易条件也没有变化。在大国的情形下则不同，征收关税后，进口价格下降（从 P_w 降至 P'_w），因而该国的贸易条件改善，e 就是贸易条件得益。

（6）净福利效应。

$$\begin{aligned}\text{关税的净福利效应} &= \text{生产者福利增加} - \text{消费者福利损失} + \text{政府税收收入}\\ &= a-(a+b+c+d)+(c+e)\\ &= e-(b+d)\end{aligned}$$

当 $e>b+d$ 时，征收关税使该国的福利增加；当 $e<b+d$ 时，征收关税使该国福利减少。所以，在大国情形下，关税的净福利效应不确定，它取决于贸易条件效应与生产扭曲和消费扭曲两种效应的综合对比。

2. 关税对贸易伙伴国及世界的影响

征收关税会使本国的贸易条件改善，同时也意味着贸易伙伴国的贸易条件恶化，贸易伙伴国的总体福利水平下降。

如图 7—3B 所示，S' 和 D' 分别为外国的供给曲线和需求曲线。在本国不征收关税的条件下，外国的出口价格为 P_w，出口量 $Q'_1Q'_2$＝本国进口需求 Q_1Q_2。当本国征收关税后，外国的出口价格为 P'_w，出口量为 $Q'_3Q'_4=Q_3Q_4$。外国厂商生产者剩余损失了面积 $f+g+h+i+j$，外国消费者由于世界市场价格下降而受益，消费者剩余增加了面积 $i+j$，因此外国的净福利效应为损失 $f+g+h$。

对世界来说，福利净损失为 $b+d-e+f+h+g$。

二、关税效应的一般均衡分析

（一）小国关税效应的一般均衡分析

如图 7—4 所示，小国只生产 X 和 Y 两种产品，横轴为 X 的产量，纵轴为 Y 的产量。曲线 TT' 是该小国的生产可能性边界，曲线Ⅰ和Ⅱ为社会无差异曲线。在自由贸易下，该国的国内市场价格与国际相对价格相同，为 P_w。

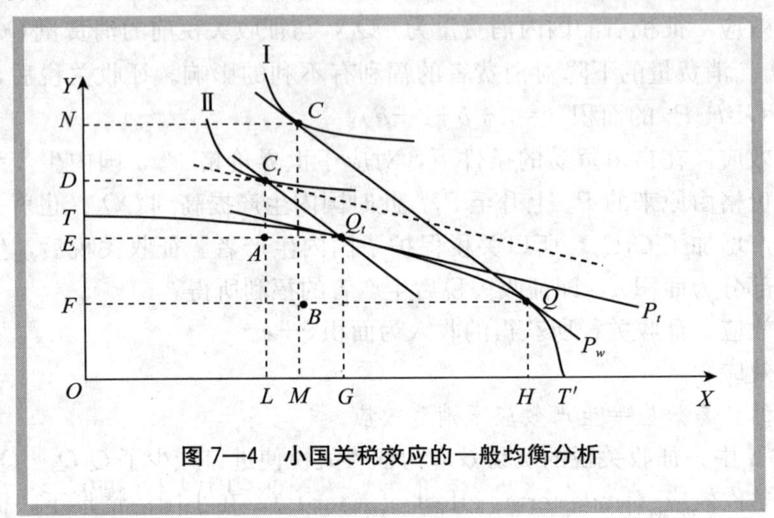

图 7—4　小国关税效应的一般均衡分析

在封闭的条件下，该小国在生产可能性边界 TT' 上进行生产和消费，但在开放的条件下，该小国可以通过国际交换在相对价格线 P_w 上进行消费。该国在自由贸易的条件下，生产均衡点为 Q 点，消费均衡点为 C 点。因此，对该国来说，均衡点的出口产品 X 的出口量为 BQ；进口产品 Y 的进口量为 CB。三角形$\triangle CBQ$ 称为贸易三角形。

现在对进口产品征收税率为 t 的从价税，由于该国为贸易小国，X 产品的出口价格和 Y 产品的进口价格不变，但 Y 产品的国内价格从 P_y 上升为 $P_y(1+t)$，故国内生产者面对一条新的相对价格线 P_t，其斜率为 $-P_x/P_y(1+t)$。相对价格线 P_t 的斜率的绝对值变小，故相对价格线 P_t 比自由贸易下的相对价格线 P_w 更平坦一些。

征收关税后，生产点变为 Q_t 点。与征税前相比，进口替代部门的生产增加，但出口部门的生产减少了。

由于征税国是一个小国，因此在征税后，其贸易条件不发生变化，国际贸易仍按照原来的国际相对价格进行，所以新的消费均衡点应在通过 Q_t 点并与相对价格线 P_w 平行的线上。此外，国内消费者面对的相对价格为 P_t，根据效用最大化条件，通过新的消费均衡点的社会无差异曲线在该点的切线斜率绝对值应等于 P_t。如图 7—4 所示，通过新的消费均衡点 C_t 的社会无差异曲线的切线与相对价格线 P_t 是平行的。也就是说，C_t 点同时满足两个条件：国际贸易仍按原来的价格进行，而国内消费者则按征税后的国内价格来决定其最佳选择。

征税后的消费水平由原来的 C 点降至 C_t 点，通过 C_t 点的社会无差异曲线Ⅱ位于通过 C

点的社会无差异曲线Ⅰ之下，这表明征税国的社会福利水平下降了。

（1）生产效应。征收关税使进口替代部门的产出增加、出口部门的产出减少。如图7—4所示，进口替代部门的产出由原来的QH增加到Q_tG；出口部门的产出由原来的QF减少到Q_tE。

（2）消费效应。征收关税使X产品和Y产品的消费都减少了。如图7—4所示，X产品的消费由原来的OM减少到OL，Y产品的消费由原来的ON减少到OD。

（3）贸易效应。征税以后，X产品和Y产品的贸易量减少。如图7—4所示，X产品的出口量从BQ下降到AQ_t，Y产品的进口量从BC下降到AC_t。

（4）净福利效应。征税使社会福利受到损失。如图7—4所示，社会无差异曲线从Ⅰ下降到Ⅱ，社会福利水平下降。无论从局部均衡分析，还是从一般均衡分析，小国征收关税都会导致其福利的净损失。

（二）大国关税效应的一般均衡分析

大国征收关税对其福利的影响很难预测，关税减少贸易的效应会使福利减少，这一点与小国相似。但是，大国征税也改变了贸易条件，这种贸易条件的改善又会提高本国的福利水平。

我们仍沿用图7—4做对比，简要地对大国的关税效应做一般均衡分析。

大国进口Y产品，并对Y产品征收与小国一样的税率，大国的生产点也会从Q向Q_t移动，但由于大国征收关税后的进口减少会引起世界市场上Y产品的价格下跌。即使征收与小国同样税率的关税，由于市场价格的下降，加税后的国内Y产品的价格增长幅度要低于小国，用图7—4来对比，就是大国征收关税后的国内相对价格线P_t'会比小国的国内相对价格线P_t陡峭，与生产可能性曲线相切的点会在Q_t的右下方。大国征收关税的结果会增加进口替代产品Y的生产、减少出口产品X的生产，但变动幅度比小国的变动幅度小。新的生产点（假定为Q_t'）会位于Q（自由贸易生产点）与Q_t（小国征收关税后的生产点）之间。

同样，大国会在从Q_t'向左上方延伸的新国际相对价格曲线上选择与新的国内相对价格曲线相切的消费点C_t'。新的国际相对价格不再与原来的价格曲线平行，其斜率会大于原来的价格曲线。这是因为大国对进口商品征收关税而改善了贸易条件。由于小国面对的国际价格不变，因而新的消费点所代表的社会福利水平一定低于自由贸易时的水平。但是，大国的情况却不一定。一方面，由于生产的扭曲，大国的消费可能性曲线（即从生产点延伸的国际相对价格曲线）比自由贸易时降低了。另一方面，由于贸易条件的改善，新的消费可能性曲线的斜率提高了。因此，与最终消费点相切的社会无差异曲线有可能在原来消费点的右下方。换句话说，由于贸易条件的改善，大国征收关税有可能会提高整个社会的福利水平。这一点与局部均衡分析所得出的结论是一致的。因此，征收关税对大国经济的影响可以概括为增加进口品的生产，减少出口品的生产；进口产品的相对价格下降，贸易条件改善；社会福利水平既有可能下降，也有可能上升。

对大国的福利变化分析可以借助另一种贸易分析工具——贸易提供曲线，在此不做赘述。

三、最优关税

通过分析，我们可以得到这样的结论：对于贸易小国而言，任何关税都会给其带来社会福利的损失；而对于大国来说，关税有可能带来损失，但也有可能带来收益。那么，如果大国能从征收关税中受益，引起这种收益的税率怎样确定？是否税率越高，收益越大？

高关税固然使进口商品的单位税收增加，但也会造成进口数量的减少，因而总的关税收入不一定增加。如果关税过高、进口量下降严重，关税收入有可能下降。如果进口严重缩减，造成国内价格大幅上升、消费下降，则消费者所受的损失会更多。因此，只有在适当的税率下，进口国才有可能使净收益达到最大。这个能使本国的经济收益达到最大的适当税率，称为最优关税率或最优关税（optimum tariff）。

（一）最优关税的含义及确定

最优关税是当贸易均衡点落在贸易无差异曲线与贸易伙伴国提供曲线的切点时的关税税率，它可使一国贸易条件的改善相对于贸易量减少的净所得最大化。以自由贸易为起点，当一国提高关税税率时，其福利逐渐增加到最大值（最优关税税率）；当关税税率超过最优关税税率时，其福利又逐渐下降。最终，这个国家又将通过禁止关税回到自给自足的生产点。确定最优关税的条件是进口国由征收关税所引起的额外损失（边际损失）与额外收益（边际收益）相等。

最优关税不会是禁止关税。所谓禁止关税是指进口为零的关税水平。在禁止关税下，进口国不能进口该产品，因而也就无从获得收益。因此，进口关税高并不意味着收益高。最优关税也不会是零关税。因为零关税也不能给大国带来任何贸易条件得益。因此，最优关税应该在禁止关税和零关税之间，在这个范围内的进口关税水平可使外国出口商承担一部分关税。

最优关税的确定可由图 7—5 来说明。图中的横坐标表示关税税率 t，纵坐标表示征收关税的净福利效应，曲线 Omt_2n 表示不同关税水平的净福利效应。O 点对应的关税为零，即代表零关税的条件下，关税的净福利效应为零；t_2点对应的关税税率为禁止关税，关税在不小于 t_2时，关税的净福利效应也为零。在关税税率处于零关税和禁止关税之间，也就是在 Ot_2之间，关税的福利效应为正；在关税税率为 t_1时，关税的福利效应达到最大值 W_1，故 t_1就是最优关税。

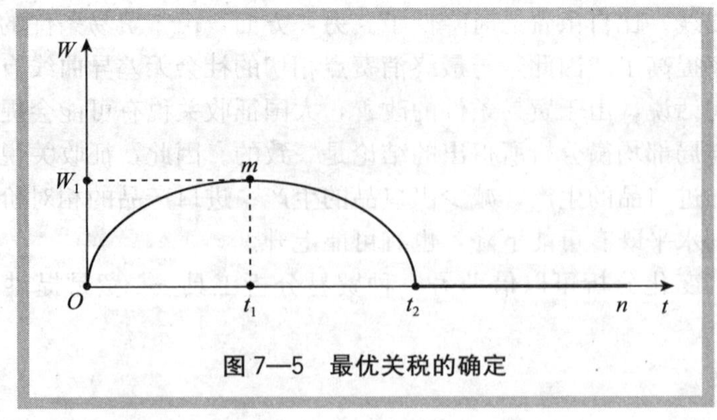

图 7—5　最优关税的确定

（二）报复关税

虽然最优关税理论指出了贸易保护可能使一个大国获得比自由贸易更多的利益，但这种利益的获得是以牺牲他国利益为代价的。因为征收关税在改善进口国贸易条件的同时，贸易伙伴国的贸易条件却恶化了，这种做法被称作“以邻为壑”，很容易遭到受害国的报复。如果贸易伙伴国进行报复，对来自原征税国的进口产品征收关税，那么就会使得最初征收关税国家的目的落空，最终使两国的福利都受损，即比自由贸易条件下的福利水平要低。

如图 7—6 所示，在自由贸易的条件下，本国的贸易提供曲线为 *OB*，外国的贸易提供曲线为 *OA*，此时的贸易均衡点为 *M*。如果根据最优关税理论，本国对外国产品 X 征收关税，使本国的提供曲线旋转到 *OD*，则本国的贸易条件改善（本国贸易条件是 P_Y/P_X，国际价格线 *OE* 和 *OH* 的斜率等于 P_X/P_Y，所以本国的贸易条件是 *OE* 和 *OH* 斜率的倒数。征税后，国际价格线从 *OE* 旋转到 *OH*，斜率变小，故本国的贸易条件改善）。但是，外国的贸易条件恶化，福利减少了。如果外国采取报复，对其从本国进口的 Y 产品征收关税。如图所示，外国的提供曲线从 *OA* 旋转到 *OC*，外国的贸易条件改善，新的贸易均衡点为 *G* 点。*G* 点与自由贸易条件下的均衡点 *M* 相比，贸易量严重萎缩，贸易利益会丧失。

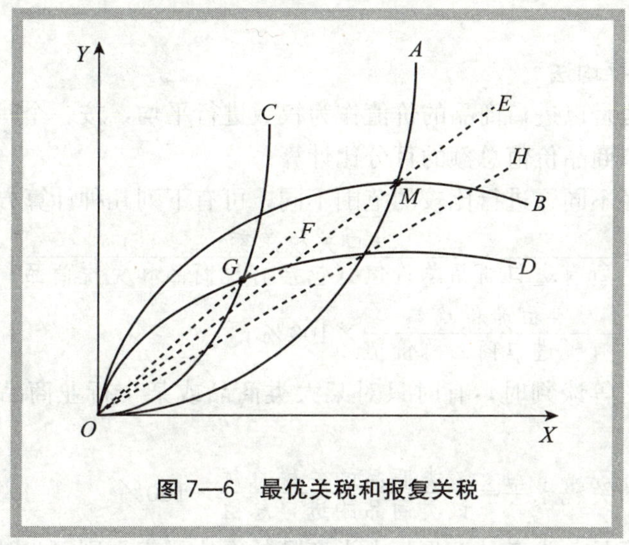

图 7—6　最优关税和报复关税

值得注意的是，当一国征收最优关税且其贸易伙伴国并不采取报复行动时，征收关税国家的所得也要小于贸易伙伴所受的损失。因此，对整个世界而言，征收关税要比在自由贸易下的情况糟糕。正是从这个意义上考虑，自由贸易能使世界福利最大化。

第四节　关税水平与保护程度

一般来说，我们用关税的保护程度来衡量一个国家对进口商品征收关税，从而给予本国经济的保护程度。其中，关税对一国整体经济的保护程度可用关税水平（tariff level）来衡量，关税对一个产业个别商品的保护程度可用保护率来衡量。

一、关税水平

关税水平是指一个国家进口关税的平均税率，用以衡量或比较一个国家进口关税的保护程度。在关税与贸易总协定以及世界贸易组织的关税减让谈判中，关税水平被作为削减关税的指标。

关税水平有不同的计算方法，最基本的方法主要有简单算数平均法和加权算数平均法两种。

（一）简单算数平均法

简单算数平均法是以一国税则中所有税目的税率总和，除以所有税目的总数，求出税率的平均值。其公式是：

$$平均关税税率=\frac{所有税率之和}{所有税目数之和}\times 100\%$$

这种计算方式因为有些税目的税率很高，是禁止关税，实际很少进口；有些在贸易中的重要税目（如汽车）和不太重要的税目（如汽车坐椅、安全带等）作为同样分量的两个税目计算，显然不太合理。此外，从量税率要换成从价税率才能相加，折算也有困难，因此具有一些缺点。

（二）加权算数平均法

加权算数平均法是以进口商品的价值作为权数进行平均，按一个时期内所征收的进口关税总额占所有进口商品价值总额的百分比计算。

由于统计的口径不同、进行比较的范围不同，可有下列几种计算方式：

$$关税水平=\frac{进口关税总额}{所有进口商品总价值（包括有税商品和免税商品）}\times 100\%$$

$$关税水平=\frac{进口关税总额}{有税进口商品总价值}\times 100\%$$

在统计分析或对等谈判时，有时只对某大类商品或某个行业商品的关税水平进行比较，则其公式为：

$$某类商品的关税水平=\frac{该类商品的关税总额}{该类商品的进口总值}\times 100\%$$

如果比较的不只是一类商品而是几大类商品的平均税率，则可先计算出每类商品的关税水平之和（简单算术平均或加权算术平均之和），然后加权平均计算。如果要求比较精确的计算，可把临时减免税税款也加在税款金额之中。在关贸总协定的 8 轮关税减让谈判后，各国的关税水平大大降低，发达国家的平均关税水平已由以前的 40%降到 4%左右，发展中国家的平均关税水平仍比较高，大约在 12%。

二、名义保护率

名义保护率（nominal rate of protection，NRP）也称名义关税率，是指一类商品在各种贸易保护措施的作用下，其国内市场价格超过国际市场价格部分与国际市场价格的百分比。它是衡量一国对某类商品保护程度的一种方法。

$$名义保护率（NRP）=\frac{P^{*}-P}{P}\times100\%$$

式中，P 为国际市场价格；P^{*} 为进口商品税后价格。

例如，某商品的进口税率为 10%，其进口价格为 20 美元，加收进口关税 2 美元，实际进口价格为 22 美元，多出的 2 美元就是按 10%计征的关税，这 10%的税率就是名义保护率。显然，在其他条件相同和不变的条件下，名义关税率越高，对本国同类产品的保护程度越高。

三、有效保护率

（一）有效保护率的含义

有效保护率（effective rate of protection）是指关税对国内被保护行业每单位产出的附加价值提高的百分率，也就是由于整个关税制度而引起的国内增值部分与自由贸易条件下增值部分相比的百分比。从表面上看，征收关税有利于本国的生产者，保护了国内生产和市场；但从实际看，本国生产者也不是凭空就能生产产品，他们也要购进生产资料，经过若干生产环节，投入若干中间产品来生产，而这些中间产品有可能从国内购买，也有可能是从国外进口而来，那么征收关税在保护某一行业生产者的同时，实际上也保护了这些中间产品的供应商。关税抬高了生产者的产品附加值，同时也抬高了中间产品的附加值。那么，我们就有必要探讨：去掉中间产品附加值后，究竟对本国生产者产品附加值的保护程度是多大？这就催生出了有效保护率的概念。

第二次世界大战以后，随着跨国公司的出现，大规模生产由一种产品的全过程纵向全面生产，发展到零部件、投入品的专业横向分工生产与合作，形成了世界范围内的横向专业化分工生产，致使中间产品的贸易量在不断扩大，逐渐形成了以中间产品为主的国际贸易商品结构。传统的关税保护理论是建立在产品的生产过程完全发生在一个国家内的假设前提上，这个假设条件与现实的国际贸易状况有很大差异，因此成为关税保护理论的一个重大缺陷，因而有效保护理论应运而生。有效保护的概念是加拿大经济学家巴伯于 1955 年提出的，到 20 世纪 60 年代才逐渐做出理论性的阐述并被引用。1970 年在日内瓦召开的关于有效保护理论的学术讨论会推动了这一理论的发展。

（二）有效保护率的计算公式

有效保护不但关注关税对产品价格的影响，也关注投入品（原材料或中间产品）由于征收关税而增加的价格。因此，有效保护率计算的是某项加工工业中受全部关税制度影响而产生的增值比，是对一种产品的国内外增值差额与其国外增值的百分比，即

$$有效保护率=\frac{国内加工增值-国外加工增值}{国外加工增值}\times100\%$$

若以 ERP 表示有效保护率，V 表示自由贸易条件下某一生产过程的增值，V' 表示在各种保护措施作用下该生产过程的增值，则有效保护率可以表述为：

$$ERP=\frac{V'-V}{V}\times100\%=\frac{PT-P_1T_1}{P-P_1}\times100\%$$

式中，P 为最终产品的价格；P_1 为中间产品的价格；T 为最终产品的名义关税率；T_1 为中间产品的名义关税率。

举例说明，假定在自由贸易的情况下，一辆汽车的国内价格为 10 万元，其中 8 万元是自由进出口的钢材、橡胶等中间投入品的价格，则 2 万元就是国内生产汽车的附加值。再假定对每辆汽车进口征收 10%的名义关税，而对中间产品仍然免税进口，同时假定进口汽车价格上涨的幅度等于名义税率 10%。那么，国内汽车的价格上涨到 11 万元（=10+10×10%）。保护关税使国内制造汽车的附加价值增加到 3 万元（=11－8）。此时，国内汽车的有效保护率为 50%（$=\frac{3-2}{2}$）。在此，名义税率只有 10%，但有效保护率却高达 50%！

此时，如果对中间产品征收 10%的进口税，每辆汽车的进口税仍为 10%，那么国内汽车制造的附加值就变为 2.2 万元［=11－8×(1+10%)］。此时，国内汽车的有效保护率为 10%（$=\frac{2.2-2}{2}$）。如果对中间产品征收 20%的进口税，每辆汽车进口税仍为 10%，那么国内汽车制造的附加值就变为 1.4 万元［11－8×(1+20%)］，那么有效保护率为－30%（$=\frac{1.4-2}{2}$）。

（三）有效保护率与名义保护率的区别

名义保护只考虑了关税对某种产品价格的影响，而不考虑对其投入材料的保护；有效保护不但考虑了关税对成品的价格影响，也考虑了投入的原材料和中间产品由于征收关税而增加的价格。因此，有效保护率计算的是某项加工工业中受全部关税制度影响而产生的增值比，是一种产品的国内外增值差额与其国外增值部分的百分比。这里所说的国外增值是指在自由贸易条件下该商品的增值。

当某产业的产品进口名义关税率高于原料的进口名义关税率时，该产业所受的有效保护率就要高于名义保护率；当某产业的产品进口名义关税率等于原料的进口名义关税率时，该产业所受的有效保护率就等于名义保护率；当某产业的产品进口名义关税率低于原料的进口名义关税率时，甚至会出现负保护的现象。

第五节　海关税则与通关手续

一、海关税则

（一）海关税则的概念

海关税则也称关税税则（customs tariff），是一国对进出口商品计征关税的规章和对进出口的应税商品与免税商品加以系统分类的一览表。它是海关征税的依据，也是一国关税政策的具体体现。

从内容上看，海关税则一般包括两个部分：一是海关征收关税的规章、条例和说明；二是关税税率表。关税税率表包括税则号、商品名称、关税税率等栏目。

(二) 海关税则的分类

(1) 根据关税税率栏目的多少，海关税则可分为单式税则和复式税则两种。

单式税则也称一栏税则。在这种税则中，每个税则只有一种税率，该税率适用于来自任何国家的商品，不存在差别待遇。

复式税则也称多栏税则。在这种税则下，每一税则都有两个或两个以上的税率。这主要是对来自不同国家的同一商品区别对待，适用不同的税率。对同一税目定有两种税率的称为二栏税则；依此类推，可能有三栏税则和四栏税则。目前，世界上绝大多数国家实行的是复式税则。

(2) 根据海关税则中税率制定的不同，海关税则可分为自主税则和协定税则两种。

自主税则是由本国自主制定，且本国有权加以变更的海关税则，也称国定税则。协定税则是通过本国与其他国家谈判制定，受条约或协定约束的海关税则。在自主税则和协定税则中形成的关税税率分别称为自主税率和协定税率。

根据现行的《中华人民共和国进出口关税条例》的规定，我国目前实施复式税则，对进口关税设置最惠国税率、协定税率、特惠税率、普通税率、关税配额税率等税率。

(三) 海关税则中的货物分类方法

(1) 按照货物的自然属性分类（如动物、植物、矿物等）。

(2) 按货物的加工程度或制造阶段分类（如原料、半制成品和制成品等）。

(3) 按货物的成分分类或按工业部门的产品分类（如钢铁制品、塑料制品、化工产品等）。

(4) 按货物的用途分类（如食品、药品、染料、仪器等）。

(5) 先按货物的自然属性分成大类，再按加工程度分成小类。

(四) 海关合作理事会税则目录

欧洲关税同盟研究小组于 1952 年 12 月拟定了《关税税则商品分类公约》，并设立了海关合作理事会，同时制定了《海关合作理事会税则目录》。《海关合作理事会税则目录》中商品分类的划分原则是以商品的自然属性为主，并结合加工程度等来划分的。它把全部商品共分为 21 类、99 章、1 015 项税目号。

(五) 商品名称及编码协调制度

20 世纪 70 年代初，海关合作理事会设立了一个协调制度委员会，研究并制定了《商品名称及编码协调制度》，除了用于海关税则和贸易统计外，对运输商品的计费与统计、计算机数据传递、国际贸易单证简化以及普遍优惠制的利用等方面，也提供了一套可使用的国际贸易商品分类体系。

二、通关手续

通关手续也称报关手续，是指出口商或进口商向海关申报出口或进口，接受海关的监督与检查，履行海关规定的手续。通关手续通常包括货物的申报、查验、征税和放行环节。下面以一般贸易货物的报关手续为例加以说明。

(一) 货物的申报

(1) 进（出）口货物报关单一式四份（减免税进口货物一式三份）、出口退税货物增值税发票；一份退税专用报关单。

（2）对外贸易管理部门签发的进出口货物许可证和国家规定的其他批准文件。

（3）提货单、装货单和运单。

（4）外贸、工贸公司对外签订的外贸合同。

（5）发票。发票是海关确定征税价格的重要依据，要求真实，并注明货物价格运保费等。

（6）装箱单。单一品种、包装一致的件装或散装货物可免交。

（7）征免税证明文件、缓税证明书、免验证明文件等。这一项要求事先申请并在报关时交验，否则造成征税或误验，责任在申报人。

（8）其他检验、检疫证明文件，原产地证，如商检、卫检、动植检等证明（在报关单上加盖检验、检疫印章亦可）。

（9）委托报关证明书等其他单据、文件。

（二）单证的审核

当进口商填写和提交有关单证后，海关应按照海关法令与规定，审查核对有关单证。

（1）应交验的单证必须齐全、有效。

（2）报关单填报的内容必须正确、全面。

（3）所报货物必须符合有关政策与法规的规定。

（三）货物的查验

货物的查验是通过对进口货物的检查，核实单货是否相符，防止非法进口。查验货物一般在码头、车站、机场的仓库、场院等海关监管场所内进行。

（四）货物的征税与放行

海关在审核单证、查验货物后，照章办理收缴税款等手续。进口税款用本国货币缴纳，若使用外币，则应按本国当时汇率折算缴纳。当一切海关手续办妥以后，海关将在提单上盖上海关放行章以示放行，进口货物即可通关。货物到达后，通常进口商应在货物到达后所规定的工作日内办理通关手续。

通过本章学习，可以：

1. 掌握关税的含义和主要特征。
2. 掌握关税的分类以及具体形式。
3. 了解海关税则与通关手续。
4. 掌握关税的经济效应。

本章关键词

关税　反倾销税　反补贴税　普惠制　名义保护率　有效保护率　关税的经济效应

本章思考题

1. 什么是关税？它有哪些主要特点？
2. 进口附加税的含义、目的及形式有哪些？
3. 说明反倾销税的含义。
4. 关税的征收方法有哪些？
5. 简要说明名义关税和有效关税的差别。
6. 关税的有效保护率是如何计算的？有何决策意义？
7. 关税对小国的经济效应有哪些？
8. 简述海关税则中的货物分类方法。

思考案例

20 世纪 80 年代中期，美国曾因日本将高级计算机出口到苏联而对日本输美的电子产品征收 100%的关税。美国是 90 年代以来运用“报复性关税”最频繁的国家，1999 年 3 月因“香蕉贸易战”，美国对欧盟的部分产品加征报复性关税。请就该案例对关税的作用做评析。

第八章

非关税壁垒

案例导入　　　　金融危机下的美国贸易保护主义政策

在2008年金融危机愈演愈烈之际，美国作为世界头号经济大国和这次金融危机的发源地，其出台的各项政策备受世界关注。其中，有两项政策受到了其他国家包括中国的广泛质疑：一是2009年1月28日美国众议院通过的高达8 190亿美元的美国新经济刺激方案规定，受美国政府资金支持的新经济项目，必须使用美国生产的钢铁产品。二是2月25日美国众议院通过了《2009年综合拨款法案》。该法案的727条款规定："根据本法所提供的任何拨款，不得用于制定或执行任何允许美国进口中国禽肉产品的规则。"该条款通过限制政府经费用途的方式，不允许美国相关政府部门开展自中国进口禽肉产品的解禁工作，由此将限制中国禽肉产品对美出口。在人们的印象中，美国向来崇尚经济自由，是贸易自由化的重要推动者，它以反贸易保护主义的名义，要求其他国家开放市场、推进汇率市场化改革、取消各种贸易壁垒。在金融危机面前，它为何大行贸易保护主义之道？事实上，对于美国而言，无论是推行贸易保护主义还是推行贸易自由化，目的并非为了世界经济的繁荣，都是为了维护本国的利益。美国在遇到严重经济危机的时候，推行贸易保护主义是预料之中的事情。

资料来源：吴强：《美国与贸易保护主义》，载《红旗文稿》，2009（10）。

第一节　非关税壁垒的含义与作用、特点

尽管关税是一种非常有效的进口调节手段，但由于GATT经过八轮减让关税的多边贸易谈判和WTO关税减让措施的作用，工业发达国家之间的平均关税水平降到3%左右，发展中国家的平均进口关税也降到10%以下。我国自2001年入世以后，按照入世承诺连续下调了进口关税税率，目前关税的算术平均税率为9.8%，比入世前下降了36%。如果考虑贸易结构因素，我国加权关税水平仅为3%左右，已经接近发达国家的关税水平。关税减让使得国际贸易中的产品出口有效地避开了关税壁垒设置的障碍，关税作为限制进口的壁垒已经失去了昔日的重要地位，各种非关税的进口调节手段，如进口配额制、技术性贸易壁垒、绿色壁垒、外汇管制等越来越广泛地被各国尤其是发达国家所采用。

一、非关税壁垒的含义

关税不是实施保护以避免外国竞争的唯一手段。国际贸易中存在着各种各样的非关税措施，即非关税壁垒（non-tariff barriers，NTBs），也称非关税贸易壁垒，是指一国政府采取除关税以外的各种办法，对本国的对外贸易活动进行调节、管理和控制的一切政策与手段的总和，其目的是在一定程度上限制进口，以保护国内市场和国内产业的发展。

从历史上看，早在重商主义时期，限制和禁止进口的非关税措施就已经盛行。1929—1933 年大危机时期，西方发达国家曾一度高筑非关税壁垒，推行贸易保护主义。尽管如此，非关税壁垒这一术语是在 GATT 建立以后才逐渐产生的。真正把非关税壁垒措施作为贸易保护政策的主要手段开始于 20 世纪 70 年代。

自 20 世纪 90 年代以来，在 WTO 组织的不懈努力及各国双边和多边贸易谈判下，传统的非关税壁垒（如配额、进口许可证等）已大为减少，但与此同时，非关税壁垒领域呈现了新的发展趋势。

第一，反倾销措施不断增强。一些国家把它作为一种战略竞争的手段，借此打击竞争对手和防止对手强大，从而给其抹上了浓重的贸易保护色彩。从其发展趋势看，它将成为 21 世纪国际贸易壁垒的主导。

第二，贸易技术壁垒（technical barriers to trade，TBT）迅速发展。由于 WTO 有关技术壁垒的协议并不否认 TBT 存在的合理性和必要性，允许各国根据自身的特点制定与别国不同的技术标准，这使得发达国家利用此法律依据制定了多种技术法规、技术标准、质量认证等手段，借以限制其他国家的进口。

第三，数量保障使用频繁。许多西方国家针对发展中国家对外贸易迅速发展的特点，将其作为攻击他国出口商品“数量激增”的手段。其中，最具威胁的是专门针对中国制定的“特保条款”。

第四，绿色壁垒名目激增。西方发达国家利用绿色浪潮席卷全球与世界绿色经济兴起的趋势，打着保护自然资源、环境和人类健康的旗帜，制定了一系列复杂苛刻的环保制度和标准，对来自别国或地区的产品及其服务设置屏障，如北欧四国的“白天鹅制度”、欧盟的“EU 制度”、日本的“生态标志制度”等。

第五，灰色区域措施的使用。优惠性原产地规则和政府采购政策等灰色措施仍游离于 WTO 多边约束规则之外，从而被大多数成员作为贸易保护手段广泛运用。由于原产地规则和政府采购政策背后都隐藏着巨大的经济利益，因此各国政府通过制定种类繁多的法律法规来限制其他国家产品的进口，以达到保护本国生产商利益的目的。

第六，劳工标准和动物福利的兴起。虽然劳工标准和动物福利这两项措施还未被纳入国际贸易制度中，但发达国家为了削弱发展中国家的劳动力和原材料比较优势，一直力图使其成为世界贸易组织的制度，而且目前已开始使用该措施来限制发展中国家的出口。

二、非关税壁垒的特点

无论非关税壁垒如何变化，与关税措施相比，均具有以下几个明显特征：

(1) 非关税壁垒比关税措施具有更大的灵活性和针对性。关税的制定往往要通过一定的立法程序来调整或更改税率，因此关税具有一定的稳定性和延续性。而非关税壁垒的制定与实施通常采用行政程序，制定起来比较迅速，程序也较简单，能随时针对某国和某种商品采取或更换相应的限制进口措施，从而较快地达到限制进口的目的。

(2) 非关税壁垒的保护作用比关税措施的保护作用更为强烈和直接。关税措施是通过征收关税来提高商品成本和价格，进而削弱其竞争能力，因而其保护作用具有间接性。而一些非关税壁垒（如进口配额）预先限定进口数量和金额，超过限额就直接禁止进口，这样就能快速和直接地达到关税措施难以达到的目的。

(3) 非关税壁垒比关税措施更具隐蔽性和歧视性。关税措施，包括税率的确定和征收办法都是透明的，出口商可以比较容易地获得有关信息。另外，关税措施的歧视性也较低，它往往要受到双边关系和国际多边贸易协定的制约。然而，一些非关税壁垒往往透明度差、隐蔽性强，而且有较强的针对性，容易对别的国家实施差别待遇。

(4) 利益分配对象不同。关税措施通过对进口商品征收关税，从而增加了政府的收入，但进口商会将这些税额打入商品的价格中，以转嫁给国内的消费者。因此，关税收入实际上是从该商品的消费者手中转移到政府手中的。而非关税壁垒则与此不同，如政府补贴，各种形式的补贴从表面上看是将资金从政府手中转移到了生产者手中，实际上，资金是从全体国民的手中转移到了生产者手中。又如数量限制，各种形式的数量限额都在国内造成了溢价，进口商会将溢价部分转嫁给消费者承担。此外，根据限额的发放形式不同，可导致不同群体的额外损失。

三、非关税壁垒的作用

随着关税在贸易中的作用逐步减弱，越来越多的发达国家把非关税壁垒作为实现贸易政策目标的主要工具。对于发达国家来说，非关税壁垒的作用主要体现在三个方面：一是作为防御性武器限制外国商品进口，用以保护国内进入衰退的生产部门，或者保障国内特定部门获得高额利润；二是将非关税壁垒作为国际贸易谈判中的筹码，逼迫其他国家妥协让步，以期获得国际贸易中的自主权；三是用作对其他国家实行贸易歧视的手段，以此作为其在政治经济舞台上获取领导地位的手段。总之，发达国家设置非关税壁垒是为了保持其在世界经济中的统治地位，继续维护目前对发达国家有利的国际经济贸易格局。

虽然大多数发展中国家仍以关税作为国际贸易政策的主要手段，但对于日益盛行的贸易自由化浪潮，越来越多的发展中国家开始重视非关税壁垒的作用。然而，与发达国家不同，发展中国家设置非关税壁垒的目的主要是：①限制奢侈品、高档商品等非必需品的进口，以节省外汇；②限制发达国家资本密集型、技术密集型进口商品对国内的冲击，以保护民族工业和幼稚工业；③为国内民族产业的发展提供一个相对宽松的国内环境，以维护民族经济的独立，减少对发达国家的依赖程度。由于发展中国家的经济发展水平与发达国家相距甚远，统一的贸易政策对发展中国家具有极大的不公平性，因而发展中国家设置非关税壁垒有其合理性和正当性。正因为如此，关贸总协定在肯尼迪回合谈判中新增了“贸易和发展”部分，并给予发展中国家更大的灵活性，允许其为维持基本需求和谋求优先发展而采取贸易保护措施。乌拉圭回合谈判达成的《WTO规则》也对发展中国家使用非关税壁垒保护国内民族产业给予了一定的特殊安排。但总的来说，无论是过去的关贸总协定还是今天的世界贸易组织，对于发展中国家采取非关税措施保护国内民族产业大多停留在道义的支援上，并没有多少实质性的保护条款。

第二节　非关税壁垒的种类

非关税壁垒的类型有很多，在20世纪80年代，联合国贸易和发展会议从影响方式及程度角度，将非关税壁垒分为直接影响性、间接影响性以及溢出或旁及影响性非关税壁垒。直接影响性非关税壁垒是出于保护国内产业、加强国内产业在国际市场竞争力的考虑，而采取的对外国进口进行限制和对本国出口进行限制或激励的措施，如配额、许可证、进口押金制等。这类措施对贸易的限制很明显，也比较直接。间接影响性非关税壁垒从表面上看是出于其他目的而制定的，比较含蓄、不易发现，但被怀疑具有隐藏的限制贸易动机，如质量标准、广告数量、海关程序等。溢出或旁及影响性非关税壁垒是指并非主要针对贸易，却不可避免地导致国际竞争条件失常，从而对贸易发生影响的一些非关税壁垒。这类非关税壁垒有政府对某种或某类商品在生产、销售和分配方面的垄断，影响贸易的产业结构和地区发展政策，政府特定的国际收支政策措施，关税制度的不同，国家社会保险制度的不同，折旧期限制度的不同，政府资助的防卫、航天和非军事采购引起的需求变动，国家标准和规定及做法的变动，国外运输费和国家批准的国际运输协定，结构成本等。

一、数量限制方面的非关税壁垒

数量限制是非关税壁垒的主要形式，是指一国（或地区）政府在一定的期限内（通常为一年）规定某种商品进出口数量的行政措施，它是在国际贸易中可以迅速有效地限制进出口的非关税壁垒，客观上抑制了国际贸易的顺利发展，因为数量限制本身缺少透明度，从而容易导致贸易保护措施的滥用。

（一）进口配额制

进口配额制（import quotas）也称进口限额制，它是直接限制进口的一种重要措施，是指一国政府在一定时期内（如一季度、半年或一年），对某些商品的进口数量或金额规定一个数额加以直接限制：在规定的时限内，配额以内的货物可以进口，超过配额则不准进口，或者征收较高的关税、附加税或罚款后才能进口。它是进口国实施数量限制的主要手段之一。根据控制力度和调节手段，进口配额可分为绝对配额和关税配额两种类型。

1. 绝对配额

绝对配额是指在一定时期内，对某种商品的进口数量或金额规定一个最高数额，达到这个数额后便不准进口。在实施中，这种方式有以下两种形式：

（1）全球配额，即属于世界范围的绝对配额，对来自任何国家或地区的商品一律适用，按进口商品的申请先后批给一定的额度，至总配额发放完为止，超过总配额就不准进口。全球配额并不限定进口的国别或地区，故配额公布后，进口商往往相互争夺配额。邻近的国家或地区因其优越的地理因素，在竞争中居于有利地位，而较远的国家则处于不利的地位。因此，在配额的分配和利用上，难以贯彻国别政策。为了减少这种情况所带来的不足，一些国家采用了国别配额。

（2）国别配额，即在总配额内按国别或地区分配固定的配额，超过规定的配额便不准进口。为了区分来自不同国家或地区的商品，在进口商品时，进口商必须提交原产地证明书。实行国别配额可使进口国根据它与有关国家或地区的政治经济关系分配不同的配额。例如，1987 年底我国与美国就纺织品贸易达成协定，使我国对美纺织品成衣出口年增长率（从 1988 年 1 月 1 日起 4 年内）由 19%下降到 3%。

2. 关税配额

关税配额是指对商品进口的绝对数额不加限制，但对一定时期内在规定的关税配额以内的进口商品给予低税、减税或免税待遇，对超过配额的进口商品征收高关税、附加税或罚款。在实践中，这种方式有以下两种形式：

（1）优惠性关税配额，即对关税配额内进口的商品给予较大幅度的关税减让，甚至免税；超过配额的进口商品征收原来的最惠国税率。欧盟在普惠制实施中所采用的关税配额就属此类。

（2）非优惠性关税配额，即对关税配额内进口的商品征收原来正常的进口税，一般按最惠国税率征收；对超过关税配额的部分征收较高的进口附加税或罚款。例如，1974 年 12 月澳大利亚曾规定对除男衬衫、睡衣以外的各种服装，凡是超过配额的部分加征 175%的进口附加税。

另外，进口配额还可分为单边配额和协议配额。单边配额是进口国事先不与有关国家进行磋商而单方面确定限额；协议配额是指进口国和出口国或出口国的出口商通过协商而确定分配的限额。采取单边配额通常会招致其他国家的不满并引起报复；相比之下，协议配额方式较为温和。

（二）自动出口配额

自动出口配额也称自动出口限制，是指出口国家或地区在进口国家的要求或压力下，自动规定某一时期内（一般为一年）某些商品对该国的出口限制，在限制的配额内自行控制出口，超过配额就禁止出口。

自动出口配额与绝对配额在形式上略有不同：绝对配额是由进口国直接控制进口的配额来限制商品的进口，而自动出口配额是由出口国直接控制某些商品对指定进口国的出口数量。但是，就进口国方面来说，自动出口配额与绝对配额一样，都起到了限制商品进口的作用。

自动出口配额一般采取以下两种形式：

1. 单方面自动出口配额

单方面自动出口配额，即由出口国单方面自行规定出口配额，限制商品出口。此种配额有的由出口国政府规定并予以公布，出口商必须向有关机构申请配额、领取出口许可证后才能出口，有的由出口国的出口厂商或同业公会根据政府的政策意向来规定。

2. 协定自动出口配额

协定自动出口配额，即由进口国与出口国通过谈判签订自动出口限制协定或有秩序销

售协定，在协定的有效期限内规定某些产品的出口配额，出口国据此配额实行出口许可证制，自动限制有关商品出口，进口国则根据海关统计进行监督检查。作为非关税措施之一的自动出口配额严重阻碍了国际贸易发展。1986 年 9 月乌拉圭回合谈判把自动出口配额列为减少和取消非关税壁垒谈判的重要内容之一，谈判结果导致对总协定第 19 条的修订，以限制自动出口配额的运用。

（三）进口许可证

进口许可证是指进口国规定某些商品的进口必须事先向国家有关机构提出申请，经过审查并发给进口许可证后才可进口，否则一律不准进口。

根据进口许可证和进口配额的关系，进口许可证可分为有定额的进口许可证和无定额的进口许可证。

（1）有定额的进口许可证，即先规定有关商品的配额，然后在配额的限度内根据进口商的申请，对于每一笔进口货物发给进口商一定数量的进口许可证。

（2）无定额的进口许可证，即进口许可证不与进口配额相结合，国家有关政府也不预先公布进口配额，只是在个别考虑的基础上颁发有关商品的进口许可证。因为它是个别考虑的，没有公开的标准，主要根据临时的政治或经济的需要发放，因而给正常贸易的进行造成了很大困难，起到了更大的限制进口作用。

按许可证有无限制，可分为公开一般许可证（open general licence）和特种进口许可证（specific licence）。

（1）公开一般许可证对进口国别或地区没有限制，凡列明属于公开一般许可证的商品，进口商只要填写此证就可获准进口。因此，这类商品实际上是自由进口的商品。

（2）特种进口许可证是指进口商必须向政府有关当局提出申请，经政府有关当局逐笔审查批准后才能进口。这种进口许可证大多指定进口国别或地区。

二、金融方面的非关税壁垒

（一）外汇管制

外汇管制（foreign exchange control）是一国政府通过法令，对国际结算和外汇买卖实行限制，以平衡国际收支和维持本币汇价的一种制度。

外汇管制的方式较为复杂，一般可分为以下几种：

1. 数量性外汇管制

数量性外汇管制是指国家外汇管理机构对外汇买卖的数量直接进行限制和分配。如果进口商要进口商品，必须向国家外汇管理部门申请外汇额度，经外汇管理部门批准后，方可获得外汇，支付进口货款。其目的在于国家集中外汇收入，控制外汇支出，实行外汇分配，以限制进口商品的品种、数量和国别。

2. 成本性外汇管制

成本性外汇管制是指国家外汇管理机构对外汇买卖实行复汇率制度（system of multiple exchange rates），利用外汇买卖成本的差异，间接影响不同商品的进出口。所谓复汇率制度是指一国货币对外有两个或两个以上的汇率。其目的是利用汇率的差别限制和鼓励某些商品的进口或出口。一般来说，对于允许适当进出口的商品使用普通汇率；对于鼓励进出口的商品使用优惠汇率；对于严格限制进口的商品则使用惩治性汇率，即高价购买外汇，使进口商品的成本增加、竞争力下降，从而达到限制其进口的目的。

3. 混合性外汇管制

混合性外汇管制是指同时运用上述两种管制方式，使国家能更有效地控制外汇和商品进口。

（二）进口押金制

进口押金制（advanced deposit）也称预先进口存款。在这种制度下，进口商在进口商品时，必须预先按进口金额的一定比率和规定的时间，在指定的银行无息存放一笔现金，从而增加了进口商的资金负担，达到限制进口的目的。意大利、芬兰、新西兰及巴西等国曾实行过这种制度。

三、技术性贸易壁垒

（一）技术性贸易壁垒的定义

技术性贸易壁垒是指一些国家或地区打着进一步实现世界贸易组织的各项目标、加速国际标准化进程、推进认证评审制度的全球化和维护生态环境及消费者利益等旗帜，利用其所拥有的技术和资金优势，通过制定各种严格、复杂、苛刻而且多变的技术标准、技术规范和认证制度来达到阻止外国商品进入、保护本国市场的目的。它实际上是一些发达工业国家利用其科技优势，通过商品法规、技术标准的制定与实施、商品检验及认证工作，对商品进口实行限制的一种措施。

（二）技术性贸易壁垒的特征

（1）广泛性。从产品角度看，不仅涉及与资源环境和人类健康有关的初级产品，还涉及所有的中间产品和工业制品。产品的加工程度和技术水平越高，所受的制约和影响越显著。从领域来看，已从有形商品扩展到金融、信息等服务贸易，投资，知识产权及环境保护等各个领域。从国别来看，各国均不同程度地设置了 TBT。

（2）系统性。TBT 是一个系统，不但包括世界贸易组织《贸易技术壁垒协议》所规定的内容，还包括《卫生与植物检疫措施协议》、《服务贸易总协定》等规定的措施。除世界贸易组织以外的其他国际公约、国际组织等规定的许多对贸易产生影响的技术性措施也属于 TBT 的体系范畴。

（3）合法性。目前，国际上已签订了 150 多个多边环保协定，发达国家积极制定技术标准和技术法规，为 TBT 提供法律支持，并且有些条例是专门针对进口国或商品而制定的。世界贸易组织正在制定国际性的技术标准和技术法规，一旦通过，对发展中国家的影响很大，从而使得 TBT 有了形式上的合法性。

（4）隐蔽性。TBT 有其合理性，为了实现合法目标是可以采取适合的壁垒措施的，从而达到合理保护人类健康和安全及生态环境的目的；但是，TBT 措施是以高科技标准为基础，致使科技水平不高的发展中国家难以做出判断。一些发达国家凭借自身的技术和经济优势，制定比国际标准更为苛刻的技术标准、技术法规和技术认证制度等，借技术标准之名，行贸易保护主义之实，以达到限制别国商品进口之目的。此外，这类措施可以巧妙地隐藏在具体的执行过程中而无须公开声明。

(5) 长期性。从 TBT 协议的整体内容、设置技术以及强制性程度层面看，不可能在短时间内彻底消除 TBT 所带来的负面影响。更深层次的原因在于，各成员方在进行本国国际贸易活动时，其根本目的无外乎保护各自的根本经济利益，但由于各成员之间技术、经济发展的不平衡，必然会长时间使用 TBT 作为维护其经济主权的最有效工具。

(三) 技术性贸易壁垒兴起的原因

(1) 科技水平的差异导致技术性贸易壁垒的强化。毋庸置疑，科学技术发展的结果将导致工业发达国家在技术法规、标准、认证制度及检验制度等方面的制定水平和内容居于领先地位。它们在激烈的国际市场竞争中，凭借先进的技术法规、产品标准等，不断地生产和出口具备先进性、科学性、经济性、适用性、可靠性、竞争性的商品，因而在国际贸易中始终占据主导地位。由于发展中国家的科技发展水平远远落后于发达国家，其技术法规、标准等的制定水平和内容与发达国家相比存在很大的差异，致使出口商品往往达不到发达国家的规定，从而易受技术壁垒的影响。

(2) 关税的大幅下降和传统的数量限制性非关税壁垒被抑制，促使技术性贸易壁垒成为贸易保护主义的新式武器。乌拉圭回合谈判成功地签署了一揽子协议，进一步强化和完善了对于非关税壁垒的约束机制，尤其是传统的限制性措施被规定了取消和限制的时间表。在这种情况下，若进口国再设置高关税、数量限制等障碍，以达到保护本国市场、限制商品进口的目的，必将招致有关国家的谴责和反对，甚至遭到贸易报复。所以，世界各国特别是反对国家纷纷高筑技术性贸易壁垒这种无形的非关税壁垒。

(3)《世界贸易组织协定》中的许多例外条款和漏洞，也为技术性贸易壁垒的实施提供了法律上的依据。例如，《贸易技术壁垒协议》中规定："任何国家在其认为适当的范围内可采取必要的措施保护环境，只要这些措施不致认为在具有同等条件的国家之间造成任何不合理的歧视，或成为对国际贸易产生隐蔽限制的一种手段。"又如，《实施卫生与植物卫生措施协定》规定："缔约方有权采纳为保护人类、动物或植物生命或健康的卫生和植物卫生措施"，而且只要缔约方确认其措施有科学依据且保护水平适当，就"可以实施或维持高于国际标准的措施"。这意味着技术性贸易壁垒的建立具有很大的合法性。

(4) 可持续发展观念深入人心，为各国进行技术性贸易壁垒提供了理论支持。如前所述，世界环境问题已引起各国人民及政府的重视，可持续发展观念深入民心。所以，各国为了在国际贸易中取得更加有利的地位，在逐步消除一些明显违反 WTO 精神的非关税壁垒的同时，举起了可持续发展大旗，越来越多地转向了卫生检疫标准和环境保护标准等与人民的健康和可持续发展相关的非关税壁垒。由于这些措施在很大程度上符合广大民众的意愿（尤其在发达国家)。因此，各国实施起来是有恃无恐，而且标准越来越苛刻、种类越来越多。这是技术性贸易壁垒愈演愈烈的主要原因。

(四) 技术性贸易壁垒的主要措施

1. 严格繁杂的技术法规和技术标准

利用技术标准作为贸易壁垒具有非对等性和隐蔽性。在国际贸易中，发达国家常常是国际标准的制定者，它们凭借着在世界贸易中的主导地位和技术优势，率先制定游戏规则，强制推行根据其技术水平定出的技术标准，使广大经济落后国家的出口厂商望尘莫及。此外，这些技术标准、技术法规常常变化，有的地方政府还有自己的特殊规定，使发展中国家的厂商要么无从知晓、无所适从，要么为了迎合其标准付出较高的成本，从而削弱了产品的竞争力。

2. 复杂的合格评定程序

质量认证和合格评定对于出口竞争能力的提高及进口市场的保护作用日益突出。质量认证既能促进国际贸易的发展，也能成为国际贸易发展的障碍。如果一种质量认证体系能被各国接受，并能相互承认对方的检验结果，就将促进国际贸易的发展。目前，世界上广泛采用的质量认定标准是 ISO 9000 系列标准。然而，各国实行的质量认证是多种多样的，即使各国所采用的产品标准和检验方法相同，但由于各国认证体系之间的差异，如依据的标准水平不同、质量认证体系的内容不同、认证机构的地位不同、检验机构的水平不同等仍会成为贸易中的技术壁垒。

3. 严格的包装、标签规则

为了防止包装及其废弃物可能对生态环境、人类及动植物的安全构成威胁，对商品包装和标签规定了苛刻的要求和烦琐的内容，且各国技术要求不一、变化无常，往往迫使外国出口商不断变换包装，而严格的包装制度是许多国家设置贸易技术壁垒的又一手段。例如，欧共体一直通过产品包装和标签的立法来设置外国产品的进口障碍。例如，对易燃、易爆、腐蚀品、有毒品，法律规定其包装和标签都要符合一系列特殊标志要求。许多出口商为了符合进口国的这些规定，不得不重新包装或改换商品标签，从而增加了商品成本，削弱了商品的竞争能力。标签是有关商品信息的文字、图形和符号说明，许多国家为了保护消费者的利益，要求尽量向消费者提供产品质量和使用方法的信息，因而对进口商品，特别是对消费品标签做了严格的规定。

4. 信息技术壁垒

由于近几年电子商务的迅速发展，有关电子商务的标准正日益成为技术性贸易壁垒。同时，随着电子数据交换（electronic data interchange，EDI）技术在发达国家的应用日趋广泛和成熟，一些国家开始强行要求以 EDI 方式进行贸易。虽然电子商务和 EDI 技术为国际贸易带来了极大的便利，同时也为微观经济主体内部进行网络化管理起到了促进作用。但是，电子商务和电子数据交换的主导技术是信息技术。目前，从世界范围来看，发达国家在电子商务技术水平和应用程度上都明显超过发展中国家，尤其是美国和欧洲，它们从中获取了极大的利益，并获得了战略性竞争优势；而发展中国家特别是不发达国家在出口时因信息基础设施落后、信息技术水平低、企业信息化程度低、市场不完善和相关的政策法规不健全等受到影响，很难达到 EDI 的硬性要求，在电子商务时代处于明显劣势。这样，新的贸易壁垒——信息技术壁垒已在发达国家与发展中国家、不发达国家之间实际形成了。

简言之，信息技术壁垒就是进口国从贸易方式上对出口国形成障碍，如以条形码为代表的物品编码标志系统、电子数据交换（EDI）、电子商务、计量单位制等。1996 年，美国纺织品协议执行委员会就已向美国政府提出建议，将彻底执行针对柬埔寨、马来西亚以及中国的电子签证系统。在 2003 年，美国商务部推荐纺织品标识体系应用的国家橡树林实验室（ORNL）开发的紫外荧光标签、微型条码和 DNA 三项技术，与保障措施配套使用，限制用我国生产的纱和布制成的纺织品及服装出口美国。从这些措施都可以看出信息技术壁垒正在日益凸现，信息技术壁垒实际上已成为发达国家对发展中国家设置贸易障碍的借口。随着信息技术差距的继续扩大，信息技术壁垒必将成为主要的国际贸易壁垒。

四、绿色壁垒

（一）绿色壁垒的定义

根据目前国内比较一致的看法，绿色壁垒是指在国际贸易领域，一些发达国家凭借科技优势，以保护环境和人类健康为目的，通过立法制定繁杂的环保公约、法律、法规和标准、标志等形式对国外商品进行准入限制。它属于一种新的非关税壁垒形式，已逐步成为国际贸易政策措施的重要组成部分。

（二）绿色壁垒兴起的原因

绿色贸易壁垒的产生是新贸易保护主义和环境保护运动相结合的产物。

（1）环保主义的思想兴起是绿色壁垒形成的驱动力。随着世界工业化的加速和经济的高速增长，环境问题日益突出。2009 年 12 月哥本哈根气候大会的召开又一次给人类敲响了警钟，资源和环境的破坏及污染变得日益突出，已经演变为全球性的问题，直接影响到人类的生存和发展。因此，人们的消费行为和价值观念都发生了变化，越来越倾向于购买绿色产品，对绿色产品的需求日益增长，这样就为发达国家绿色贸易壁垒的形成提供了条件和机遇。

（2）随着贸易自由化进程的加快，各国之间的贸易竞争日益加剧。进口国政府希望借助其他的非关税壁垒来保护本国的市场，而绿色壁垒的出现正好为贸易保护国提供了新的手段。由于绿色壁垒极好的隐蔽性，因而成为新贸易保护主义最好的护身符。由于发达国家的科技发展水平和环保要求较高，而发展中国家由于经济实力和技术水平的限制，无法达到发达国家对进口商品制定的苛刻环保标准，导致对出口的限制。这种做法从环保的观念来说有其合理的一面，但从一定程度上讲，损害了发展中国家的利益，阻碍了发展中国家的发展。

（3）现行国际贸易规则和协定的不健全也为绿色壁垒的实施提供了合法性。从国际范围来看，在 GATT/WTO 体制内的许多协议（主要是《GATT 1994》、TBT、SPS 三个文件）中均有涉及环境与贸易的绿色条款。但是，这些法律法规突出强调了各成员方的“环保例外权”，即各国有权根据本国的环保水平制定同时适用于来自其他各国的进口商品的环境标准和措施，条件仅限于“不造成不必要的障碍”。其结果是很可能被滥用，尤其是很容易为贸易保护者滥用。例如，《技术贸易壁垒协议》、《卫生与动植物检疫措施协议》中很多与环境保护有关的贸易规则的内容含混、弹性较大，它们提供了较大的灵活空间，这些便给绿色壁垒的产生披上了合法的外衣。因为发达国家有能力采用高于一般国际标准的措施，并可借此达到限制自发展中国家成员进口、保护国内市场的目的；但是，发展中国家尚未达到国际标准，更无法高于国际标准，这就为一些国家设立苛刻的绿色壁垒提供了借口。

（三）绿色壁垒的特点

（1）虚假性。绿色壁垒一般都打着保护地球生态环境与人类健康的幌子，貌似合理，实则是限制进口的不合理的贸易保护主义行为。

（2）不平衡性。发达国家与发展中国家的发展状况已呈现极大的不平衡性。西方发达国家无视发展中国家的现实情况，以其先进的技术和雄厚的资金提出过高标准，把发展的不平衡导入国际贸易领域，引致更多的不平衡。

（3）隐蔽性。种种绿色壁垒借环境保护之名，隐蔽于具体的贸易法规规定、国际公约的执行过程中，成为进口国拒绝外国产品的"核武器"。

（4）广泛性。绿色保护的内容非常广泛，不仅涉及资源和与人类健康有关商品的生产及销售，而且对那些需要达到一定安全、卫生、防污等标准的制成品产生了巨大的压力。这些绿色保护措施具有不确定性和可塑性，在具体实施时容易受到发达国家的刁难和抵制。对生产技术水平较低的发展中国家来说，涉及面更大、更深。

（5）坚固性。绿色壁垒抓住人们关注生态环境的心理，根据本国市场和消费者的情况制定超高标准，先入为主，制造进口品的消费障碍，具有坚固的限制进口的堡垒作用。

（四）绿色壁垒的表现形式

1. 绿色关税和市场准入

发达国家以保护环境为名，对一些污染环境、影响生态环境的进口产品课以进口附加税，或者限制、禁止其进口，甚至实行贸易制裁。例如，美国食品与药品管理局规定，所有在美国出售的鱼类都须来自经美方证明未受污染的水域。

2. 绿色技术标准

发达国家的科技水平较高，处于技术垄断地位，它们在保护环境的名义下，通过立法手段制定严格的强制性环保技术标准，限制国外商品进口。这些标准都是根据发达国家的生产和技术水平制定的，对于发达国家来说，是可以达到的，但对于发展中国家来说，是很难达到的，因而势必导致发展中国家的产品被排斥在发达国家市场之外。欧盟启动的ISO 14000环境管理系统，要求进入欧盟国家的产品从生产准备到制造、销售、作用以及最后处理阶段都要达到规定的技术标准。ISO 14000系列标准提供了以预防为主，减少和消除环境污染的管理办法，是解决经济与环境协调发展的有效途径，为世界各国在统一的环境管理标准下平等竞争提供了条件，但同时也为发达国家设置环境壁垒提供了依据。

3. 绿色环境标志

环境标志也称绿色标志、生态标志，它由政府管理部门或民间团体按照严格的程序和环境标准颁发给厂商，附印于产品及包装上，用以向消费者表明：该产品从研制、开发到生产、使用直至回收利用的整个过程均符合生态和环境保护要求。绿色环境标志产生的时间不长，但发展十分迅速，发展中国家的产品只有得到绿色环境标志才能进入发达国家市场，因而绿色环境标志又有"绿色通行证"之称。从1978年德国率先推出"蓝色天使"计划以来，许多发达国家纷纷效仿，如北欧四国的"白天鹅制度"、欧洲联盟的"EU制度"、加拿大的"环境选择制度"、日本的"生态标志制度"等。环境标志制度对环境保护的独特作用是毋庸置疑的，但其也为构成贸易壁垒提供了可能。

4. 绿色包装制度

绿色包装是指节约资源、减少废弃物、用后易于回收再用或再生、易于自然分解、不

污染环境的包装，它在发达国家广泛流行。目前，世界各国在环保包装方面采取的措施主要有：以立法形式规定，啤酒、软性饮料和矿泉水一律使用可循环使用的容器；制定强制包装再循环或利用的法律，如日本的《再利用法》、《废弃物处理法》等；或对使用不可回收再循环使用包装材料的厂商征收较高的税负，增加其生产成本，以此来限制厂商选择不可回收再循环使用的材料。

5. 绿色卫生检疫制度

基于保护环境和生态资源，确保人类和动植物免受污染物、毒素、微生物、添加剂等的影响，许多国家特别是发达国家制定了严格的环境与技术标志。由于各国环境与技术标准的指标水平和检测方法不同，以及对检验指标设计的任意性，从而使环境和技术标准有可能成为绿色贸易壁垒。1986 年，素以“陶瓷王国”著称的我国，在美国陶瓷市场的占有份额仅及日本同期同类产品的 1/10，致使我国输美产品大幅下跌的主要原因为：美国认为我国产品中对人体有害的重金属铅的含量严重超标。

6. 绿色补贴

为了保护环境和资源，有必要将环境和资源费用计算在成本之内，使环境和资源成本内在化。发达国家还将严重污染环境的产业转移到发展中国家，以降低环境成本。然而，发展中国家的环境成本却因此而提高。更为严重的是，发展中国家的绝大部分企业无力承担治理环境污染的费用，政府有时只能为此给予一定的环境补贴。发达国家又以这种“补贴”违反关贸总协定和世界贸易组织的规定为由，限制发展中国家向发达国家出口。

相关链接：“绿色壁垒”是压力也是动力

——访国家发改委能源研究所 CDM 中心主任杨宏伟

在发展低碳经济的商业环境中，中国工业生产技术水平低、能耗高和出口导向型的特点，使中国工业生产和贸易出口面临着“绿色壁垒”的制约和压力。《中国经济时报》记者近日就相关问题采访了国家发改委能源研究所 CDM 中心主任杨宏伟，他认为：国际上对碳排放的相关规定对于工业生产的影响并不是绝对的，但的确为中国政府和企业带来了压力。如果善于应对和利用这种压力，也可使之成为促进我国产业升级和出口贸易转型的动力。

记者：国际上采用什么样的技术标准来计算温室气体排放量？

杨宏伟：根据《联合国气候变化框架公约》缔约方大会决议的要求，各缔约方国家应该采用《IPCC 国家温室气体清单指南》提供的方法，分别估算能源、工业生产过程、农业、林业及土地利用变化、废弃物等部门的温室气体排放量，涉及 CO_2、CH_4、N_2O、HFCs、PFCs、SF_6 6 种温室气体，以保证各国的排放量计算结果具有可比性。

记者：各缔约方国家承担什么样的减排指标？

杨宏伟：承担温室气体减排义务确实会对工业生产等相关活动产生显著影响。工业生产涉及化石燃料消费引起的排放，同时还涉及工业生产过程中除化石燃料燃烧之外的其他排放，如石灰石（碳酸盐）分解释放 CO_2、硝酸生产排放 N_2O 等。由于工业生产对应的这些排放是我国温室气体的主要排放源，控制温室气体排放必然要求控制工业生产的排放，将对工业生产的能源消费结构、能效水平、环保治理水平等提出更高要求。

记者：这些国际上关于碳排放的相关规定对于我国工业生产有怎样的影响？

杨宏伟：技术标准针对的是排放量计量的问题，对我国工业企业而言，它提出了数据收集和统计方面的一些新要求，但不会对工业生产产生直接影响。由于工业生产对应的这些排放是我国温室气体的主要排放源，控制温室气体排放必然要求控制工业生产的排放，必然会对工业生产的能源消费结构、能效水平、环保治理水平等提出更高要求。一方面，这种压力有利于推动工业生产技术进步，从长远看有利于增强核心竞争力；另一方面，将极大地推高生产成本。如果把握不好，过早承担不合理的减排义务，会极大地降低当前的市场竞争力，甚至威胁到企业的生存。

记者：在“低碳经济”的背景下，面对绿色贸易壁垒，我国政府和企业应如何应对？

杨宏伟：现在欧盟、美国等一些发达国家采取了很多绿色贸易壁垒措施，一方面，我们要批判发达国家以应对气候变化为由、行贸易保护之实的错误做法；另一方面，从企业层面上要切实加快技术创新和技术进步，要创出拥有自主知识产权的知名品牌，践行中央提出的建设创新型国家的发展战略，从根本上增强企业的核心竞争力，才能在当前及今后的国际贸易中赢得实惠，逐步摆脱后发国家处于国际产业链低端的不利地位。

记者：目前，我国政府出台了哪些有利于推动产业经济节能减排的相关政策？

杨宏伟：我们明确提出了“十一五”期间实现单位GDP能源强度降低20%左右的节能目标，并作为约束性指标实行行政问责制。

记者：这种行政问责制的具体实行办法是怎样的？

杨宏伟：2010年5月，温家宝总理在国务院节能减排工作电视电话会议上进一步强调，要确保实现“十一五”节能减排目标。对各地区节能目标完成好的要给予奖励，未完成的要追究主要领导和相关领导责任，根据情节给予相应处分，直至撤职。这是中国国情下最严厉同时也是行之有效的推进节能减排的政策措施。

记者：为了实现低碳减排的目标，我国各部门和地方采取了哪些具体做法？

杨宏伟：围绕这个大目标，各部门和地方出台了一系列因地制宜推进节能减排的政策措施，比如实施千家企业节能行动，实施节能惠民工程，设立节能奖励基金，开展合同能源管理，严格执行差别电价政策，组织节能宣传周活动提高节能意识等。

资料来源：陈莹：《“绿色壁垒”是压力也是动力——访国家发改委能源研究所CDM中心主任杨宏伟》，载《中国经济时报》，2010-07-22。

五、反倾销

（一）反倾销的内涵

当一国产品的倾销造成了对进口国相同或相似产业的损害时，世界贸易组织允许其成员按照WTO协议的相关规定，通过立案调查，最终以征收反倾销税或采取其他贸易制裁措施等形式限制该产品的进口，以补救进口国国内产业所受到的伤害、维护进口国企业合法权益的行为通常被称为反倾销。

关于反倾销，在GATT/WTO肯尼迪回合（The Kennedy Round）（即GATT第六轮）谈判中，首次通过了《国际反倾销法》（*International Antidumping Act*），而在第八轮谈判［即乌拉圭回合（The Uruguay Round）］中，最终达成了《反倾销协议》。反倾销的初衷是抵消不公平竞争。之所以WTO有这样的规定，是因为考虑各国的经济发展不平衡，从而允许各成员适度运用一些贸易补偿手段，即允许运用反倾销、反补贴和保障措施手段合理保护自己，并且只允许使用这三个手段。但是，一些国家特别是某些发达国家却借反倾销之名，行贸易保护主义之实，致使国际上反倾销、反补贴和保障措施案件频繁发生。中国是受害最大的国家，特别是在中国加入WTO后出现了扩大和蔓延之势。

（二）反倾销的实质

反倾销的实质是贸易保护主义。不少国家表面上都反对别国推行贸易保护主义政策，但单方面打着反倾销旗号推行贸易保护主义。这也是自20世纪80年代以来，反倾销法的最明显特征。反倾销的初衷是为了限制、抵制倾销，以维护正常的竞争秩序和公平贸易。为了制止倾销而采取反倾销措施是合理的，是世界贸易组织允许的三大贸易补救措施之一。但是，如果反倾销措施的实施超过了合理的范围与程度，便会成为进行贸易歧视的保护工具，而与世界贸易组织所倡导的自由贸易原则相背离，违反了《反倾销协议》保护公平竞争、维护正常贸易秩序的初衷。例如，美国的反倾销法对倾销的确定，不是以出口国的价格作为衡量的标准，而是根据所谓的创造价格。这种价格是美国的独创，它并非以出口国出口产品的成本、运费等计算，而是由商务部选定与该出口国经济水平相似的市场经济国家的生产费用作为标准，显然带有强烈的贸易保护主义色彩。在当今的国际环境下，当关税与数量限制性非关税壁垒已逐步取消，反倾销自然成为保护本国经济最合法有效的手段之一。

（三）反倾销条件

根据WTO的《反倾销协议》，只有具备以下三个条件，成员方才能采取反倾销措施：

（1）存在倾销。倾销是指一个产品的出口价格低于出口方旨在用于本国消费的同类产品的价格，在确定一个产品是否倾销时，必须比较该产品的出口价格与出口方的国内消费价格。如果前者低于后者，即被认为是倾销。但是，如果出口方国内市场销售行为不正常或者国内市场销售量较小时，倾销的确定不能根据出口价格和出口方的国内消费价格的比较，而应该把出口价格与以下两者之一进行比较：①同类产品出口到第三国的可比价格；②在进口产品生产成本加上一般费用、销售与管理费用和利润的基础上计算出来的推定价值。

（2）存在实质损害。实质损害是构成法律倾销与采取反倾销措施的必要条件。实质损害有三种表现：①对进口国国内产业的实质损害；②对进口国产业产生实质威胁；③对进口国新建产业产生实质阻碍。以下内容构成对国内产业的损害或受到损害的威胁：一是倾销进口大量增加，相对于进口国的生产或消费而言，或是绝对增加或是相对增加；二是进口产品的价格降低了国内同类产品的价格，或阻碍其价格的提高。

（3）倾销与损害之间存在因果关系。如果进口方要采取反倾销行动，除了要证明某进口产品存在倾销行为和对国内产业存在损害之外，还必须证明倾销和损害之间存在因果关系，即证明进口国国内相同或相似产业的损害是由于进口产品的倾销造成的。

(四) 反倾销手段逐渐被滥用

在过去的反倾销实践中，由于多边贸易规则的不完善，更多的是基于单边规则的公平贸易政策，而不是基于国际规则的公平贸易政策。一些国家出于贸易保护的目的，纷纷制定本国的反倾销规则并强加于他国，出现了大量滥用反倾销政策的现象。具有讽刺意味的是，反倾销等公平贸易政策的滥用现已被公认为一种主要的不公平贸易行为，成为一种新型的非关税壁垒。

反倾销政策在现实中被滥用的原因有：第一，反倾销的定义较为灵活，所谓公平价值和对进口国国内工业造成的损害或威胁的计算及确定没有也难以有统一和明确的标准，因而为其实施提供了便利。第二，实施反倾销措施必然会产生限制进口、保护国内工业的效果。此外，与其他贸易保护政策相比，反倾销具有以下两个优点：一是有可能带来进口国社会福利的净增加；二是进口国以受害者的姿态出现，不易招致贸易保护的指责。因此，反倾销政策受到各国政府尤其是发达工业国政府的广泛青睐。

(五) 反倾销的主要程序

如果一国遭受他国产品的倾销，一般都会对倾销商品征收反倾销税，但在征收反倾销税之前，该国必须对倾销行为进行调查。作为 WTO 一揽子文件之一的《关于执行 1994 年关贸总协定第六条的协议》对反倾销调查程序做出了详细的规定。根据 WTO 的有关原则，凡成员方制定反倾销法律或者采取反倾销调查行动，都必须与该文件保持一致。

反倾销调查程序包括申诉、立案、调查、初裁与终裁、行政复审等阶段。

(1) 申诉。反倾销调查的启动一般应由进口方受到损害的行业或其代表向有关当局提交书面申请，这是反倾销调查的必要条件。一般情况下，进口方当局不会主动发起反倾销调查。进口方受到损害的行业或其代表向有关当局提交的申诉书应包括以下内容：申请人的身份、产品产量与价值、被指控产品所属国家及相关企业名称、被指控方产品在其国内的价格等。

(2) 立案。进口方当局在确认申诉材料真实可靠、决定立案后，就要通知其产品遭到调查的成员方和调查当局所知道的有利害关系的各方，并予以公告。向被调查方发出的通知应当列明应诉材料的送达地点及时限等。

(3) 调查。当局在一定的期限内，对被告方的产品倾销幅度、对国内行业的损害以及两者之间的因果关系进行调查核实。一般情况下，反倾销调查应在 1 年内结束，无论何种情况均不得超过从调查开始之后的 18 个月。在调查中，当事各方必须以书面形式提供证据，即使是听证会的口头辩论，事后也必须提交书面材料。给被诉方发出的调查表，至少要给予 30 天的期限回答问题（以发出之日起的 7 天为送达）。在调查期间，各利害关系方有权举行听证会为其利益辩护。为证实所提供信息的准确性，进口方当局可以在其他成员方境内进行现场调查。如果有关利害方不提供资料或者阻碍调查的进行，进口方当局可依据提起反倾销调查申诉的一方提供的资料做出裁决。调查当局有义务听取被诉倾销产品的用户及消费者发表评论。

(4) 初裁与终裁。初裁是指在完全结束调查之前，如果调查当局初步肯定或否定有关倾销或损害的事实，可以对相关产品采取临时措施（临时措施只能在反倾销调查开始之日起 60 天后才能采取，实施期限一般不超过 4 个月，最长不超过 9 个月）。终裁是指调查当局最终确认进口产品倾销并造成损害，从而对其征收反倾销税。如果征收反倾销税，数额不得超过倾销幅度，可以征收反倾销税直至抵消倾销损害，但最长不超过 5 年。反倾销税一般不能追诉征收。但是，为了防止出口方在调查期间抢在进口方采取措施前大量出口倾销产品，反倾销守则也规定了在确实发生上述情况时，进口方当局可以对那些临时措施生效前 90 天内进入消费领域的产品追诉征收最终反倾销税。

（5）行政复审。反倾销税实行一段合理时间后，对于是否继续征税，进口方当局可以主动或应当事人的要求进行行政复审，以确定是否继续或中止征收反倾销税或价格承诺。在进口方当局初步确认存在倾销、损害及其因果关系后，如果出口商主动承诺提高有关商品的出口价格或者停止以倾销价格出口，并且得到进口方当局的同意，那么反倾销调查程序可以暂时中止或终止。

六、政府直接参与的非关税壁垒

（一）进出口国家垄断

进出口国家垄断（foreign trade under state monopoly）是指在对外贸易中，对某些或全部商品的进出口，规定由国家机关直接经营，或是把商品的进口或出口的垄断权给予某些组织。

世界各国对进出口商品垄断的情况不尽相同，但归纳起来，主要集中在以下三类商品上：第一类是烟和酒。烟、酒是非生活必需品，但它们是消费者众多、消费量很大的商品，国家对其实行垄断，既可以取得巨大的财政收入，又可以将其进口控制在一定的数量之内。第二类是农产品。农产品是敏感性商品，关系到国计民生，因此许多国家对其进出口实行垄断。第三类是武器。武器直接关系到整个国防和社会的安定，几乎世界上所有的国家都由国家直接垄断武器的进出口，或委托一些大的跨国公司、国营公司来负责，以有效控制武器的进出口。

（二）歧视性政府采购政策

歧视性政府采购政策（discriminatory government procurement policy）是一些国家通过法令，规定政府机构在采购时必须优先购买本国产品，从而对国外产品构成歧视。例如，美国实行的《购买美国货法案》规定，凡是联邦政府所需采购的货物，应该是美国制造的，或是用美国原料制造的，只有在美国自己生产的数量不够，或者国内价格过高，或者不买外国货就会损害美国利益的情况下，才可以购买外国货。许多国家都有类似的规定，如英国限制政府向外国采购通信设备和计算机；日本有几个省规定，政府机构使用的办公设备、汽车、计算机、电缆、导线、机床等不得采购外国产品。

（三）各种国内税

各种国内税（internal taxes）是指一些国家特别是西欧国家，广泛采用国内税制度来限制进口。这是一种比关税更加灵活和更易于伪装的贸易壁垒手段。因为国内税通常不受贸易条约或多边协定的限制，国内税的制定和执行是属于本国政府机构有时甚至是地方政府机构的权限。通常的做法是对国内货物和进口货物征收较大差幅的消费税，通过对进口货物征收高于国内产品的消费税来削弱进口商的竞争力，从而抑制进口。

（四）最低限价与禁止进口

最低限价（minimum price）是指进口国对某一商品规定最低价格，若进口价格低于这一价格就征收附加税。最低限价往往是根据某一商品生产国在生产水平最高的情况下所生产商品的价格而制定的。例如，欧洲共同体 1978 年起对钢材规定了最低限价，这一价格是根据日本生产钢材的最高生产水平而制定的，凡低于该价格的，就要征收差额部分的附加税。美国为抵制西欧和日本的低价钢材和钢制品进口，在 1977 年也实行了类似的保护制度。

（五）专断的海关估价、专断的海关分类

（1）海关任意估价。有些国家专断地提高进口货的海关估价，用以提高进口货的关税负担、阻碍商品的进口。这项措施以美国最为突出。

（2）改变进口关道。有些国家往往不按合同规定，任意改变货物入关口岸，也就是让进口货物在海关人员少、海关仓库狭小、商品检验能力差的海关进口，以拖延商品过关时间、增加进口商的负担，从而达到限制进口的目的。

（3）制定独特的商品分类。有些国家不依关税合作理事会制定的税则和协调制度（HS）来制定本国的海关税则和商品分类，而是自己单独搞一套商品分类，使出口商难以应付。

（六）有秩序的销售安排

有秩序的销售安排（orderly marketing arrangement，OMA）是 20 世纪 70 年代由发达国家提出来的一种新型的非关税壁垒措施。发达国家认为国际贸易应由“自由贸易”转变为“有秩序地进行”。它与自动出口配额相似，其目的是保护发达国家国内工业和销售市场，避免国际性竞争，尤其是来自发展中国家的产品竞争。有秩序的销售安排是通过政府正式干预，由出口国和进口国签订具体协定。按照这一协定，出口国将自己产品的出口约束在一定的水平上。比如美国与日本在 1977 年谈判“有秩序的销售安排”，要求日本减少彩电、收音机、电炉等的出口，并规定日本到 1980 年对美出口彩电 175 万台，比 1979 年减少 40%。

七、社会壁垒

社会壁垒是以保护劳动者和动物的权利为借口而采取的贸易保护措施，包括蓝色壁垒（劳工标准壁垒）和动物福利壁垒。

蓝色壁垒是指进口国以保护劳动者工作环境和生存权益为借口，通过制定系列劳动法规、劳工标准等来实现本国利益最大化的贸易保护措施。近年来，许多发达国家为限制对发展中国家劳动密集型产品的进口，开始极力推行蓝色条款，SA 8000（社会责任国际标准）是蓝色条款的核心，若出口企业在生产、销售出口产品过程中未严格遵守 SA 8000 的条款，即可采取限制性进口措施。从 2004 年 5 月 1 日开始，美国、欧盟一些国家开始强制推行该认证标准。SA 8000 对工作时间的最低要求是：公司在任何情况下都不能经常要求员工一周工作超过 48 小时，并且每 7 天至少应有一天休假；每周加班时间不超过 12 小时，除非在特殊情况下及短期业务需要时不得要求加班；且应保证加班能获得额外津贴。

仅仅是这一条规定，就足以使大部分劳动密集型企业陷入危机。

动物福利壁垒是指进口国特别是发达国家利用经济水平、文化教育、道德标准方面的优势或影响力，依据本国相关法规，阻止出口国特别是发展中国家动物源性商品的进口。越来越多的发达国家已经开始将动物福利与国际贸易紧密挂钩，将动物福利作为进口活体动物的一个重要标准。比如2003年，欧洲议会与欧盟理事会通过了一项法令，要求在2009年之后，在欧盟范围内禁止用动物进行化妆品毒性和过敏实验，也不允许其成员国从外国进口和销售违反上述禁令的化妆品；美国政府早已制定了非常全面的《动物福利法案》，该法案对人应该给动物一个什么样的正常生存环境做了非常具体的规定。自2010年4月以来，美国拟加大动物福利执法力度。

相关链接：SA 8000

SA 8000就是社会责任标准，是Social Accountability 8000的英文简称，它是根据《国际劳工组织公约》、《世界人权宣言》和《联合国儿童权利公约》制定的全球首个道德规范国际标准。SA 8000于1997年10月公布，其宗旨是确保供应商所提供的产品皆符合社会责任标准的要求。SA 8000标准适用于世界各地、任何行业、不同规范的企业。

SA 8000标准对企业的要求包括：

（1）不得使用或者支持使用童工。

（2）不得使用或支持使用强迫性劳动，也不得要求员工在受雇起始时交纳“押金”或寄存身份证件。

（3）应尊重所有员工的结社自由和集体谈判权。

（4）反歧视原则。

（5）不得从事或支持体罚、精神或肉体胁迫以及言语侮辱。

（6）工作时间要严格遵守当地法律要求。

（7）企业支付给员工的工资不应低于法律或行业的最低标准。

（8）应具备避免各种工业与特定危害的知识，为员工提供安全健康的工作环境，采取足够的措施，降低工作中的危险因素，尽量防止意外或健康伤害的发生，为所有员工提供安全卫生的生活环境，包括干净的浴室、洁净安全的宿舍、卫生的食品存储设备等。

（9）高层管理者应根据本标准制定公开透明、各个层面都能了解并实施符合社会责任与劳工条件的公司政策。

（10）员工辞工需要提前一个月写出书面申请。

资料来源：黎友焕、杜彬：《国内SA 8000研究综述》，载《中外食品》，2008（11）。

第三节　非关税壁垒的效应

一、进口配额的经济效应

进口配额的经济效应如图8—1所示。假定实行进口配额的是个小国，则当该国采取这一措施时，不会改变国际价格。图中 D_d、S_d 分别为该国某进口商品的国内需求曲线及供给曲线，S_f 为出口国该商品的供给曲线。在自由贸易状态下，进口国的国内产量为 OQ_1，消费量为 OQ_2，进口量为 Q_1Q_2。此时，国内价格与国际价格是一致的，均为 P_1。

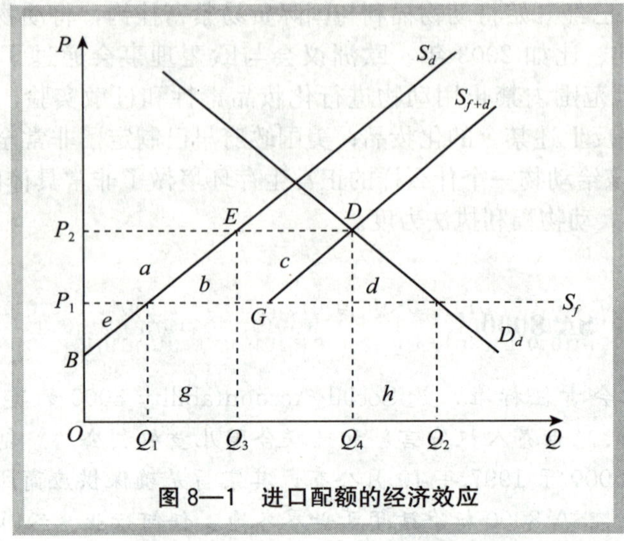

图 8—1　进口配额的经济效应

假设进口国规定某商品的进口配额为 ED，则该国国内购买者面临的供给曲线不再是 S_f 水平线（可无限供给），而是国内供给曲线 S_d 与配额量 ED 的叠加，即 S_{f+d}，是 S_d 向右平移 ED 距离后得到的。从图中可以看出，实行进口配额后的供求平衡点为 D，进口国国内价格开始与国际价格分离并上升为 P_2。把实行进口配额后的状况与自由贸易时相比，可以看出这一措施具有以下效应：

（1）保护（生产）效应。由于价格提高，国内供应量从 OQ_1 增至 OQ_3，生产者剩余从 e 增加至 $e+a$。

（2）消费效应。消费由 OQ_2 减至 OQ_4，消费者剩余减少 $a+b+c+d$。

（3）国际收支效应。由于进口减少，减少贸易支出 $g+h$，使国际收支得到改善。

（4）配额利润效应。获得配额的进口者，可以 P_1 的价格进口，进口量为配额限量 ED（$=Q_3Q_4$），但在国内却可以按较高的价格 P_2 售出，所以可以从中获得相当于 c 的配额利润。

（5）再分配效应。在减少的消费者剩余中，a 和 c 实际上转化为生产者剩余和进口商的配额利润了。

进口配额的综合效应等于生产者剩余的增加量、进口商的配额利润与消费者剩余减少量的差额，即 $a+c-(a+b+c+d)=-(b+d)$，净效应为负。它表明消费者剩余减少中有一部分没有得到补偿，形成国民经济净损失。其中，b 为生产损失，产生于以高于 P_1 的成本提供产品；d 为消费损失，产生于价格提高后消费量的减少。

（6）贸易条件效应。一个国家在实行进口配额后，贸易条件趋于恶化还是趋于改善，主要取决于两个因素：一是需求；二是垄断。当本国对外国产品有着强烈的需求时，本国会以更多的产品换取配额进口的外国产品，本国的贸易条件就会趋于恶化；而当外国对本国产品有着强烈的需求时，情况就会逆转，本国的贸易条件就会趋于改善。如果本国出口商具有垄断性地位时，它们会利用这种垄断性力量，如减少数量、抬高价格，使本国贸易条件得以改善；而当外国出口商具有垄断性地位时，它们也会利用这种垄断性力量，如采取自动限制出口、任由本国进口商进行竞争、抬高进口商品的价格，从而导致本国贸易条件的恶化。

在实行进口配额的条件下，不管其贸易条件对本国来说是改善、不变或是恶化，贸易量都是减少的。进口配额是一种数量限制，因而它必然直接导致国际贸易量的下降。

二、技术壁垒的经济效应

技术壁垒对进口国的影响体现在价格和产业保护上。若不考虑供求弹性的变化和供求量的变化，技术壁垒对进口国价格的影响是：当进口国采取的技术限制措施直接影响到进口数量时，进口国与出口国之间的价格差距会拉大。这是因为进口数量受到控制后，超出范围的该商品不准进口，则当外国该商品的价格下降时，进口国对这种商品的进口数量不会增加，若此时国内生产数量没有大的变化，则国内外价格就会拉大差距。

另外，若国外该商品的价格没有下降，在限制进口引起进口国国内价格上涨时，由于进口国也不能增加进口以减缓价格的上涨，因而两国之间的价格差距也会拉大。技术壁垒对进口产品价格形成的影响，使得本国消费者不能从这种价格变化中获得好处，因此不能增进本国的社会福利。

此外，技术壁垒还对进口国相关产业有一定的保护作用。通过规定许多极为严格的技术标准，能够实现保护本国工业发展的意愿，这将对进口国的产业结构产生一定的影响。技术壁垒对于出口国具有数量和价格的双重控制机能：从静态角度考察，技术壁垒呈现为一种数量控制机制，即存在技术壁垒后，它能够对进口产品产生明显的数量控制作用；而从动态角度考察，技术壁垒则呈现出由数量控制──→价格控制──→数量控制这一循环变化的过程。具体说来，技术进步必然导致进口产品对技术壁垒的跨越，而进口产品要跨越技术壁垒，必须依据技术壁垒的规定，比如改进产品质量、提高技术水平或者改进产品的包装，使之符合进口国的技术标准、规定或者法规。而这些改进需要进行新的投资，因而会使改进后的产品具有更高的成本。这必然削弱产品出口的比较优势，因此跨越技术壁垒是以进口产品提高成本（即提高产品的销售价格）作为代价的，从而影响到产品的竞争力，并使其销售利润下降，因而此时的技术壁垒可以说是一种比较典型的价格控制机制。当所有产品都满足技术标准的要求后，技术壁垒的数量控制机制将不复存在；随着技术创新的深入，进口国又会出现新的技术标准，因而会形成新一轮的数量控制机制。技术壁垒一旦形成或发生变动后，就会通过自身所具备的双重控制机制发生作用，从而对进口产品产生影响，进而影响进口国的产业结构和经济结构。与此同时，对出口国的产业结构和经济结构也会产生影响。

三、环境壁垒的经济效应

环境壁垒的实施，对于进口国能够起到很强的贸易保护作用。各种环保措施实施的初衷是为了防止环境倾销。环境倾销也称生态倾销，即一国的环境标准低于其他国家，通过这种方式竞争，相当于该国政府减少了国内厂商的生产成本，因而会产生不公平竞争。进口国以保护环境为名，对一些污染环境、影响生态环境的进口产品课以进口附加税，或者限制、禁止其进口，甚至实行贸易制裁。它们认为，根据“谁污染、谁治理”的原则，污染者应彻底治理污染并将所有治理费用计入成本，也就是使环境资源成本内在化，否则就是进行生态倾销。从这个方面来说，环境壁垒消除了由于进口国的环境保护标准高于出口国而造成的高生产成本，但进口产品价格的提高，又降低了本国消费者的社会福利水平。

环境壁垒的实施，对出口国同样会产生重要影响。各种环保措施的广泛使用，一方面有利于改善出口国的生态环境，另一方面过高的标准、过度的使用也严重制约了许多按现有方法生产的产品，促使各国进一步调整和优化产业结构，并使得有利于环境的产品获得巨大的发展机会。那些不利于环境和人类健康的产品将会逐渐停止生产，初级产品的比重也会进一步降低。劳动密集型产品和资源密集型产品在国际贸易中的地位将日益让位于技术密集型产品和知识密集型产品。环境成本内在化的实施改变了跨国公司等直接投资者的领域，资本将从高环境成本的行业退出并投向低环境成本或无环境成本的行业和地区，从而引发跨国公司以规避环境成本为目的的资金流动。

环境壁垒还会对发展中国家的出口和企业经济效益产生很强的影响。发展中国家由于经济相对落后、产品科技含量低，工业制成品在国际市场上缺乏足够的竞争优势，再加上发达国家制定了一系列过高的工业安全标准、防污标准、技术标准，大大增加了发展中国家出口产品的成本，进而影响其出口产品的结构。因此，发展中国家的出口市场在环境壁垒的冲击下，面临缩小的可能。在出口产品成本和企业经济效益方面，环境壁垒的制定与实施必然涉及产品从生产到销售乃至报废处理的各个环节。而各种检验、测试、认证和技术鉴定等的实施，以及在包装、装潢、标签等方面的要求，又将导致出口产品的各种中间和附加费用的上升，这将使发展中国家出口产品的价格优势减弱，进而影响产品的国际竞争力。

四、社会壁垒的经济效应

劳工标准等社会壁垒的实施目的是为了防止劳动倾销的出现。由于发达国家制定了较高的劳工标准，而发展中国家的劳工标准相对较低，因而发达国家将面临贸易上的不公平，直接影响其国际竞争力。发展中国家在低劳工标准下的生产，是一种劳动倾销，其出口产品的国际竞争优势不是由于较低的生产成本，而是由于较低的劳工标准；而发达国家的同类产品是在保证劳工权利下生产的，生产前提条件不一样的产品竞争是不公平的竞争。在不公平竞争的保护下，发展中国家的廉价商品会使发达国家的同类产品丧失市场，加剧国内的工人失业。进口国实施劳工标准，征收反倾销税，一方面可以防止劳动倾销，消除低劳工标准造成的国际贸易扭曲。这种扭曲是指价格低廉的进口商品在短期内能够提高消费者的消费水平，但长期后会使发达国家的工资水平下降，向发展中国家的生活水平看齐，即所谓的低标准驱逐高标准现象。另外，劳工标准与贸易挂钩的做法，在促使发展中国家劳动密集型产品出口下降的同时，也会使进口国的社会福利提高。进口国劳动密集型产品价格的提高，将使本国整个消费者群体扩大开支、减少社会福利，已达到的劳工标准也将受损。这不利于进口国的物价稳定和消费者利益的实现，进而会推迟发达国家的产业更新和进步。

五、反倾销税的经济效应

反倾销的一般做法是征收反倾销税，即在名义关税的基础上加征相当于倾销差价的额外进口关税。反倾销税的经济效应如图 8—2 所示。

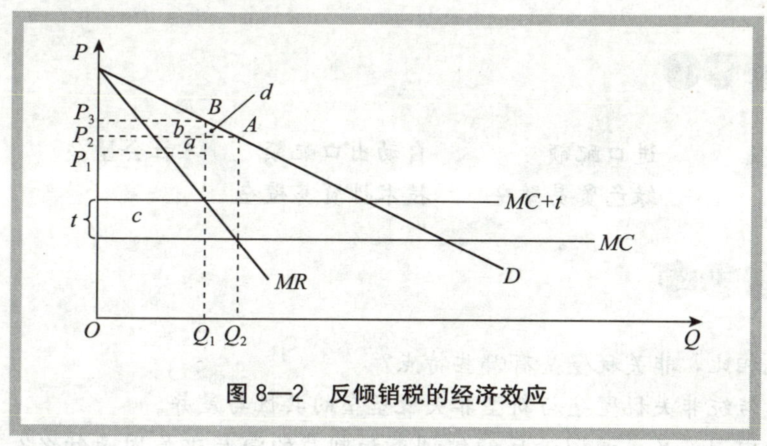

图 8—2　反倾销税的经济效应

设出口国对进口国出口某商品，数量为 OQ_2，价格为 OP_2，低于其国内售价。这引起进口国对其征收反倾销税 t，使出口国厂商的边际出口成本曲线由 MC 上移至 $MC+t$。在新的边际成本＝边际收入（即 $MC+t=MR$）的条件下，出口国的出口将减少 OQ_2-OQ_1，出口价格上升至 OP_3，市场均衡点由 A 点移至 B 点。对征收反倾销税的进口国来说，其得失为：政府获得 $t\times OQ_1$（面积 c）的关税收入；消费者剩余减少，部分转化为生产者剩余，但此处仍有 $b+d$ 的净损失。所以，征收反倾销税的社会福利净效应取决于 c 与 $b+d$ 的比较结果。为了便于比较，我们把 c 上移，可得另一矩形 $P_1P_3\times P_3B$，即 $a+b$。因为 c 中一部分与 b 抵消，故 c 与 $b+d$ 的比较可转化为 a 与 d 的比较，如果 $a>d$，则征税的净效应为正（净收益）；如果 $a<d$，则为负效应（净损失）。结论是，征收反倾销税有可能提高进口国的社会福利。此外，它与一般进口税不同，即使是小国，也有可能从中受益。

不过，从世界范围来看，反倾销税将减少社会福利。出口国因实行反倾销税可从提价中获得额外收入 b，但要支付反倾销税 c，相互抵消后有数额相当于 a 的净损失。此外，出口国还将因出口减少损失 $OP_2\times Q_1Q_2$ 的收入。所以，出口国的总损失（$a+OP_2\times Q_1Q_2$）大于进口国可能的净收益（$a-d$）。综合两国净效应，世界福利的总损失为梯形面积 Q_1BAQ_2。

需要指出的是，尽管征收反倾销税导致进口国的福利有可能下降，但从长期来看，如果进口国不对出口国的倾销行为做出反应，那么出口国的商品将很可能完全摧毁进口国的国内产业而获得垄断地位。此时，出口商将抬高出口价格（假定由 P_2 升至比 P_3 还高的价格），那么进口国不仅要遭受国内产业被摧毁的损失，而且消费者也要付出比自由贸易时更高的代价。因此，如果从长远考虑，进口国征收反倾销税是十分必要的。

通过本章学习，可以：

1. 了解非关税措施的含义、特点及作用类型。
2. 掌握主要的非关税措施的形式。
3. 理解非关税壁垒的经济效应。

非关税壁垒　　进口配额　　自动出口配额　　社会壁垒

反倾销　　绿色贸易壁垒　　技术性贸易壁垒

1. 与关税相比，非关税壁垒有哪些特点？
2. 试分析传统非关税壁垒与新型非关税壁垒的共性与差异。
3. 你认为中国产品屡遭国外反倾销调查和制裁的深层次原因是什么？中国企业应如何应对？
4. 简述进口配额制的经济效应。
5. 简述绿色贸易壁垒的特点、形式及盛行的原因。
6. 试运用经济学原理分析发达国家提出的“环境标准”、“劳工标准”对发展中国家的影响。

2001 年 4 月 10 日，日本政府单方面决定：依据 WTO 协定第 19 条和日本国内的关税率法，从 2001 年 4 月 23 日至 11 月 8 日对主要从中国进口的大葱、鲜香菇和灯心草实施紧急限制进口措施。此举标志着中、日蔬菜贸易战已经开始。实际上，中、日蔬菜贸易战早在 1995 年就已初现端倪。当时，日本根据 WTO《农业协议》中第 5 条特殊保障条款对从中国进口的大蒜和生姜发过难，最终以中国实施出口配额和日方实施进口商申报管理而告一段落。因此，此次日本的发难可以说是第二轮，而且比第一次的行动更积极，并且紧急限制进口措施的实施更快。结合中、日农产品产业状况分析说明日本的限制进口措施为什么是一种非关税壁垒。

第九章 鼓励出口和出口管制措施

案例导入　**买方信贷保证贸易顺利开展**

韩国A公司欲从我国B公司购买一套机器设备，该机器设备价值1 000万美元。由于该设备金额较大，A公司希望能先期支付货款400万美元，余款和利息5年内分批付清。但是，B公司由于资金周转关系，希望A公司能一次性付清，双方为此进行了多次协商。最后，中国进出口银行在韩国某银行提供担保的情况下，同意以优惠利率贷款600万美元给韩国的A公司，但前提是这600万美元贷款必须用来购买中国的该机器设备。B公司同意了中国进出口银行的要求，最终贸易顺利进行。

第一节　鼓励出口措施

许多国家除了利用各种关税措施和非关税措施限制与调节外国商品的进口外，还采取了各种鼓励本国商品出口的措施，以扩大商品的出口。鼓励出口的措施是指出口国的政府通过经济、行政和组织等方面的措施，包括出口信贷、出口信贷国家担保制、出口补贴、经济特区等措施，以促进本国商品的出口，开拓和扩大国外市场。各国鼓励出口的做法很多，包括经济、行政、组织等方面的措施，牵涉经济、政治、法律等方面，既有微观层面的措施，也有宏观层面的措施。本节主要从国家宏观经济政策方面论述鼓励出口的措施。

一、出口信贷

（一）出口信贷的概念

出口信贷（export credit）是一种国际信贷方式，是一国为了支持和鼓励本国大型机械设备、工程项目的出口，加强国际竞争力，以向本国出口商或国外进口商提供利息补贴和信贷担保的优惠贷款方式，鼓励本国的银行对本国出口商或国外的进口商提供利率较低的贷款，以解决本国出口商资金周转的困难，或满足国外进口商对本国出口商支付货款需要的一种融资方式。

（二）出口信贷的分类

1. 按时间长短划分

（1）短期信贷（short-term credit），一般是指 180 天以内的贷款，主要是用于原料、消费品及小型机器设备的出口。

（2）中期信贷（medium-term credit），通常是 1～5 年的贷款，常用于中型机器设备的出口。

（3）长期信贷（long-term credit），通常是 5～10 年的贷款，甚至是更长时期的贷款，用于重型机器、成套设备的出口等。

各国商业银行办理的出口信贷，大多用于大型成套设备的出口，属于中、长期信贷。为了减少可能出现的风险，一般最高贷款额不超过贸易合同金额的 85%，并由本国出口信贷担保机构作保。

2. 按借贷关系划分

（1）出口卖方信贷。出口卖方信贷是出口方银行向本国出口商提供的商业贷款。出口商（卖方）以此贷款为垫付资金，允许进口商（买方）赊购自己的产品和设备。出口商（卖方）一般将利息等资金成本费用计入出口货价中，也就是将贷款成本转移给进口商（买方）。

出口卖方信贷是由出口商向国外进口商提供的一种延期付款的信贷方式。一般做法是在签订出口合同后，进口方支付 5%～10%的定金，在分批交货、验收和保证期满时再分期付给 10%～15%的货款，其余 75%～85%的货款，则由出口厂商在设备制造或交货期间向出口方银行取得中长期贷款，以便周转。在进口商按合同规定的延期付款时间付讫余款和利息时，出口厂商再向出口方银行偿还所借款项和应付的利息。因此，出口卖方信贷实际上是出口厂商由出口方银行取得中长期贷款后，再向进口方提供的一种商业信用。

出口卖方信贷的一般程序为：

第一，出口商（卖方）以延期付款的方式与进口商（买方）签订贸易合同，出口大型机械设备。

第二，出口商（卖方）向所在地的银行借款，签订贷款合同，以融通资金。

第三，进口商随同利息分期偿还出口商的货款后，出口商再偿还银行贷款。

（2）出口买方信贷。出口买方信贷是出口国政府支持出口方银行直接向进口商或进口商银行提供信贷支持，以供进口商购买技术和设备，并支付有关费用。出口买方信贷一般由出口国的出口信用保险机构提供出口买方信贷保险。

出口买方信贷主要有两种形式：一是出口商银行将贷款发放给进口商银行，再由进口商银行转贷给进口商；二是由出口商银行直接贷款给进口商，由进口商银行出具担保。贷款币种为美元或经银行同意的其他货币，贷款金额不超过贸易合同金额的 80%～85%。贷款期限根据实际情况而定，一般不超过 10 年。贷款利率参照经济合作与发展组织（OECD）确定的利率水平而定。

直接贷给进口商（买方）的程序与做法是：

第一，进口商（买方）与出口商（卖方）签订贸易合同后，进口商（买方）先交纳相当于货价 15%的现汇定金。现汇定金在贸易合同生效日支付，也可在合同签订后的 60 天或 90 天支付。

第二，在贸易合同签订至预付定金前，进口商（买方）再与出口商（卖方）所在地的银行签订贷款协议，这个协议是以上述贸易合同作为基础的，若进口商不购买出口国设备，则进口商不能从出口商所在地银行取得此项贷款。

第三，进口商（买方）用其借到的款项，以现汇付款形式向出口商（卖方）支付货款。

第四，进口商（买方）对出口商（卖方）所在地银行的欠款，按贷款协议的条件分期偿付。

直接贷给进口商（买方）银行的程序与做法是：

第一，进口商（买方）与出口商（卖方）洽谈贸易、签订贸易合同后，买方先缴 15%的现汇定金。

第二，签订合同至预付定金前，买方的银行与卖方所在地的银行签订贷款协议，该协议虽以前述贸易合同为基础，但在法律上具有相对独立性。

第三，买方银行以其借得的款项转贷给买方，使买方以现汇向卖方支付货款。

第四，买方银行根据贷款协议分期向卖方所在地银行偿还贷款。

第五，买方与买方银行间的债务按双方商定的办法在国内清偿结算。

(3) 混合信贷。混合信贷是出口国银行发放出口卖方信贷或出口买方信贷时，从政府预算中提出一笔资金，作为政府贷款或给予部分赠款，连同出口卖方信贷或出口买方信贷一并发放。由于政府贷款收取的利率比一般出口信贷要低，因而更有利于出口国设备的出口。出口卖方信贷或出口买方信贷与政府信贷或赠款混合贷放的方式，构成了混合信贷。

西方发达国家提供的混合信贷的形式大致有两种：

第一，对一个项目的融资，同时提供一定比例的政府贷款（或赠款）和一定比例的出口买方信贷（或出口卖方信贷）。

第二，对一个项目的融资，将一定比例的政府信贷（或赠款）和一定比例的出口买方信贷（或出口卖方信贷）混合在一起，然后根据赠与成分的比例计算出一个混合利率，如英国的 ATP 方式。

（三）出口信贷的特点

(1) 出口信贷必须联系出口项目。

(2) 出口信贷利率低于国际金融市场的贷款利率。

(3) 出口信贷金额通常只占买卖合同金额的 85%左右。

(4) 出口信贷的发放与出口信贷保险或担保相结合，以避免或减少信贷风险。

（四）发达国家的出口信贷体系

一般来说，发达国家的出口信贷体系可分为四种类型：①国家设立唯一的官方出口信贷机构，只提供出口信贷保险和担保业务，出口融资业务由商业性银行提供，官方不给予利率支持，如英国等；②官方出口信贷机构经营出口信贷保险和担保业务，不经营直接贷款业务，但通过利息平衡机制向商业银行提供利息补贴，支持商业银行提供符合规范的固定利率出口信贷，如荷兰等；③国家设立两个官方出口信贷机构，一个经营融资业务，另一个经营保险与担保业务，两者分工明确，如德国等；④国家设立唯一的官方出口信贷机构，同时提供出口融资、出口信贷保险和担保，并得到政府资金支持，如美国等。

近年来，发达国家的出口信贷业务有很大发展，在原来的出口买方信贷、出口卖方信贷和混合信贷的基础上，又拓展出许多新业务品种：①项目融资。此项业务不但支持与项目有关的设备出口，还支持与项目联系在一起的劳务出口。②海外投资保险。为了鼓励和支持本国投资者对外投资，有些欧盟国家的出口信贷机构为这种投资提供保险，即使这项投资不包含任何的货物出口。③外汇汇率波动保险，即为出口商因外汇汇率波动而带来的损失提供保险。④海外市场开发险。这种业务为本国企业开拓海外市场可能遇到的某些风险提供保险。

资料链接：中国出口信贷政策

为了贯彻国家的产业政策和对外经贸政策，中国进出口银行和中国银行就各类进出口信贷的贷款范围做出了明确的规定。

我国出口卖方信贷的范围包括：①出口卖方信贷项目贷款和中短期额度贷款用于支持符合国家产业政策、外贸政策规定的机电产品、成套设备、技术服务和高新技术产品出口。②对外承包工程贷款用于支持带动成套设备、施工机具及技术服务出口的对外承包工程项目。③境外加工贸易贷款和境外投资贷款用于在设备或技术上具有比较优势、实力强、管理科学、出口产品信誉好的国内生产企业在境外投资建厂的项目；境外投资贷款还用于在境外以投资方式兴建的资源开发项目或能带动国产成套设备出口的项目。

对于出口买方信贷，中国进出口银行规定：向国外借款人发放的出口买方信贷（中长期信贷），主要用于进口商即期支付中国出口商货款，促进中国货物和技术服务的出口。中国银行规定：出口买方信贷主要适用于支持进出口公司和出口企业出口国家允许的由中国制造的机电产品、成套设备，贷款所支持的出口设备应以中国制造的设备为主；其国产化率规定为，成套设备应不低于70%，船舶不低于50%。

二、出口信用保险

（一）出口信用保险的概念

出口信用保险（export credit insurance）是指保险机构或保险公司承保出口贸易中出口商由于境外的商业风险或政治风险而遭受损失的一种特殊保险，是为出口商提供出口收汇保险的保障措施。

目前，全球贸易额的12%～15%是在出口信用保险的支持下实现的。而从全世界的范围来看，发达国家的出口信用保险覆盖率为20%～30%，而我国的出口信用保险十分落后，在20世纪80年代末才开始经营出口信用保险，经过20多年的实践，现已取得一定的进展，承保金额大为增长，但与发达国家相比，还有不小的差距。

（二）出口信用保险的类别

出口信用保险承保的对象是出口企业的应收账款，承保的风险主要是人为原因造成的

商业信用风险和政治风险。商业信用风险主要包括买方因破产而无力支付债务、买方拖欠货款、买方因自身原因而拒绝收货及付款等。

政治风险主要包括因买方所在国禁止或限制汇兑、实施进口管制、撤销进口许可证、发生战争或暴乱等卖方、买方均无法控制的情况，导致买方无法支付货款。以上这些风险是无法预计、难以计算发生概率的，因此也是商业保险无法承受的。

（三）出口信用保险的作用

1. 提高市场竞争能力，扩大贸易规模

投保出口信用保险使企业能够采纳灵活的结算方式，接受银行信用方式以外的商业信用方式（如D/P、D/A、OA等），使企业给予其买家更低的交易成本，从而在竞争中最大限度地抓住贸易机会、提高销售企业的竞争能力、扩大贸易规模。

2. 提升债权信用等级，获得融资便利

出口信用保险承保企业应收账款中来自国外进口商的风险，从而变应收账款为安全性和流动性都比较高的资产，成为出口企业融资时对银行有价值的一项抵押品，因此银行可以在有效控制风险的基础上降低企业的融资门槛。

3. 建立风险防范机制，规避应收账款风险

借助专业的信用保险机构防范风险，可以获得单个企业无法实现的风险识别、判断能力，并获得改进内部风险管理流程的协助。另外，交易双方均无法控制的政治风险可以通过出口信用保险加以规避。

4. 通过损失补偿，确保经营安全

通过投保出口信用保险，信用保险机构将按合同规定在风险发生时对投保企业进行赔付，因而可以有效弥补企业财务损失、保障企业经营安全。同时，专业的信用保险机构能够通过其追偿能力，实现企业无法实现的追偿效果。

资料链接：中国出口信用保险

中国出口信用保险业务从开办到现在，已经走过了20多年的历程。经过这20多年的探索，出口信用保险有力地支持了我国机电产品、成套设备等商品的出口，在保证企业安全收汇方面发挥了重要作用。

据初步统计，截至1998年11月，我国出口信用保险金额约24亿美元。从2001年中国出口信用保险公司（以下简称“中国信保”）成立到2009年底，中国信保累计支持的国内外贸易和投资的规模约4 880亿美元。

目前，中国出口信用保险由中国信保一家经营。保险按付款期限长短分为短期出口信用保险和中长期出口信用保险。短期出口信用保险又分为综合保险、统保保险、信用证保险、特定买方保险、买方违约保险和特定合同保险六种。中长期出口信用保险分为出口买方信贷保险、出口卖方信贷保险和再融资保险三种。

2007年，我国办理出口信用保险的贸易额占一般贸易总额的7%，而全世界范围内受到出口信用保险支持的贸易占到全球贸易总额的12%。

三、出口信贷担保

(一) 出口信贷担保的概念

出口信贷担保（export credit guarantee）是国家为了扩大出口，对于本国出口商或银行向国外进口商或银行提供的信贷，由国家设立的专门机构出面担保。当外国债务人由于政治或经济原因拒绝付款时，国家担保机构将按照承保的数额给予补偿。

出口信贷担保承保的风险主要有两类：一是政治风险；二是经济风险。前者是由于进口国发生政变、战争以及政府因特殊原因采取禁运、冻结资金、限制对外支付等政治原因造成的损失。后者是进口商或借款银行因破产无力偿还、货币贬值或通货膨胀等原因所造成的损失。承保金额一般为贸易合同金额的75%～100%。出口信贷担保是一种国家出面担保海外风险的保险制度，而且收取的费用一般不高。随着出口信贷业务的扩大，出口信贷担保也日益加强，英国的出口信贷担保署、法国的对外贸易保险公司等都是这种专门机构。

(二) 出口信贷担保的主要形式

1. 对出口厂商的担保

出口商输出商品时提供的短期信贷或中长期信贷可向国家担保机构申请担保。担保机构并没有向出口商提供出口信贷，但它可以为出口商取得出口信贷提供有利条件。

2. 对银行的直接担保

一般来说，只要出口国银行提供了出口信贷，都可以向国家担保机构申请担保。这种担保是担保机构直接对供款银行承担的一种责任，有些国家的担保待遇很优惠。

(三) 出口信贷国家担保制的特点

(1) 担保的项目具有广泛性。

(2) 担保金额的不等性。

(3) 担保期限与出口信贷的对应性。

(4) 保险费率低。

(5) 各国或地区担保机构的性质具有多样性。

四、出口补贴

出口补贴（export subsidies）也称出口津贴，是一国政府为了降低出口商品的价格、增强其在国际市场的竞争力，在出口某商品时给予出口商的现金补贴或财政上的优惠待遇。

(一) 出口补贴的方式

1. 直接补贴

直接补贴是指政府在商品出口时，直接付给出口商的现金补贴。其目的是为了弥补出口商品的国际市场价格低于国内市场价格所带来的损失。有时，补贴金额还可能远超实际的差价，这已包含出口奖励的意味。这种补贴方式以欧盟对农产品的出口补贴最为典型。

据统计，1994年欧盟对农民的补贴总计高达800亿美元。

2. 间接补贴

间接补贴是指政府对某些商品的出口给予财政上的优惠，如退还或减免出口商品所缴纳的销售税、消费税、增值税、所得税等国内税，对进口原料或半制成品加工再出口给予暂时免税或退还已缴纳的进口税，免征出口税，对出口商品实行延期付税、减低运费、提供低息贷款、实行优惠汇率以及对企业开拓出口市场提供补贴等。其目的仍是降低商品成本，提高出口商品的国际竞争力。

（二）WTO对于禁止使用出口补贴的情况

乌拉圭回合谈判达成的《补贴与反补贴协议》，将名目繁多的补贴措施分为三大类：

（1）被禁止使用的补贴措施，即对进口替代品或出口品在生产销售环节直接或间接提供的补贴，它直接扭曲进出口贸易或严重损害别国经济利益。

（2）允许使用，但可提出反对申诉的补贴措施。它可在一定范围实施，但若在实施中对其他缔约国的贸易利益造成严重损害或产生严重歧视性影响时，受损的缔约方可以向实施补贴的缔约方提出反对或提起申诉。

（3）不可申诉的补贴措施。它一般具有普遍适应性和发展经济的必要性，不会受到其他缔约方的反对或引起反措施。

世界贸易组织的《补贴与反补贴协议》将出口补贴分为禁止性补贴、可申诉补贴和不可申诉补贴三种。禁止性补贴是不允许成员政府实施的补贴，如果实施，有关利益方可以采取反补贴措施；可申诉补贴是指一成员所使用的各种补贴如果对其他成员国内的工业造成损害，或者使其他成员利益受损时，该补贴行为可被诉诸争端解决；不可申诉补贴是指对国际贸易的影响不大，不可被诉诸争端解决，但需要及时通知成员。实施不可申诉补贴的主要目的是对某些地区的发展给予支持，或对研究与开发、环境保护及就业调整提供的援助等。

补贴在很大程度上可以作为实行贸易保护主义的工具，成为国际贸易中的非关税壁垒。在国内行政法律制度上，授予利益的行政行为不会构成违法、受到追究，但在国际贸易中，对国内相关人的利益行为可能构成对其他成员方贸易商的不利，补贴可以影响国际市场的货物流向，补贴经常被作为刺激出口或限制进口的一种手段。

资料链接：世界出口补贴情况

欧盟是全球最大的出口补贴使用者。1995—1998年欧盟年均出口补贴支出约60亿美元，占全球出口补贴支出的90%。瑞士是第二大出口补贴使用者，补贴份额约占5%。美国是第三大出口补贴国，补贴份额不到2%。欧盟、瑞士、美国和挪威四个OECD成员的出口补贴占全球出口补贴支出的97%。

从数量上看，出口补贴最多的产品是粮食；从价值上看，出口补贴最多的产品是牛肉和奶产品。从实际补贴数量上看，单项最大补贴产品是小麦和面粉以及粗粮，年均实际补贴量都在1 000万吨以上。以下实际补贴较多（100万吨以上）的产品依次为：水果和蔬菜、糖、其他奶产品、牛肉。从承诺完成情况看，较多依赖补贴（承诺完成率超过50%）

的出口产品主要是奶产品和肉蛋产品，包括其他奶产品、乳酪、脱脂奶粉、蛋、牛肉、禽肉。其中，1998 年蛋和猪肉的补贴超过了承诺水平，粮食的补贴水平则依国际市场状况波动较大。

五、商品倾销

商品倾销是指一国（或地区）的生产商或出口商，以低于国内市场的价格，甚至低于商品生产成本的价格，在外国市场抛售倾销商品，以打击竞争者、占领市场。

按照倾销的具体目的，商品倾销可分为偶然性倾销、间歇性倾销和持续性倾销三种形式。

偶然性倾销通常是指因为本国市场销售旺季已过或公司改营其他业务，将在国内市场上很难售出的积压库存，以较低的价格在国外市场上抛售。由于此类倾销的持续时间短、数量小，对进口国的同类产业没有特别大的不利影响，同时进口国消费者还会受益，获得廉价商品，因此进口国对这种偶发性倾销一般不会采取反倾销措施。

间歇性倾销是指以低于国内价格或低于成本价格在国外市场销售，达到打击竞争对手、形成垄断的目的。待击败所有或大部分竞争对手之后，再利用垄断力量抬高价格，以获取高额垄断利润。这种倾销违背公平竞争原则，破坏国际经贸秩序，故为各国反倾销法所限制。

持续性倾销是指无期限地、持续地以低于国内市场的价格在国外市场销售商品。

反倾销（anti-dumping）是指对外国商品在本国市场上的倾销所采取的抵制措施，一般是对倾销的外国商品除征收一般进口税外，再增收附加税，使其不能廉价出售，此种附加税称为反倾销税。

世界贸易组织的《反倾销协议》规定，一成员要实施反倾销措施，必须遵守三个条件：

第一，确定存在倾销的事实。

第二，确定对国内产业造成了实质损害或实质损害的威胁，或对建立国内相关产业造成了实质阻碍。

第三，确定倾销和损害之间存在因果关系。

六、外汇倾销

外汇倾销（exchange dumping）是指利用本国货币对外贬值的机会，向外倾销商品和争夺市场的行为。这是因为本国货币贬值后，出口商品用外国货币表示的价格降低，提高了该国商品在国际市场上的竞争力，有利于扩大出口；与此同时，因本国货币贬值，进口商品的价格上涨，因而削弱了进口商品的竞争力，限制了进口。

（一）外汇倾销产生的效应

（1）外汇倾销的本币贬值会降低本国出口产品的价格水平，从而提高出口产品的国际竞争力，扩大出口。例如，1987 年 6 月至 1994 年 6 月美元与日元的比价由 1 美元＝150

日元下跌到1美元=100日元，美元贬值了33.3%。假定一件售价为100美元的商品出口到日本，按过去的汇率折算，在日本市场的售价为15 000日元，而美元贬值后的售价为10 000日元。此时，有三种对自身有利的选择：①把价格降至10 000日元，增强出口商品价格上的优势，在保持收益不变的情况下大大增加了出口额。②继续按15 000日元的价格在日本市场上出售该商品，按新汇率计算，每件商品可多收入5 000日元（合50美元）的外汇倾销利润，出口额不变。③在10 000日元到15 000日元之间酌量减价，既有一定的倾销利润，又会扩大出口额。

（2）外汇倾销使外国货币升值，提高了外国商品的价格水平，从而降低了进口产品的国内市场竞争力，有利于控制进口规模。仍以上例为证：若按过去1美元=150日元的比价，一件在日本售价为15 000日元的商品出口到美国值100美元，而美元贬值后，同一商品在美国的售价就为150美元，这必然给日本厂商带来不利。

（二）外汇倾销的条件

值得注意的是，外汇倾销不能无限制和无条件地进行，只有在具备以下条件时，外汇倾销才能起到扩大出口的作用。

（1）货币贬值的程度要大于国内物价上涨的程度。一国货币的对外贬值必然会引起货币对内也贬值，从而导致国内物价的上涨。当国内物价上涨的程度赶上或超过货币贬值的程度时，出口商品的外销价格就会回升到甚至超过原先的价格，即货币贬值前的价格，因而使外汇倾销不能实行。

（2）其他国家不同时实行同等程度的货币贬值。当一国货币对外实行贬值时，如果其他国家也实行同等程度的货币贬值，这就会使两国货币之间的汇率保持不变，从而使出口商品的外销价格也保持不变，以致外汇倾销不能实现。

（3）其他国家不同时采取其他的报复性措施。如果外国采取提高关税等报复性措施，也会提高出口商品在国外市场的价格，从而抵消外汇倾销的作用。

七、出口退税

出口退税主要是通过退还出口货物的国内已纳税款来平衡国内产品的税收负担，使本国产品以不含税成本进入国际市场，与国外产品在同等条件下进行竞争，从而增强竞争能力、扩大出口创汇。

（一）出口退税的条件

（1）必须是增值税、消费税征收范围内的货物。增值税、消费税的征收范围包括除直接向农业生产者收购的免税农产品以外的所有增值税应税货物，以及烟、酒、化妆品等11类列举征收消费税的消费品。

之所以必须具备这一条件，是因为出口货物退（免）税只能对已经征收过增值税、消费税的货物退还或免征其已纳税额和应纳税额。未征收增值税、消费税的货物（包括国家规定免税的货物）不能退税，以充分体现“未征不退”的原则。

（2）必须是报关离境出口的货物。所谓出口，即输出关口，包括自营出口和委托代理出口两种形式。货物是否报关离境出口是确定货物是否属于退（免）税范围的主要标准之一。凡在国内销售、不报关离境的货物，除另有规定者外，不论出口企业是以外汇还是以人民币结算，也不论出口企业在财务上如何处理，均不得视为出口货物予以退税。

对在境内销售收取外汇的货物，如宾馆、饭店等收取外汇的货物等，因其不符合离境出口条件，均不能给予退（免）税。

（3）必须是在财务上做出口销售处理的货物。出口货物只有在财务上做出口销售处理后，才能办理退（免）税。也就是说，出口退（免）税的规定只适用于贸易性的出口货物，而对非贸易性的出口货物，如捐赠的礼品、在国内个人购买并自带出境的货物（另有规定者除外）、样品、展品、邮寄品等，因其一般在财务上不做出口销售处理，故按照现行规定不能退（免）税。

（4）必须是已收汇并经核销的货物。按照现行规定，出口企业申请办理退（免）税的出口货物，必须是已收外汇并经外汇管理部门核销的货物。

一般情况下，出口企业向税务机关申请办理退（免）税的货物，必须同时具备以上4个条件。但是，生产企业（包括有进出口经营权的生产企业、委托外贸企业代理出口的生产企业、外商投资企业）申请办理出口货物退（免）税时必须增加一个条件，即申请退（免）税的货物必须是生产企业的自产货物（外商投资企业经省级外经贸主管部门批准收购出口的货物除外）。

（二）中国出口退税的特点

我国的出口货物退（免）税制度是参考国际上的通行做法，在多年实践基础上形成的、自成体系的专项税收制度。这项新的税收制度与其他税收制度相比，有以下几个主要特点：

1. 它是一种收入退付行为

税收是国家为满足社会公共需要，按照法律规定，参与国民收入中剩余产品分配的一种形式。出口货物退（免）税作为一项具体的税收制度，其目的与其他税收制度不同，它是在货物出口后，国家将出口货物已在国内征收的流转税退还给企业的一种收入退付或减免税收的行为，这与其他税收制度筹集财政资金的目的显然是不同的。出口退税的计算公式为：

$$退税额=\frac{增值税发票金额}{1+增值税税率}\times出口退税率$$

2. 它具有调节职能的单一性

我国对出口货物实行退（免）税，目的是使企业的出口货物以不含税的价格参与国际市场竞争，这是提高企业产品竞争力的一项政策性措施。与其他税收制度鼓励与限制并存、收入与减免并存的双向调节职能相比较，出口货物退（免）税具有调节职能单一性的特点。

3. 它属于间接税范畴内的一种国际惯例

世界上有很多国家实行间接税制度，虽然具体的间接税政策各不相同，但就间接税制度中对出口货物实行零税率而言，各国都是一致的。为了奉行出口货物间接税的零税率原则，有的国家实行免税制度，有的国家实行退税制度，有的国家则退、免税制度同时并行，其目的都是对出口货物退还或免征间接税，以使企业的出口产品能以不含间接税的价格参与国际市场的竞争。出口货物退（免）税政策与各国的征税制度是密切相关的，脱离了征税制度，出口货物退（免）税便失去了具体的依据。

中国出口鼓励政策的效果开始显现

2009年1月13日，海关总署表示：尽管当前国际金融危机的影响继续蔓延，但中国出口鼓励政策的效果开始显现，服装、塑料制品、箱包和灯具等出口均呈现加速增长。海关总署称，中国在2008年8月、11月和12月连续提高部分商品的出口退税率。其中，12月份政策调整涉及的商品整体出口合计544.5亿美元，同比增长4.8%，占中国出口总值的比重由前11个月的45.8%上升至12月份的49%。海关总署还指出，在外部需求减弱的背景下，中国一般贸易出口价格涨幅稳定对拉动总体出口起到了十分重要的作用。2008年6—12月中国一般贸易月度出口价格同比涨幅基本稳定在16%～19%，12月份仍为16.3%，这令一般贸易出口保持了6%的逆势增长，增幅比11月份加快了1.4%。

资料来源：http：//news.sohu.com/20090114/n261734404.shtml。

八、促进出口的组织措施

（一）设立专门的为促进出口服务的机构

各国都成立了专门的帮助促进国内产品出口的部门、组织和机构，并向出口企业提供多种多样的服务。例如，设立专门的市场调查机关，向出口企业提供信息服务；设立国际法律法规援助机构，帮助企业应付国际经济贸易纠纷；设立培训组织，对出口企业和对外贸易公司人员提供专业培训等。

1993年9月，美国政府宣布将实施一项国家出口战略，旨在从战略角度考虑贸易的发展，成立了由19个部门参加的贸易促进协调委员会。19个部门官员先后会见并征求了1 500多名来自私营部门、公司、州和地方政府及学术界代表的意见，这些建议构成了国家出口战略的基础，从而强化和更新了美国政府在促进对外贸易发展方面的作用。

为了使促进出口工作深入到基层，美国商务部负责将促进出口工作的官员派到每一个州，并在19个大城市里成立了美国出口扶助中心，作为国家出口战略的另一个重要措施。由这19个中心再辐射到全国81个地方所属的中心，连接成为中心网络。这些中心的主要任务是及时、有效地向所有美国公司提供广泛的出口扩展和出口资助方面的信息及咨询服务，尤其是对那些中小企业的服务。美国商人从中心可同时获得商务部、进出口银行、小企业管理局等部门提供的出口信息。中心是协调美国政府国内外活动计划的一个重要组成部分。凡是想做出口贸易或获取信息及其他方面帮助的公司或个人均可通过中心立即与美国设在世界各地的商务中心和设在各国的使馆联系。美国出口扶助中心是美国政府对其各类出口商提供有效服务、促进出口的成功典范。

在西班牙，有西班牙对外贸易协会（ICEX），主席由贸旅国务秘书兼任。该协会负责具体的出口促进活动，对推动出口发挥着十分重要的作用。它主要从以下四方面为西班牙企业提供服务：①信息服务。利用其先进的信息搜集、汇总和管理手段，向中小企业提供有价值的信息。②培训服务。该协会与西班牙一些著名的大学和学术机构签订协议，对企业领导人、部门负责人和职工进行专业培训或高等培训。③促销服务。每年组织到1～2个国家举办西班牙工业技术博览会，并通过不断增加在新兴市场上举办专业展出的次数，支持企业开展促销活动。④推动开发新领域。推动咨询、工程、技术等新领域的服务贸易出口；推动对开发海外市场可行性研究基金的使用。

（二）建立商业情报网，加强国外市场情报工作，及时向出口商提供商业信息

例如，英国的海外贸易委员会在1970年就设立了出口信息服务部，向有关出口厂商提供信息，以促进商品出口。又如，日本政府出资设立的日本贸易振兴会就是一个从事海外市场调查并向企业提供信息服务的机构。

（三）组织国际贸易中心和贸易博览会、展览会

国际贸易中心和贸易博览会是各国为了促进对外贸易、加强对外经济联系而设立承办的。其中，国际贸易中心一方面进行国际商品展示，起着一个大型商业平台的作用；另一方面，国际贸易中心通常驻有国际贸易机构和各国商业机构，负责提供商品信息和贸易服务。贸易博览会、展览会都是展示商品和促进国际贸易往来的重要场所，各国都借此来促进本国国际贸易的发展。一般是由各国政府作为这种大型商业聚会的组织者和承办者，其运作费用由政府提供补贴。

我国的广交会就是一个旨在加强国内企业的国际交流、促进对外贸易的大型博览会，广交会已成为中国出口的一张名片。迄今为止，广交会仍是中国境内最大规模的展览，每届吸引外商达10万人，是中国的展会中外商数量最大的。据悉，从其创办之初起，每年两届的广交会的出口成交额约占我国一般贸易出口的三分之一，是我国出口创汇的中流砥柱之一。广交会得到了政府的极大扶持，它由商务部和广东省政府直接领导，有广东省、广州市政府的支持，从而确保了每一届广交会的圆满成功。

（四）组织贸易代表团出访和接待来访

各国为了发展对外贸易，经常会由政府组织一些贸易代表团出访国外。另外，各国也在国内举办商业洽谈会，用多种优惠政策吸引外商的参加，这些行为、措施的费用大多是由政府承担的。此外，各国政府一般设有专门机构接待来访团体，为外国商团提供优质周到的服务，以促进对外贸易的进行。

（五）组织出口商评奖活动

第二次世界大战结束后，各国对出口商给予精神奖励的做法日益盛行，经常组织出口商的评奖活动。对于出口成绩显著的出口商，由国家授予奖章和奖状，并通过授奖活动宣传它们扩大出口的经验。例如，日本政府把每年的6月28日定为贸易纪念日，在每年的这一天，由通产大臣向出口成绩卓著的厂商颁发奖状。另外，日本还采取了由首相亲写感谢信的办法表彰出口成绩卓越的厂商。

九、其他措施

（一）外汇分红

外汇分红是指政府允许出口厂商从其所得的出口外汇收入中提取一定百分比的外汇用于进口，以鼓励其出口积极性。

（二）出口奖励证

出口奖励证是政府对出口商出口某种商品后发给一种奖励证，持有该证可以进口一定数量的外国商品，或将该证在市场上自由转让或出售。

（三）复汇率制

复汇率制是指一国货币的对外汇率不止一个，而是有两个或两个以上的汇率。其目的是利用汇率的差别来限制和鼓励商品进口或出口。各国的复汇率制不尽相同，但主要原则大致相似。

（四）进出口连锁制

进出口连锁制（chain system of import and export）是政府规定进出口商必须履行一定的出口义务后方可获得一定的进口权利。通过进出口联系的办法，达到有进有出、以进带出，或以出许进的方式扩大出口。

另外，自第二次世界大战以来，发达资本主义国家的国家资本输出有了很大的增长，国家资本输出同样是鼓励商品出口的重要手段。

第二节　经济特区措施

许多国家或地区为了促进经济和对外贸易的发展，采取了建立经济特区的措施。经济特区是指一个国家或地区在其关境以外所划出的特殊经济区域。在这个经济区域内，建筑或扩建码头、仓库、厂房等基础设施和实行免除关税等优惠待遇，以吸引外国企业从事贸易与出口加工工业等业务活动。经济特区的目的是促进对外贸易发展，鼓励转口贸易和出口加工贸易，繁荣本地区和邻近地区的经济，增加财政收入和外汇收入。

一般来说，经济特区具有以下几方面特点：①以扩大出口贸易、开发经济和提高技术水平为目的。②有一个开放的投资环境。③具有一定的基础设施。④具有良好的社会经济条件。⑤具有良好的自然条件。

一、经济特区的产生与发展

经济特区的发展已有很长的历史，它与资本主义国家对外贸易的发展有着密切的关系。早在16世纪，欧洲就已出现了自由港。当时，欧洲一些国家为了活跃对外贸易，先后把一些沿海港口开辟为自由港，作为经济特区。最早的一个自由港是1547年在意大利设置的里窝那自由港，它是通行的自由港的雏形。从17世纪到19世纪，在国际贸易中占有优势地位的国家（如荷兰、英国等）为了扩大贸易、增加外汇盈利，将地中海沿岸的某些港口（如直布罗陀）以及中东、东南亚和加勒比一带的某些港口辟为自由港。有些资本主义国家除了自身的贸易利益这个因素外，还因历史传统的沿袭，在本国设置了自由港或自由贸易区。例如，德国由于汉撒同盟的传统，很早就在汉堡和不来梅划出很大的范围作为自由贸易区。

到了帝国主义时期，一些发达资本主义国家不仅在殖民地附属国继续设置经济特区，而且还在本国开辟经济特区，以便借助其优势的地理位置发挥商品集散中心的作用，增加贸易利益。例如，1934 年美国国会通过《对外贸易区法案》后，在纽约、旧金山等地设置了经济特区。因此，在资本主义自由竞争时期曾一度衰落的经济特区，到了帝国主义时期再度盛行起来。到了第二次世界大战前，全世界已有 26 个国家设立了 75 个经济特区。

第二次世界大战后，经济特区发展迅速，设立经济特区的范围自西欧扩展到全球；经济特区的功能从单纯贸易型到工业、贸易相结合并向综合型发展；经济特区的经营内容从商品交换和商品生产扩展到商品的研制与开发；经济特区的生产结构从劳动密集型向资金、技术和知识密集型调整。经济特区总的发展趋势是由初级形态向高级形态发展。

由此可见，经济特区的普遍存在和发展，说明许多国家或地区利用这项措施促进了经济和对外贸易的发展。

二、经济特区的基本类型

经济特区作为实行特殊开放经济政策的经济区域，由于设置的目的、规模、组织形态和功能等的不同，存在不同的类型，主要有以下几种：

(一) 自由港或自由贸易区

自由港（free port）也称自由口岸，是指全部或部分外国商品可以豁免关税而自由进出的港口。自由贸易区（free trade zone）也称对外贸易区、自由区、工商业自由贸易区等。自由港或自由贸易区都划在关境以外，对进出口商品全部或大部分免征关税，并且准许在港内或区内开展商品自由储存、展览、拆散、改装、重新包装、整理、加工和制造等业务活动，以便本地区的经济和对外贸易的发展，进而增加财政收入和外汇收入。

一般来说，自由港或自由贸易区可分为两种类型：一种是把港口或设区的所在城市都划为自由港或自由贸易区，如香港整个是自由港。在整个香港，除了个别商品外，绝大多数商品可以自由进出、免征关税，甚至允许任何外国商人在那里兴办工厂或企业。另一种是把港口或设区的所在城市的一部分划为自由港或自由贸易区。例如，汉堡自由贸易区是由汉堡市的两部分组成的，划在卡尔勃兰特（Kohlprand）航道以东的归自由港，划在卡尔勃兰特航道以西的几个码头和邻近地区才是汉堡自由贸易区。这个自由贸易区位于港区的中心，占地 5.6 平方英里。因此，外国商品只有运入这个区域才能享受免税等优惠待遇，不受海关监督。

许多国家对自由港或自由贸易区的规定大同小异，归纳起来，主要有以下几点：

1. 关税方面的规定

对于允许自由进出自由港或自由贸易区的外国商品，不必办理报关手续，免征关税。少数已征收进口税的商品（如烟、酒等）的再出口，可退还进口税。但是，如果港内或区内的外国商品转入所在国的国内市场销售，则必须办理报关手续、缴纳进口税。这些报关的商品，既可以是原来货物的全部，也可以是一部分；既可以是原样，也可以是改样；既可以是未加工的，也可以是加工品。有些国家对在港内或区内进行加工的外国商品往往有特定的征税规定。例如，美国规定，用美国的零配件和外国的原材料装配或加工的产品进入美国市场时，只对该产品所包含的外国原材料的数量或金额征收关税。同时，对于该产品的增值部分也可免征关税。又如奥地利规定，外国商品在其自由贸易区内进行装配或加工后，商品增值1/3以上者，即可取得奥地利原产地证明书，可免税进入奥地利市场；增值1/2以上者，即可取得欧洲自由贸易联盟原产地证明书，可免税进入奥地利市场和其他欧洲自由贸易联盟成员国市场。

2. 业务活动的规定

对于允许进入自由港或自由贸易区的外国商品，可以储存、展览、拆散、分类、分级、修理、改装、重新包装、重新贴标签、清洗、整理、加工和制造、销毁、与外国的原材料或所在国的原材料混合、再出口或向所在国国内市场出售。

由于各国的情况不同，有些规定也有所不同。例如在加工和制造方面，瑞士规定储存在区内的外国商品不得进行加工和制造，如要从事这项业务，必须取得设立在伯尔尼的瑞士联邦海关厅的特别许可后方可进行。但是，在第二次世界大战后，许多国家为了促进经济与对外贸易的发展，都在放宽或废除这类规定。

3. 禁止和特别限制的规定

许多国家通常对武器、弹药、爆炸品、毒品和其他危险品以及国家专卖品（如烟草、酒、盐等）禁止输入或凭特种进口许可证才能输入；有些国家对少数消费品的进口要征收高关税；有些国家对某些生产资料在港内或区内使用也征收关税，如意大利规定在的里雅斯特自由贸易区内使用的外国建筑器材、生产资料等也包括在应征关税的商品之内。此外，有些国家（如西班牙等）还禁止在区内零售。

(二) 保税区

有些国家（如日本、荷兰等）没有设立自由港或自由贸易区，但实行保税区（bonded area）制度。保税区也称保税仓库区，是海关所设置的或经海关批准注册的，受海关监督的特定地区和仓库，外国商品存入保税区内，可以暂时不缴纳进口税；如再出口，不缴纳出口税；如要运进所在国的国内市场，则须办理报关手续、缴纳进口税。运入区内的外国商品可进行储存、改装、分类、混合、展览、加工和制造等。此外，有的保税区还允许在区内经营金融、保险、房地产、展销和旅游业务。

因此，许多国家对保税区的规定与自由港、自由贸易区的规定基本相同，起到了类似自由港或自由贸易区的作用。

资本主义国家设在保税区的仓库，有的是公营的，有的是私营的；有的货物储存的期限为1个月到半年，有的期限可达3年；有的允许进行加工和制造，有的不允许加工和制造。现仅就日本保税区的情况加以说明。

一般来说，日本规定外国货物运入或运出各种保税区，可暂时免征关税，但应预先向日本海关呈交申报单，取得海关人员的监督，若以后运入日本国内市场时再行纳税。如果保税区的外国货物作为样品暂时运出，须经海关批准；保税区的外国货物废弃时，应预先向海关申报；保税区的外国货物丢失时，除经海关特别批准者外，均应缴纳关税。按照保税区的职能不同，日本保税区可分为以下五种：

1. 指定保税区

指定保税区（designated bonded area）是为了在港口或国际机场简便、迅速地办理报关手续，为外国货物提供装卸、搬运或暂时储存的场所。

指定保税区是经大藏大臣的指定而设置的。在这个区内的土地、仓库与其他设施都属于国家所有，并由国家所设立的机构进行管理。因此，指定保税区是公营的。

指定保税区的主要目的是使外国货物简便和迅速地办理报关手续，因此在该区内储存商品的期限较短、限制较严，运入的货物不得超过1个月。

2. 保税货棚

保税货棚（bonded shed）是指经海关批准，由私营企业设置的用于装卸、搬运或暂时储存进口货物的场所。可见，保税货棚的职能与指定保税区相同，它是补充指定保税区的不足，作为外国货物办理报关的场所。两者的区别在于，指定保税区是公营的，而保税货棚是私营的。由于保税货棚是经海关批准的，因此必须缴纳规定的批准手续费，储存的外国货物如有丢失，则须缴纳关税。

3. 保税仓库

保税仓库（bonded warehouse）是经海关批准，外国货物可以不办理进口手续和连续长时间储存的场所。

指定保税区和保税货棚都是为了货物报关的方便和短期储存而设置的，而保税仓库却是为了使货物能在较长时间内储存和暂时不缴纳关税而建立的。比如进口货再出口则不必纳税，这就便于货主把握交易时机出售货物，有利于业务的顺利进行和转口贸易的发展。

在保税仓库内储存货物的期限为2年，如有特殊需要还可以延长。

4. 保税工厂

保税工厂（bonded factory）是经海关批准，可以对外国货物进行加工、制造、分类以及检修等保税业务活动的场所。

保税工厂和保税仓库都可以储存货物，但储存在保税工厂中的货物可作为原材料进行加工和制造。因此，许多厂商利用保税工厂对外国材料进行加工和制造，以适应市场的需要、符合进出口的规章或减少关税的负担。

外国货物储存在保税工厂的期限为2年，如有特殊需要可以延长。如果有一部分外国货物需要在保税工厂以外进行加工制造，必须事先取得海关的批准和在不妨碍海关监督的情况下进行，提交保税工厂以外进行加工和制造的货物，由保税工厂负责。

5. 保税陈列场

保税陈列场（bonded exhibition）是经海关批准在一定期限内用于陈列外国货物进行展览的保税场所。这种保税场所通常设在本国政府或外国政府、本国企业组织或外国企业组织等直接举办或资助举办的博览会、展览会和样品陈列所中。

保税陈列场除了具有保税货棚的职能外，还可以展览商品、加强广告宣传、促进交易的开展。

我国提出保税区的设想是在1984年。进入20世纪90年代，我国沿海地区逐步建立起保税区。1990年我国决定开发上海浦东时，确定在上海外高桥设立中国目前最开放、规定最优惠的保税区。1992年，我国又批准在大连、海南省的洋浦等地设立保税区。这标志着保税区在我国对外经济贸易中的地位越来越高、作用越来越大。

（三）出口加工区

出口加工区（export processing zone）是一个国家或地区在其港口或邻近港口、国际机场的地方，划出一定的范围，新建和扩建码头、车站、道路、仓库和厂房等基础设施以及提供免税等优惠待遇，鼓励外国企业在区内投资设厂，生产以出口为主的制成品的加工区域。

出口加工区一般选在经济相对发达、交通运输和对外贸易方便、劳动力资源充足、城市发展基础较好的地区，多设于沿海港口或国家边境附近。世界上第一个出口加工区为1956年建于爱尔兰的香农国际机场。中国台湾高雄在20世纪60年代建立了出口加工区，而后一些国家也效法设置。中国在20世纪80年代实行改革开放政策后，沿海一些城市开始兴建出口加工区。其目的在于吸引外国投资，引进先进技术与设备，促进本地区的生产技术和经济的发展，扩大加工工业和加工出口的发展，增加外汇收入。

出口加工区脱胎于自由港或自由贸易区，采用了自由港或自由贸易区的一些做法，但它又与自由港或自由贸易区有所不同。一般来说，自由港或自由贸易区以发展转口贸易、取得商业方面的收益为主，是面向商业的；而出口加工区以发展出口加工工业、取得工业方面的收益为主，是面向工业的。

虽然出口加工区与自由港、自由贸易区有所不同，但由于出口加工区是在自由港、自由贸易区的基础上发展起来的，因此，目前有些自由港或自由贸易区以从事出口加工生产为主，但仍然沿用了自由港或自由贸易区这个名称。例如，马来西亚开辟的一些以出口加工为主的区域仍称自由贸易区。

1. 出口加工区的类型

(1) 综合性出口加工区，即在区内可以经营多种出口加工工业。例如，菲律宾的巴丹出口加工区所经营的项目包括服装、鞋类、电子或电器产品、食品生产、光学仪器和塑料产品等。目前，世界各地的出口加工区大多是综合性出口加工区。

(2) 专业性出口加工区，即在区内只准经营某种特定的出口加工产品。例如，印度在孟买的圣克鲁斯飞机场附近建立的电子工业出口加工区，专门发展电子工业的生产和增加这类产品的出口。在区内经营电子工业生产的企业可享有免征关税和国内税等优惠待遇，但全部产品必须出口。

目前，许多国家或地区都选择一个运输条件较好的地区作为设区地点，这是因为在出口加工区进行投资的外国企业所需的生产设备和原材料大部分依靠进口，所生产的产品全部或大部分输出外国市场销售。因此，出口加工区应该设在进出口运输方便、运输费用最节省的地方，通常选择国际港口或在港口附近、国际机场附近设区最为理想。

2. 出口加工区的主要规定

为了发挥和提高出口加工区的经济效果，吸引外国企业投资设厂，许多国家或地区制定了具体的措施，主要有以下几点：

(1) 对外国企业在区内投资设厂的优惠规定。

第一，关税的优惠规定。对在区内投资设厂的企业，从国外进口生产设备、原料、燃料、零件、元件及半制成品一律免征进口税；生产的产品出口时一律免征出口税。

第二，国内税的优惠规定。不少出口加工区为外国投资的企业提供减免所得税、营业税、贷款利息税等优惠待遇。

第三，放宽外国企业投资比率的规定。不少出口加工区放宽了外资企业的投资限制。例如，菲律宾规定，外资企业在区外的投资比率不得超过企业总资本的40%，但在区内的投资比率不受此项法律的限制，投资比率可达100％。

第四，放宽外汇管制的规定。在出口加工区，外国企业的资本、利润、股息可以全部汇回本国。

第五，投资保证规定。许多国家或地区不仅保证各项有关出口加工区的规定长期稳定不变，而且保证对外国投资不予没收或征用。如果因国家利益或国防需要而征用时，政府给予合理的赔偿。

此外，许多国家或地区对于报关手续、土地、仓库和厂房等的租金、贷款利息、外籍职工的职务及其家属的居留权等都会给予优惠待遇。

（2）对外国投资者在区内设厂的限制规定。虽然许多国家或地区向外国投资者提供种种优惠待遇，但并不是任其自由投资，而是既有鼓励又有限制，引导外国企业按照本国的经济和对外贸易发展的需要投资设厂。一般来说，有以下几方面的规定：

第一，对投资项目的规定。许多国家或地区往往限制投资项目。例如，菲律宾对巴丹出口加工区可设立哪些工业都做出了规定，划出了范围。它规定第一期轻工业部门包括陶瓷或玻璃器皿、化妆品、食品生产、电子或电器产品、光学仪器、成衣、鞋类、塑料和橡胶产品等轻型的、需要大批劳工的、供出口的工业。第二期重工业包括综合性纺织厂、汽车厂、机器厂以及其他确有外国市场、需要用大批劳工、进口原料加工出口的工业。

第二，对投资的审批规定。为了保证投资与加工出口的收益，要求外国投资者必须具备一定的条件。例如，菲律宾在审批投资设厂的出口企业时有两项基本标准：一是在经营管理、出口推销和技术、财务管理方面具有一定基础及经验；二是具有输出商品、赚取外汇、吸收劳动力的能力，并能采用国内的原料。

第三，对产品销售市场的规定。许多国家或地区规定区内的产品必须全部或大部分出口，甚至对次品或废品也禁止或限制在当地国内市场上出售。此外，即使准许在本国市场上销售，其数量一般不超过总产量的10％。

为了防止区内产品与区外同类的本国产品在国外市场上竞争，往往采用禁止或限制该产品在区内投资或者对出口市场加以限制的办法。例如，斯里兰卡规定，不准区内生产服装向西欧共同市场出口，以排除该产品在西欧共同市场上与本国同类产品的竞争。

第四，对招工和工资的规定。有些国家或地区对此做了统一规定，以解决就业、工资和劳资纠纷等问题。例如，菲律宾规定区内工人的最低年龄为14岁以上，不同的工种按其技术的熟练程度规定工资标准，并随着生产和生活指数调整工资水平。

（3）对出口加工区的领导和管理办法的规定。有些国家或地区专门设立出口加工区管理委员会。在这个委员会的领导下，各出口加工区设立专门的办事机构，负责办理区内的具体事务。

（四）多种经营的经济特区

多种经营的经济特区也称多种经营特区，是指一国在其港口或港口附近划出一定的范围，新建或扩建基础设施和提供减免税收等优惠待遇，以吸引外国或境外企业在区内从事外贸、加工工业、农畜业、金融保险和旅游业等多种经营活动。我国所设立的经济特区就属于这一种。

中国建设和发展经济特区的基本经验包括：①完善投资环境，包括完善投资的物质环

境和人际环境。前者为基础设施结构中以通电、通水、通路、通信、通煤气、通排污、通排洪和平整土地为主体的"七通一平"等；后者包括政治条件（政治、社会、政策等的稳定和法制的健全）、管理水平（政府的效率等）、经营条件（货币和物价、外汇管制、金融、信息服务和自主权等状况）、人口素质和市场、政策优惠（税费等）等。②外引内联有机结合，发挥特区的"四个窗口"（技术、知识、管理和对外政策）和两个扇面辐射（对内和对外）的枢纽作用。③努力建立一种灵活而有效地适应国际市场规律的特区经济体制模式。为此，我国需要在计划管理体制、企业管理体制、基本建设管理体制、流通体制、价格体制、劳动人事制度和工资制度以及财政金融体制等方面进行一系列改革。

（五）自由边境区

自由边境区（free perimeter）是指在与邻国接壤的边远省或边境城市中划出的专供对邻国自由进出货物的地区。自由边境区通常划在国境之内、关境之外，从邻国输入的货物只要不逾越关境进入内地，一般不征关税，但有时对少数几类货物征收少量关税。设置自由边境区可以繁荣边境贸易，特别是在一些国家，荒僻的边远地区与内地交通不便，设立自由边境区便于当地从邻国获得必需的物资供应。有些拉丁美洲国家设置自由边境区，利用从邻国输入的设备和原料建立与发展边远地区的工业，以满足当地消费的需要。自由边境区的产品大多在区内留用，以发展边区经济。自由边境区的优惠期限较短，一般在边区经济发展起来以后就会逐步取消优惠待遇。

自由边境区这种设置仅见于拉丁美洲的少数国家，中国在中俄边境、中越边境也有少量的自由边境区。自由边境区一般设在本国的一个省或几个省的边境地区，对于在区内使用的生产设备、原材料和和消费品可免税或减税进口；如果从区内转运到本国其他地区出售，则须照章纳税。外国货物可在区内进行储存、展览、混合、包装、加工和制造等业务活动，其目的在于利用外国投资开发边区的经济。凡自由边境区内使用的机器、设备、原料和消费品，都可免税或减税进口，但商品从该区运入海关管制区，须照章纳税。它与自由港（区）等其他主要形式一样，自20世纪70年代以来，十分重视发展出口加工业和转口贸易，实行工贸结合。例如，墨西哥的边境客户工业区实质上为出口加工工业区。

自由边境区与出口加工区的区别在于：自由边境区的进口商品加工后大多是在区内使用，只有少数是用于再出口。因此，建立自由边境区的目的是开发边区的经济，因此有些国家对优惠待遇规定了期限。当这些边境区的生产能力发展后，就逐渐取消某些商品的优惠待遇，直至废除自由边境区。例如，墨西哥在一些自由边境区期限已满时，就取消了原有的优惠待遇。

（六）过境区

沿海国家为了便利内陆邻国的进出口货运，开辟某些海港、河港或国境城市作为货物过境区（transit zone）。过境区规定，对于过境货物，简化海关手续，免征关税或只征小额的过境费用。过境货物一般可在过境区内短期储存、重新包装，但不得加工。

（七）科学工业园区

科学工业园区（science-based industrial park），也称工业科学园、科研工业区、新产业开发区、高技术园区、科学城等，是一种在第二次世界大战后科技革命背景下出现的新兴工业开发基地。它将智力和资金高度集中起来，专门从事新技术研究、试验和生产，以加速新技术研制及其成果应用，为本国或本地区工业的现代化服务。与侧重于扩大制成品加工出口的出口加工区不同，科学工业园区旨在扩大科技产品的出口和扶持本国技术产业的发展。

第三节　出口管制措施

出口管制（export control）是指一国政府通过建立一系列审查、限制和控制机制，以直接或间接的方式防止本国限定的商品或技术通过各种途径流通或扩散至目标国家，从而实现本国的安全、外交和经济利益的行为。许多国家，特别是发达国家，为了达到一定的政治、军事和经济的目的，往往对某些商品尤其是战略物资与技术产品实行管制、限制或禁止出口。

一、出口管制的目的

（1）政治原因。政治原因往往是实行出口管制的主要原因，也是各国实行国别政策的重要手段之一。一些西方国家经常对与自己敌对或不友好的国家实行出口管制。

（2）军事原因。为了保证世界的和平与安全，国际社会通过了《核不扩散条约》，各国都有义务对可能用于核武器制造的技术与装置、原料的出口实行出口管制。

（3）经济原因。许多国家为了避免本国相对稀缺商品的过量出口而造成不利的影响，常常会对该类商品实行出口管制，以保证国内需要。

（4）其他原因。例如，为了人权目的，禁止劳改产品的出口；为了保护地球生态环境和濒危动植物，对一些物资进行全球性的贸易禁运；为了保护历史文物，对一些特殊商品的出口实行管制。

二、出口管制的商品

需要实行出口管制的商品一般有以下几类：

（1）战略物资和先进技术资料，如军事设备、武器、军舰、飞机、先进的电子计算机和通信设备、先进的机器设备及其技术资料等。对这类商品实行出口管制，主要是从国家安全和军事防务的需要出发，以及从保持科技领先地位和经济优势的需要考虑。

（2）国内生产和生活紧缺的物资。其目的是保证国内生产和生活需要，抑制国内该商品价格上涨，稳定国内市场。例如，西方各国往往对石油、煤炭等能源商品实行出口管制。

（3）需要自动限制出口的商品。这是为了缓和与进口国的贸易摩擦，在进口国的要求下或迫于对方的压力，不得不对某些具有很强国际竞争力的商品实行出口管制。

（4）历史文物和艺术珍品。这是出于保护本国文化艺术遗产和弘扬民族精神的需要而采取的出口管制措施。

（5）本国在国际市场上占主导地位的重要商品和出口额大的商品。对于一些出口商品

单一、出口市场集中且该商品的市场价格容易出现波动的发展中国家来讲，对这类商品的出口管制，目的是为了稳定国际市场价格，保证正常的经济收入。例如，欧佩克（OPEC）对成员国的石油产量和出口量进行控制，以稳定石油价格。

（6）为保持生态平衡而受到保护的某些动植物。

三、出口管制的形式

（一）单方面出口管制

这是指一个国家根据本国的出口管制法案，设立专门的执行机构，对本国某些商品的出口实行管制。从单方面出口管制来看，出口国通常采取以下一些措施来控制本国的商品出口。

（1）国家专营。对于一些敏感性商品的出口实行国家专营的方式，由政府指定专门的机构和组织直接控制与管理，可以起到比较理想的管制效果。例如，澳大利亚、加拿大对小麦出口就实行国家专营。

（2）征收出口税。政府对出口管制范围内的商品根据不同情况课征出口税，并使关税税率保持在一个合理的水平上，这样可以达到控制出口的目的。这种措施的使用相当广泛。

（3）实行出口许可证制。出口许可证制度使政府能够有效地控制出口商品的国别和地区、数量和价格。这种措施也是目前各国常用的出口控制办法，比如芬兰对原木、澳大利亚对矿产都实行出口许可证制度。

（4）实行出口配额制。出口配额也是一种非常有效的出口控制措施，它往往与出口许可证结合起来使用，如美国对糖、日本对稻谷和小麦的出口都实行配额制。

（5）出口禁运。出口禁运是出口控制措施中最严厉的一种。实行出口禁运的商品一般都是国内紧缺的原材料或初级产品，如许多国家禁止本国废钢出口。

需要指出的是，一国的出口管制政策有时是针对商品的，有时却是针对国家或地区的。目前，有许多国家在同种商品的出口上实行歧视政策，即只对某些国家或地区实行出口管制，而对其他的国家或地区则不实行这种管制。上面提到的各种出口管制措施都可用来实行歧视性的出口政策。

为了有效地制定和实现出口控制政策，许多国家都设有专门的机构、颁布专门的法律。例如，美国商务部专设贸易管制局，专门管理出口管制事务。早在1917年，美国就颁布了《1917年与敌对国家贸易法案》；1949年通过了《出口管制法案》，该法案经过多次修改，形成《1979年出口管制法》，后者对美国出口贸易的管制起着十分重要的作用。英国颁布了《1970年货物出口管制条令》和《1976年战略物资管制条令》，对本国出口贸易进行管制。

（二）多边出口管制

一些国家为了协调彼此的出口管制政策和措施，通过达成共同管制出口的协议，建立了国际性的多边出口管制机构，共同制定多边出口管制的集体措施，以期达到共同的政治和经济目的。

巴黎统筹委员会是实行多边出口管制的主要国际组织之一，它是在美国操纵下于1950年成立的。其目的是建立对社会主义国家实行出口管制的国际性网络，共同防止战略物资和先进技术输往社会主义国家，遏制社会主义发展。它的具体工作是编制和增减多边禁运货单，规定受禁运的国别和地区，确定禁运的审批程序，加强转口管制，讨论例外程序和交换情报等。巴黎统筹委员会在成立初期的政治色彩十分鲜明。随着国际政治经济形势的变化，巴黎统筹委员会逐渐放宽了对社会主义国家的出口管制。

多边出口管制机构或组织原则上只负责编制、修订和审批多边出口管制的货单，确定多边出口管制的一般规则，而具体的出口管制则由各成员国按上述规定自行贯彻执行。

四、出口管制措施

一国控制出口的方式有很多种，但出口管制最常见和最有效的手段包括以下几种：

（1）出口税。海关就某些出口商品对本国出口商征收出口税。

（2）出口工业的产业税。有些国家对某些生产资源密集型产品的产业征收产业税，这些产业往往是出口产业。

（3）出口配额。出口国政府规定一定时期内某种商品出口的数量或金额，超过这一额度不准出口。

（4）出口许可证。这是某些国家对本国出口商品实行全面管制的一种措施，出口许可证又包括一般许可证和特种许可证两种。一般许可证也称普通许可证，这种许可证相对较易取得，出口商无须向有关机构专门申请，只要在出口报关单上填写这类商品的普通许可证编号，在经过海关核实后就办妥了出口许可证手续。出口属于特种许可范围的商品，必须向有关机构申请特殊许可证。出口商要在许可证上填写清楚商品的名称、数量、管制编号以及输出用途，再附上有关交易的证明书和说明书报批，获得批准后方能出口，如不予批准就禁止出口。

（5）出口禁运。这是贸易制裁的一种手段，是指出口国为迫使被制裁国做出某种让步，禁止本国出口商向该国出口商品。

（6）出口卡特尔。出口卡特尔是指某些商品的主要出口国组成的国际性垄断组织，它们采取联合行动，主宰国际市场的价格。

一般来说，一国实施贸易政策的目的是扩大出口和减少进口，但一些国家出于政治和经济的考虑而实施出口管制政策。出口管制是一国对外实行通商和贸易的歧视性手段之一，实施出口管制将对被管制国家和实施该政策的国家经济造成负面影响。自20世纪70年代以来，各国的出口管制有所放松，特别是出口管制政治倾向有所减弱，但它仍作为一种重要的经济手段和政治工具而存在。

通过本章学习，可以：

1. 了解经济特区的概念及其类型。
2. 掌握出口鼓励的相关措施。
3. 熟悉当今存在的出口管制情况。

出口信贷　出口信用保险　出口信贷担保　出口补贴　商品倾销

外汇倾销　出口退税　经济特区　外汇管制

1. 什么是出口信贷？按借贷关系可分为哪几种？

2. 什么是出口补贴？间接补贴主要有哪几种？

3. 什么是商品倾销？商品倾销给出口国带来什么利益？

4. 什么是外汇倾销？外汇倾销为什么能扩大出口、限制进口？外汇倾销可否无限制的进行？

5. 促进对外贸易发展的经济特区措施有哪些？

6. 出口管制的商品和方式有哪些？

美国新奇士橘农协会是由加利福尼亚和亚利桑那州 6 500 个美国果农、61 个包装公司自发联合组成的，该协会成功地进行了品牌塑造，“Sunkist”这个商标在全世界各行各业的商标中排名第 47 位。在国际市场上，新奇士橘农协会凭借品牌优势，在 53 个国家或地区拥有 45 个执照持有者，年销售额达 11 亿美元，品牌市值超过 70 亿美元。

然而，这个协龄有 100 多年的协会又不是严格的公司，它只是一个民间组织，这个民间组织使用统一的商标“新奇士”，实行统一的价格，同时价格每周变动；该协会本身是非营利机构，只负责全球市场推广和科技改良等。它的资金大部分来自美国政府对果农的退税和对农业的预算补贴，一小部分来自会员费用。这些费用有多少，该协会不愿意提供。我们知道，美国的农业预算是仅次于国防的第二大政府预算，1997 年的数字是 588.8 亿美元，占美国农业 GDP 的 27%～30%。中国是 1 000 多亿元人民币，排在多项预算之后。

1997 年，美国政府约有 1.6 亿美元补贴用于美国农产品的全球市场推广（即广告和市场营销）上，每年投入新奇士橙用于全球广告的费用是惊人的，这使世界上 50%的人知道了新奇士橙这个品牌。

（1）美国政府出资为新奇士橙做广告，算不算非正当竞争？

（2）新奇士橙的成功对我国促进农产品贸易发展有何启示？

第十章 贸易条约与协定

案例导入　日本紫菜配额差异是对最惠国待遇的违背

为了加深对最惠国待遇的理解，我们举一个日本对来自外国的紫菜进口实行歧视、违背最惠国待遇原则的案例。紫菜在我国东部沿海地区大量种植，江苏是主要产地。与日、韩两国相比，中国同类紫菜产品无论是养殖加工方式，还是产品规格都没有任何差异可言，但在价格方面，日本紫菜超过我国3倍，一旦对我国开放进口，其紫菜业将不可避免地面临中国紫菜的有力竞争。为此，在2005年以前，日本政府对紫菜进口实行配额限制，而且每年只向韩国发出1亿多张紫菜配额，对中国同类紫菜则一直拒绝给予配额。根据WTO最惠国待遇原则，一成员给予其他成员的优惠应同时给予所有其他成员的同类产品。日本给韩国配额，却不给予中国同类产品配额，明显违背了WTO的这一原则。后来，经过我国江苏省紫菜协会的努力，我国政府对日本的贸易限制启动了贸易壁垒调查，经过中日两国政府的多轮磋商，最终达成协议。2005年2月21日，日本经济产业省发布通告，取消了对进口紫菜配额原产国的限制。

第一节　贸易条约与协定概述

一、贸易条约与协定的概念

国际贸易条约与协定是两个或两个以上的国家、地区或贸易集团为了确定彼此的经济关系，特别是在贸易方面的权利和义务而缔结的书面协议。它反映了各国之间的贸易关系和各国的对外贸易政策，并为实现缔约方的对外政策与对外经贸政策而服务。

国际贸易条约与协定是国际条约与协定的一种，也是反映各国在国际政治舞台上经济和政治力量对比关系的一种法律关系。因此，它必然体现缔约国的对外政策尤其是对外贸易政策的要求，国际贸易条约与协定已成为一国国际贸易政策的重要内容之一。

二、国际贸易条约与协定的种类

（一）通商航海条约

通商航海条约（treaty of commerce and navigation）是全面规定两国间经济贸易关系的条约，涉及缔约方经济与贸易关系各个方面的问题，不仅涉及贸易问题，而且也就某些经济协作问题进行规定，因此往往成为两国间建立和发展经贸关系的基础。由于贸易关系长期以来是各国之间经贸关系的基础和主要内容，所以通商航海条约主要是围绕双边的贸易关系来制定的。但是，随着各国之间经济合作关系的迅速发展，通商航海条约中规定的原则也将越来越多地适用于双边经济合作关系的发展。一般来说，通商航海条约的期限比较长，到期之后还可以继续延长。通商航海条约是所有贸易条约与协定中最重要的条约。

（二）贸易协定

贸易协定是缔约国之间为巩固和发展彼此间经济、贸易关系而签订的一种书面协议，其内容通常包括贸易额、双方出口货物作价办法、使用货币、支付方式、关税优惠等。对于贸易额和双方进出口货单的规定往往不是硬性的。在具体执行过程中，可通过双方协商加以协调，其内容比较具体，签订的程序也比较简单，有效期较短。

贸易协定可分为双边贸易协定（bilateral trade agreement，即由两国签订的贸易协定）和多边贸易协定（multilateral trade agreement，即由三个或三个以上的国家通过谈判而签订的贸易协定）。此外，还可以按时间划分为年度贸易协定（annual trade agreement）和长期贸易协定（long term trade agreement）。一般来说，签订双边的、年度的贸易协定较多，签订多边的和长期的贸易协定较少。

（三）贸易协定书

贸易协定书（trade protocol）是有关国家在签订贸易协定之外，就两国贸易关系中某项具体问题所达成的书面协议。它的内容和签订程序比贸易协定更简单，并且往往是作为贸易协定的补充、解释或修改而签订的，有时作为贸易协定的附件，有时不作为附件。在当前的国际贸易中，通常表现为在长期贸易协定下，关于年度贸易的具体事项通过贸易协定书方式加以规定；也有的在两国间未达成贸易协定时，先签订协定书，并将其作为进行贸易的暂时依据。

（四）支付协定

支付协定（payment agreement）是规定国与国之间的贸易和其他方面债权与债务结算办法的一种书面协定。支付协定是外汇管制的产物。在实行外汇管制的条件下，一种货币不能自由兑换成另一种货币，对一国所有的债权不能用来抵偿对第三国的债务，结算只有在双边基础上进行，故须通过缔结支付协定的办法来解决两国之间的债权与债务。这样既有助于克服外汇短缺的困难，亦有利于双边贸易的发展。

支付协定的主要内容有：①规定清算机构和开立清算账户。②账户清算的项目和范围。③清算时使用的记账货币。④双方债权与债务抵偿差额的清算办法。⑤确定信用摆动额。在协定期内，双方的贸易差额不得超过一定限额，这个限额称为摆动额（swing account），超过部分由债务方偿付。

（五）国际商品协定

国际商品协定（international commodity agreement）是指某项商品的生产国（出口国）与消费国（进口国）就该项商品的价格、购销等问题，经过协商达成的政府间多边协定。

国际商品协定的主要对象是发展中国家所生产的初级产品，作为初级产品的主要生产国（发展中国家）希望通过协定维持合理的价格，避免由于初级产品价格的下跌造成经济损失。作为初级产品主要消费国的工业发达国家则希望通过协定来稳定供应来源。为此，只有在初级产品价格不断上涨的条件下，发达国家才有签订这种协定的要求。所以，在谈判和签订协定的过程中，生产国和消费国之间充满了矛盾。经过多年谈判，目前已达成协议的有 7 种商品，即蔗糖、锡、咖啡、橄榄油、小麦、可可、天然橡胶。国际商品协定通过设立缓冲库存、签订多边合同、规定出口配额等方法稳定价格。

三、贸易条约与协定中适用的法律条款

在贸易条约与协定中，通常适用的法律待遇条款有最惠国待遇条款、互惠待遇条款和国民待遇条款。

（一）最惠国待遇条款

（1）最惠国待遇条款（most favored nation treatment）的含义。最惠国待遇条款是贸易条约中经常采用的一项重要条款，它的基本含义是：缔约国一方现在和将来所给予任何第三国的一切特权、优惠和豁免，也同样给予缔约国对方。它的基本要求是使缔约一方在缔约另一方享有不低于任何第三国享有或可能享有的待遇；换言之，即要求一切外国人处于同等的地位，享有同样的待遇，不给予歧视待遇。

最惠国待遇的方式有两种，即无条件的最惠国待遇和有条件的最惠国待遇。无条件的最惠国待遇也称欧洲式的最惠国待遇，是指缔约国一方现在和将来给予任何第三国的一切优惠待遇立即无补偿地自动给予缔约对方。最惠国待遇所包含的基本意思早在 12 世纪就已在欧洲各国的商贸交往中开始出现。18 世纪后期，这种不直接要求对方给予补偿而保证给予平等待遇的无条件最惠国待遇形式才被广泛应用于国际贸易中，从 1860 年英国与法国签订的《科伯登条约》开始，无条件的最惠国待遇成为了欧洲商贸条约中的主流条款。现有的国际贸易条约大多采用无条件的最惠国待遇条款。有条件的最惠国待遇也称美国式的最惠国待遇，即如果一方给予第三国的优惠是有条件的，则另一方必须提供同样的补偿，才能享有这种优惠待遇。美国在其独立之后签订的第一个贸易条约（即 1778 年《美法友好通商条约》）中，第一次适用了有条件的最惠国待遇条款。此后，在 1785 年和 1793 年美国与普鲁士和瑞典签订的条约中，都规定了有条件的最惠国待遇条款。直到 1922 年，美国才改为适用无条件的最惠国待遇条款。

（2）最惠国待遇条款适用的范围。最惠国待遇条款可以适用于两国经济贸易关系的各个方面，也可以只在贸易关系中的某几个问题上适用。在签订贸易条约与协定时，缔约双方往往对最惠国待遇的范围加以列举。在列举范围以内的事项适用最惠国待遇，在列举范围以外的，则不适用最惠国待遇。

最惠国待遇的范围很广，通常包括以下几个方面：①有关进口、出口、过境商品的关税及其他各种捐税。②有关商品进口、出口、过境、存仓和转船方面的海关规则、手续和费用。③进口和出口许可证的发放及其他限制措施。④船舶驶入、驶出和停泊时的各种税收、费用和手续。⑤关于移民、投资、商标、专利及铁路运输方面的待遇。

在具体签订条约时，缔约双方可以根据两国的关系和发展贸易的需要，在最惠国待遇条款中具体确定其适用的范围。

（3）最惠国待遇适用的限制与例外。在双边经贸条约中，一般都规定了适用最惠国待遇的限制和例外条款。所谓适用最惠国待遇的限制，是指在经贸条约所规定的理由存在时，不适用最惠国待遇。例如，有的国家在双边经贸条约中规定，为了国家安全、保护公共卫生或者为了保护动植物免受病害、衰退、死亡等，缔约双方有权对某些物品的进口和出口加以限制或禁止，也就是当上述理由出现时，即不适用最惠国待遇的规定。

所谓适用最惠国待遇的例外，是指在经贸条约所规定的某些场合下，不适用最惠国待遇。常见的最惠国待遇的例外有以下几种：①边境贸易。一些国家把边界两边 15 千米以内区域的小额贸易在关税、海关通关手续上给予减免等优待作为例外。②关税同盟。已经结成关税同盟的成员国之间在关税上的优惠待遇，作为最惠国待遇的例外。③沿海贸易和内河航行。在航行问题上，对于缔约国一方在沿海贸易和内河航行方面给予他国的优惠视为例外。④多边国际条约或协定承担的义务。若缔约国一方参加其他多边国际条约或协定而履行的义务，如涉及最惠国待遇利益者，应视为例外。⑤区域性待遇条款，即若干特定的国家之间通过条约或协定相互给予的优惠待遇，应作为最惠国待遇的例外。⑥其他例外。例如，沿海捕鱼、武器进口、金银外币的输出入、文物、贵重艺术品的出口限制和禁止等，也作为例外。

（二）互惠待遇条款

互惠待遇条款（reciprocal treatment）是法律待遇条款的一种，它的基本要求是，缔约国的双方根据协议相互给予对方的法人或自然人以对等的权利和待遇。这项原则一般不能单独使用，必须与其他特定的权利或制度的内容结合在一起才能成为独立的单项条款。例如，1979 年签订的《中华人民共和国和美利坚合众国贸易关系协定》第 6 条规定，双方同意在互惠的基础上，相互给法人、自然人申请商标注册和商标的使用权。互惠的法律意义在于：基本上可以防止一国及其法人、自然人在另一国单方面享有特权，也可以保证这些组织和个人在外国享有的对等权利不受限制或歧视。

（三）国民待遇条款

国民待遇条款（national treatment）也是法律待遇条款的一种，它的基本要求是：缔约国的一方根据条约的规定，应将本国公民和法人享有的权利和优惠扩及缔约国对方在本国境内的公民和法人。根据国民待遇原则，缔约国一方的公民和法人在缔约国另一方可以享有与该国公民与法人同样的待遇。国民待遇适用的对象通常还包括船舶，如《中华人民共和国和朝鲜民主主义人民共和国通商航海条约》第 9 条规定，一方船舶在另一方沿海遭遇海难或倾覆时，该船舶和货物应享受缔约另一方在相同情况下给予本国船舶同样的待遇。

国民待遇原则一般适用于外国公民的私人经济权利、外国产品所应缴纳的国内捐税、利用铁路运输和转口过境的条件、船舶在港口的待遇、商标注册、版权及发明专利权的保护等。但是，国民待遇条款的适用是有一定范围的，并不是将本国公民所享有的一切权利都包括在内。例如，沿海航行权、领海捕鱼权、购买土地权等，通常都不包括在国民待遇条款的范围之内，这些权利一般都不给予外国侨民，只准本国公民享受。另外，国民待遇一般不包括政治权利。

第二节　关税与贸易总协定

一、关税与贸易总协定的产生

关税与贸易总协定（General Agreement on Tariff and Trade，GATT），简称关贸总协定。世界贸易组织正式运行之前，关贸总协定是协调和规范缔约方之间关税与贸易政策方面相互权利和义务的主要多边协定。

关贸总协定的产生可以追溯到20世纪30年代，随着世界经济陷入危机，资本主义国家之间爆发了激烈的关税战。1930年美国总统签署通过了《1930年霍利-斯穆特关税法》（The Hawley-Smoot Tariff Act of 1930），把进口关税提到了历史最高水平，当时的欧洲各国纷纷效仿，制定了自己的限制性关税政策来对美国进行报复。资本主义国家间的高关税阻碍了商品的国际流通，造成国际贸易额大幅萎缩，整个世界经济陷入严重衰退。面对经济危机的严峻形势，为扭转困境、扩大国际市场，1934年美国颁布了《互惠贸易协定法》（The Reciprocal Trade Agreement Act）。根据此法，美国与21个国家签订了一系列双边贸易协定，将关税水平降低30%～50%，并根据最惠国待遇原则扩展到其他国家。关税的降低促进了国际商品流通，使经济危机有所缓解。

但在第二次世界大战期间，世界贸易秩序遭到了很大的破坏，各国纷纷实施高关税壁垒和外汇管制，使货币流通体系遭到破坏。当时，国际经济关系中有三个主要问题亟待解决：一是货币问题；二是金融问题；三是贸易问题。第二次世界大战结束前夕，以美国为首的同盟国于1944年7月在美国新罕布尔州的布雷顿森林召开了一个国际会议，即联合国货币金融会议（以下简称“布雷顿森林会议”），会议决定成立解决上述三个问题的三个相应国际组织：

（1）国际货币基金组织（IMF），该组织的主要目的是协调和维持汇率，向有关国家和地区提供短期贷款，以解决它们的国际收支平衡问题。

（2）国际复兴开发银行（IBRD），也称世界银行（WB）。世界银行的目的主要是向有关成员国提供长期贷款（7～25年），以从事大型项目建设促进经济发展。

（3）国际贸易组织（ITO）。1946年2月，联合国经济和社会理事会举行第一次会议，会议呼吁召开联合国贸易与就业问题会议，起草《国际贸易组织宪章》，进行世界性削减关税的谈判。随后，经济和社会理事会设立了一个筹备委员会。按照原来的计划，关贸总协定只是在国际贸易组织成立前的一个过渡性步骤，它的大部分条款将在《国际贸易组织宪章》被各国通过后纳入其中。但是，鉴于各国对外经济政策方面的分歧以及多数国家政府在批准《国际贸易组织宪章》这样范围广泛、具有严密组织性的国际条约时所遇到的法律困难，使得该宪章未被各成员国政府通过，最终未能成立，最终由关税与贸易总协定（以下简称“关贸总协定”）代替。

关贸总协定是1947年10月30日由23个国家在日内瓦签署的一个关于关税减让的多边贸易协定，并宣布于1948年1月1日起正式生效。我国是关贸总协定的23个创设国之一。自关贸总协定生效起至1994年，已有119个国家或地区参加，它所通过的各种协议对世界贸易的发展有着重大的影响，成为有关缔约方为创造良好的贸易环境而进行多边贸易谈判和解决贸易争端的重要场所。它与国际货币基金组织和世界银行一起，共同构成了现代经济体系的三大支柱。

二、关贸总协定的宗旨和组织机构

（一）关贸总协定的宗旨和内容

关贸总协定的序言清楚地阐明了它的宗旨：缔约各方认为，在处理它们的贸易和经济事务方面，应以提高生活水平、保证充分就业、保证实际收入和有效需求的巨大持续增长、扩大世界资源的充分利用以及发展商品的生产与交换为目的。为了达到这个目的，必须做出互利互惠的安排，以便大幅削减关税和其他贸易障碍，取消国际贸易中的歧视待遇等措施，以对上述目的做出贡献。

关贸总协定由序言和四个部分组成，共计38条。其基本原则是：贸易应当在非歧视待遇的基础上进行；成员国只能通过关税而不能采用直接进口管制措施保护本国工业；应通过多边谈判来削减关税，限制贸易壁垒；成员国应当通过磋商解决贸易问题及争端。关贸总协定第四章还专门规定了发展中国家在贸易与发展方面的一些特殊要求和有关问题。

（二）关贸总协定的组织机构

关贸总协定的最高权力机构是缔约国大会，一般每年举行一次。代表理事会在大会休会期间负责处理关贸总协定的日常和紧急事务，下设若干常设和临时委员会与工作组，其中重要的有贸易和发展委员会及国际贸易中心。秘书处为职能机构提供经常性服务。

从名称上看，关贸总协定只是一项协定，但它实际上是一个组织。这个在关贸总协定基础上形成的国际组织，最高决策机构是缔约国大会（通常每年举行一次），常设机构是由缔约国常任代表组成的理事会（一般每两个月开例会一次），常设秘书处设在日内瓦。此外，关贸总协定还下设了二十个机构，如贸易与发展委员会、国际收支限制委员会、关税减让委员会、反倾销委员会、纺织品委员会等，分别负责各种专门事务。因此，它已成为各缔约国处理贸易事物、贸易谈判和运用其法律体制的场所，调和与解决争议的机构。它不是联合国的专门机构，但它受到联合国的多方影响，并与联合国有着密切的工作上的联系和法律关系。

三、关贸总协定的作用及其局限

关贸总协定实施以后，就开始进行全球多边贸易谈判。40多年来，经过多次关税减让谈判，缔约国关税已有大幅削减，世界贸易已增长十几倍，其在国际贸易领域内所发挥的作用越来越大，主要表现在以下几个方面：

(1) 关贸总协定为各成员国规范了一套处理它们之间贸易关系的原则及规章。关贸总协定通过签署大量协议，不断丰富、完善多边贸易体制的法律规范，对国际贸易进行全面的协调和管理。

(2) 关贸总协定为解决各成员国在相互贸易关系中所产生的矛盾和纠纷提供了场所及规则。关贸总协定为了解决各成员国在国际贸易关系中所产生的矛盾和争议，制定了一套调处各成员国争议的程序和方法。虽然关贸总协定是一个临时协定，但由于其协调机制具有较强的权威性，因而使大多数的贸易纠纷得到了解决。

(3) 关贸总协定为成员国举行关税减让谈判提供了可能和方针。关贸总协定为各国提供了进行关税减让谈判的场所。关贸总协定自成立以来，进行过八个回合的多边贸易谈判，使关税税率有了较大幅度的下降。发达国家的平均关税已从 1948 年的 36%降到 20 世纪 90 年代中期的 3.8%，发展中国家和地区同期降至 12.7%。这种大幅度地减让关税是国际贸易发展史上前所未有的，不仅对推动国际贸易的发展起了很大作用，也为实现贸易自由化创造了条件。

(4) 关贸总协定努力为发展中国家争取贸易优惠条件。关贸总协定成立后被长期称为富人俱乐部，因为它所倡导的各类自由贸易规则对发达国家更有利。但是，随着发展中国家成员国的增多和力量的增大，关贸总协定不再是发达国家一手遮天的讲坛，已经增加了若干有利于发展中国家的条款，为发展中国家分享国际贸易利益起到了积极作用。

(5) 关贸总协定为各国提供经贸资料和培训经贸人才。关贸总协定与联合国合办的国际贸易中心，从各国搜集统计资料和其他资料，经过整理后再发给各成员国，并且举办各类培训班，积极为发展中国家培训经贸人才。

但是，这些作用并不意味着关贸总协定是个正规完善的组织，面对新形势，它的一些先天不足暴露无遗。例如，没有自己的组织基础，没有一个永久性的正规机构；只涉及货物贸易，对服务贸易无能为力；争端解决机制不够完善；不得不容忍特定敏感领域的保护政策等。这样，就需要一个更完善的组织来弥补它的不足。在这种形势下，一个全新的世界贸易组织的诞生已水到渠成。

四、关贸总协定的多边贸易谈判

(一) 关贸总协定的贸易谈判

1947 年，关贸总协定在世界贸易自由化方面的巨大贡献大多是通过关贸总协定主持下的多边贸易谈判取得的。通常情况下，多边贸易谈判是以贸易谈判回合的形式进行的，见表 10—1。

在早期的关贸总协定多边贸易谈判中，各成员方主要致力于不断削减关税。但是，20 世纪 60 年代中期的肯尼迪回合谈判的成果包含了一个新的关贸总协定——反倾销协议。20 世纪 70 年代的东京回合谈判在扩展和改善关贸总协定体制方面做出了更全面的尝试。其成果是将世界九个主要工业国家市场的关税平均削减了三分之一，制成品的平均关税由关贸总协定成立时的 40%左右降至 4.7%。此外，谈判形成了一系列关于非关税壁垒的协议，其中有些协议阐述了现有的关贸总协定规则，而其他协议则开辟了全新的领域。

表 10—1　　关贸总协定贸易谈判回合

轮　次	谈判地点和时间	参加方	谈判主要成果
第一轮	瑞士日内瓦 1947 年 4—10 月	23	达成 45 000 项商品的关税减让，使占应税进口值 54%的商品平均降低关税 35%；关贸总协定于 1948 年 1 月 1 日生效
第二轮	法国安纳西 1949 年 4—10 月	33	达成近 5 000 项商品的关税减让，使占应税进口值 5.6%的商品平均降低关税 35%
第三轮	英国托奎 1950 年 9 月—1951 年 4 月	39	达成 8 700 多项商品的关税减让，使占应税进口值 11.7%的商品平均降低关税 6%
第四轮	瑞士日内瓦 1956 年 1—5 月	28	达成近 3 000 项商品的关税减让，使占应税进口值 16%的商品平均降低关税 15%
第五轮 狄龙回合	瑞士日内瓦 1960 年 9 月—1962 年 7 月	45	达成 4 400 项商品的关税减让，使占应税进口值 20%的商品平均降低关税 20%
第六轮 肯尼迪回合	瑞士日内瓦 1964 年 5 月—1967 年 6 月	54	以关税统一减让方式就影响世界贸易额约 400 亿美元的商品达成关税减让，平均降低关税 35%；首次涉及非关税壁垒谈判，并通过了第一个反倾销协议
第七轮 东京回合	瑞士日内瓦 1973 年 9 月—1979 年 4 月	102	以一揽子关税减让方式就影响世界贸易额约 3 000亿美元的商品达成关税减让与约束，关税水平下降 35%；达成多项非关税壁垒协议和守则；通过了给予发展中国家优惠待遇的“授权条款”
第八轮 乌拉圭回合	瑞士日内瓦 1986 年 9 月—1994 年 4 月	123	达成了 28 个内容广泛的协议；货物贸易减税幅度近 40%，减税商品涉及贸易额高达 1.2 万亿美元，近 20 个产品部门实行了零关税；农产品非关税措施实行关税化，纺织品的配额限制在 10 年内取消；关贸总协定扩大到服务贸易、知识产权和贸易有关的投资措施协议等领域；建立世界贸易组织取代关贸总协定

必须指出，在关贸总协定的八轮谈判中，持续时间最长、影响最大的无疑是乌拉圭回合谈判。经过 8 年的谈判，乌拉圭回合谈判于 1993 年 12 月在所涉及的 15 个议题上最终达成一致。乌拉圭回合谈判的成功，极大地促进了世界贸易的发展，促进了世界经济的复苏。

（二）乌拉圭回合谈判

1. 谈判启动背景

关贸总协定的前七轮谈判大大降低了各缔约方的关税，促进了国际贸易的发展。但从 20 世纪 70 年代开始，特别是进入 80 年代以后，以政府补贴、双边数量限制、市场瓜分和各种非关税壁垒为特征的贸易保护主义重新抬头。为了遏制贸易保护主义，避免全面贸易战的发生，美、欧、日等缔约国共同倡导发起了此次多边谈判，决心制止和扭转贸易保护主义，消除扭曲现象，建立一个更加开放、更具生命力和持久力的多边体制。1986 年 9 月，关贸总协定的部长们在乌拉圭的埃斯特角城举行会议，同意发起乌拉圭回合谈判。

2. 乌拉圭回合谈判的目标和议题

在 1986 年启动乌拉圭回合谈判的部长宣言中，明确了此轮谈判的主要目标：一是为了所有缔约方的利益，特别是欠发达缔约方的利益，通过减少和取消关税、数量限制和其他非关税措施，改善进入市场的条件，进一步扩大世界贸易；二是加强关贸总协定的作用，改善建立在关贸总协定原则和规则基础上的多边体制，将更大范围的区域置于有效的多边规则之下；三是增加关贸总协定体制对不断演变的国际经济环境的适应能力，特别是促进必要的结构调整，加强关贸总协定与有关国际组织的联系；四是促进国内和国际合作，以加强与其他影响增长和发展的经济体之间的内部联系。

乌拉圭回合谈判的议题包括传统的货物和新议题。传统议题包括关税、非关税措施、热带产品、自然资源产品、纺织品服装、农产品、保障条款、补贴和反补贴措施、争端解决问题等。新议题涉及服务、知识产权和与贸易有关的投资。

3. 乌拉圭回合谈判的成果和突破

乌拉圭回合谈判不仅取得了表 10—1 中所体现的在货物贸易、服务贸易、与知识产权相关领域方面的辉煌成果，更重要的是完善和加强了多边贸易体制。乌拉圭回合谈判突破了原有的议题，根据国际贸易发展的需要，达成《建立世界贸易组织协定》，通过建立贸易组织来取代 1947 年关贸总协定，完善和加强了多边贸易体制，为执行乌拉圭回合谈判成果奠定了良好的基础，这是乌拉圭回合谈判取得的最突出成果。

第三节　世界贸易组织

一、世界贸易组织的产生

乌拉圭回合谈判的一个重大成果是建立了世界贸易组织（World Trade Organization，WTO)。1995 年 1 月 1 日，WTO 作为关贸总协定的继承组织，在瑞士日内瓦正式成立。关贸总协定与其共同运行一段时间后，于 1995 年底自动退出历史舞台。自此，世界贸易组织与世界银行、国际货币基金组织并列为世界经济贸易中的三大支柱。

建立世界贸易组织的构想已有半个多世纪的历史。20 世纪 40 年代，以美国为首的西方工业发达国家曾积极策划与筹备，但终因各种原因而未能成功。作为《哈瓦那宪章》中的一个临时协定——关税与贸易总协定承担起了建立国际贸易秩序的历史使命。关贸总协定这一“临时适用”就是四十多年。在将近半个世纪的历程中，虽然八轮谈判取得了如前所述的重大成果，但总也摆脱不了名不正、言不顺的临时地位。为此，乌拉圭回合谈判对多边贸易体制的建立尤为重视，最后在 1994 年 4 月 15 日，由包括中国在内的 104 个国家或地区的政府正式签署了建立世界贸易组织的协议，并促使 WTO 于 1995 年 1 月 1 日正式运行。

二、世界贸易组织协定

1993年11月15日，在瑞士日内瓦达成了《关于建立世界贸易组织的协定（草案）》，这是世界贸易组织所有文件中最基本也是最主要的部分，包含序言、主要条款和附件三部分内容。

（一）序言

序言部分是该协定的宗旨和目标，规定全体成员在处理贸易和经济领域的关系时，应以提高生活水平、确保充分就业、大幅度稳定地增加实际收入和有效需求、以可持续发展的方式开发世界资源并加以充分利用、拓展货物和服务的生产及贸易为目的；要求各国必须积极努力，确保发展中国家在国际贸易增长中得到与其经济发展相适应的份额；通过大幅削减关税和其他贸易壁垒以及签订取消这些歧视待遇的议定书和互惠安排来为这些目标做出贡献，维护关贸总协定的基本原则和进一步完成关贸总协定的目标，发展成一个综合性的、更加有活力的、持久的多边贸易制度，包括经过修改过的关贸总协定和它主持下达成的所有守则和协议，以及乌拉圭回合多边贸易谈判的全部成果。

（二）主要条款

（1）规定世界贸易组织提供的共同机构框架，是为了处理世界贸易组织成员之间的关系。

（2）规定世界贸易组织的职能。

（3）规定设立向所有成员代表开放的部长级大会和总理事会。总理事会的任务是履行世界贸易组织的职能，在它下面建立了一个贸易政策审议机制和若干附属机构。

（4）规定由总理事会任命工作人员，在世界贸易组织和总理事会正式生效时，原关贸总协定的秘书处、总干事将自动成为世界贸易组织的秘书处、总干事。

（5）规定接受世界贸易组织协定和多边贸易协议的关贸总协定缔约方，包括关贸总协定议定条件的接受者，为世界贸易组织创始成员；凡是接受本协定和附件1、附件2和附件3中的多边贸易协议者，均可根据它与总理事会约定的条件加入本协定。

（6）规定世界贸易组织在履行职能和任务时，应尊重关贸总协定的规定、决定和习惯做法；在对国内法做修改时，所有成员都应努力采取一切必要步骤，使其国内法符合附件中协议的规定，以保证它们的法律与这些协议相互一致；综合性争端解决协议适用于附件4中东京回合谈判4个多边贸易协议外的所有多边协议，以及这4个多边贸易协议的签字国。

（三）附件

世界贸易组织协定有4个附件。附件1包括乌拉圭回合谈判的全部成果、东京回合谈判6个非关税措施的守则和协议、服务贸易总协定及其有关法律文件、与贸易相关的知识产权问题（包括冒牌货贸易的协议）。附件2是综合性争端解决协议。附件3是贸易政策审议机制。附件4包括东京回合谈判另外4个多边贸易协议。根据有关规定，以上4个附件是世界贸易组织协定的组成部分。附件1的多边贸易协议的任何条款均不允许提出保留，附件4的个别条款可以根据有关规定提出保留。在加入世界贸易组织协定时，未签署附件 4 中某项协议的任何成员，都被鼓励成为该项协议的签字国。

三、世界贸易组织的职能与机构

在《关于建立世界贸易组织的马拉喀什协议》的第 3 条中，世界贸易组织明确了它的职能。具体说来，世界贸易组织的职能为：对世界贸易组织协定及其附件中的协议进行管理；为实施附件中各项协议和主持以后的多边协议谈判提供一个框架；为其成员根据部长级大会决定的有关多边贸易关系展开进一步的谈判提供场所；管理综合性争端解决制度和政策审议机制；与国际货币基金组织和世界银行及其所属机构进行合作，使全球经济决策更趋和谐一致。

世界贸易组织的整个机构框架是以部长会议为中心，是由总理事会、众多分理事会以及各种类型的委员会组成的复杂而庞大的系统，如图 10—1 所示。

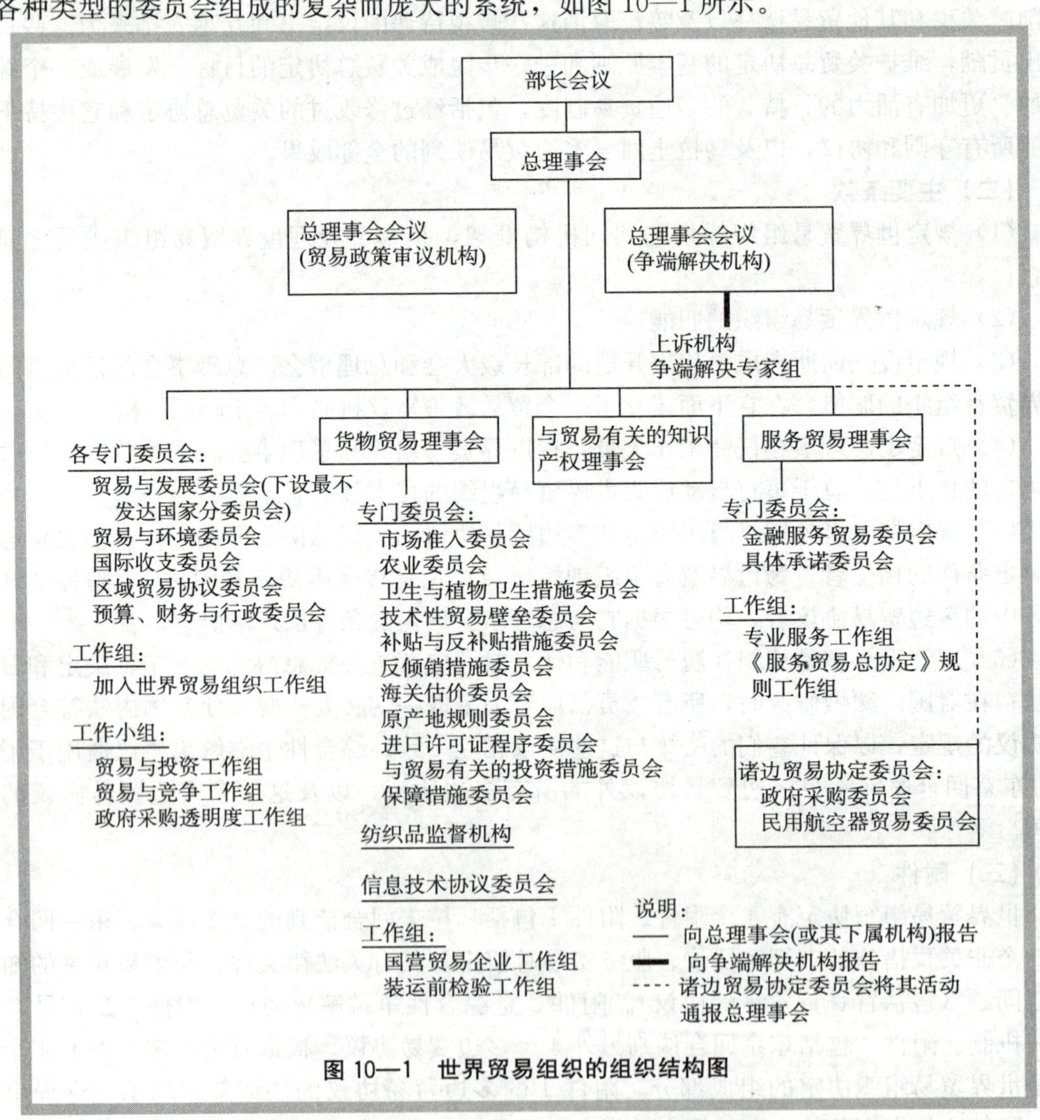

图 10—1 世界贸易组织的组织结构图

（一）部长会议

根据《关于建立世界贸易组织的马拉喀什协议》规定，世界贸易组织整个机构由其最高权力机构——部长会议领导。部长会议由世界贸易组织所有成员的代表组成，要求至少每两年开会一次，它可对任何多边贸易协定下的所有事务做出决定。

（二）总理事会

世界贸易组织的日常工作由若干个辅助机构承担，它们是由世界贸易组织所有成员组成的总理事会。总理事会须向部长会议汇报所有工作，有权代表部长会议处理日常事务并对世界贸易组织各成员实行定期的贸易政策评审。

（三）分理事会

总理事会将部分职权授予另外三个主要机构——货物贸易理事会、服务贸易理事会及与贸易有关的知识产权理事会。货物贸易理事会监督有关货物贸易的所有协议的实施和运作。尽管许多协议拥有其自身特定的监督机构，但货物贸易理事会仍被授予更高的权利，以使贸易有序发展。后两个理事会由相关的世界贸易组织协议负责，并有权在需要时建立自身的辅助机构。

（四）委员会

部长会议还建立了另外五个机构，即贸易与发展委员会、国际收支委员会和预算、财务与行政委员会等。其中，贸易与发展委员会负责解决有关发展中国家，尤其是最不发达国家的有关问题。国际收支委员会负责世界贸易组织成员与根据关贸总协定第 12 条和第 18 条规定而采取贸易限制措施以解决国际收支困难国家间的磋商。预算、财务与行政委员会专门处理与世界贸易组织的财政和预算有关的问题。

另外，世界贸易组织的 4 个诸边协议（即关于民用航空器、政府采购等诸边协议）都建立了自己的管理机构，须向总理事会报告工作。健全的组织机构保证了其运作的有序与合理，同时也表现出世界贸易组织机构的庞大和复杂。

四、WTO 的基本原则

为了有效地实现其宗旨，WTO 的全部内容中贯穿了一系列基本原则，它们体现在 WTO 的协议之中，并被后来在多边贸易谈判中所达成的协议不断补充，这些原则及例外构成了 WTO 法律框架的基础，制约着 WTO 成员方的贸易活动。

WTO 的基本原则可以归纳为以下几点：

1. 非歧视原则

这是 WTO 最基本、最重要的原则，它体现了 WTO 多边互惠的特点。本着这一原则，各成员方都可以同等地分享降低贸易壁垒所带来的利益。非歧视原则主要体现为最惠国待遇原则和国民待遇原则。

（1）最惠国待遇原则。WTO 中的最惠国待遇原则是多边、无条件的，它要求一个成员方给予另一个成员方或非成员方的贸易优惠和特权，必须自动地、无条件地给予所有其他成员方。最惠国待遇原则无论对货物、服务、知识产权都适用，也就是各成员之间只要进出口的产品或者提供的服务是相同的，就应该享受相同的待遇。该原则可以使有关成员方之间的双边互惠变为多边互惠，促进自由贸易。

资料链接：最惠国待遇的主要适用范围

就货物贸易而言，最惠国待遇主要适用于以下几个方面：①进口关税。②对进出口本身征收的费用，如进口附加费、出口税等。③与进出口有关的费用，如海关手续费、质量检验费等。④对进出口国际支付及转账征收的费用。⑤征收上述税、费的方法。⑥与进出口相关的各种规则和手续。⑦对进口货物直接或者间接征收的税、费，如销售税等。⑧有关进口产品在境内销售、购买、运输及分销等方面的法律、法规、规章和政策措施，如对进口产品品质证书的要求、对产品包装的要求等。

（2）国民待遇原则。国民待遇原则就货物贸易而言，是指在贸易成员之间相互保证对方的公民、企业、船舶在本国境内享有与本国公民、企业、船舶同样的待遇。国民待遇主要包括以下内容：①不能直接或者间接地对进口产品征收高于对境内相同产品征收的税、费。②给予进口产品在境内销售、购买、运输、分销等方面的待遇，不得低于给予境内相同产品的待遇。③不得直接或者间接地对产品的加工、使用规定数量限制，不得强制规定优先使用境内产品。④不得用税、费或者数量限制等方式，为境内产业提供保护。国民待遇原则主要体现在 GATT 1947 第三条、GATS 第二条和 TRIPS 第三条。

需要指出的是，国民待遇的实施不像最惠国待遇那样都是无条件的，它必须是对等的，不得损害对方国家的主权，并只限定在一定范围内：对货物贸易，GATT 1947 第三条规定，国民待遇对货物贸易是无条件的；对服务贸易，GATS 第十七条规定，对服务产品，国民待遇仅适用于一国做出具体承诺的部门。一旦一国允许外国企业在其境内提供服务，则在对待外国企业和本国企业时不应存在歧视。可见，对服务贸易的国民待遇不是无条件的。

对知识产权，TRIPS 第三条规定，在准知识产权保护方面，每个成员给予其他成员的国民待遇不应低于它给予本国公民的待遇，除非其他有关国际知识产权公约另有规定。最惠国待遇原则和国民待遇原则是国际贸易中平等与无歧视原则的重要体现，目标都是为了实现贸易自由化、减少市场扭曲和贸易障碍。两者的差别体现在，前者不对来自不同国家的产品实行歧视待遇，后者不对外国产品和本国产品实行歧视待遇。非歧视原则还包括相反角度的含义，成员方在实施某种限制或禁止措施时，不得对其他成员方实施歧视待遇。也就是说，实施限制或禁止的应是产品本身，而非产品的来源国。当一国实行某种贸易限制时，也应对所有其他成员适用。

2. 关税保护原则

关税保护原则包括两层含义：一是以关税作为各成员方唯一的保护手段。这是因为关税能使各国的保护状况和程度一目了然，便于对各国的保护水平进行比较和监督。二是各成员方应遵循互惠互利的原则，通过关税减让谈判逐步降低关税水平，以促进国际贸易的开展。通俗地讲，就是关税水平只能降，不能升。

关税的总体原则之所以只能降低不能提高，目的在于确保贸易的约束性和可预见性，

为贸易、投资、消费提供一个稳定的环境，以使关税不断递减，最终向自由贸易迈进。在GATT/WTO框架内，关税减让谈判一般首先在成员方双边之间进行，经过一个或若干个主要供应者就某一或若干产品逐项、对等地进行减让关税的谈判。谈判的结果列为分表，然后根据最惠国待遇原则对其进行汇总，得到一张适用于所有各方的总表，即关税减让表，它具有法律效力。

关税减让原则也存在例外，它主要表现在：①有关成员方在某些条件下可借助保障条款不遵守此原则。②发展中国家由于其自身与发达国家间的经济差距，根据GATT 1947第四部分，可在关税减让方面享受非对等的优惠待遇，如普惠制。

3. 取消数量限制原则

数量限制是一种最为普遍的非关税措施，它通过限制外国产品的进口数量来保护本国市场，从而妨碍了竞争，与WTO对各成员方只能通过关税来保护本国工业的规定相违背，因此WTO将其列入取消之列。该原则主要体现在GATT 1947第11条。该条规定，任何缔约方除征收税捐或其他费用以外，不得设立或维持配额、进口许可证或其他措施以限制或禁止其他缔约方领土产品的输入，或向其他缔约方领土输出或销售出口产品。乌拉圭回合谈判要求将既有配额转化为等效关税，然后再逐步降低关税。

资料链接：取消数量限制原则的例外及其规范

取消数量限制原则的例外：①GATT 1947第11条规定，缔约方为了确保国内短缺的农产品供应可限制出口；为了消除能直接替代进口的、产量不大的国产农渔产品的过剩，可限制进口。②GATT 1947和GATS第12条规定，当一成员为了保持其对外金融地位或国际收支时，可以限制商品准许进口的数量或价值，但必须经过国际货币基金组织的证实和世界贸易组织的审查，实施时应对所有成员无歧视地进行，并在国际收支改善后取消，或公布取消限制的时间表。

但对这些例外，GATT和GATS也加以了规范：

首先，实施数量限制必须遵循非歧视性原则，即除非对从所有第三方进口的同类产品或者向所有第三方出口的同类产品实施同样的数量限制，任何一个成员既不得限制另一成员产品的进口，也不得限制境内产品向另一成员的出口。

其次，实施数量限制时，应优先采用对贸易破坏性最小的从价措施，包括进口附加税、进口保证金以及其他对进口商品价格有重大影响的措施，而力求避免采用新的数量限制；进口限制不能超过通常国际收支状况所必需的水平。

再次，必要时在保证透明度的前提下，可实行全球配额，即以进口商申请的先后顺序而非不同的国别和地区作为配额的分配依据；若须实行国别配额，其配额应由进口和出口成员方双方共同商定，不能由进口方单方面规定，出口成员方的有关产品于前一代表时期在进口成员方市场所占份额可作为双方协商配额的依据。

最后，在配额制无法实施的情况下，亦可采用非自动许可证制，但对产品的进口来源不应在许可证中有所规定，以促进贸易自由化。

由于在 GATT 肯尼迪回合多边贸易谈判后，关税水平大幅下降，关税对各国市场的保护作用减弱，数量限制等非关税措施就以其实施简便、针对性强、效果显著而被各国政府广泛采用。因此，虽然在 GATT 主持的多边贸易谈判中，包括数量限制在内的非关税措施一直是谈判的议题，乌拉圭回合谈判还要求将其关税化，但由于 WTO 允许实施数量限制的理由（如保护国家安全、保护动植物健康免受危害等）难以界定，使得一些国家得以大打擦边球，数量措施要想真正加以取消，显然道路还很漫长。

4. 透明度原则

透明度原则是指各成员方政府应迅速公布其与商品进出口贸易和服务贸易有关的法律、规章，以便其他成员方和贸易商能够熟悉。这些法律规章在公布前不能实施，并有义务接受其他成员方对实施状况的检查和监督。透明度原则主要体现在 GATT 1947 的第 10 条和 GATS 的第 3 条。

GATT 1947 第 10 条规定：缔约方有效实施的关于海关对产品的分类或估价，关于税捐或其他费用的征收率，关于对进口货物及其支付转账的规定、限制和禁止，以及关于影响进出口货物的销售、分配、运输、保险、存仓、检验、展览、加工、混合或使用的法令、条例与一般援用的司法判决及行政决定，都应迅速公布，以使各国政府及贸易商对它们熟悉。一缔约方政府或政府机构与另一缔约方政府或政府机构之间缔结的影响国际贸易政策的现行规定，也必须公布。

GATS 第 3 条规定：除非在紧急情况下，各成员应迅速公布并最迟于其生效之时，公布所有普遍适用的有关或影响本协定实施的措施。一成员为签字方的涉及或影响服务贸易的国际协定也应予以公布。此外，各成员还应立即或每年一次向服务贸易理事会通报其会影响 GATS 执行的新的法律或规定等。透明度原则的作用在于，防止成员方对贸易进行不公开、不透明的管理，从而造成歧视性待遇，影响自由贸易的进行。它是 WTO 其他原则（如前述的最惠国待遇原则和关税保护原则）得以有效贯彻的基础。

资料链接：透明度原则的例外

透明度原则并不意味着成员方必须什么都对外公布。为了维护各成员方的正当利益，GATT 和 GATS 规定了透明原则的例外：

GATT 1947 第 10 条规定：不要求公开那些会妨碍法令的贯彻执行，会违反公共利益，或会损害某一公私企业的合法商业利益的机密资料。

GATS 第 3 条第 2 款规定：本协定的任何规定都不得要求任何成员提供那些一旦公开会阻碍法律的实施或违背公众利益，或损害特定公营或私营企业合法商业利益的机密资料。

5. 公平贸易原则

该原则主要体现在 GATT 1947 第 6 条、第 16 条和第 23 条，《关于建立 WTO 的协定》附件中的《关于实施 GATT 第 6 条的协定》、《补贴与反补贴措施协议》等有关条款中，主要是反倾销、反补贴和减少其他非关税壁垒，以保证公平贸易。对于倾销和反倾销

问题，我们在第九章已做了比较详细的分析，这里详细介绍 WTO 有关补贴与反补贴的具体规定。

根据 WTO《补贴和反补贴措施协议》，补贴是指政府或任何公共机构对企业提供的财政资助以及政府对出口产品任何形式的收入或价格支持。其中，政府财政资助的范围包括：政府通过财政进行的直接资金转移（如赠款、贷款、控股）和潜在的资金或债务的直接转移（如贷款担保）等；放弃或未征收在其他情况下应征收的政府税收（如税收减免之类的财政鼓励），即应纳税的减免；政府提供基础设施以外的货物或服务，或购买货物；政府向基金机构付款，或委托、指示私营机构履行上述政府行为，且这种做法与政府通常采用的做法并无实质区别。

如果进口商品直接或间接接受了出口国给予的任何形式的补贴，对本国已有产业产生了重大损害、重大威胁或严重阻碍国内某一产业的兴建，进口国政府可以采取措施来消除或减轻这种损害，方式之一就是征收反补贴税。因此，反补贴税的征收要满足两个条件：一是进口商品接受了 WTO 所禁止的政府的直接或间接补贴；二是补贴对本国已有产业产生了重大损害、重大威胁或严重阻碍国内某一产业的兴建。

对于被禁止的补贴，争端解决机制可以迅速采取措施，要求实施的成员立即取消。如果实施成员在规定的期限内未予取消，起诉成员方可获得授权采取反措施；对于可申诉的补贴，受损成员方可向争端解决机制提出申诉，请求磋商、调解或仲裁，如果被控成员方没有采取适当措施消除不利影响或撤销补贴，则受损成员才可获得授权采取报复措施；对于不可申诉补贴给其他成员方造成的不利影响，受损成员方可提请磋商，寻求共同解决的办法。

资料链接：《补贴与反补贴措施协议》的例外

《补贴与反补贴措施协议》规定的例外：一是它规定了所有补贴与反补贴都不包括农产品。二是对发展中国家的差别待遇。对于禁止性补贴，该协议附件 7 规定，不适用于成员中被联合国认定的最不发达国家和该条款所列的部分人均国民生产总值不足 1 000 美元的国家。其他发展中成员应在 8 年内逐渐取消。

需要指出的是，由于倾销属于企业行为，反倾销、补贴与反补贴都属于政府行为，因此 WTO 只能规范成员政府的反倾销、补贴与反补贴行为，而不能禁止企业的倾销行为。但由于《反倾销协议》对倾销做了明确定义，故企业仍有必要了解此协议，以避免在出口中给外国以反倾销的把柄。

WTO 允许征收反倾销税、反补贴税，并规定了取消其他非关税贸易限制的措施，对于保证贸易在公平竞争的基础上进行无疑有重要意义。但有些规定含糊其辞，如“重大损害”、“合理份额”等并没有统一明确的标准，实施中免不了争端迭起。

6. 互惠原则

互惠原则是 WTO 的基本原则之一，它不仅是成员方之间进行贸易谈判并维持正常贸易关系的基础，而且是 WTO 得以发挥作用的主要机制。互惠被普遍接受的解释是：双方在贸易特权或贸易利益方面的相互或相应让与，贸易减让的结果要使双方增加的进出口量大致相等。GATT 1947 在第 28 条第 2 款中规定：有关缔约方应力求维持互惠互利减让的一般水平。

在贸易谈判中，该原则表现为一成员将它能提供的减让与另一成员能提供的减让相交换，使双方获益。只有通过各成员方之间的互惠互利、相互关税减让，它们各自的进出口才能维持基本平衡，WTO 促进各国贸易发展、推动贸易自由化的目标才能得以实现。

互惠原则的例外体现在：由于经济发展水平的不同，发达国家之间在关税减让谈判中总体是互惠、对等的；而发达国家与发展中国家之间在遵守互惠原则时，发达国家给予发展中国家的优惠不能要求发展中国家给予对等的回报，否则两者之间经济水平的不平等永远得不到改善。这正是发达国家给予发展中国家普惠制待遇的基本理由，也是互惠原则的例外。

7. 贸易争端的磋商调解原则

这是 WTO 的另一个根本原则。为维护各成员方正当权利、协调其贸易关系、解决贸易争端，WTO 根据此原则制定了一套处理成员方之间争议的磋商程序及利益丧失或损害的申诉程序，为各方履行其权利与义务提供了法律依据，同时为各方之间贸易争端的解决提供了一个谈判的场所。GATT 在其存在的 40 多年间，通过协商等手段，成功地解决了 100 多起贸易纠纷，为规则和规范的实施以及确保缔约方之间权利与义务的平衡起了重要作用。

GATS 第 22 条第 1 款规定：各成员对任何其他成员就影响本协定运行的任何事项可能提出的磋商请求应予以同情考虑，并给予充分的磋商机会。争端解决谅解适用于这种磋商。第 2 款规定：服务贸易理事会或争端解决机构（DSB）应一成员的要求，可就通过第 1 款下的磋商仍未能找到满意解决办法的任何事项与任何成员进行磋商。如果仍不能找到解决办法，则提交世界贸易组织相关机构进行仲裁。

WTO 磋商调解的目的在于，通过争端的解决恢复各方权利与义务的平衡，而非对违反 WTO 规则的某方进行惩罚。因此，这一原则实行起来比较容易，易于取得利益相关各方的支持。

8. 对发展中国家特别优惠的原则

在上述 WTO 有关原则的例外中，已提到给予发展中国家的一些优惠。这主要是国际社会基于发达国家和发展中国家经济实力的巨大差距，对发展中国家追求公平发展、改变旧的国际经济秩序的努力做出的反应。

WTO 的前身 GATT 素有“富人俱乐部”之称，其大多数条款都迎合了发达国家的利益。在肯尼迪回合谈判之前，适用于发展中国家的条款只有 18 条，它允许发展中国家在必要时采取与 GATT 规定不符的政策措施。1965 年，在联合国 1964 年第一届贸易和发展会议的影响下，GATT 1947 才增加了一个第四部分，即“贸易和发展”部分，于 1966 年 6 月生效。这一部分承认了发达国家与发展中国家间的非互惠原则，规定了对缔约方中发展中国家在贸易和发展方面的特殊要求及有关问题。该部分包括第 36～38 条。它们规定，考虑到关贸总协定的基本目的“对发展中的缔约各方是特别迫切的”，“注意到缔约方全体能对发展中的缔约各方采用特别措施，以促进它们的贸易和发展”。

GATT 1947 给予了发展中国家以下主要优惠：

(1) 非互惠原则。发达的缔约方对于它们在贸易谈判中对发展中缔约各方的贸易所承诺的减少或撤除关税和其他壁垒的义务，不能希望得到互惠。

(2) 发达国家应尽可能地承担义务，“优先降低和撤除与发展中的缔约各国目前或潜在的出口利益特别有关的产品的壁垒”，“不建立新的”或“加强已有的”关税或非关税壁垒，并“积极考虑采取其他措施，为扩大从发展中的缔约各国进口提供更大的范围”。

(3) 缔约方全体“在适当的情况下，采取措施，包括通过国际安排”，“同联合国及它的附属机构……谋求适当合作”，并“建立某些必要的机构”，以促进发展中国家的贸易和发展。东京回合谈判又达成了“对发展中国家的差别和更优惠的待遇、对待及更全面参与”的协议，规定了著名的“授权条款”，为给予发展中国家的优惠待遇奠定了牢固的法律基础。GATS 第 4 条也规定，发达国家要多承担义务、建立联系点，以便利发展中国家成员的服务提供者获得与其相应市场有关的资料，促进发展中成员更多地参与世界贸易，提高其国内服务能力、效率和竞争力。该条第 3 款还规定，应优先考虑最不发达国家成员。

9. 区域性贸易安排原则

第二次世界大战后，随着世界经济联系的加强和国家间经济依赖程度的加深，国际贸易领域出现了区域化、集团化的趋向，各集团内部纷纷采取减少或废除关税和非关税壁垒的区域性贸易安排。对于这种区域性的贸易安排，WTO 在 GATT 1947 第 24 条中予以认可。该条规定：“本协定的各项规定不得阻止任何缔约方为便利边境贸易对毗邻国家给予某种利益……不得阻止缔约各方在其领土之间建立关税联盟或自由贸易区，或为建立关税联盟或自由贸易区的需要采用某种临时协定。”WTO 之所以允许区域性贸易安排的存在，主要在于，通过自愿签订协定发展各国之间的经济一体化，对扩大贸易的自由化是有好处的。

与此同时，WTO 对区域性的贸易安排也做了严格的限制，GATT 1947 规定：成立关税联盟或自由贸易区的目的，应为便利组成联盟或自由贸易区的各领土之间的贸易，但对其他缔约方与这些领土之间进行的贸易，不得提高壁垒。可见，区域性贸易安排原则是在 WTO 所提倡的多边自由贸易体制不可能一蹴而就的情况下“无可奈何”的补充，而不是对多边贸易体制的挑战，其最终目的是为了促进多边贸易体制的实现。

10. 合理保障原则

为了防止成员方由于意外的、不正常的原因使国内市场受到冲击而利益受损，WTO 设立了合理保障条款，允许一成员方在特殊情况下经过全体成员方的允许，而暂时或部分停止应承担的义务。

合理保障条款主要包括国际收支保障条款和幼稚工业保障条款。

(1) 国际收支保障条款。国际收支保障条款主要体现在 GATT 1947 第 12 条和第 18 条。GATT 1947 第 18 条规定，发展中国家为了保护对外金融地位和保证有一定水平的储备以满足实施经济发展计划的需要，满足一定条件的缔约方可以在一定的限制下，采取限制准许进口的商品数量或价值的方法来控制进口的一般水平。缔约方在实施这种进口限制时，可以对不同进口产品或不同进口产品的不同类别确定不同的限制方式，确保从经济发展政策来看比较必需的产品能够优先进口。

(2) 幼稚工业保障条款。GATT 1947 第 18 条规定，当一缔约方（是指最不发达或处在经济发展初期的缔约方）为了实施旨在提高人民一般生活水平的经济发展计划和政策，这些缔约方可能有必要采取影响进口的保护措施，只要这些措施有助于 GATT 宗旨的实施，各缔约方应同意使它们在关税结构方面保持足够的弹性，为某一特定工业的建立提供需要的关税保护。

此外，WTO 的 GATT 1947 还对某些特殊商品（如古董），或牵涉资源保护、环境问题、公共卫生、动植物免疫以及国家安全等的进出口规定了相应的保障条款。各成员方在这些方面的利益受到严重损害时，可根据 WTO 的规定，实施进出口限制或禁止。

五、世界贸易组织的特点

世界贸易组织是多边贸易体系的法律基础和组织基础，它规定了主要的协定义务，用以决定各缔约方政府如何制定和执行国内贸易法律制度和规章。同时，它还是各国通过集体辩论、谈判和裁判，发展其贸易关系的场所。虽然世界贸易组织是关贸总协定的继承与发扬，但与关贸总协定相比，两者在体制上存在较大差异，由此构成了世界贸易组织自身的特点。这些特点大体如下：

1. 管理范围扩大

关贸总协定的管理范围狭窄单一，其规则只涉及货物贸易，农产品和纺织品是作为例外来处理的。世界贸易组织体制的构成，除了原来的关贸总协定文本外，还增加了经过乌拉圭回合谈判修改和新制定的规则，如东京回合谈判的 5 个守则、装船前检验协议、原产地规则协议、与贸易相关的投资措施协议、与贸易相关的知识产权协议和服务贸易总协定。

2. 管理体制统一

关贸总协定的体制由两层结构组成：一是关贸总协定文本和前七轮多边贸易谈判达成的关税减让表；二是多种纤维协议和 9 个东京回合守则。多种纤维协议采用背离关贸总协定的管理方法，东京回合守则采取自由选择参加的原则，这就导致缔约方在关贸总协定体制内权利与义务的不平衡，还导致了关贸总协定体制本身的分化。世界贸易组织的体制所管理的协议，除政府采购协议、牛肉协议、民用航空器贸易协议、国际奶制品协议 4 个东京回合守则外，其他协议必须一揽子参加，确保了世界贸易组织的体制统一性。

3. 法律基础健全

关贸总协定的组织机构和法律基础都不健全。世界贸易组织的体制不但把关贸总协定的临时适用变为正式适用，而且建立了一整套组织机构。这样一来，该组织与其他国际组织在法律上便处于平等的地位。作为正式组织，它享有应得的一切特权与豁免。另外，由于它不是联合国的专门机构，也不隶属于联合国体系，所以可避免联合国的各种影响。这一点十分符合发达国家，特别是贸易大国的愿望。

4. 争端解决机制完善

关贸总协定是唯一有争端解决机制的准国际组织，但该机制不够健全，乌拉圭回合谈

判中建立起来的综合争端解决机制健全了各种程序，特别是加强了对实施裁决的监督，确保了世界贸易组织对规则的严格遵守和世界贸易组织的正常运作。综合争端解决机制适用于该体制所管理的一切协议和决定，没有例外。它负责处理产生于货物贸易、服务贸易以及知识产权领域的一切贸易争端。争端解决协议允许当事各方进行交叉报复，这是原来关贸总协定所没有的。

5. 贸易政策审议机制确立

为了加强对缔约方是否严格维护关贸总协定的情况进行监督，许多国家要求通过乌拉圭回合谈判建立贸易政策审议机制。经过两年谈判，各参加方在 1988 年底达成了关于建立贸易政策审议机制的协议。从 1989 年 4 月 12 日该协议临时生效后的试行结果表明，贸易政策审议机制不但能促进各国政策透明，而且有利于改善缔约方之间的贸易关系。

6. 全球经济决策协调性增强

世界贸易组织决定加强它与国际货币基金组织和世界银行之间的联系。这有助于它们在全球经济决策过程中加强协调，以便使它们的政策和行动更加和谐一致。

7. 缔约方权益明确

(1) 对关贸总协定第 35 条的修改，增加了原缔约方参与新加入方关税减让谈判的主动权。这可以确保原缔约方不受牵制，即使它从一开始就不愿实施关贸总协定的某项义务，如给予新加入方无条件的最惠国待遇，它仍然可以参加此种关税减让谈判。

(2) 关于给予最不发达国家货物贸易的优惠措施是以正式文件形式出现的，这说明所有缔约方都对这个问题非常重视，而且世界贸易组织是从法律高度去对待最不发达国家的货物贸易享受优惠待遇和技术援助这些问题的。

从世界贸易组织的运行实践来看，以世界贸易组织替代关贸总协定是可取的。作为国际经济贸易的一项重大改革，它给世界经济带来的积极效应是应当肯定的。它扩大了世界各国经济贸易和科学技术交流，扩大了国际投资的领域，使世界经济贸易进一步走向国际化；在一定程度上抑制了保护主义的重新抬头，加快了世界逐步实行贸易自由化的进程；健全的贸易争端解决机制，抑制了一些发达国家利用国内法来干扰公认的多边贸易规则的行为；发展中国家的利益在一定程度上得到了维护。

第四节　关贸总协定、世界贸易组织与中国

一、中国是关税与贸易总协定的原始缔约国

1947 年 4—10 月，当时的中国政府应邀参加了在日内瓦举行的第一轮多边关税减让谈判。同年 10 月 30 日，又与其他 18 个参加方一起签署了关贸总协定。次年 3 月，当时的中国政府签署了联合国世界贸易与就业会议的最后文件，从而成为国际贸易组织临时委员会执委会成员之一。同年 4 月 21 日，按《临时适用设定书》第 3 条和第 4 条第 2 款所定规程，当时的中国政府作为最后文件签字国之一签署了该协定书。5 月 21 日，议定书签署后第 30 天，中国成为关贸总协定的原始缔约国之一。

在第一轮谈判中，中国就 188 个税号的商品项目做了减让。1949 年 1 月，当时的中国

政府派员前往法国，参加了第二轮多边关税减让谈判并与新加入谈判的 6 个国家举行了关税减让谈判。在第二轮谈判中，当时的中国政府在第一轮 188 个税号减让关税的基础上，又对 66 个税号的商品项目做了关税减让。

二、中国与关贸总协定的关系变迁

新中国成立后，国民党当局退居台湾，并于 1950 年非法退出了关贸总协定。由于当时特殊的国际环境和国内实行高度集中的计划经济体制，与关贸总协定提出的以市场经济为基础的要求相差甚远，加之当时对国际经济关系格局和关贸总协定缺乏客观的认识，新中国政府未能及时承认关贸总协定。

直至 1980 年，中国政府才恢复与关贸总协定的接触。1980 年 8 月，中国代表参加了国际贸易组织临时委员会执委会会议，并参加投票选举了阿瑟·邓克尔（Arthur Dunkel）先生为关贸总协定总干事。1980—1981 年中国先后 3 次派代表参加了关税与贸易总协定举办的商业政策讲习班。1981 年，中国政府作为列席代表参加了关贸总协定纺织品委员会主持的第三个国际纺织品贸易协议的谈判会议。

1982 年 11 月，关贸总协定召开第 38 届缔约方大会，中国政府以不损害缔约国地位为前提，被允许以观察员身份列席该次大会。在会议期间，与关贸总协定秘书处就中国恢复在关贸总协定缔约国席位等法律问题交换了意见。1984 年 1 月 18 日，中国政府正式签署第三个国际纺织品贸易协议，并成为关贸总协定纺织品委员会的正式会员。同年 11 月，中国政府申请并被批准列席关贸总协定理事会及其下属机构会议，并参加各项有关活动。1995 年，随着关贸总协定被世界贸易组织所取代，中国的复关愿望已无法实现。

三、中国与世界贸易组织

从申请复关到申请加入世界贸易组织，虽然中国走过了 12 年艰难而曲折的历程，但中国政府要求加入世界贸易组织的态度依旧没有改变。中国政府在争取复关的过程中始终坚持坚定的立场和原则，多次表示：我们绝不因为个别发达国家的阻挠而改变我们的态度。我们的复关要求获得许多成员的赞同，中国在国际贸易中的地位和对国际贸易、世界经济产生的巨大影响是无可否认的。中国对参加世界贸易组织的立场和态度不会因为时间的流逝而有所改变。

2001 年 11 月 10 日，在卡塔尔的首都多哈，世界贸易组织召开的第四届部长级会议上，与会代表以协商一致的方式，审议并通过了中国加入世界贸易组织的决定。在中国政府代表签署中国加入世界贸易组织议定书，并向世界贸易组织秘书处递交中国加入世界贸易组织批准书 30 天后，中国的入世夙愿终于实现了。

中国为加入世界贸易组织所做出的努力有力地促进了中国的改革开放，中国加入世界贸易组织更有利于中国经济的发展。

（1）WTO 是制定世界经济规则的组织。中国实施的社会主义市场经济是法制经济，中国必须有一套市场经济的规则并与世界规则衔接起来。中国参加了世界贸易组织就必须承诺遵守世界经济规则，这为中国适应市场竞争创造了良好环境。

（2）WTO的功能是使世界更加开放。历史证明，闭关锁国是没有出路的，唯有开放才能使我国经济不断发展。

（3）WTO是协调成员之间经济争端的组织。随着中国与世界各国贸易的增加，经济争端的出现是不可避免的，在双边经济实力、国际地位不平等的情况下，很难妥善解决，而多边谈判机制有利于各国争端的解决。

当然，把中国这样一个由计划经济向社会主义市场经济转变的巨大发展中经济体，纳入以市场经济规则为基础的多边贸易体制当中，对于中国和多边贸易体制来说，都是前所未有的挑战。中国人民会以自己的远见和智慧，勇敢地迎接这个挑战。

21世纪伊始，世界经济出现衰退迹象，保持着旺盛经济增长力的中国加入世界贸易组织，无疑是对世界多边贸易体制的贡献。中国加入世界贸易组织之后，将会是一个负责任的、发挥建设性作用的成员。中国在享受世界贸易组织成员所有权利的同时，将履行相应的义务、遵守相应的规则。中国加入世界贸易组织，将为世界各国、各地区经济的发展注入新的活力，中国人民将从中受益，世界各国也将从中受益。对中国来说，中国将按世界贸易组织的原则进一步完善符合国际通行规则的社会主义市场经济体制，按照世界贸易组织相互开放市场的原则，加强同世界贸易组织所有成员的经济技术合作，这将大大促进中国的现代化建设，提高国际竞争能力；对世界来说，中国巨大的市场潜力将会逐步转化为现实的购买力，为世界各国、各地区提供一个巨大而开放的市场，为世界经济的振兴做出重要贡献。

通过本章学习，可以：

1. 由于国际贸易关系到各国、各民族的利益，因而就需要通过贸易条约和协定对各国的贸易政策加以协调，以保证正常的国际贸易秩序。

2. 世界贸易组织及其前身关贸总协定就是一种将各国的国际贸易政策在多边范围内进行协调的机制，对国际贸易的发展起了巨大的促进作用。

3. 2001年中国正式成为WTO成员，作为发展中国家享受相应的权利并承担相应的义务，这对我国的经济贸易发展可起到积极的促进作用。

国际贸易条约与协定　　通商航海条约　　贸易协定书　　最惠国待遇

国民待遇透明度　　GATT　　WTO

1. 贸易条约和协定的含义及主要区别是什么？

2. 最惠国待遇的含义及其分类是什么？

3. 什么是国民待遇原则？其主要内容有哪些？

4. 简述世界贸易组织的职能。

5. 世界贸易组织的基本原则有哪些？

6. 简述世界贸易组织的特点。

在国民待遇方面，对什么是同类产品有时在不同成员间会产生争议，从而引发贸易争端。例如，韩国曾根据1949年酒类税法，对酒进行了多种分类，并实施了不同的税收政策。根据该税法，韩国对不同种类的酒实行不同的税率，烧酒的税率是35%～50%，其他酒的税率一般是80%～100%（酒精含量在25%以下的税率是70%）。另外，根据1982年教育税法，韩国对酒类的销售以其应征收酒税的一定比例征收教育附加税：对酒税税率超过80%的，征收酒税的30%为教育附加税；对酒税税率在80%以下的，征收酒税的10%为教育附加税。1990年，韩国修改了教育税法，对所有酒类销售征收附加税。由于韩国进口的酒类大多不是烧酒，因此进口酒的实际税率都在80%以上，同时还要加征30%的教育附加税。韩国的做法对吗？为什么？

第十一章 区域经济一体化

案例导入　中国—东盟（10+1）自由贸易区正式启动

2010 年的第一天，世界最大的自由贸易区——中国—东盟（10+1）自由贸易区正式启动。对于自贸区建设的重大意义，中国国务院副总理李克强在第六届中国—东盟商务与投资峰会上说："这是区域经济一体化进程中具有里程碑意义的一件大事，标志着双方经贸关系站在一个新的起点上。"东盟副秘书长普斯巴那丹则表示，自贸区建成后，东盟和中国的贸易占到世界贸易的13%。作为中国对外建立的第一个自由贸易区，这是一个涵盖11 个国家、19 亿人口、GDP 达 6 万多亿美元的巨大经济体，标志着中国与东盟之间的经济联系上升到新的历史水平，必将为中国和东盟各国的贸易发展及经济合作增添新的动力，对促进世界贸易发展和世界经济繁荣也将发挥积极作用。根据《中国—东盟全面经济合作框架协议》安排，中国—东盟自贸区建设大致分为三个阶段：第一阶段（2002—2010年），启动并大幅下调关税阶段，至 2010 年 1 月 1 日，中国对东盟 93%产品的贸易关税降为零。第二阶段（2011—2015 年），全面建成自贸区阶段，即越、老、柬、缅四国与中国贸易的绝大多数产品实现零关税；与此同时，双方更广泛、深入地开放服务贸易市场和投资市场。第三阶段（2016 年之后），自贸区巩固完善阶段。中国—东盟（10+1）自由贸易区将会带给我们怎样的期待与挑战？

资料来源：中国商务部，http：//www.mofcom.gov.cn/，2010-01-01。

第一节　区域经济一体化的含义和形式

一、区域经济一体化的含义

区域经济一体化已成为国际经济关系中最引人注目的趋势之一，经济一体化是 20 世纪 50 年代出现的。据考证，经济一体化的概念最早是由荷兰经济学家丁伯根在 1954 年提出的，并给出了定义——经济一体化就是将有关阻碍经济最有效运行的人为因素加以消除，通过相互协调与统一，创造最适宜的国际经济结构。其后，该定义被经济学广泛接受和运用，但关于经济一体化的定义却众说纷纭。其中，最具代表性的定义是美国经济学家巴拉萨在 1961 年提出的，他说：我们建议把经济一体化定义为既是一个过程，又是一种状态。就过程而言，它包括旨在消除各国经济单位之间差别待遇的种种举措；就状态而言，则表现为各国间各种形式差别待遇的消失。巴拉萨的定义是从行为或手段的角度来描述经济一体化的，但没有指出经济一体化的目的或效果是什么。为此，另一位美国经济学家柯森将经济一体化是“过程”解释为“导向全面一体化的成员国间生产要素再配置”；将一体化是“状态”解释为“业已一体化的国家间生产要素的最佳配置”。

20 世纪 90 年代，经济学界对经济一体化的内涵基本形成共识，即两个或两个以上的国家或地区，通过协商并缔结经济条约或协议，实施统一的经济政策和措施，消除商品、要素、金融等市场的人为分割和限制，以国际分工为基础来提高经济效率和获得更大经济效果，把各国或地区的经济融合起来，形成一个区域性经济联合体的过程。因此，区域经济一体化包含着两层含义：一是指成员国之间经济活动中各种人为限制和障碍逐步被消除，各国市场得以融为一体，企业面临的市场得以扩大；二是指成员国之间签订条约或协议，逐步统一经济政策和措施，甚至建立超国家的统一组织机构，并由该机构制定及实施统一的经济政策和措施。区域经济一体化的基本特征表现为成员国之间在经济政策上实现一定程度的统一，实质上是成员国经济主权在一定程度上的限制和让渡。区域经济一体化通过区域性合作，实现共建、共享、共有的多赢效应，自 20 世纪 90 年代起步入快速发展阶段，即区域经济一体化组织如雨后春笋般地在全球涌现，形成了一股强劲的新浪潮。这股新浪潮推进之迅速、合作之深入、内容之广泛、机制之灵活、形式之多样，都是前所未有的。区域经济一体化浪潮不仅反映了经济全球化深入发展的新特点，而且反映了世界多极化曲折发展的新趋势。

二、区域经济一体化的组织形式

区域经济一体化组织是以一定的组织形式存在着，各参加国根据各自的具体情况和条件以及各自的目标和要求组成了不同形式的区域经济一体化组织。不同的组织形式反映了经济一体化的不同发展程度，反映了成员国之间经济干预和联合的深度及广度。区域经济一体化的组织形式按照不同标准可进行不同划分。

（一）按贸易壁垒取消的程度划分

1. 优惠贸易安排

优惠贸易安排（preferential trade arrangement）是区域经济一体化中最低级、最松散的组织形式。成员国之间通过贸易条约或协议，规定了相互贸易中对全部商品或部分商品的关税优惠，对来自非成员国的进口商品，各成员国按自己的关税政策实行进口限制，如第二次世界大战前建立的英联邦特惠制及战后建立的东南亚国家联盟等。

由于在优惠贸易安排这种形式中，各成员国的贸易政策是不一致的，即各成员国给予来自其他成员国进口商品的关税等政策待遇是不相同的。这种状况类似于各成员国对来自非成员国进口商品的关税等政策待遇各不相同，因而许多学者不把优惠贸易安排列入区域经济一体化的组织形式之中。但我们认为，优惠贸易安排形成后，对成员国之间开展商品贸易的政策制定有一定程度的约束，以后任何成员国都不能独立自主地进行增加商品进口限制的政策调整，商品贸易的自由程度有所提高，这也是一种经济政策和措施的统一。因此，优惠贸易安排也可称为区域经济一体化的一种组织形式。

2. 自由贸易区

自由贸易区（free trade area）是指签订自由贸易协议的成员国相互彻底取消了在商品贸易中的关税和数量限制，使商品在各成员国之间可以自由流动。但是，成员国仍保持各自对来自非成员国进口商品的限制政策。最典型的自由贸易区是北美自由贸易区。

在世界上众多的自由贸易区中，自由贸易的商品范围有所不同。有的自由贸易区只对部分商品实行自由贸易，如在欧洲自由贸易联盟内，自由贸易的商品只限于工业品而不包括农产品，这种自由贸易区也称工业自由贸易区。有的自由贸易区对全部商品实行自由贸易，如拉丁美洲自由贸易协会和北美自由贸易区对区内所有的工农业产品的贸易往来都免除关税和数量限制。据此，在经济一体化的理论中就有部分一体化和全部一体化之说。

3. 关税同盟

关税同盟（customs union）是指成员国之间彻底取消了在商品贸易中的关税和数量限制，使商品在各成员国之间可以自由流动。另外，成员国之间还规定对来自非成员国的进口商品采取统一的限制政策，关税同盟外的商品不论进入哪个成员国都将被征收相同的关税。例如，早期的欧洲经济共同体和东非共同体。

关税同盟意味着撤除了成员国各自原有的关境，组成了共同的对外关境。这就使成员国的商品在区域内部自由流动的同时，排除了来自非成员国商品的竞争。关税同盟使成员国在商品贸易方面彻底形成了一体化。关税同盟开始具有超国家性质，是实现全面经济一体化的基础。

4. 共同市场

共同市场（common market）是指成员国之间不仅在商品贸易方面废除了关税和数量限制，并对非成员国商品进口征收共同关税，还规定了生产要素（资本、劳动等）也可在成员国之间自由流动。例如，欧洲共同体在 1992 年底建成的统一大市场，其主要内容就是实现商品、人员、劳务、资本在成员国之间的自由流动。

5. 经济联盟

经济联盟（economic union）是指成员国之间除了商品与生产要素可以进行自由流动及建立共同对外关税之外，还要求成员国实施更多的统一的经济政策和社会政策，如财政政策、货币政策、产业政策、区域发展政策等。例如，欧洲联盟就属于此类经济一体化组织。

理论上，应在多大的经济政策范围内实现统一才能称为经济联盟，目前尚没有明确界定。但是，货币政策的统一作为一个重要标志是具有共识的，即成员国之间有统一的中央银行、单一的货币和共同的外汇储备。到目前为止，世界上只有欧洲联盟达到了这一阶段。

6. 完全经济一体化

完全经济一体化（complete economic integration）是经济一体化的最高级组织形式。区域内各成员国在经济联盟的基础上，全面实行统一的经济政策和社会政策，使各成员国在经济上形成单一的经济实体，而该经济实体的超国家机构拥有全部的经济政策制定和管理权。目前，世界上尚无此类经济一体化组织，只有欧盟在为实现这一目标而努力。

上述六种形式的区域经济一体化组织是由低级到高级排列的。各种形式的经济一体化组织之所以可以分级排列，是因为上一级经济一体化组织包含下一级经济一体化组织的特点。但是，需要指出的是，区域经济一体化组织形式的分级排列并不意味着一个区域性组织在向一体化深度发展时一定是由低级向高级逐级发展的。从区域经济一体化的实践来看，经济一体化的起点并非一定是优惠贸易安排；某个区域经济一体化组织也可能兼有两种组织形式的某些特点。区域经济一体化组织在实践中也许会产生出更多的形式。

（二）按参加国的经济发展水平标准划分

（1）水平一体化是指由经济发展水平大致相同或接近的国家共同组成的一体化，如欧盟、东盟自由贸易区。

（2）垂直一体化是指由经济发展水平不同的国家组成的一体化，如北美自由贸易区、亚太经合组织。

（三）按经济一体化的范围大小划分

（1）部门经济一体化是指区内各成员国的一种或几种产业（或货物）的一体化，如欧洲煤钢共同市场。

（2）全盘经济一体化是指区内成员国的所有经济部门实行一体化。

第二节　区域经济一体化的产生与发展

一、区域经济一体化的先驱——汉萨同盟

汉萨同盟是德意志北部城市之间形成的商业、政治联盟。汉萨（hanse）一词，德文意思为公所或者会馆。13 世纪逐渐形成，14 世纪达到兴盛，加盟城市最多达到 160 个。1367 年成立以吕贝克城为首的领导机构，由汉堡、科隆、不来梅等大城市的富商、贵族参加，拥有武装和金库。1370 年战胜丹麦，订立《斯特拉尔松德条约》。汉萨同盟垄断了波罗的海地区贸易，并在西起伦敦，东至诺夫哥罗德的沿海地区建立商站，实力雄厚。15 世纪转衰，1669 年解体。

二、区域经济一体化的产生与发展

现代意义的区域经济一体化是第二次世界大战后的产物，第二次世界大战后区域经济一体化的产生与发展经历了三个鲜明阶段。

1. 快速形成时期（20 世纪 50—70 年代初）

1949 年 1 月，苏联、保加利亚、匈牙利、波兰等社会主义国家为打破冷战初期资本主义的经济封锁和巴统的禁运，在莫斯科成立了经济互助委员会。

1951 年 4 月，法、德、意、比、荷、卢六国在巴黎签署《煤钢联营条约》，以防止战火刚刚熄灭的欧洲成员国利用煤钢等战略资源重整军备，从而起到安定人心、实现地区共同繁荣的作用。1952 年 5 月 9 日，欧洲煤钢共同市场正式成立。

1957 年 3 月，六国外长云集罗马，签署了《欧洲经济共同体条约》和《欧洲原子能条

约》，统称《罗马条约》。这标志着人类历史上最成功、一体化程度最高、规模最大的区域经济集团正式登上历史舞台。1958 年 1 月 1 日，欧共体和欧洲原子能共同体宣告成立；1967 年 7 月，六国又在布鲁塞尔将上述三个条约合并。至此，欧共体（欧盟的前身）正式成立。

20 世纪 60 年代以后，发展中国家相继建立了 20 多个区域经济一体化组织，如东南亚国家联盟、拉丁美洲一体化协会、中美洲共同市场等。

2. 停滞时期（20 世纪 70 年代中期—80 年代）

在这个时期，由于资本主义经济处于经济危机、能源危机和货币制度危机，生产增长停滞并伴随着高失业率、高通货膨胀率、市场萎缩、贸易保护主义抬头，很多经济一体化组织几乎停滞发展，有的甚至中断活动或解体。

3. 高涨时期（20 世纪 90 年代后）

在这个时期，区域经济一体化重新复苏、迅猛发展并实现新的飞跃，如北美自由贸易区、亚太经合组织的发展（1993 年召开首届首脑非正式会议）和欧盟的诞生。

第三节　主要的区域经济一体化组织

区域经济一体化已成为当代世界经济发展的一大特点。各类区域经济一体化组织遍布世界各地。在众多的区域性组织中，最有代表性、规模最大的区域经济一体化组织是欧洲联盟、北美自由贸易区和亚太经济合作组织。

一、欧洲联盟

欧洲联盟（European Union，EU）的前身是欧洲经济共同体（European Economic Community，EEC）。1951 年 4 月，西欧六国（法国、德国、意大利、荷兰、比利时、卢森堡）在法国巴黎签订了《欧洲煤钢联营条约》（也称《巴黎条约》），建立了欧洲煤钢共同体。欧洲煤钢共同体建立后，西欧六国认为可以把《巴黎条约》的原则扩大到其他领域。1957 年 3 月 25 日，西欧六国政府在意大利罗马签订了《建立欧洲原子能共同体条约》和《欧洲经济共同体条约》，这两个条约合在一起统称为《罗马条约》。《罗马条约》于 1958 年 1 月 1 日生效，与此同时，欧洲原子能共同体和欧洲经济共同体正式成立。《罗马条约》的主要内容有：建立全面的关税同盟，即内部取消各种商品的关税，对外采用统一关税；对外实行共同的贸易政策；内部实施共同的农业政策；逐步协调经济和社会政策，实现商品、人员、劳务和资本的自由流通。

按照《罗马条约》的规定，关税同盟应在 1958—1969 年底的 12 年内完成。这 12 年的过渡期分三个阶段，每个阶段为 4 年，各阶段逐步削减成员国之间的关税以实现自由贸易，调整成员国的对外关税以实现共同的对外关税，但实际上关税同盟只花了 10 年的时间。至 1968 年，西欧六国就提前达到了《罗马条约》的预定目标，完成了关税同盟的建设，实现了对内取消关税、对外统一关税。在这 10 年里，各成员国之间的贸易和对其他国家的贸易得到了飞速发展。各成员国之间的贸易额翻了两番，成员国之间贸易的增长速度是对其他国家贸易增长速度的两倍；同一时期，共同体国家的国内总产值的年平均增长率达到5%，高于同期英国、美国等国家的经济增长速度。在关税同盟建设差不多完成的同时，欧洲煤钢共同体、欧洲原子能共同体、欧洲经济共同体三个机构合并为一个机构，统称为欧洲共同体（European Communities，EC），简称欧共体。

进入20世纪70年代后，由消除关税壁垒而建立起来的欧共体统一市场被日益盛行的非关税壁垒所分割，商品流通遭到阻碍。据分析，其主要原因在于：经济危机使欧共体经济发展出现了滞胀，共同体内部市场和外部市场相对缩小，贸易竞争加剧，导致保护主义浪潮汹涌。欧共体成员国领导人经过长期磋商，决定建立欧洲统一大市场，以振兴经济，与美、日争夺世界市场的主导权。自1985年起，欧共体执行委员会主席雅克·德洛尔相继组织起草了三份重要文件：《关于完善内部市场的白皮书》、《欧洲一体化文件》、《为一体化文件的成功而奋斗：欧洲的新边界》。在这三份文件中，德洛尔提出了在1992年底建成统一大市场的具体计划。该计划不仅得到各成员国首脑的批准，而且实施得也比较顺利。到1992年底，各国基本撤除了各种阻碍商品和要素自由流动的壁垒，一个统一大市场基本形成。这也意味着欧共体从关税同盟进入了共同市场。

在建设欧洲统一大市场的计划确定之后，欧共体又不失时机地把经济与货币联盟的建设提上议事日程，以实现《罗马条约》的最终目标。1991年12月，在荷兰马斯特里赫特城举行了成员国首脑会议，决定正式签署《马斯特里赫特条约》（以下简称《马约》），又称《欧洲联盟条约》。这个条约由《经济和货币联盟条约》和《政治联盟条约》组成，前者的最终目标是实现欧洲统一货币和成立欧洲中央银行；后者的目标是建立共同外交、防务、社会政策等方面的国家联盟。《马约》须提交各成员国国内批准，等所有成员国批准后，条约方可生效。条约生效日期原定于1993年1月1日，旨在与统一大市场相衔接。由于1992年9月欧洲爆发了一场金融风暴，《马约》在有些成员国国内的批准过程遇到波折。一直到1993年11月，《马约》才被所有的成员国批准通过。从此，欧洲共同体改名为欧洲联盟。

西欧经济一体化的发展，可以从两个方面来看：一方面，其内涵不断深化。从关税同盟、共同市场发展到现在的经济与货币联盟，成员国之间的商品、劳务、资本、人员实现了自由流动，有了统一的货币（欧元）和中央银行，内部和外部的经济政策也实现了高度的统一。另一方面，其外延也在不断扩大。西欧经济一体化组织的成员国数量不断增加。20世纪70年代，英国、爱尔兰和丹麦成为成员国；20世纪80年代，希腊、葡萄牙和西班牙成为成员国；20世纪90年代，芬兰、奥地利和瑞典加入了欧盟；2004年5月，东欧10国波兰、捷克、匈牙利、斯洛伐克、斯洛文尼亚、拉脱维亚、爱沙尼亚、立陶宛、塞浦路斯和马耳他正式加入欧盟；2007年1月1日，罗马尼亚与保加利亚正式加入欧盟。2013年7月1日，克罗地亚入盟。至此，欧盟由最初的6国发展成现在的28个国家。此外，1992年2月欧盟还与欧洲自由贸易联盟在卢森堡达成了有关欧洲自由贸易区的协议。这样，欧洲19个国家就组成了当时世界上最大的自由贸易区。

欧盟总部设在比利时的首都布鲁塞尔，主要管理机构有部长理事会、执行委员会、欧洲议会、欧洲法院和欧洲理事会。

二、北美自由贸易区

北美地区的经济一体化是在 20 世纪 80 年代兴起的。北美自由贸易区（North American Free Trade Area，NAFTA）的前身是由美国和加拿大两国建立的美加自由贸易区。进入 20 世纪 80 年代后，美、加之间的经济关系获得了进一步发展，双方在贸易和投资上相互渗透、相互依赖的关系更加深入。然而，两国在经济上的矛盾又频频发生并不断扩大，以致危及双方的经济利益。因此，两国逐步认识到，只有通过双边自由贸易才能避免矛盾的进一步激化，并获得自由贸易的好处，求得最佳的经济利益。这是促成《美加自由贸易协议》签订的内在动因。美、加两国经过 23 轮，历时一年零四个月的谈判，拟订了双边自由贸易的草案。1988 年 1 月 2 日，美国总统和加拿大总理签署了《美加自由贸易协议》，该协议在 1989 年 1 月 1 日分别获得了美国国会和加拿大议会的批准，正式生效。

《美加自由贸易协议》规定 10 年内取消商品进口关税和非关税壁垒，两国商品关税分三批陆续于 1989 年、1993 年和 1998 年降至零。该协议为防止转口避税，制定了原产地规则。另外，该协议对农产品、能源、汽车、劳务、金融服务贸易做了规定。关于两国的贸易纠纷，则由一个处理争端的机构负责。

美国在签订了《美加自由贸易协议》后，马上又在 1990 年 6 月与墨西哥磋商美墨自由贸易事宜。双方在磋商中感到加拿大也应参加谈判。1990 年 9 月，加拿大宣布参加谈判。三国于 1991 年 6 月正式开始谈判。经过 14 个月的讨论和协调，1992 年 8 月 12 日美、加、墨三国签订了《北美自由贸易协议》，该协议在 1994 年 1 月 1 日正式生效。

《北美自由贸易协议》规定 15 年内建成自由贸易区，三国的商品关税取消分三批进行：50%的商品关税立即取消；15%的商品关税在 5 年内取消；其余商品在第 6～15 年内逐步取消。在原产地规则方面，《北美自由贸易协议》比《美加自由贸易协议》更为严格，如它要求包含 62.5%（《美加自由贸易协议》是 50%）以上北美部件的车辆才有资格享受免税待遇。纺织品及服装必须在北美自由贸易区内生产主要部分，才能享受关税减免待遇。另外，协议对服务、投资、知识产权、政府采购等方面都做了规定，在较为棘手的汽车、农产品、纺织品、能源、运输、文化及环境等方面还专门列了细则加以说明。

在美、加、墨三国决定开展《北美自由贸易协议》谈判后，美国政府提出了美洲倡议，意在把自由贸易范围扩至美国的“后院”——拉丁美洲，建立美洲自由贸易区。《北美自由贸易协议》生效后，1994 年 12 月，由美国召集，在美国迈阿密举行了由北美、南美和加勒比海地区（除古巴外）共 34 个国家参加的美洲首脑会议，讨论建立美洲自由贸易区。会上通过了“原则声明”和“行动计划”，决定在 2005 年完成美洲自由贸易区的谈判。此后，这些国家在圣地亚哥和魁北克又召开过两次首脑会议和多次贸易部长级会议。到 2003 年底，美洲自由贸易区的谈判已历经九年，但进展甚微，在消除商品和服务贸易壁垒这个主要目标方面几乎没有达成任何有意义的协议，谈判一直停留在议程和框架层面上，无从深入。2003 年 11 月 19—21 日，美洲第 8 次部长级会议在美国佛罗里达州的迈阿密举行。在此次会议上，各成员国均采取了较为灵活、务实的态度。经过四天讨论，会议达成以下几点共识：①美洲自由贸易区谈判将尊重成员国间不同的经济发展水平和各自的敏感商品和服务，允许就开放本国市场做出不同程度的承诺；②参与谈判的区域组织将就自由贸易区的基本权利和义务达成协议，但成员国可通过双边或区域协定取得某些领域内更大程度的开放；③成员国的农产品补贴和反倾销问题以及投资、知识产权保护、政府采购等问题将在世界贸易组织或双边、多边框架下商谈；重申最迟于 2005 年 1 月启动美洲自由贸易区。

最近，北美自由贸易协定成员国还在酝酿建立共同市场。美、加、墨三国打算用 25～30 年的时间建立共同市场，实现三国间统一货币以及人员和资金的自由流动。

三、亚太经济合作组织

亚太经济合作组织（Asia Pacific Economic Cooperation，APEC）是 20 世纪 80 年代在澳大利亚的建议下设立的。1989 年 11 月，亚太地区的 12 个国家（美国、日本、澳大利亚、加拿大、新西兰、韩国、马来西亚、泰国、菲律宾、印度尼西亚、新加坡、文莱）在澳大利亚堪培拉举行第一届部长会议，拉开了亚太地区广泛开展区域经济合作的序幕。此后，该经济组织在 1992 年吸收了中国大陆、中国台湾、中国香港，1993 年增加了墨西哥、巴布亚新几内亚；1994 年又增加了智利，现已达到 21 个正式成员和三个观察员（东盟秘书处，太平洋经济合作理事会和太平洋岛国论坛）。该组织每年举行一届部长年会。从 1993 年起，每年举行一次成员首脑非正式会议。成员首脑非正式会议不仅扩大了亚太经济合作组织的国际影响，而且为今后亚太经济合作组织向贸易投资和技术一体化方向发展注入了政治推动力。

亚太经济合作组织除了成员首脑非正式会议和部长会议之外，还有高官会议、委员会、工作组和秘书处等多个活动层次。亚太经济合作组织也有一些常设组织机构，如 1992 年 9 月曼谷第四届年会决定设在新加坡的秘书处。该秘书处的主要职能是协调组织一年一度的部长大会和 10 个合作小组的具体事务性工作。再如，1993 年 11 月西雅图第五届部长会议上决定设立的贸易和投资委员会。该委员会的主要职能是协调和促进亚太地区及全球的贸易和投资活动。

APEC 的宗旨和目标是由 1991 年 11 月 APEC 韩国汉城年会通过的《汉城宣言》正式确立的，其内容为“相互依存，共同利益，坚持开放的多边贸易体制和减少区域贸易壁垒”。由于亚太地区各国在政治体制、经济体制、经济发展水平、社会文化等方面的差异较大，因此在短时期内不可能成立比较紧密的经济一体化组织。亚太经济合作组织只是一个松散的经济合作论坛，其合作的实质性内容尚处于讨论和制定阶段。APEC 自 1989 年成立以来已召开了 23 届部长级会议；从 1993 年以来召开了 18 次领导人非正式会议，在推动亚太地区贸易投资自由化和便利化、经济技术合作等方面取得了一定进展。

四、其他区域经济一体化组织

（一）亚洲

1. 东南亚国家联盟（以下简称“东盟”）

东盟的前身是 1961 年由马来西亚、菲律宾和泰国三国建立的东南亚联盟（ASA）。

1967 年 8 月 8 日，东南亚联盟三国加上新加坡、印度尼西亚共 5 国在泰国曼谷举行会议，发表了《东南亚国家联盟宣言》（也称《曼谷宣言》），成立了东南亚国家联盟。1984 年，文莱加入了东盟。1995 年，越南成为东盟的第 7 个成员国。1997 年 7 月，缅甸、老挝入盟。1999 年 4 月 30 日，柬埔寨加入东盟。截至 2010 年，东盟成员国共有 10 个。

东盟是一个政治与经济合作并重的综合性区域组织。东盟成立的最初 10 年，其合作内容主要集中在政治领域，目标是促进本地区的和平以及在国际社会中用一个声音说话。进入 20 世纪 70 年代后期，随着新兴工业化经济体的崛起以及世界范围内兴起的经济体制改革浪潮，经济因素在国际关系中的地位日益重要，东盟的合作从政治与经济并重转向了以经济合作为主。1977 年 6 月，5 国签订了关于成员国对商品实行优惠贸易安排的协议。1978 年 6 月，东盟 5 国又达成协议，把优惠产品扩大到 755 种。1979 年的东盟首脑会议达成了就优惠贸易安排从关税领域扩展至非关税领域的协议，使东盟贸易自由化有了发展。

到了 20 世纪 80 年代末和 90 年代初，东盟在经历了优惠贸易安排的 10 年实施后，感到单纯在局部范围内实施优惠贸易安排是不够的。1992 年 10 月，东盟签署了《新加坡宣言》、《东盟加强经济合作框架协定》、《有效普惠关税协定》，决定从 1993 年起逐步削减关税，在 15 年内，即在 2008 年前建立东盟自由贸易区。1994 年 9 月，又决定把建立自由贸易区的时间从 15 年缩短至 10 年，并在 2003 年把内部工业和农产品的关税税率降至 0.5％。

另外，东盟还积极与亚洲其他国家开展区域经济合作。其中，令人瞩目的是东盟与中国 2010 年建立的自由贸易区。

2. 南亚区域合作联盟（以下简称“南盟”）

南盟是在 1985 年 12 月成立的，成员有印度、孟加拉、巴基斯坦、斯里兰卡、马尔代夫、尼泊尔、不丹 7 个国家。1993 年 4 月，南盟就 7 国间优惠贸易安排达成了协议，并以此作为今后贸易谈判的基础。自 1994 年 11 月起，实施了 1993 年 4 月形成的优惠贸易安排。2005 年 11 月，阿富汗加入南盟，成为南盟第八个成员。南盟成立 20 多年来，区域经济合作进展不大，主要原因是成员国之间存在着严重的政治分歧和边界争端，加上印、巴两个南亚大国之间在该地区禁止核武器问题上存在不可调和的矛盾。这从一个方面说明，政治关系是影响区域经济一体化发展的重要因素。

3. 海湾合作委员会

该组织于 1965 年成立，成员国有沙特阿拉伯、科威特、巴林、阿曼、卡塔尔、阿联酋 6 国。1992 年底，海湾合作委员会宣布，从 1993 年 3 月起建立共同市场，统一进口关税，以保证进口货物在 6 国间自由流动。

4. 经济合作组织

该组织于 1964 年成立，成员国有伊朗、巴基斯坦、土耳其。1992 年又增加了 7 个国家，即阿富汗、阿塞拜疆、哈萨克斯坦、乌兹别克斯坦、吉尔吉斯斯坦、土库曼斯坦、塔吉克斯坦。经济合作组织在 1993 年制订了行动计划，确定了 2000 年前的经济合作目标，即最终建立伊斯兰共同市场。

（二）欧洲

1. 欧洲自由贸易联盟

1959 年 7 月，英国、瑞士、丹麦、挪威、瑞典、奥地利、葡萄牙 7 国在瑞典首都斯德哥尔摩举行了部长级会议，会上通过了《成立欧洲自由贸易联盟的计划草案》，同年 11 月又签订了《欧洲自由贸易联盟条约》。1960 年 5 月 3 日，欧洲自由贸易联盟正式成立。此后，芬兰、冰岛、列支敦士登相继加入。但是，随着英国、丹麦、瑞典、奥地利、葡萄牙、芬兰加入了欧洲经济共同体，现在欧洲自由贸易联盟仅剩下挪威、瑞士、冰岛和列支敦士登 4 个国家了。

欧洲自由贸易联盟的宗旨是实现成员国之间工业品贸易的自由化。《欧洲自由贸易联盟条约》规定，自 1960 年 7 月起，在 10 年内逐步削减直至完全取消成员国之间的工业品贸易关税和数量限制，这个目标已提前于 1966 年底实现，但贸易自由化不涉及农产品。欧洲自由贸易联盟建立的最初原因是对抗欧洲经济共同体，但后来随着欧洲经济共同体力量的加强，该联盟自感实力虚弱便转而希望与欧共体加强合作。1972 年 7 月，该联盟终于与欧共体签署了建立自由贸易区的协定，决定逐步取消这些国家之间的工业品关税，把自由贸易制度扩大到这两大经济集团内的所有国家。

2. 独联体经济联盟

由于苏联、东欧剧变，经济互助委员会于 1991 年 6 月 28 日解体。以俄罗斯为首的 12 国组成了独联体经济联盟。起初是俄罗斯、乌克兰和白俄罗斯三国在 1991 年 12 月 8 日首先签署经济联盟条约，而后在 1992 年 9 月 24 日又有 9 国签署了经济联盟条约。由于独联体 12 国的经济在转轨过程中很长时间没有走出低谷，尤其是影响大的俄罗斯在 20 世纪 90 年代末出现经济大滑坡，导致自身难保，无力顾及成员国。尽管 1994 年 12 国首脑会议强调要加强各国的经贸往来，但由于各国都缺少资金，而投资环境又不太理想、国外投资甚少，因此经济恢复缺少活力。

3. 黑海经济合作组织

该组织是根据 1992 年 6 月在伊斯坦布尔签署的《黑海经济合作宣言》而正式成立的。该宣言表明，参加国间将通过双边或多边合作网，逐步加强成员国之间的经济合作，取消或削减不利于扩大贸易和投资的一切障碍，为商品、劳务和资金的自由流动创造条件。目前，该组织共有 11 个正式成员国，即罗马尼亚、保加利亚、土耳其、阿尔巴尼亚、希腊、俄罗斯、亚美尼亚、摩尔多瓦、格鲁吉亚、乌克兰、阿塞拜疆。

（三）拉丁美洲

1. 南方共同市场

1991 年 3 月 26 日，阿根廷、巴西、乌拉圭、巴拉圭 4 国总统在巴拉圭首都亚松森签署了《亚松森条约》，决定建立由 4 国参加的南方共同市场。经过近 4 年的艰苦谈判，于 1994 年 12 月 17 日签署了《黑金城协定》，宣布 1995 年 1 月 1 日南方共同市场正式启动运转。智利（1996 年）、玻利维亚（1997 年）和南非（2000 年）是南方共同市场的联系国。智利已就成为正式成员同南方共同市场开始进行谈判。

南方共同市场主要有以下几方面内容：①成员国内部贸易相互免税。从 1995 年 1 月 1 日起，确定 9 000 种产品中的 85%内部关税为零，其余 15%的产品到 1999 年逐步降为零。对于那些敏感性产品，包括资本货物、机械设备、计算机和通信设备的关税，2001—2006 年再决定如何增减税率。②实施共同对外关税政策的问题。从 1995 年 1 月 1 日起，共同对外关税制度开始生效，对来自第三国的占总数约 85%的一般商品实行共同对外关税，税率在20%以内。考虑到成员国间发展水平存在差异，协议允许成员国各保留一定数量的商品作为例外，直到2001年前暂不实行共同对外关税，巴拉圭则推迟到2006年。③关于原产地规则的规定。享有区域内优惠关税的非资本品，其当地成分不低于60%（巴拉圭为50%），资本货物为80%。此外，协议内容还包括取消一切非关税措施，建立贸易委员会和技术与政策工作组，以及鼓励出口、解决争端和保障行动方面的措施。

2. 中美洲共同市场

中美洲共同市场的前身是根据1956年《中美洲自由贸易协议》成立的中美洲自由贸易区。1962年8月，由中美洲的危地马拉、萨尔瓦多、洪都拉斯、尼加拉瓜和哥斯达黎加5国在尼加拉瓜首都马那瓜共同签署了《中美洲经济一体化条约》，成立中美洲共同市场。进入20世纪80年代后，由于5国经济状况恶化，加之政治动荡和内战不断，特别是债务负担异常沉重，成员国间又重新构筑了非关税壁垒，致使关税取消所带来的贸易利益在一定程度上被抵消。为抑制区内贸易保护主义和确保共同市场取得的已有成果，1993年5国达成《最终多边协议》，给共同市场的发展重新注入了活力，并建立了关税同盟。另外，中美洲共同市场在1993年与哥伦比亚、墨西哥、委内瑞拉就自由贸易签订了《加拉加斯协议》。巴拿马也表示了加入中美洲共同市场的意向。

3. 安第斯集团

1966年，玻利维亚、智利、哥伦比亚、厄瓜多尔、秘鲁5国签订了《安第斯条约》，以开展自由贸易和加强成员国之间的经济合作。不久，委内瑞拉加入，智利退出。《安第斯条约》规定，成员国间在1980年前建立自由贸易区，并实施共同对外关税政策，为最终建立关税同盟创造条件。但是，原定的时间表并未实现。1990年11月，集团首脑在玻利维亚的拉巴斯决定，1992年初建立自由贸易区和1993年建立共同关税同盟。自由贸易区按时生效运转，但在实施共同对外关税政策时遇到困难，秘鲁要求保持15%的平均关税，而其他成员国则各有不同的目标。迫于分歧，秘鲁从1992年8月中止了其《安第斯条约》成员的资格。1994年，《安第斯条约》成员就四级（5%、10%、15%、20%）共同对外关税结构达成了一致，并于1995年1月正式对外实施。

4. 拉美一体化联盟

拉美一体化联盟的前身是拉美自由贸易联盟。1960年2月，阿根廷、玻利维亚、巴西、智利、墨西哥、巴拉圭、秘鲁、乌拉圭8国在乌拉圭签订了《蒙得维的亚条约》，成立了拉美自由贸易联盟。此后，哥伦比亚、厄瓜多尔和委内瑞拉相继加入了该联盟，成员国发展到11个。该联盟计划在12年内实现贸易自由化，但目标未能实现。1980年6月签订了新的《蒙得维的亚条约》，对原有的机构进行改革，建立了拉美一体化联盟，以推动这一地区的经济一体化进程。新条约的目标是通过签订双边和多边协议，促进新联盟成员国之间及其与第三国的贸易增长。在新联盟的框架下，成员国之间的贸易自由化在部门基础上通过以下两个途径实现：一是区域范围协议，即在区域内全部成员之间相互给予优惠贸易待遇；二是小组范围协议，即新联盟成员国中愿意签署本协议的国家之间相互提供优惠贸易待遇。

（四）非洲

1. 西非国家经济共同体

1975年5月，15个西非国家在尼日利亚首都拉各斯举行首脑会议，签署了《拉各斯条约》，成立了西非国家经济共同体。初始成员国包括贝宁、象牙海岸（现科特迪瓦）、几内亚、上沃尔特（现布基纳法索）、马里、毛里塔尼亚、尼日尔、塞内加尔、多哥、冈比亚、尼日利亚、加纳、利比里亚、塞拉利昂、几内亚比绍。1977 年佛得角加入，成员曾增至 16 国。西非国家经济共同体的目标是，在条约生效后 15 年内分阶段消除成员国之间的关税及其他一些贸易障碍，建立关税同盟。1993 年 7 月，在共同体第 16 届首脑会议上签订了《西非国家经济共同体修正条约》，条约规定：①建立共同体超国家机构，如共同体的经济和社会委员会、仲裁法院等；②实现货币一体化，决定成立西非货币局，由该机构负责实现西非统一货币。由于政治等原因，几内亚、尼日尔、科特迪瓦 3 国被中止成员国资格。另外，毛里塔尼亚于 2000 年 12 月 31 日退出西非国家经济共同体。截至 2010 年 12 月，西非国家经济共同体共有 12 个成员国。

2. 西非经济共同体

西非经济共同体是西非法语国家的经济合作组织，其前身是 1959 年成立的西非关税同盟。1959 年，贝宁（原达荷美）、科特迪瓦（原象牙海岸）、马里、毛里塔尼亚、尼日尔、塞内加尔、布基纳法索（原上沃尔特）共同签署了一项关于建立西非国家关税同盟的公约。该公约 6 个成员（除马里外）拥有共同的中央银行并采用同样的货币，货物在成员国间自由流动。该组织事实上保留了成员国独立时就存在的一个次区域安排问题，即对从第三国征收的关税所得如何进行分配的问题。经过谈判，最后同意采取平均分配的办法。从西非关税同盟生效后运转的实践来看，它从未全面实施。1973 年 4 月，上述 7 国签订了议定书，宣布成立西非经济共同体。该共同体规定了对成员国的工业品进口实行地区合作税的特惠待遇，规定了对外关税和实行财政税收政策协调的问题。

3. 南部非洲发展共同体

该组织前身是南部非洲发展协调会议，成立于 1980 年 4 月。其成员国有安哥拉、博茨瓦纳、莱索托、马拉维、莫桑比克、纳米比亚、坦桑尼亚、赞比亚、斯威士兰、津巴布韦 10 国。1992 年 8 月举行了成员国首脑会议，将协调会议改组为南部非洲发展共同体，目的是在平等、互利和均衡的基础上，建立开放型经济，打破关税壁垒，促进相互投资、贸易、人员、货物和劳务的自由往来，逐步统一货币，最终实现区域经济一体化。该共同体近年来在发展区域经济合作方面取得了一些进展。1993 年 7 月 31 日，它通过决议，准许本地区的公民无须签证就可自由出入各成员国边境。1996 年 8 月 24 日，在莱索托的首都马塞卢举行首脑会议，签署了争取在 8 年内实现地区贸易自由化的重要文件，并同意南非、毛里求斯两国加入该组织。此后，刚果（金）、塞舌尔和马达加斯加相继加入该组织。截至目前，该组织有 15 个成员国。

4. 阿拉伯马格里布联盟

该组织由北非 5 国（阿尔及利亚、利比亚、毛里塔尼亚、摩洛哥和突尼斯）在 1989 年 2 月成立，其目标是到 1995 年建成关税联盟，到 2000 年建立一个共同市场。自联盟成立以来，在建立马格里布农业共同市场、实现粮食自给方面做了一些工作，但在其他方面未取得实质性进展。这主要是由于成员国之间在经济政策（如对外贸易安排）方面分歧较大。

5. 阿拉伯自由贸易区协议

由阿拉伯联盟经济一体化委员会与阿拉伯各国财政、海关关长于 1997 年 10 月共同签订的《阿拉伯国家自由贸易区协议》，于 1998 年 1 月 1 日起生效。该协议规定：自 1998 年 1 月 1 日起，阿拉伯各国海关对阿拉伯国家本地生产的产品征收的关税每年降低 10%，并逐步取消非关税贸易障碍；10 年后（即 2008 年），阿拉伯国家间实现零关税。目前，22 个阿拉伯联盟国家中已有 14 个同意全面执行这个减税计划，它们是约旦、阿联酋、苏丹、伊拉克、阿曼、沙特阿拉伯、巴勒斯坦、卡塔尔、叙利亚、巴林、突尼斯、科威特、埃及、摩洛哥。这 14 国相互间的贸易占阿拉伯国家间商品贸易总额的 80%。阿盟的金融机构和阿拉伯伊斯兰开发银行也从金融上大力支持该协议，并帮助一些不发达的阿盟国家发展民族经济。阿拉伯信贷贸易管理委员会计划由阿拉伯国家金融机构每年拿出 3 亿美元，向阿拉伯国家间的贸易提供信贷。

（五）澳洲

澳新自由贸易区是 1965 年由澳大利亚和新西兰两国政府签署了自由贸易协议后建立的。该自由贸易协议生效近 20 年后，于 1983 年被《澳新紧密经济关系协议》所取代。这样，澳新区域经济合作进入了一个空前的发展阶段。1965 年协议被取代的原因是，贸易自由化的产品范围不符合实质上所有贸易的要求，协议只涉及关税减让，而未就非关税措施问题做出规定。因此，这样的自由贸易区对于促进两国贸易发展的作用是极其有限的。从《澳新紧密经济关系协议》的主要内容看，该协议不仅包括了所有贸易产品，而且规定在 1990 年 7 月 1 日前，所有关税及非关税措施全部取消，并对反倾销、反补贴等做了规定。1992 年，澳、新对协议又做了修改，修改了关于双方对协调统一商业法规和竞争政策做出的承诺，使双方产品相互免除反倾销行动。所以说，澳新自由贸易区是当前众多自由贸易区中贸易自由化程度最高、最彻底的一个。

第四节　区域经济一体化的影响

由于区域经济组织（集团）是建立在自由贸易的基础之上的，世界经济发展的不平衡性和资源配置的不均衡性，导致了区域经济一体化对世界政治、经济发展的影响具有双重性特征。

一、区域经济一体化对世界经济的积极影响

（1）区域经济一体化促进了区域内的经济增长。区域经济一体化既可以消除成员国之间的贸易壁垒等障碍，同时也为市场容量的扩大和市场的深化创造了有利条件。因为区域内自由贸易在淘汰成员国劣质产品的同时，鼓励扩大再生产其优质产品，这就促进了区域内各国生产的分工和生产的专业化，每个国家都集中自己的有限资源生产效益最高的产品。生产规模的扩大和产业结构的调整，势必提高规模经济效益、降低成本，从而增强整体竞争力。

（2）区域经济一体化促进了国际贸易的发展。第二次世界大战后，世界经济出现了区域经济一体化的趋势，区域性经济联合组织迅速增加，共同遵循的经济贸易政策纷纷出台。例如，欧洲早在 20 世纪 60 年代后期就率先实现了成员国之间的关税互惠，即在共同

体成员国内部消除关税壁垒，对外则实行统一的贸易壁垒，到欧洲统一大市场建成后，基本实现了无国界限制的商品、资金、劳务的自由流动。北美自由贸易区成立后，也确立了将在15年内取消关税壁垒和其他限制，实现商品和劳务的自由流通。可以说，区域经济一体化是世界贸易领域竞争的产物，它有力地推动了世界贸易自由化的进程。

（3）区域经济一体化推动了经济全球化的进程。就发展阶段而言，区域经济一体化实际上是经济全球化在一定区域内深化和加强的反映。经济全球化的发展客观上要求突破国家的界限，要求有关国家在经济上以某种方式联合起来，在更大的范围内有效地配置各种生产要素。区域经济组织（集团）就是通过签约的方式结为不同性质的经济联盟，通过允许各成员国的生产要素在本区域内自由流动，从而提高成员国的经济效益。可以说，在某种程度上，区域经济一体化对经济全球化起到了奠基和推动作用。经济一体化组织的成员从生产、贸易、金融三个角度合作，不仅有利于生产要素的国际流通，而且大大提高了资源配置的效率，有效地刺激了经济的增长，最终加快了经济全球化进程。

二、区域经济一体化对世界经济的消极影响

1. 对经济一体化组织成员国的负面影响

（1）由于成员国之间经济发展的不平衡性，虽然经济一体化对成员国的大多数人有利，但国内的某些集团或群体仍可能会受损。比如1994年签署了NAFTA，加拿大和美国一些需要低技术劳动力的行业（比如纺织业）公司都把生产转移到墨西哥，从而造成一些工人失业。

（2）区域经济一体化要求成员国在一定程度上放弃在货币政策、财政政策和贸易政策等重要领域的控制权，所以成员国对于国家控制权有一定的担心。比如在NAFTA中，墨西哥为了保持对本国石油利益的控制，与美国和加拿大达成了协议，使其石油工业不属于NAFTA规定的开放国外投资的范围。

（3）如果贸易转移大于贸易创造时，将会产生不利影响。贸易创造是在自由贸易区内，高成本的国内生产商被低成本的供应商所代替。贸易转移是低成本的外部供应商被自由贸易区内高成本的供应商所代替。只有当自由贸易协定所创造的贸易大于转移的贸易时，才会对整个世界贸易有利。比如美国和墨西哥建立了自由贸易区，取消了彼此之间的全部贸易壁垒，但对来自世界其他地方的产品征收关税，情况会如何？以纺织品为例，如果在签订协议之前，美国生产自己所需要的全部纺织品，但成本比墨西哥的高，而在自由贸易区建立后，纺织品的生产转向了低成本的墨西哥，美国开始从墨西哥进口纺织品。根据比较优势理论，这种生产的转移在自由贸易区内创造了贸易，而该地区与世界其他地方的贸易不会减少，这种情况是有利的。但如果美国原先是从韩国进口纺织品，而韩国的生产成本比墨西哥或美国的要低，那么该自由贸易区的建立将贸易转离了低成本的来源，显然不利。所以人们担心，区域贸易集团将会利用非关税壁垒来保护内部市场，限制来自外部的竞争。在这种情况下，贸易转移将会超过贸易创造，势必带来不利影响。

（4）区域经济一体化的建立，使贸易集团内部的商业环境更具竞争性。国家间贸易和投资壁垒的降低会使经济一体化地区的价格竞争更加激烈。比如大众公司1992年以前生

产一辆高尔夫汽车在英国的售价比在丹麦高55%，在爱尔兰的售价比在希腊高29%，然而在统一市场内，这种价格差异会消失，这对成员国的公司来讲是一种威胁。为了在竞争中生存，商业公司必须利用统一市场带来的机会，实现合理生产、降低成本，否则在竞争中将会处于不利地位。

2. 区域经济一体化对非成员国的负面影响

统一市场的建立可能使区域内公司的竞争实力得到长期改善，这对于非成员国的公司是一种威胁。特别是在欧盟，很多公司由于生产成本较高，它们在国际市场上与北美公司进行竞争的能力十分有限。欧盟统一市场的创立以及由此带来的竞争加剧将促使很多欧洲公司认真采取合理的生产措施来降低成本，从而发展成为具有全球竞争力的公司。因此，非欧盟的公司应该意识到它们需要降低自己的生产成本，并为与实力更强的欧洲公司竞争做好准备。因此，“欧洲堡垒”或“北美堡垒”的出现是对那些非欧盟公司和非北美公司的最大威胁。比如，欧盟的一些经济实力较弱的成员国因为不能限制来自其他成员国的竞争而要求欧盟对来自外部的竞争加以限制，从而抵消它们在欧盟内部的损失。诸多迹象表明，欧盟在某些领域设置了进口和投资的壁垒。欧盟在农业和汽车两个行业里已经采用了保护主义的做法。在农业领域，欧盟继续实行共同农业政策，这一政策限制了很多食品的进口。在汽车领域，欧盟与日本达成了协议，限制日本在欧盟汽车市场上的占有率。那些对日本汽车施行配额限制的国家同意，在1993—1998年逐渐取消这些配额。同时，日本汽车生产商也承诺自愿限制对欧盟的出口，以使它们在欧盟市场的占有率不超过17%。因此，非欧盟公司最好尽快建立它们自己的欧盟生产基地，从而绕开这些壁垒。

尽管全球经济的一个显著趋势是区域经济一体化的加速发展。在区域经济一体化的过程中，有人获益，也有人受害，从上述分析可以看到，区域经济一体化对于成员国和非成员国产生了不同的影响。

第五节 区域经济一体化的特点

(1) 区域经济一体化从西欧向其他地区延伸。尽管西欧依然代表区域经济一体化的发展方向，但目前各类区域一体化经济组织合计150多个，遍及全球五大洲。

(2) 以发展中国家为主的区域经济一体化的数量发展迅速，但实质内容进展缓慢，多数区域经济一体化处于低级阶段，特别是非洲和拉丁美洲地区的经济一体化组织的总体水平偏低。

(3) 区域经济一体化的构成基础发生了突破性变化，即经济一体化突破了早先的经济基础、文化信仰和政治价值观共同取向制约，进入了以产业结构互补和资源共享等为基础的构建时代，因此发达国家与发展中国家间的经济一体化开始出现，如中国和美国同时并存于亚太经合组织，美国和墨西哥共建北美自由贸易区等。

(4) 区域经济一体化组织相互交织，成员身份交错重叠。比如美国既是北美自由贸易区成员，同时也是亚太经合组织成员；中国既是亚太经合组织成员，又是中国—东盟(10+1)自由贸易区组织成员。

(5) 环太平洋地区经济一体化发展势头强劲，大有后来居上之势力，主要表现为：北美自由贸易区目标宏伟，如积极酝酿建立共同市场；亚太经合组织风头强劲、增势不减；东盟组织扩张积极，特别是中国、韩国、日本的合作积极而富有成效。环太平洋地区经济一体化预示着 21 世纪是太平洋的时代。

(6) 区域经济一体化组织的自身发展凸现两大趋势。

第一，以欧盟为代表，向更高层次发展。

第二，出现了更加松散的区域经济合作组织，如中美洲共同市场和阿拉伯马格里布联盟等。

(7) 区域经济一体化组织的发展速度较快。据世界银行统计，全球只有 12 个岛国和公国没有参与任何区域贸易协议（RTA）。174 个国家或地区至少参加了一个（最多达 29 个）区域贸易协议，平均每个国家或地区参加了 5 个。当然，各地区之间的差别很大，发展程度也不相同。世界贸易组织的全体成员同时又是各区域经济组织的成员，有的具有多重区域经济一体化组织成员的身份。全世界近 150 个国家或地区拥有多边贸易体制和区域经济一体化的双重成员资格。北方国家签署的区域贸易协议最多，平均每个国家为 13 个。据世界贸易组织统计，截至 2005 年，缔结有关协定并向 GATT/WTO 通报的区域经济一体化组织的数量达 157 个之多。

(8) 经济贸易集团经济一体化与多边贸易体制的共同发展，形成了区域经济集团迅猛发展与多边贸易体制职能强化的共生现象。20 世纪 90 年代，北美自由贸易区成立，亚太经合组织快速发展，同时世界贸易组织成立并迅速发展。

第六节　区域经济一体化理论

区域经济一体化的产生和发展，引起许多经济学家对这一现象进行研究和探讨，形成了一系列的理论。经济一体化一般是从商品贸易开始的，因而经济一体化理论中首先出现的是有关贸易的一体化理论。由于关税同盟是一体化中最基本的也是最重要的特征，因此很多学者把关税同盟作为基本的研究对象。雅各布·维纳（Jacob Viner）在 1950 年出版的《关税同盟问题》被公认为关税同盟理论的代表作。而在此之后出现的很多理论，有的是对关税同盟理论的完善和拓展，有的是随着一体化实践的发展，从贸易转向投资、货币、财政等方面的研究，继而出现了有关投资、货币、财政等一体化的理论。由于本书是介绍国际贸易理论的教材，因而在此仅介绍有关贸易的一体化理论。

一、关税同盟理论

关税同盟的特征不仅是在同盟内各成员国之间取消关税，而且各成员国还对非成员国实行统一关税。根据维纳的理论，这种区域经济一体化的形式具有以下贸易效应。

1. 贸易创造效应

贸易创造效应（trade creation effect）是指关税同盟内部取消关税、实行自由贸易后，关税同盟内某成员国国内成本高的产品被同盟内其他成员国成本低的产品所替代，从成员国进口产品，创造了过去不发生的新贸易。运用图 11—1 进行说明，设 A、B、C 分别代表三个国家。纵轴 P 表示价格；横轴 Q 表示数量；S_A 和 D_A 分别表示 A 国国内的供应曲线和需求曲线。P_T 表示 A 国的价格；P_C 表示 A 国进口 C 国产品的价格；P_B 表示 A 国进口 B 国产品的价格。A 国与 B 国组成关税同盟前，A 国从 C 国进口商品，进口价格是 P_C，加上关税 P_CP_T，因而 A 国的国内价格是 P_T。A 国在 P_T 价格条件下，国内生产供应量 S_0，国内需求量为 D_0，供需缺口为 S_0D_0。A 国通过向 C 国进口 S_0D_0 数量的商品来达到国内的供求平衡。现在，我们来看 A 国与 B 国组成关税同盟所带来的贸易创造效应。A 国与 B 国组成关税同盟，意味着两国间取消关税、实行自由贸易，并实施共同的对外关税。虽然 C 国的成本和价格比 B 国低，但如果共同对外关税能达到这样一种效果，即从 C 国进口的加上共同对外关税后的实际价格比从 B 国进口的价格高，显然，A 国的贸易商就会从 B 国进口商品，而不会从 C 国进口。A、B 两国组成关税同盟后，由于 A 国从 B 国进口的价格 P_B 比同盟前的进口价格 P_T 要低，导致国内价格下降至 P_B 水平。在 P_B 价格水平上，A 国国内生产供应量缩减至 S_1，国内需求增加至 D_1，A 国进口 S_1D_1 的商品来满足国内需求。将 A 国参加关税同盟前的进口量与参加同盟后的进口量相比，我们可以看到 A 国增加了进口量 S_1S_0 和 D_0D_1。这部分增加的进口量就是贸易创造效应。

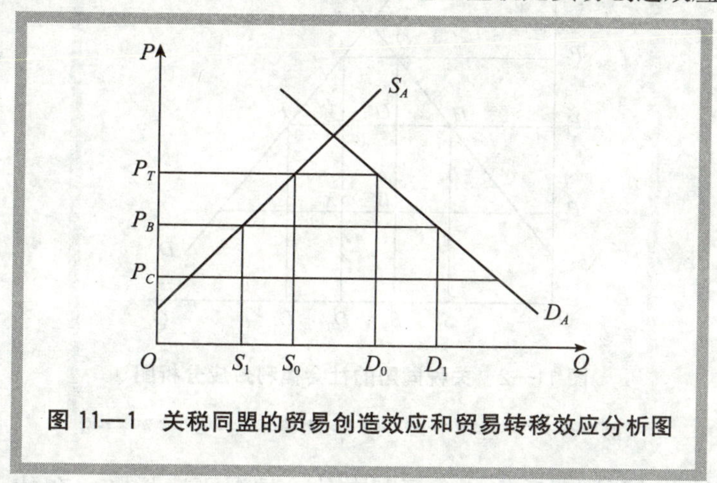

图 11—1 关税同盟的贸易创造效应和贸易转移效应分析图

贸易创造效应通常被视为一种正效应，因为 A 国国内商品生产成本高于 A 国从 B 国进口的商品生产成本。关税同盟使 A 国放弃了一部分商品的国内生产，改为由 B 国生产这部分商品。从世界范围来看，这种生产转换提高了资源配置效率。

2. 贸易转移效应

贸易转移效应（trade diversion effect）是指由于关税同盟对内取消关税、对外实行统一的保护关税，成员国把原来从同盟外非成员国低成本生产的产品进口转为从同盟内成员国高成本生产的产品进口，从而使贸易方向发生了转变。我们仍以图 11—1 进行说明。

A 国与 B 国组成关税同盟后，由于 P_B 低于 P_C 与共同对外关税之和，因此 A 国就不再从 C 国进口，而转为从 B 国进口。S_0D_0 的商品数量原由 A 国从 C 国进口，关税同盟后改为由 A 国从 B 国进口，这就是贸易转移效应。

贸易转移效应通常被视为一种负效应，因为A国从C国进口的商品生产成本低于A国从B国进口的商品生产成本，贸易转移导致低成本的商品生产被放弃，而高成本的商品生产得以扩大。从世界范围来看，这种生产转换降低了资源配置效率。

3. 社会福利效应

社会福利效应（social welfare effect）是指关税同盟的建立对成员国的社会福利将带来怎样的影响。我们用图11—2来分析说明。组成关税同盟后，A国的价格从P_T下降至P_B，消费需求增加了D_0D_1，获得消费者剩余P_TCFP_B。但A国的价格下降导致国内生产供应缩减S_1S_0，生产者剩余减少P_TGHP_B。建立同盟后，A国不能对B国的进口商品征收关税，因而关税收入减少$GCXW$。A国社会福利净增加或净减少并不确定，因为福利所得的消费者剩余P_TCFP_B与福利所失的生产者剩余P_TGHP_B及关税收入中的一部分$GCVU$相抵后，还剩下消费者剩余GUH和CFV两个三角。然后，我们把这两个三角之和的福利所得与关税收入中$UVXW$福利所失的大小进行比较。如果$GUH+CFV$大于$UVXW$，A国的社会福利净增加；反之，A国的社会福利净减少。

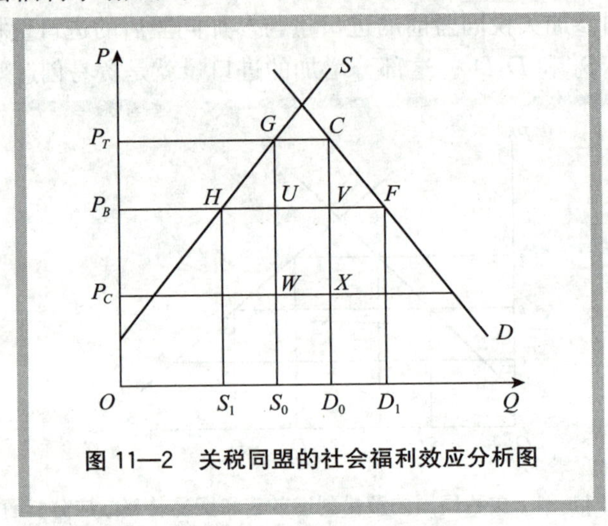

图11—2　关税同盟的社会福利效应分析图

那么，一国加入关税同盟后的社会福利在什么情况下净增加，在什么情况下净减少呢？一国社会福利的变化主要受几种因素的影响：①加入同盟后国内价格下降的幅度。如果价格下降幅度足够大，加入同盟后的社会福利就能获得净增加。②国内价格的供给和需求弹性。一国国内价格的供给和需求弹性越大，该国加入关税同盟后获得的消费者剩余就越多，失去的生产者剩余越少，从而越有可能获得社会福利的净增加。③加入关税同盟前的关税水平。一国加入关税同盟前的关税水平越高，加入关税同盟后国内价格下降的幅度越大，因而越有可能获得社会福利的净增加。

4. 贸易条件效应

贸易条件效应（trade term effect）是指建立关税同盟后，同盟内国家向同盟外国家进出口商品的贸易条件发生的变化。一般来说，关税同盟的贸易转移会具有大国效应，即同盟内国家减少从同盟外国家的进口导致世界市场的供应价格下降。这样，同盟成员国的贸易条件就可能得到改善。由于贸易条件改善，同盟成员国的社会福利也得以增加。我们运用图 11—3 分析说明。D 是关税同盟内部的需求曲线，S 是关税同盟内部的供应曲线。外部世界市场的供应价格为 P_W。如果共同对外关税为零，P_W 决定了同盟内的供应为 Q_1，需求为 Q_2。如果关税同盟的共同对外关税为 t，则同盟内的价格为 P_t，同盟内的供应为 Q_3，需求为 Q_4。同盟外部的供应者为了阻止出口量的下降，会把出口价格降低至 P'_W。这意味着同盟外部供应者的出口量可维持 Q_3Q_4 的水平。因此，关税同盟进口的价格比以前便宜了。假定关税同盟的出口商品价格不变，则关税同盟的贸易条件得到了改善。由于贸易条件的变化，关税同盟的社会福利也会相应发生变化。关税同盟的得益部分为 $EHIF$，福利损失部分为 $ACE+BFG$，如果 $EHIF$ 大于 $ACE+BFG$，意味着有净得益；反之，则有净损失。

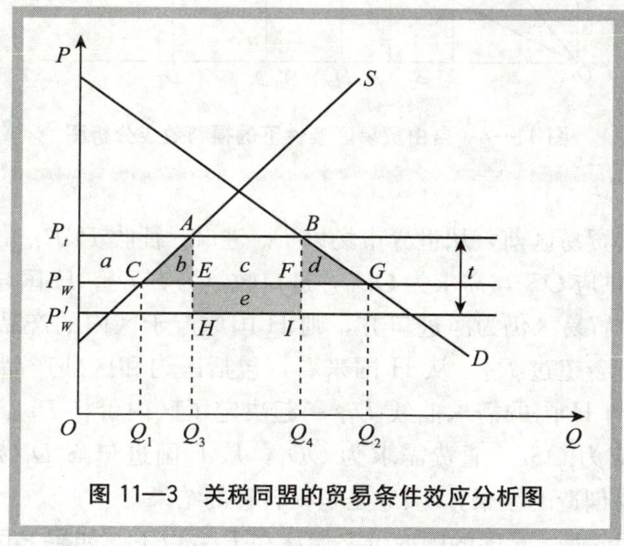

图 11—3 关税同盟的贸易条件效应分析图

二、自由贸易区理论

根据英国经济学家罗布森的分析，自由贸易区与关税同盟相比有两个特点：一个特点是成员国对非成员国的进口有制定关税的自主权。另一个特点是在自由贸易区适用原产地规则，即产品必须原产于区域内或产品的主要部分原产于区域内，这种产品才可以在区域内进行自由贸易。

在自由贸易区内的国际贸易会出现贸易偏转（trade deflection）。贸易偏转是指区内某成员国向其他成员国出口产品，同时从区外进口相同产品，以代替本国产品满足国内需求的一种贸易流向。这种贸易流向是无法用原产地规则加以消除的。

与关税同盟的情况一样，自由贸易区也有贸易创造效应和贸易转移效应，但与关税同盟的这两种效应在实际运作中存在差异。我们用图 11—4 进行说明。

假设有两个国家，即 H 国和 P 国。在某种产品的生产上，H 国的效率比 P 国低。这两个国家对该产品的进口实施不同的关税：H 国实施非禁止关税，P 国实施禁止关税。D_H 为 H 国的需求曲线，S_H 为 H 国的供应曲线。S_{H+P} 为 H 国和 P 国的全部供应曲线。P_H 是 H 国加入自由贸易前的国内价格；P_W 是世界市场的价格。P_{FTA} 是两国组成自由贸易区后的区内价格。

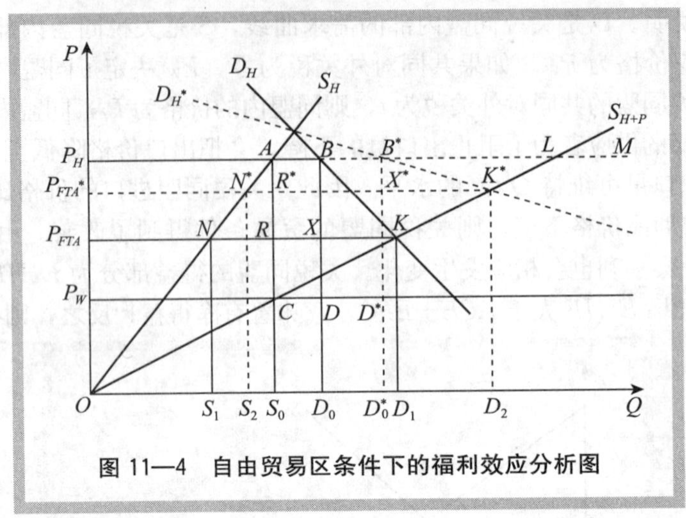

图 11—4 自由贸易区条件下的福利效应分析图

H 国在加入自由贸易区前，从世界市场以 P_W 进口，征收 P_WP_H 的关税后，国内价格为 P_H。其国内生产供应 OS_0，需求为 OD_0，进口数量为 S_0D_0。H 国与 P 国组成自由贸易区后，只要整个自由贸易区仍为净进口方，则 H 国原产于区内的产品价格就不会下降到 P_{FTA} 以下，同时也不会超过 P_H。从 H 国来看，包括区内和区外产品的有效供给曲线是 $P_{FTA}KLM$。该曲线与 H 国的需求曲线 D_H 一起决定了区内价格 P_{FTA}。在 P_{FTA} 价格水平上，H 国的生产供应为 OS_1，消费需求为 OD_1，从 P 国进口 S_1D_1 数量的产品。其中，S_1S_0 和 D_0D_1 是贸易创造的结果，S_0D_0 是贸易转移的结果。

另外，需要说明的是，P 国的国内价格始终在 P_{FTA} 以下。如果 P 国的全部生产供应能够满足 H 国的进口需求，P_{FTA} 就与 P 国的国内价格相同。如若不然，P_{FTA} 就会高于 P 国国内价格，以实现 P 国出口供应和 H 国进口需求的平衡。那么，P 国向 H 国出口后，其国内需求如何得以满足呢？P 国的做法是从世界市场进口来满足国内需求。这种贸易流向就是所谓的贸易偏转，原产地规则对此是无能为力的。

自由贸易区给 H 国带来的福利效应是：获得消费者剩余 P_HBKP_{FTA}，减去失去的生产者剩余 P_HANP_{FTA} 及关税收入损失的一部分 $ABXR$ 后，余下两个三角形 ANR 和 BXK 表示的消费者剩余。另外，关税收入损失中另一部分 $RXDC$ 与两个三角形所表示的消费者剩余相抵，如果前者（$RXDC$）小于后者（$ANR+BXK$），意味着 H 国的社会福利有净所得；反之，H 国的福利有净损失。由此看来，自由贸易区给 H 国带来的福利变化是不确定的。

H 国加入自由贸易区的贸易效应和福利效应与 H 国的需求曲线弹性有密切的关系。以上分析的是 H 国需求曲线为 D_H 的情形。如果 H 国的需求曲线为 D_{H^*}，区内价格为 P_{FTA^*}。该价格将更接近于上限 P_H。此时，H 国对本国市场的供给限度为 OS_2，国内市场需求为 OD_2，向 P 国进口 S_2D_2。其中，S_2S_0 和 $D_0^*D_2$ 为贸易创造，$S_0D_0^*$ 为贸易转移。H 国的福利增加或减少需要比较两个三角形之和（$AN^*R^*+B^*X^*K^*$）与矩形（$R^*X^*D^*C$）的大小。

H 国的福利变化与关税同盟的情形相似，但从 P 国来看，自由贸易区与关税同盟的社会福利变化是不同的。在关税同盟条件下，P 国的价格必然上升，因而会带来消费者剩余的损失和负的生产效应。然而，在自由贸易区条件下，P 国的价格可以不变，因而没有消费者剩余的损失和负的生产效应，而且在贸易偏转中，P 国从世界市场进口还可获得关税收入。因此，在自由贸易区条件下，P 国社会福利水平的提高肯定优于关税同盟。此外，从外部世界来看，在关税同盟条件下，世界市场的出口会减少，社会福利水平随之下降；而在自由贸易区条件下，世界市场的出口不但不会减少，反而还会增加。这样一来，世界市场的福利水平还可得到提升。

上述分析很容易让人产生这样一种困惑：既然关税同盟次优于自由贸易区，为什么在经济一体化实践中还会出现关税同盟？

本章小结

通过本章学习，可以：

1. 了解区域经济一体化的含义。
2. 掌握区域经济一体化的主要组织形式。
3. 了解区域经济一体化的产生与发展。
4. 掌握区域经济一体化对世界经济的影响。
5. 熟悉区域经济一体化的基本理论。

本章关键词

区域经济一体化的内涵　　区域经济一体化的主要组织形式
区域经济一体化的影响　　区域经济一体化的理论

本章思考题

1. 什么是区域经济一体化？
2. 区域经济一体化的主要组织形式有哪些？
3. 以亚太经合组织为例分析经济一体化的影响。
4. 第二次世界大战后区域经济一体化快速发展的原因是什么？
5. 评析关税同盟理论。

思考案例

“东亚共同体”这一概念最早是由马来西亚前总理马哈蒂尔在 1990 年提出。1994 年东盟地区论坛（ARF）成立；1996 年首届亚欧首脑会议召开；1997 年，亚洲金融危机爆发，同年，首届东盟 10 国与中、日、韩 3 国领导人会议（10＋3）召开；2002 年的“10＋3”领导人会议通过了东亚研究小组（EASG）提出的建立“东亚共同体”的报告。2003 年底，日本和东盟举行了特别首脑会议，会后发表的《东京宣言》也确认了建立“东亚共同体”这一目标。2005年12月14日，首届东亚峰会（EAS）在马来西亚首都吉隆坡召开，与会各国领导人通过并签署了东亚峰会《吉隆坡宣言》，该《宣言》认同东亚峰会可以在本地区一体化建设的过程中发挥重要作用。应该说明，东亚各国已经确定了以建立“东亚共同体”为东亚合作的长远目标。因此，东亚共同体将是继欧盟和北美自由贸易区后最值得关注的经济一体化发展区域，它将是地理邻近的东亚各国通过长期的相互合作和一体化进程而形成一个紧密整体。请结合经济一体化理论分析东亚经济一体化的发展前景。

第十二章

国际服务贸易

案例导入　合肥：集中出台规范文件，助推外包产业发展

为推动合肥服务外包示范城市建设，促进合肥市服务外包产业健康有序发展，近期，合肥市商务局会同市统计局等部门集中出台了一系列关于服务外包业务统计、企业和培训机构认定管理办法的规范性文件，包括《合肥市关于加强服务外包统计管理工作的实施意见（试行）》、《合肥市服务外包企业认定管理办法（试行）》、《合肥市服务外包人才培训机构认定管理办法（试行）》等。

服务外包具有科技含量高、附加值大、资源消耗低、环境污染少、吸纳智力密集型人才就业能力强（特别是大学生就业）等特点，合肥市是全国21个服务外包示范城市之一，合肥市委、市政府高度重视，将发展服务外包产业作为加快承接国际产业转移、促进经济发展方式转变的重要工作来抓。合肥市商务局作为推进合肥市服务产业发展的牵头部门，按照市委、市政府的战略部署，年初在征求市直相关部门、重点外包企业和机构意见的基础上，参照兄弟示范城市的成功经验，制定并出台了上述规范性文件，对规范合肥市服务外包企业和人才培训机构的认定管理、加强服务外包业务统计工作等起到了积极的作用。

为加快文件的贯彻实施，合肥市商务局已于近日召开服务外包政策宣讲培训会，通过以会代训方式逐条解读了相关文件，并在合肥服务外包网上全文刊发。

资料来源：http：//chinasourcing. mofcom. gov. cn/c/2011-03-21/91915. shtml。

自20世纪80年代以来，国际服务贸易得到迅速发展，目前已成为国际贸易重要的组成部分，而且其发展呈现出自身的规律和特性。根据世界贸易组织的统计，2006年全球商品贸易出口额为11.76万亿美元，服务贸易出口额达到了2.71万亿美元。目前，世界各国的服务业增加值占GDP的平均比重达到60%以上，发达国家更是达到了70%以上。而中国2006年服务业增加值占GDP的平均比重仅为30%，低于世界中低收入国家43%的平均水平。服务贸易对于世界经济增长的重要促进作用得到了人们的广泛关注。

第一节　国际服务贸易的构成和发展

一、国际服务贸易的概念

1972 年 9 月，经济合作与发展组织在《高级专家对于贸易和有关问题的报告》中提出了服务贸易，而国际服务贸易则是美国在《1974 年贸易法》的第 301 条款中首次使用的。目前，国际服务贸易的概念大多采用世界贸易组织在《国际服务贸易总协定》中的定义、国际货币基金组织在《国际收支手册》中的定义以及联合国等六个国际组织在《国际服务贸易统计手册》中给出的定义。

1.《国际服务贸易总协定》对于服务贸易的界定

按照世界贸易组织在《国际服务贸易总协定》中的界定，服务贸易是指四类贸易活动的提供，即为在各成员之间进行跨境交付、境外消费、商业存在和自然人移动而开展的各种服务提供活动。在《国际服务贸易总协定》中，服务贸易被划分为 12 个部门、160 多个子部门或独立的服务活动。

（1）跨境交付（cross border supply）。这种服务贸易方式的典型过程是通过互联网跨境提供的软件服务、网游服务、视听服务、新闻服务以及金融服务等。按照世界贸易组织在《国际服务贸易总协定》中的界定，跨境交付是指服务提供者从一成员国境内向另一成员国境内的消费者提供服务活动的行为和过程。这一服务贸易方式与一般货物贸易方式类似，跨越国境的是服务本身，贸易方式强调的是服务提供者与消费者在地理位置上的界限。

（2）境外消费（consumption abroad）。境外消费是指服务的消费者移动到服务提供者的境内进行的服务消费。出国留学、跨国就医或出国旅游等属于这类国际服务贸易。《国际服务贸易总协定》将其界定为，服务的提供者在一成员国境内向来自另一成员国的消费者提供服务的行为和过程。

（3）商业存在（commercial presence）。这种情况是指一成员国的服务提供者跨越边境在另一成员国（东道国）境内设立机构或公司，进行当地生产和销售的过程。沃尔玛、美洲银行、AIG 等在中国境内设立分支机构，提供金融、保险和商业服务就属于这种情况。《国际服务贸易总协定》将其界定为，通过一成员国提供服务的实体（法人）在另一成员国境内以商业存在的形式提供服务。

（4）自然人移动（movement of personnel）。自然人移动是指成员国的个人在境外提供的教学、研究、医疗、餐饮、旅游服务等，服务贸易的一方向另一方提供相关服务并获得收入（服务出口或服务输出），而另一方购买他人提供的服务（服务进口或服务输入）的过程和行为。《国际服务贸易总协定》的界定是，一成员国的服务提供者以自然人的身份进入另一成员国境内提供服务的形式。

世界贸易组织在《国际服务贸易总协定》中将服务贸易分为 12 个部门，即商业服务，通信服务，建筑与相关工程服务，分销服务，教育服务，环境服务，金融服务，与健康相关的服务和社会服务，旅游及与旅游相关的服务，娱乐、文化与体育服务，运输服务及其他未包括的服务。

2.《国际服务贸易统计手册》对于服务贸易的界定

《国际服务贸易统计手册》(*Manual on Statistics of International in Service*)是经济合作与发展组织、欧共体统计局、国际货币基金组织、联合国统计司、联合国贸发会议(UNCTAD)和世界贸易组织六个国际组织于2002年组织发布的。《国际服务贸易统计手册》共有四章、七个附件，主要包括：一般引言和概述、编制国际服务贸易统计所采用的概念框架、居民与非居民之间的服务贸易、国外分支机构服务贸易统计。在这个手册中，国际服务贸易包括居民与非居民之间的服务贸易以及通过外国附属机构和自然人移动实现的服务贸易。

在统计手册提供的概念中，有一个术语需要予以解释，即外国附属机构服务贸易(foreign affiliates trade，FAT)。通过建立外国附属机构提供服务，可以分为内向FAT和外向FAT。内向FAT是指外国附属机构在东道国进行的服务贸易，外向FAT是指东道国的附属机构在外国的服务贸易。外国附属机构服务贸易统计包括外国附属机构在东道国的全部交易情况，包括外国附属机构与投资母国之间的贸易、与东道国居民之间的贸易以及与其他国家之间的贸易，但主要是非跨境贸易，强调的是与东道国居民之间的贸易，因此外国附属机构服务贸易统计提供的是全部商业存在和部分自然人移动的统计。对于自然人移动的统计，因范围难以界定以及可行的统计指标有限，目前尚未成为国际服务贸易统计的主要组成部分。目前，已有140多个国家（或地区）定期向国际组织报告国际收支项目下的服务贸易统计数据，并有25个国家（或地区）开展了外国附属机构服务贸易统计。

二、国际服务贸易的状况与发展趋势[①]

随着经济全球化的发展、世界新一轮产业结构的调整和贸易自由化进程的推进，服务业和服务贸易在各国经济中的地位不断上升，在世界贸易组织的新一轮谈判以及区域性经济合作谈判中，服务贸易都成为主要议题。与此同时，世界各国都在加快制定发展服务贸易的发展战略，欧美等经济发达国家利用其服务贸易发展水平领先的优势，通过各种多边、双边的谈判拓展服务贸易市场，扩大服务贸易的出口，世界服务贸易领域的利益格局正在各方博弈中重新形成。

1. 国际服务贸易持续快速发展

1980—2006年国际服务贸易有了长足发展。国际服务贸易出口额从3 650亿美元扩大到2.71万亿美元，26年间增长了6.4倍，占国际货物贸易出口的比重从14%增长到23%。

国际服务贸易与货物贸易一直呈共同增长的态势。在20世纪70年代，国际服务贸易出口与货物贸易出口年均增长17.8%，保持了快速增长，且增长速度大体持平。进入20世纪80年代，国际服务贸易出口的平均增速开始高于货物贸易，年均增长速度在10%左右。在20世纪90年代，国际服务贸易的平均增速约为6%，呈下滑趋势，与货物贸易的

① 参见胡景岩：《世界服务贸易呈现六大趋势》，载《经济日报》，2006-08-01。

增长速度基本持平。进入21世纪后，国际服务贸易出口进入稳定增长期，2004年首次突破2万亿美元。在此期间，国际服务贸易的平均增长速度略低于货物贸易。

（1）世界经济增长的带动。国际服务贸易大国的经济增长速度进入21世纪后加快，如美国2003—2006年的经济增长速度为2.9%、3.9%、3.2%和3.3%；欧元区的同期经济增长速度为0.8%、1.8%、1.5%和2.8%；21世纪的前10年，世界经济的年均增长速度在3%左右。这一经济增长速度促进了国际服务贸易的持续发展。

（2）世界产业结构升级继续驱动服务贸易快速发展。随着发达国家高技术产业发展的加快，国际产业转移的速度与规模继续扩大，产业转移开始由制造业向服务业转向。其中，金融、保险、旅游及咨询等服务业和信息、电子产业等资本技术密集型产业是产业国际转移的重点领域。根据欧洲学者佩尔西·巴纳维克的预言，到2010年，美国经济构成中只有10%是制造业，其余全部是服务业。服务业将替代制造业成为推动经济发展的主要力量，与服务业的快速发展相对应的必然是服务贸易的快速发展。

（3）货物贸易保持增长趋势，拉动了与之相关的服务贸易。OECD报道，2006年国际贸易额增长了9.6%，2007年和2008年分别增长了7.5%和8.2%。预计未来10年的年均增长率可达到6%左右，将直接拉动与其密切相关的运输、保险等服务贸易部门的贸易量快速发展。

（4）国际投资正在向服务业倾斜。自20世纪90年代以来，全球海外直接投资总额的一半以上流向了服务业，为服务业的发展提供了强劲动力。另外，科技发展、服务外包等新贸易方式的兴起，全球及区域服务贸易壁垒的逐渐削减也为国际服务贸易的发展做出了贡献。

2. 国际服务贸易部门结构的变化

自20世纪80年代以来，国际服务贸易的结构发生了很大的变化，旅游、运输等传统服务贸易部门保持稳定增长，新型的服务贸易类型增长迅速。1990—2005年运输贸易占国际服务贸易的比重从28.6%下降到23.3%，旅游服务占比从33.9%下降到28.9%，而以通信、计算机和信息服务、金融、保险、专有权利使用费和特许费为代表的其他服务类型占比则从37.5%逐步上升到47.8%。不过，运输服务和旅游服务在近几年还是保持了稳定增长。在货物贸易快速增长和运输成本大幅提升的双重推动下，国际服务出口2004年增长了23%，2005年增长了12%。国际旅游服务出口主要受亚洲旅游业的大幅反弹影响，近年有了较大程度的增长，2004年增长了18%，2005年增长了10%。1980—2005年全球服务贸易出口中传统运输类服务贸易比重明显下降，旅游类比重保持稳定，而其他商业类服务比重持续上升。国际服务的竞争重点将集中于新兴服务行业。服务贸易结构日益向知识技术密集型方向转变。运输服务和旅游服务在国际服务贸易中的比重呈下降趋势，以电子信息技术为主和以高科技为先导的一系列新兴服务将成为未来各国国民经济发展的主要支柱和强大动力。

以新兴服务贸易部门为主的其他服务蓬勃发展，充分反映了信息技术革命对新兴服务贸易的推动作用。全球信息技术革命的不断发展增强了服务活动及其过程的可贸易性，通信、计算机和信息服务、会计、咨询等新兴服务行业不断扩张。同时，与近年来出现的大型呼叫中心、数据库服务、远程财务处理等一样，新的服务贸易业务也将逐渐衍生出来。国际服务贸易将逐渐从以自然资源或劳动密集型为基础的传统服务贸易转向以知识技术密集型为基础的现代服务贸易。

3. 国际服务贸易国别结构的变化

由于当今世界各国经济和服务业发展严重不平衡，与国际商品贸易领域相比，全球各地区和各国服务贸易发展的不对称性更加突出，表现为发达国家地位的领先和发展中大国的迅速发展，见表 12—1。

表 12—1　　2004 年、2005 年服务贸易主要进出口国家排名

服务贸易出口					
2005 年排名	2004 年排名	国家	金额（亿美元）	比重（%）	增长（%）
1	1	美国	3 533	14.6	10
2	2	英国	1 834	7.6	—1
3	3	德国	1 429	5.9	7
4	4	法国	1 137	4.7	4
5	5	日本	1 066	4.4	12
6	7	意大利	934	3.9	13
7	6	西班牙	912	3.8	8
8	9	中国	812	3.4	30
9	8	荷兰	750	3.1	4
10	16	印度	676	2.8	—
		世界	24 150	100.0	11
服务贸易进口					
2005 年排名	2004 年排名	国家	金额（亿美元）	比重（%）	增长（%）
1	1	美国	2 887	12.2	10
2	2	德国	1 986	8.4	4
3	3	英国	1 501	6.4	4
4	4	日本	1 359	5.8	1
5	5	法国	1 029	4.4	7
6	6	意大利	923	3.9	15
7	8	中国	853	3.6	19
8	7	荷兰	692	2.9	1
9	9	爱尔兰	675	2.9	5
10	15	印度	674	2.9	—
		世界	23 600	100.0	11

资料来源：①WTO 2006 年 4 月发布的快报。

②中国 2005 年的数据是 WTO 秘书处根据中国 2005 年上半年官方数据估算得到。据我国外汇管理局 2006 年 4 月底公布的数据，中国 2005 年的服务贸易出口额 744 亿美元，进口额 838 亿美元。

③印度于 2005 年扩大了服务贸易统计范围，出口排名由 2004 年的第 16 位跃居 2005 年的第 10 位。

近年来，发达国家在国际服务贸易中仍占主导地位，发展中国家的地位趋于上升。从服务贸易出口总量来看，美国、英国等发达国家在国际服务贸易中占据主导地位。自1980年以来，美国、英国、德国、法国和日本一直居服务贸易出口前5名。2005年，这五个国家服务贸易出口额合计占全球服务贸易出口总额的37.2%，服务贸易出口前十位国家中仅有中国和印度两个发展中国家。在服务贸易商品结构方面，发展中国家在普通劳务输出、建筑工程承包、部分旅游服务业等领域占有较大的优势。另外，不少发展中国家的旅游资源非常丰富，旅游人数和旅游收入有了较大的增长。一些技术、经济实力较强的发展中国家也开始发展技术层次较高的服务贸易。然而，与工业发达国家相比，发展中国家的服务业和服务贸易的规模仍较小，大部分发展中国家或地区的服务业不发达，尤其是现代服务业项目不具有竞争优势。这种格局明显体现在服务贸易的发展过程中，发展中国家大多是服务贸易逆差国。与此相反，发达国家长期保持着服务贸易顺差。美国在服务贸易上有大量顺差，是世界上最大的服务贸易顺差国。大量服务贸易顺差的存在，在一定程度上改善了美国国际收支恶化的状况。

从世界范围看，发展中国家的服务贸易出口竞争力正在增强，广大发展中国家已经充分意识到抓住新一轮国际产业转移对本国经济发展的重要性，开始利用比较优势大力发展服务业和服务贸易。发展中国家除在劳务输出、建筑工程承包、旅游等传统服务贸易中继续保持一定优势外，在通信、计算机和信息服务方面也在加大投入，发掘区位优势、人力优势和政策优势，积极承接发达国家的外包业务。中国、印度、菲律宾、墨西哥、巴西等国正在逐渐成为区域性或全球性服务外包中心。

4. 服务外包发展迅猛

近年来，随着跨国公司的战略调整以及系统、网络、存储等信息技术的迅猛发展，由业务流程外包和信息技术外包组成的服务外包正逐渐成为服务贸易的重要形式。发达国家或地区是主要服务外包输出地，在全球外包支出中，美国约占2/3，欧盟和日本占近1/3，其他国家所占比例较小。发展中国家是主要的服务外包业务承接地，其中亚洲是承接外包业务最多的地区，约占全球外包业务的45%。目前，印度是亚洲的外包中心，墨西哥是北美的外包中心，东欧和爱尔兰是欧洲的外包中心，中国、菲律宾、俄罗斯等国家也正在成为承接外包较多的国家。

服务外包市场规模迅速扩大。美国通用电气公司曾指出，公司外包业务的70%将采用离岸模式。部分跨国公司已在扩大外包业务范围，表明跨国公司的经营理念将进一步发生变革，非核心业务的离岸外包将成为大的趋势。在世界最大的1 000家公司中，大约70%的企业尚未向低成本国家外包任何商务流程，服务外包市场的潜力巨大。同时，世界服务外包的规模将继续扩大。据联合国贸发会议的估计，2007年全球服务外包总值为1.2万亿美元。

5. 商业存在的重要性

由于服务产品的无形性、不可储存性，在消费国内部通过商业存在提供服务，有利于服务提供者的批量生产，以取得规模效益，降低成本和价格。因此，随着经济全球化进程的加速，世界范围的产业结构调整和转移进一步升级，跨国直接投资以高于世界经济和货物贸易的速度增长。从20世纪70年代开始，由外国直接投资产生的、通过外国商业存在实现的国际服务贸易规模迅速扩大，在一些发达国家甚至已超过了跨境方式的服务贸易。

根据《2005年国际贸易统计报告》，世界贸易组织估测的全球服务贸易供应方式的比重构成如下：跨境交付的占比为1.35%；境外消费的占比为10%～15%；商业存在的占比为50%；自然人移动大约占1%～2%。

国际服务贸易中的商业存在对于发展服务贸易的重要性是非常明显的，同时，对于服务的输出/输入国也具有十分重要的作用。例如，2003年美国公司海外附属机构所从事的服务产品销售额达到4 770亿美元。2003年美国仅通过商业存在发生的服务贸易额大约是国际收支平衡表所反映贸易额的1.6倍。在出口方面，美国海外附属机构服务贸易规模从1990年起就开始超过跨境服务贸易规模。

相关链接：《国际收支手册》对于服务贸易的界定

国际货币基金组织在1993年编写的第五版《国际收支手册》中，对于国际服务贸易的概念做了解释。在国际收支表下，服务贸易被列入经常项目，是指居民与非居民之间服务的输入与输出，即服务的跨境交易。一成员国的居民是指在该成员国境内居住一年以上的自然人和设有营业场所并提供货物与服务生产的企业法人。《国际收支手册》将服务贸易分为运输、旅游、通信服务、建筑服务、保险服务、金融服务、计算机和信息服务、专有权利使用费和特许费、其他商业服务、个人及文化和娱乐服务以及别处未提及的政府服务共11大类，155个部门。

与《国际收支手册》中的服务贸易定义相比，GATS的定义除包含了全部服务中的居民与非居民之间的跨境交易，还包括作为东道国居民的外国商业存在与东道国其他居民之间的交易，即东道国的居民与居民之间的交易。

第二节 服务贸易壁垒与服务贸易自由化谈判

虽然服务贸易自由化的利益是明显的，如世界银行对智利放松管制的效果进行分析的结果表明，由于放松管制，外国资本进入了智利的电信部门，从而加强了竞争、提高了服务质量，导致价格下降。面对明显的经济利益，为什么不同国家仍然在对服务贸易设置各种壁垒？主要原因可以概括为以下几点：第一，政府担心某些管理规定的取消会导致国内垄断的产生，特别是在电力、通信、交通领域。第二，政府出于安全的考虑，对外国资本进入本国的基础性服务领域心存疑虑。第三，是关于传统的幼稚产业论的翻版。政府认为对国内幼稚服务部门的必要扶持是一国获得长期经济与政治利益的重要选择。

目前，国际服务贸易中的壁垒是指一国政府对外国服务或外国服务提供者设置或实施的有障碍作用的政策与措施，凡是直接或间接阻碍外国服务或外国服务提供者进入，或者直接或间接增加外国服务或外国服务提供者成本的做法都属于服务贸易壁垒的范畴。

一、国际服务贸易壁垒的形式

国际服务贸易壁垒有多种形式，基本上属于制度或体制性的，是通过国内法规和条例的方式实施。目前，世界上许多国家通过各种政策手段限制外国的服务和服务提供者进入本国市场。作为一种选择，外国服务提供者可能不得不支付一笔入门费或甘愿受到市场份额的限制。

对于服务贸易的限制做法与货物贸易有所不同，边境措施（如延迟、卫生防疫检查、从量关税等）无法应用，因为在绝大多数情况下，进口国家的海关人员根本无法看到服务过境，他们只能看到服务的提供者和消费者过境。

目前，国际服务贸易壁垒主要有以下几种形式。

1. 数量限制（quantities restrictions）

数量限制主要包括服务提供者数量限制和服务产出数量限制。虽然多数服务的无形性和不可储存性特征意味着数量或者配额限制可以用于服务的提供者，而不是服务本身，但是数量限制规定确实在限制着国际服务贸易，具有说服力的例子是双边航空服务协定。双边航空服务协定的规定具体到某一航空公司可以飞行的航线、在特定时间具体航空公司可以飞行的架次或发售机票的座位数以及来自第三国的航空公司可以出售的相同航线的运力或座位数。航空协议充分遵循互惠原则，并且协议中的规定直接针对具体的航空公司。

在许多情形下，国际服务贸易是被直接禁止的。常见的例子是国内货物运输市场仅提供给国内的运输服务提供者，基础电信部门也是如此，对外国供应商是禁止进入的。对跨国界数据传输的限制更是普遍，有些情况下的限制是出于安全的考虑。有些国家还有当地成分的要求，如服务提供者必须购买当地企业生产的设备或者租赁当地企业的设备等。

2. 与价格相关的限制措施（price-based instruments）

在国际服务领域，关税只能用于自然人跨界移动而发生的贸易，多采取签证费、进出入税或机场、港口建设税等形式。所有这些税费类似于从量税，是根据人头征收的。在多数国家，这种形式的关税税率很低。对于自然人跨界流动而发生贸易的限制主要通过配额和移民政策实行。对于那些包含在货物中的服务，如电影、电视节目、计算机软件，或提供服务过程中作为中间投入的物品，如计算机、通信设备、特定的广告和促销物品等，关税一般可以构成比较重要的进入壁垒。

对于服务贸易，有时也直接采用价格控制手段予以限制，主要是通过政府直接定价，政府支持的产业或者行业机构定价，政府对价格的监控或许可、批准程序来实施。在通常情况下，政府对某些服务行业实施价格控制是因为在这一行业中，国有企业或政府支持的企业也在作为服务提供者提供相同或类似的服务。价格控制通常与数量控制同时实施，以避免由于服务提供者势力强大，从而使政府无法实现价格控制的预期目的。在比较典型的、通常采取价格控制的服务行业，如运输、金融、通信行业，政府的做法一般是设定最低价格或最高价格，强制执行定价公式或规则，或要求执行统一价格。

实际上，一些服务行业也接受或明或暗的政府补贴，主要是在建筑、通信和运输领域。OECD的数据表明，财政补贴的2/5～3/5是直接面向行业或产业的，其中大量财政补贴流入非服务行业，特别是传统行业和夕阳行业，如钢铁、造船、采矿等行业。在服务行业中，铁路部门经常受到补贴，补贴数额可以达到该部门增加值的15%～180%。20世纪80年代，许多欧盟国家的这一比例接近40%。①

3. 标准、许可与政府采购（standards，licensing and procurement）

在外国服务提供者提供服务之前，他们必须获得某种资格或许可。这一规定主要针对一些专业性和商业性服务，需要获得许可的行业领域包括法律、会计、医疗等，他们需要获得政府或专业机构颁发的许可证。环境标准也可能影响服务活动，特别是运输和旅游。运输要求符合废气排放和能源标准，旅游可能会受到自然保护区、土地使用限制或进入某一区域旅游者数目的限制。

在服务领域，标准方面的限制对国际服务贸易的影响主要表现在对外国的服务不认可，比如对在国外获得的学历不承认、外国服务提供者授予的资格或专业性质不被认可等。有时，对国外服务采用歧视性标准，使国外服务提供者难以达到该标准，或需要支付更高的成本，或缺乏统一的、相互承认的标准和管理规定，从而构成对本国相关产业的保护。

在一些国家，政府采购政策有利于本国服务和服务提供者，从而对外国服务和服务提供者构成事实上的歧视。比如在英国，管理咨询服务的30%是政府买单。根据美国的《购买美国货法案》规定，美国政府购买本国服务和货物的价格可以高于国际市场同类服务和货物价格的12%。其他国家可能没有具体规定政府采购可以高于世界市场价格的程度，但通过政府购买方式的不透明，也可以达到限制外国服务和服务提供者的目的。一些国家有不成文的规定，如会计、广告业务归属国内企业等。

4. 对国外服务提供者进入国内分销、配送和通信网络领域实施歧视

为了提供有效服务，服务提供者需要利用东道国现有的配送和通信设施，特别是电信网络。居于控制地位的电信运营商，无论是国有还是私有，都会限制其网络用户或新来者将一些专用的设备与现有网络连接。

在航空运输领域，歧视主要体现在外国航空公司服务的可获得性和成本方面。外国航空公司可能无法进入当地旅游公司航务订票系统、在东道国获得的地面服务不充分等，这些都将影响外国公司的竞争力，如地面服务不充分可能导致起飞延迟和乘客满意度下降。

在营销渠道方面，如限制外国的保险公司进行广告宣传，其结果是限制了外国保险公司在当地市场与本土保险公司的竞争。

值得注意的是，如果进口国服务提供者拥有自己的产品品牌和分销协议，比如已经建立的经销网络，对外国企业的市场进入也间接构成壁垒。

在服务行业，直接针对FDI的壁垒主要包括：获取开业权的限制，所有权、控制权和经营领域的限制，对外国拥有的企业实施直接或间接的限制，对投资水平的限制，繁冗、耗资的审批程序等，具体内容见表12—2。

---

① Bernard Hoekman，Carlos A. Primo Braga，“Protection and Trade in Services”，Working Paper，Worldbank，1997.

表 12—2　　适用于服务行业外国直接投资的壁垒

针对服务业 FDI 的壁垒	主要限制性做法
针对市场进入的限制	1. 禁止 FDI 进入某些部门 2. 所有权限制，如限定 25%的最高所有权比例 3. 审查与批准，有时以考虑国家利益或经济利益的名义实施 4. 限制外国经济实体的法律形式 5. 最低资本要求 6. 持续投资要求 7. 区域规定 8. 准入税
对所有权和控制权的限制	1. 强迫与当地企业合资 2. 限制董事会外国成员数目 3. 政府指定董事会成员 4. 某些决策需要政府的核准 5. 限制外国股东的权利 6. 规定期限内将股权委托转让给当地人或当地企业
经营限制	1. 业绩要求，如出口业绩等 2. 当地成分规定 3. 限制外国劳工、资本、原材料进口 4. 经营准许或许可制度 5. 对特许费规定最高限额 6. 限制资本和收益汇回

资料来源：UNCTAD，1996。

服务贸易壁垒总结起来主要有两个方面：一是市场准入；二是国民待遇。表 12—3 给出了世界主要服务部门贸易壁垒的一些具体做法或主要表现形式。

表 12—3　　世界主要服务部门贸易壁垒状况

部门	主要限制性做法
航空业	多数国家政府都给本国航空公司提供优惠，例如：限制外国航空公司进入；限制外国航空公司的业务经营范围，如不允许经营货物运输；限制航线和班次等。航空业的开放完全基于互惠和对等开放的原则。
广告业	要求外国广告公司在本国合资经营；限制外国广告公司进行广告宣传的渠道，如不允许进行电视广告；实施专门针对外国公司的广告审查标准。
银行与保险业	禁止外国银行或保险公司设立任何法律形式的分支机构；要求建立合资机构，与当地国有或私有机构实现联合拥有；规定经营的业务领域和地域范围；要求最低投资水平。
工程建筑业	限制劳工入境，实施严格的移民政策；限制外国公司参加工程招标；对外国工程公司承接的项目适用更严格的标准和规定。

续前表

部门	主要限制性做法
咨询服务业	对从事咨询的外国企业要求获得许可；要求与当地公司组建合资企业；限制提供服务的对象；歧视性政府采购。
教育业	限制外国教育机构进入；限制外国教育机构从事某些业务，如招收留学生；不承认或歧视国外文凭和资格证书。
医疗业	医生的开业资格限制；对医疗器械禁止进口或通过高关税、苛刻的技术标准限制进口。
电信和信息产业	国家垄断，禁止外国公司进入；差异化的技术标准；歧视性税收政策；经营业务和地区管制，提高经营成本。
零售业	限制经营许可证的发放；零售业行业管理条例不透明、不具体；限制外方股权比例；限制利润汇回；要求利润再投资。
旅游业	禁止外国公司进入；严格的许可发放程序；限制经营领域，如不能涉足旅游设施建设和经营；限制设立分支机构的数目和设立区域；严格出入境管理。
运输业	国家特许经营；实施歧视性政策，实施价格审核制或批准制；实施统一价格；限制经营地域。

事实证明，政府采取各种政策以减少服务行业竞争的做法，其成本十分高昂。服务在一国经济增长与发展中的作用十分重要，由于一国落后的交通运输、仓储条件以及不发达的通信设施，致使农产品贸易蒙受巨大损失的例子经常见诸报端。在制造业领域，能否充分利用全球的通信和运输网络是企业能否在竞争中成功的必要条件。现在的产品对时间变得日益敏感，一方面源于产品生命周期的缩短，另一方面是由于广泛的生产管理模式——实时管理（just-in-time），这就要求快捷和低成本的运输服务。

二、服务贸易自由化谈判

（一）服务贸易自由化的进程

服务贸易与货物贸易一样，其自由化对相关国家及整个世界的积极意义已无须赘述，但值得注意的是，虽然服务贸易自由化与货物贸易自由化的经济效果相同，但自由化的内容还是存在区别的，具体表现在以下几个方面：

第一，许多服务在严格意义上是不可贸易的，外国服务提供者要想占领这部分市场就必须在对方国家建立物质性存在。所以，服务贸易自由化不仅涉及跨界服务流动障碍的减少和消除，还要求减少和清除阻碍外国服务提供者或消费者的各种障碍。

第二，服务贸易壁垒更多以管理规定或设立各种管理机构的方式出现。

鉴于服务对于一国经济发展与增长的重要性，许多国家都力求通过单边、双边或区域性的方式推进服务贸易的自由化进程，并且执行意在加强本国服务产业竞争力的政策。

20世纪80年代后期，一些旨在促进货物和服务贸易自由化的地区性或优惠性安排凸现，如《美国—以色列自由贸易区协定》、《美加自由贸易协定》、《澳新紧密经济联系协定》、欧盟内部一体化的发展以及与周边国家签署的众多协定、《北美自由贸易区协定》等。1994年，地区性服务贸易自由化协定由旨在促进服务贸易自由化的多边协定——《服务贸易总协定》所补充。

双边或地区性协定，特别是对于有着相似文化和收入水平、地理位置比较接近的国家，通过协商在服务标准、服务资质等方面容易达成共识，可以形成统一的规定。经济发展水平越相近，国家对于特定服务部门的管理制度与目标越相近，成员国在管理方面需要做的调整和协调工作越少，统一的管理制度越易于执行，竞争环境或条件的变动风险越小。此外，地理位置的接近意味着对于邻国现存的和潜在竞争对手的信息更容易获得。这些条件有助于服务贸易提供者在区域范围内的自由移动。

研究表明，一些服务活动具有外部性，或者与积聚效应、规模效应有关。如果这些效应是地区性的，将强化地区性服务贸易自由化努力的经济利益，如各种与分销、配送有关的活动都具有规模经济效应。积聚产生的外部效应对于一些可贸易的服务，如金融中介、咨询是非常重要的。网络的外部性效应对电信、信息服务至关重要。如前所述，双边和地区性的协议比多边协议更易于操作，而服务一体化的利益更容易被成员国内部化。

虽然在理论上如此，但在众多的地区性协定中，只有欧盟内部在服务贸易自由化方面取得了很大的成就，其他地区性协定很少作为。比如欧盟与地中海国家签署的协定，最后只是在货物贸易和投资方面取得了进展。服务贸易自由化在多个层次上的努力结果是1995年开始生效的《服务贸易总协定》，关于《服务贸易总协定》的详细内容见下一节。

（二）服务贸易自由化的谈判

1993年12月完成的《服务贸易总协定》是在搁置了数项当时难以解决的具体服务部门争议的基础上达成的，而且GATS有些条款还不够完善，这些都是乌拉圭回合谈判后服务贸易的后续谈判内容。

1. 具体服务部门自由化的后续谈判

自1995年WTO成立以来，一直致力于服务贸易自由化的后续谈判，其中关于具体服务贸易部门的分项谈判是重要内容。WTO已先后于1997年2月15日、3月26日、12月12日在基础电信、信息技术和金融服务三方面实现了历史性的突破，分别达成了《全球基础电信协议》、《信息技术产品协议》和《金融服务协议》。WTO所达成的这三项关于服务贸易的协议将服务贸易自由化原则向具体实施方面推进了一大步，对世界经济发展产生了良好影响。

但在其他领域，如1995年7月至今的关于自然人移动问题的谈判进展有限，关于海运服务的谈判经过多年艰苦的努力仍然收效甚微。

2. 新一轮多边服务贸易谈判

GATS第十九条第一款规定：为实现本协定的目标，各成员应该不迟于WTO协定生效之日起五年内开始并在此后定期进行连续回合的谈判，以期逐渐实现更高的自由化水平。因此，WTO服务贸易理事会于2000年2月25日召开了特别会议，发起了新一轮服务贸易领域的谈判，这轮谈判简称为GATS 2000。GATS 2000的重点是制定服务贸易谈判指导原则和程序，提交和讨论部门自由化的谈判建议，并开始准备GATS规则的谈判。

(1) 制定服务贸易谈判指导原则和程序。按照GATS第十九条第三款规定，在举行每一回合谈判前，应先确定谈判提纲和程序。因此，为使 GATS 2000 能向前推进，2001 年 3 月服务贸易委员会（CTS）在总结发达国家和发展中国家提出的 70 多份提案的基础上，首先制定了《服务贸易谈判的准则和程序》。

（2）提交和讨论部门自由化的谈判建议，即双边市场准入谈判。多哈回合谈判是世界贸易组织 2001 年 11 月在卡塔尔首都多哈举行第四次部长级会议时启动的新一轮多边贸易谈判，服务贸易谈判被纳入一揽子谈判的议题之内。《多哈部长宣言》确认了同年 3 月由 CTS 制定的《服务贸易谈判的准则和程序》作为服务贸易谈判准则，并且根据 GATS 第十九条“削减或取消贸易限制，以实现有效的市场准入和提高各项具体承诺的一般水平”的目标，为服务贸易制定了具体的时间表。规定成员方在 2002 年 6 月 30 日前提交具体承诺的最初要价（initial request），2003 年 3 月 31 日前提出最初出价（initial offer）。最初要价单与最初出价单的相互提交标志着市场准入谈判的双方磋商正式开始，服务贸易谈判的结果将作为多哈回合谈判一揽子承诺的一部分。

（3）GATS 规则的谈判。GATS 规则谈判的主要目的是为了进一步完善 GATS 有关条款的规定，重点是就紧急保障措施机制（ESM）、政府采购和服务补贴等方面的问题进行谈判。GATS 第十条第一款规定：应就“基于无歧视原则的紧急保障措施进行多边谈判；谈判结果应在不迟于世界贸易组织协议生效后 3 年内生效”。第十条第二款还规定，上述谈判结果生效 3 年后，各方可以修改或撤回承诺，并向服务贸易委员会报告。1995 年 WTO 成立后，GATS 规则工作组就开始了关于紧急保障措施机制的谈判，但由于支持和反对建立服务贸易 ESM 的成员集团立场根本对立，对是否有必要、有可能建立并实施服务贸易的 ESM 争执不休，致使谈判进展缓慢，本应在 1998 年 1 月 1 日结束的 ESM 不得不展期；2001 年 3 月，《服务贸易谈判的准则和规则》规定在 2002 年 3 月结束的 ESM 谈判，同样由于各方分歧严重，无法在规定期限结束。多年来，ESM 谈判一直缺乏实质性进展，我们可以预见，关于 ESM 的谈判将是一个长期、艰苦的过程。此外，关于政府采购和补贴方面的谈判也因发达成员和发展中成员立场的重大分歧而难有进展。

目前，GATS 2000 谈判还在进行中，但进展缓慢，主要原因是发展中国家与发达国家的立场分歧较大。但是，各成员方都期望本轮服务贸易谈判能取得积极的效果，也希望谈判保持一个相对平衡的进程，即在市场准入谈判和规则制定谈判以及服务贸易谈判和其他领域的谈判之间保持一定的平衡关系。今后，需要各方进一步交换意见和协调利益，特别是发达国家需要对发展中国家的困难予以充分考虑，才能推动谈判取得双赢结果。

相关链接：中国加入世界贸易组织在服务贸易方面的有关承诺

（1）增值电信，允许外国服务提供者在上海、广州、北京设立合资增值电信企业，并在这些城市内提供服务，无数量限制，合资企业中外资持股比例不超过 30%。加入一年后，地域扩大到包括成都、重庆等在内的 17 个城市，外资持股比例不超过 49%。加入两年内，将取消地域限制，外资持股比例不超过 50%。

（2）基础电信中的寻呼业务，同上。

（3）保险经纪：

1）企业形式。对于大型商业险经纪，再保险经纪，海运、空运和运输保险及再保险经纪，自加入WTO起，将允许设立外资持股不超过50%的合资企业。中国加入后3年内，外资股份比例可增至51%，5年内将允许设立外资独立子公司。

2）地域限制。3年内取消地域限制。

资料来源：《中华人民共和国加入议定书》及其附件。

第三节　《服务贸易总协定》

一、《服务贸易总协定》产生的历史背景

发达国家在国际服务贸易中占据主导地位，特别是美国在科技密集型的服务贸易中具有很大的优势，因此美国积极主张实行服务贸易的自由化。与此同时，其他国家尤其是发展中国家在银行、保险以及电信、卫星服务、产业服务等方面明显处于劣势，这些国家出于保护民族经济以及政治与安全的考虑，普遍实行服务贸易的保护主义政策，而这种保护主要是针对美国的，这就构成了对美国服务贸易向世界范围扩大的阻力。因此，美国希望早日将服务贸易纳入关贸总协定的范围。

早在1986年关贸总协定的部长级会议上，美国就首先提出了服务贸易问题。后来，美国又提出了实现服务贸易自由化的具体建议，主要包括：①确认关贸总协定的基本原则不仅适用于货物贸易，而且同样适用于服务贸易；②实行将货物贸易与服务贸易综合起来的单轨制谈判方式；③拓宽服务贸易谈判的项目范围，把通信、信息软件处理等远距离核心服务以及涉及跨国公司内部交易及其投资、开业权等问题全部包括在内；④根据关贸总协定关于"维持现状，逐步回退"的规划及达成的部分协议，逐步实现服务贸易的多边自由化；⑤实行一种整体贸易互惠方案，即以美国等发达国家在货物贸易上的某些项目让步来换取发展中国家在服务贸易自由化问题上的让步。美国的上述主张力图在关贸总协定多边体系内推进服务贸易自由化进程，这无疑有助于改善美国在这一领域内的市场进入条件，增强它的国际竞争力。

由于大部分发展中国家的服务贸易仍处于幼稚阶段，除了劳动密集型的建筑工程承包和旅游、运输等传统项目外，发展中国家涉及知识和资本密集型的服务项目非常薄弱，缺乏竞争能力，显然经不起美国等发达国家的冲击。另外，开放服务市场意味着大量要素的跨国流入，其中一些敏感性领域（如跨国银行、通信工程和航空运输等）往往直接关系要素输入国的主权与政治安全。与此同时，意识形态的差异也使社会主义国家抵制发达国家卫星通信的进入，如中国于1993年10月以促进中国精神文明建设为由对卫星天线的生产与使用实行了限制。鉴于以上原因，对美国等发达国家提出的服务贸易自由化主张，发展中国家虽然参加了服务贸易多边谈判，但对全面实行服务贸易自由化仍持保留态度。发展中国家认为，服务贸易谈判应基于以下原则：①现行关贸总协定的原则、规章不能直接适用于服务贸易的多边谈判，建议在关贸总协定以外达成一项服务贸易总协定；②至少在谈判的程序上实行服务贸易与货物贸易分开进行的双轨制；③在谈判的项目范围上，应限于狭义的服务贸易，把跨国服务的购销与跨国投资和跨国公司的内部交易区别开来，对发达

国家占支配地位的远距离核心业务也要加以限制；④谈判形成的规则、协议应基于"促进缔约国经济增长和发展中国家的发展"这一宗旨，明确给予发展中国家差别待遇，并有助于改善发展中国家劳动密集型服务的贸易条件。

美国以外的其他发达国家虽然对在关贸总协定体系内建立服务贸易的谈判框架大多持积极态度，但对美国的全面自由化主张也不完全赞同。其中，以欧盟成员国的观点最具代表性。欧盟成员国的服务业具有相当高的水平，服务贸易自由化有利于发挥它们的相对优势，但由于历史的原因，欧盟成员国在发展中国家的服务市场上有较大的份额，如果实行服务贸易全面自由化，有可能使欧盟失去在发展中国家市场的优势地位，而一个统一的欧洲大市场客观上要求对服务贸易维持一定的防御性进口限制机制。此外，欧盟还认为关贸总协定的规则对服务贸易只具有部分适应性。基于以上考虑，在乌拉圭回合谈判的过程中，欧盟提出了一种渐进的服务贸易自由化观点。其主要内容可以概括为以下几点：①在关贸总协定体制下按照双轨制的程序建立适应服务贸易特点的、能对工业国和发展中国家利益进行合理协调的原则框架；②增加服务贸易政策的透明度，为解决服务贸易争端设计特别程序；③对谈判的项目范围不做原则规定，可由缔约方在每次谈判时根据需要协商确定本次谈判的项目表；④通过经常性、在关贸总协定主持下的双边和多边谈判逐步渐进地推动服务贸易的自由化。

关于服务贸易是否应纳入以及如何纳入关贸总协定多边体系的问题，尽管主要缔约方之间存在着很大分歧，但乌拉圭回合谈判在这一领域内还是取得了一些突破性进展。在乌拉圭回合谈判中，发展中国家为了换取美国等发达国家在货物贸易谈判上的让步，在服务贸易谈判中做出了一定的妥协。根据乌拉圭回合部长会议宣言，关贸总协定成立了与货物贸易谈判组并列的服务贸易谈判组，实行了关贸总协定下的双轨制谈判方式。经过各缔约方的共同努力，最终形成了国际服务贸易多边总体框架协定。

二、《国际服务贸易总协定》的基本内容

《国际服务贸易总协定》由三部分组成：一是协定条款本身；二是部门协议；三是各国的市场准入承诺清单。

（一）《国际服务贸易总协定》条款

该协定共分 6 个部分、29 个条款和 8 个附录，主要宗旨是实现服务贸易自由化，希望建立一个服务贸易准则和规范的多边框架，从而在透明和逐步自由化的条件下扩大此类贸易，并以此促进各方的经济增长和发展中国家的经济与社会发展。该协定的主要内容包括以下几个方面。

1. 范围与定义

该协定适用于各成员国影响服务贸易的各种措施和服务部门参考清单所列 12 种服务部门的服务贸易，并确定了服务贸易的定义包括跨境支付、境外消费、商业存在和自然人移动四个方面的含义。

2. 义务和原则

该协定所规定的义务分为两类：一是普遍性义务，是指适用于各个部门的义务。例

如，不论成员方是否开放这个或这些部门，都必须相互给予无条件最惠国待遇。二是具体承诺的义务，是指经过双边或多边谈判达成协议中规定的义务，这些义务（如市场准入和国民待遇）只适用于各成员方承诺开放的服务部门，而不适用于未开放的服务部门。

该协定所规定的一些原则与总协定的基本原则相似，但由于服务贸易与货物贸易有所不同，因而具有了特定的含义。这些原则包括国民待遇原则、透明度原则、最惠国待遇原则和发展中国家的特殊待遇原则。

(1) 国民待遇原则。GATS规定的国民待遇（national treatment）是建立在国际经济关系非歧视原则基础上的，其核心是一缔约方在法律规章和管理等方面给予其他成员的服务和服务提供者的待遇不低于给予本国国内服务和服务提供者的待遇。从以上规定可以看出，GATS中有关国民待遇的内容并不像最惠国待遇那样纳入了普遍义务原则，而是采取具体承诺的方式，这一点与市场准入原则是一致的。在货物贸易和知识产权中，国民待遇也是一条普遍适用的原则。例如在货物贸易中，产品一旦跨越国境并完成通关手续后，就必须给予其完全的国民待遇。

(2) 透明度原则。根据《国际服务贸易总协定》的要求，任何一谈判签字方都必须把影响服务贸易措施的有关法律、行政命令及其他决定、规则和习惯做法（无论是中央政府或地方政府做出的，还是由政府有权制定规章的机构做出的）在生效之前予以公布；同时，还必须公布其他所有有关的国际规定，包括涉及影响服务贸易的国际协议。对上述有关法律、规则的任何修改，也应该对所有缔约方及时予以公开。但是，对于那些一旦公开就会妨碍国家法律实施、对公共利益不利或损害合法商业利益的机密资料，则不做此要求。

(3) 最惠国待遇原则。《国际服务贸易总协定》提出，每一签约方给予另一签约方有效服务或服务提供者的待遇，也应立即无条件地给予其他任何签约方的业务供应商。如果一签约方有与上述不一致的措施，必须提出理由，并符合免除义务的条件。最惠国待遇问题的谈判目前尚在讨论中，尤其是免除义务的条件。GATS最惠国待遇的适用也有例外与豁免，WTO成员在特定情况下，经WTO允许可以对最惠国待遇实行暂时的例外，即暂时在某些特定服务领域，WTO成员间可不履行最惠国待遇义务。例如，目前在有关金融服务方面所达成的协议中，只在公共金融服务的购买和过境贸易中规定了最惠国待遇。

(4) 发展中国家的特殊待遇原则。由于服务行业的发展水平，尤其是在金融服务业上，发达国家与发展中国家相去甚远，因而在服务贸易问题上实施平等的贸易竞争规则，本身就是不平等的。因此，拥有三分之二发展中国家或地区成员的关贸总协定在乌拉圭回合多边贸易谈判中，对发展中国家的特殊待遇也做了一些考虑。这些特殊待遇主要体现在以下几个方面：一是在国内政策目标上，发展中国家有权在其境内对服务的提供制定和采取新的规定，以适应特殊需要。二是在对外竞争方面，希望发展中国家更多地参与，发达国家和关贸总协定有义务帮助它们扩大出口，特别是提高其国内服务能力、效力和竞争力。在获得商业技术、销售渠道的改善和取得发达国家的市场资料方面，也应给予优先考虑，并允许发展中国家对服务行为的补贴等。三是在市场准入方面，允许发展中国家根据其经济发展水平，少开放一些部门、行业或少放宽一些类型的交易，以达到服务贸易逐步自由化的目的。四是对于最不发达国家，由于其特殊的经济地位，在贸易和财政收支方面的特殊困难应给予特殊的考虑。

3. 市场准入

根据协定规定，市场准入是在谈判后具体承诺的义务，各成员方应为其他成员的服务与服务提供者能够进入市场提供可行的渠道，而这种渠道必须不低于其在具体承诺细目表上已同意提供的条件和待遇。若在一成员方的细目表上给予了不止一种有关服务的准入渠道，那么别国的服务提供者可以进行自由选择。在该协定具体承诺中的市场准入条款与国民待遇条款都不是普遍性义务，而是作为具体承诺并与各个部门或分部门的开放联系在一起，这样可以使分歧较小的部门早日达成协议。按照 GATS 第十六条第二款的规定，成员方对于承诺市场准入的服务，除了承诺表所规定的条件和限制外，不得再采取下列限制性措施：

（1）限制国外服务提供者的数量。

（2）限制服务贸易的交易金额。

（3）限制服务的数量。

（4）限制特定行业雇用的人数。

（5）限制或要求服务提供者需要通过特定的法人实体或合营企业才可提供服务。

（6）对外国资本的参与限定其最高股权比例，或对个人的或累计的外国资本投资额进行限制。

4. 逐步自由化

这是关于各成员逐步扩大服务贸易自由化的谈判时间、适用范围、具体承诺的细目表以及细目表的修改所做的规定。该协定规定，为了进一步提高服务自由化的目标，各成员应进行多轮谈判，最晚从《世界贸易组织协议》生效后 5 年开始，并在此后定期举行谈判。谈判的目的是减少和消除对服务贸易产生不良影响的措施，以实现有效的市场准入。谈判应尊重各成员的政府目标和各国的发展水平。对某些发展中国家应允许有一定的灵活性，允许其有选择地开放部门和交易类型。

（二）关于《服务贸易总协定》的部门协议

该协定的部门协议共五个：

（1）关于提供服务的自然人的移动协议。这个部门协议适用于各缔约方提供服务的自然人以及受雇于服务提供者的自然人，但不适用于寻找工作的自然人，也与公民权、居留和受雇等措施无关。换句话说，自然人的移动必须伴随提供服务，有别于移民权。

（2）关于航空运输服务的协议。这个部门协议规定航空运输服务可以不遵守《服务贸易总协定》关于最惠国待遇的条款，而继续根据国际民航协定的对等原则，相互给予着陆权。

（3）关于金融（含保险）服务的协议。这个部门协议中有两个附件，第一个附件允许各缔约方政府根据谨慎的原则采取保护国内金融服务的措施，但这些措施在与《服务贸易总协定》的有关条款不相符合时，不能用以逃避自己的承诺与义务。谨慎的措施应得到他方的承认，这种承认可以通过协议或安排的方式，也可以通过自动承认的方式。该附件还对于金融（含保险）的服务范围做出了规定。第二个附件允许各缔约方在《服务贸易总协定》生效 4 个月后的 60 天内，列出最惠国待遇的例外清单，并可改进、修改或撤销其减让表中有关金融服务的承诺。

(4) 关于电信服务的协议。这个部门协议承认这个部门的双重作用，一方面是一个独特的经济部门，另一方面又是一种提高其他经济活动的基本方式。协议要求缔约方政府非歧视地给予外国服务提供者进入公共电信网的机会。

(5) 关于海运服务的协议。这个部门协议规定《服务贸易总协定》生效后，各方再就海运服务部门进行谈判。在此之前，各缔约方可以随意撤销其在该部门的承诺减让，无须给予赔偿。

(三) 关于初步承诺减让表

初步承诺减让表是各国在谈判基础上提交的开放市场的承诺，是《服务贸易总协定》不可分割的部分，具有法律约束力。初步承诺减让表中的内容是参加方在双边谈判基础上承担的关于国民待遇和市场准入的义务，列明了有关服务部门和这些部门的活动，保证其市场准入，同时还应明确注明对于这些部门实施国民待遇和市场准入的限制。各参加方只有提交初步承诺减让表，才能成为《服务贸易总协定》的成员。在主要的服务部门，减让表所涉及的范围主要包括以下几个方面：

(1) 国际运输服务，包括：①货物运输服务，如航空运输、海洋运输、铁路运输、管道运输、内河和沿海运输、公路运输，也包括航空发射及运输服务；②客运服务；③船舶服务，包括船员雇用；④附属于交通运输的服务，主要是指报关行、货物装卸、仓储、港口服务等。

(2) 国际旅游服务，包括：①宾馆与饭店；②旅行社及旅游经纪人；③导游服务；④其他服务。

(3) 国际金融服务，包括：①银行存款服务；②与金融市场运行管理相关的服务；③贷款服务；④与债券市场相关的服务，主要涉及经纪业务、股票发行和注册管理、有价证券管理等；⑤附属于金融中介的其他服务，如贷款经纪、金融咨询等。

(4) 国际电信服务，业务范围包括电话、数据传输、用户电报、传真、专用电路业务、卫星通信、移动电话、移动数据等。

(5) 国际保险业务，包括：①生命、事故与健康保险服务，具体包括人寿保险、养老金或年金保险、伤残及医疗费用保险、财产保险等；②非生命保险服务，如货物运输保险，其中包括海运、航空运输及陆路运输中的货物运输保险等；③再保险业务；④与保险有关的辅助服务，如保险经纪、保险代理、保险咨询、保险数据与统计等。

第四节 与贸易有关的知识产权保护

一、知识产权的定义、范围及特征

(一) 知识产权的定义

知识产权是指公民或法人等主体依据法律的规定，对其从事智力创作或创新活动所产生的知识产品所享有的专有权利，也称智力成果权、无形财产权。

狭义的知识产权包括工业产权和版权两大类。工业产权可以分为三类：创造性成果权

（包括发明专利权、实用新型权、外观设计权）；识别性标记权（包括商标权、服务标记权、商号权、货源标记权和原产地名称权）；制止不正当竞争权。版权可以分为作品创作者权和作品传播者权两类。

广义的知识产权还包括科学发现权，对“边缘保护对象”的保护权，以及商业秘密权等。

（二）知识产权的范围

1970 年 4 月 26 日生效的《建立世界知识产权组织公约》第 2 条（8）款对“知识产权”的范围做了如下定义：

（1）与文学、艺术及科学作品有关的权利（指版权或著作权）。

（2）与表演艺术家的表演活动、录音制品和广播有关的权利（指版权的邻接权）。

（3）与人类在一切领域创造性活动产生的发明有关的权利（指专利权）。

（4）与科学发现有关的权利。

（5）与工业品外观设计有关的权利。

（6）与商品商标、服务商标、商号及其他商业标记有关的权利。

（7）与防止不正当竞争有关的权利。

（8）一切来自工业、科学及文学艺术领域的智力创作活动所产生的权利。

世界贸易组织（WTO）在《与贸易有关的知识产权协议》（TRIPS）第一条对“知识产权”的范围做了类似的定义。

（三）知识产权的特征

（1）权利客体的无形性。权利客体的无形性是知识产权区别于有形财产所有权最本质的特征。无形性是知识产权的最基本性质。

（2）权利内容的专有性。权利内容的专有性包括两层含义：一是知识产权在法律规定的有效期内，权利人可以对其客体拥有排他权、垄断权。二是对于相同的智力成果或者商业标记，国家授予的某一类型知识产权应是唯一的，不能再对同一智力成果授予他人同一类型的知识产权。

（3）权利效力的地域性。权利效力的地域性是指一项知识产权仅在它依法产生的地域内有效。

（4）权利保护的时间性。权利保护的时间性是指知识产权仅在法定期限内受到保护，超过法定期限，权利自行消灭，但作为其客体的智力成果依然存在，只是由专有领域进入公有领域。

二、知识产权保护制度

（一）知识产权保护

狭义的知识产权保护通常是指通过司法和行政执法来保护知识产权的行为。然而，这种局限于司法和行政执法双轨制的保护体系既不能完全有效地保护知识产权，也不能构成知识产权保护所涵盖的全部内容，因此就有必要将知识产权保护的概念扩展到更广的层面。

广义的知识产权保护是指依照现行法律，对侵犯知识产权的行为进行制止和打击的所有活动。

（二）知识产权保护的国际公约

世界知识产权组织（WIPO）是根据1867年《建立世界知识产权组织公约》于1970年成立的，1974年成为联合国的一个专门机构。世界知识产权组织管理的知识产权公约包括：

1.《保护工业产权的巴黎公约》

该公约规定了工业产权保护的三项基本原则，即国民待遇原则、优先权原则和独立原则。该公约定义的工业产权的保护对象包括专利、实用新型、外观设计、商标、服务标记、厂商名称、货源标记或原产外观设计，用以制止不正当竞争。

2.《保护文学和艺术作品的伯尔尼公约》

该公约确立了文学和艺术作品保护的三项基本原则，即国民待遇原则、自动保护原则和独立保护原则。该公约规定了受保护作品的范围，即保护文学和艺术作品，包括文学、科学和艺术领域内的一切作品，不论其表现形式或方式如何。该公约确立了作者的专有权利，规定了文学、艺术作品的作者享有的经济权利和精神权利。

3.《保护表演者、音像制品制作者和广播组织的罗马公约》

该公约给予的保护基本上由各国依其国内立法对本国表演者、音像制品制作者和广播组织给予的国民待遇构成。该公约没有明确规定表演者最低限度的权利，该公约向表演者保证的最低限度保护是防止不经其许可而实施某些行为的可能性。该公约规定的最低保护期限是20年，自录制完成、表演举行或广播播出之年年底起计算。

4.《保护集成电路的知识产权的华盛顿公约》

该公约要求每一缔约方在领土范围内对于集成电路布图设计（拓扑图）的知识产权保护应给予与其本国国民同样的待遇，而且保护期限至少为8年。

5.其他条约

其他条约主要包括《专利合作条约》、《商标国际注册马德里协定》、《世界知识产权组织版权条约》和《世界知识产权组织表演和录音制品条约》。

资料链接：中国的知识产权保护制度

20世纪80年代，在改革开放的初期，中国就开始了知识产权保护的法制建设。为了适应经济发展和科技进步的要求，根据中国国民经济发展的客观需要，通过借鉴国际公约、条约规定和其他国家在知识产权保护立法方面的先进经验，中国不断建立健全知识产权保护的立法体系。中国现有的知识产权保护法律体系主要由法律、行政法规和部门规章三个部分组成。其中，专门法律主要包括《中华人民共和国商标法》、《中华人民共和国专利法》、《中华人民共和国著作权法》等；专门行政法规包括《中华人民共和国商标法实施条例》、《中华人民共和国专利法实施细则》、《中华人民共和国著作权法实施条例》、《中华人民共和国知识产权海关保护条例》、《计算机软件保护条例》、《集成电路布图设计保护条例》、《中华人民共和国植物新品种保护条例》等；专门部门规章包括《驰名商标认定和保护规定》、《集体商标、证明商标注册和管理办法》、《专利实施强制许可办法》等。此外，《中华人民共和国民法》、《中华人民共和国刑法》、《中华人民共和国对外贸易法》以及最高人民法院和最高人民检察院发布的有关司法解释中也包括了知识产权保护的专门规定。

三、WTO《与贸易有关的知识产权协议》的基本原则与保护范围

GATT 乌拉圭回合谈判将与贸易有关的知识产权保护问题纳入了多边贸易体制，制定了《与贸易有关的知识产权协议》。

1. 与其他相关公约并存不悖的原则

《与贸易有关的知识产权协议》的目的只是为了对知识产权的国际保护进行全面的规定，而不是取代以往的国际公约。各成员依据《保护工业产权的巴黎公约》、《保护文学和艺术作品的伯尔尼公约》、《保护表演者、音像制品制作者和广播组织的罗马公约》以及《保护集成电路的知识产权的华盛顿公约》所承担的义务不应由于本协定的规定而受到减损，而是必须继续遵守。

2. 最惠国待遇原则

《与贸易有关的知识产权协议》规定：任何一成员就知识产权保护提供给另一成员国民的利益、优惠、特权或豁免应当立即、无条件地给予所有其他成员的国民。这是 TRIPS 的创新条款，以往关于知识产权的国际公约都没有制定最惠国待遇条款。同时，TRIPS 还规定，在以下几种情况，最惠国待遇条款不适用于各成员。

（1）一成员在加入 WTO 以前已签订的司法协助及法律实施的双边或多边国际协定，允许仅适用于签订该类协定的各缔约方，而不适用于 WTO 的其他成员。

（2）根据《保护文学和艺术作品的伯尔尼公约》（1971 年巴黎文本）及《保护工业产权的巴黎公约》中的选择性条款，在某些国家间按授权所获得的保护，可按互惠原则相互提供保护而不按最惠国待遇扩展到其他成员。

（3）该协定中未做规定的表演权、音像制品制作权及广播组织权也不受最惠国待遇的约束。

（4）《建立世界贸易组织协定》生效前已经生效的知识产权保护国际协议中产生的，并且已将这些协议通知与贸易有关的知识产权委员会，如果这些协议并不对其他成员构成不公平的歧视，则这类协议所产生的优惠、特权、豁免、利益可以作为最惠国待遇的例外。

（5）由世界知识产权组织主持所缔结的有关知识产权的多边协定中所规定的优惠、特权、豁免、利益，只适用于这些协议的签字国，而不适用于 WTO 的所有成员。这一例外也适用于《与贸易有关的知识产权协议》的国民待遇原则。

3. 国民待遇原则

根据《与贸易有关的知识产权协议》的规定，凡是符合《保护工业产权的巴黎公约》（此处是指该公约 1967 年 7 月 14 日斯德哥尔摩文本）、《保护文学和艺术作品的伯尔尼公约》、《保护表演者、音像制品制作者和广播组织的罗马公约》和《保护集成电路的知识产权的华盛顿公约》所列明的保护标准项下的自然人或法人，是以上 4 个公约成员的国民或

WTO 成员的国民，应该享受《与贸易有关的知识产权协议》的国民待遇。

《与贸易有关的知识产权协议》的国民待遇适用范围并不覆盖知识产权的所有方面，以下是主要例外：

(1) 已在《保护工业产权的巴黎公约》、《保护文学和艺术作品的伯尔尼公约》、《保护表演者、音像制品制作者和广播组织的罗马公约》及《保护集成电路的知识产权的华盛顿公约》中规定的例外。

(2) 有关知识产权在司法和行政程序方面的例外。但是，这些例外不能与《与贸易有关的知识产权协议》的义务相抵触，也不能对正常贸易构成变相的限制。

(3) 世界知识产权组织主持所缔结的多边协议中有关获得和维持知识产权的程序方面的规定，也不适用国民待遇原则。

(4)《与贸易有关的知识产权协议》所规定的其他例外。

第五节　国际工程承包

一、国际工程承包的概念

国际工程承包是指一个国家的政府部门、公司、企业或项目所有人（一般称为工程业主或发包人）委托国外的工程承包人负责按规定的条件承担完成某项工程任务。国际工程承包是一种综合性的国际经济合作方式，是国际技术贸易的一种方式，也是国际劳务合作的一种方式。之所以将其作为国际技术贸易的一种方式，是因为国际承包工程项目在建设过程中，包含大量的技术转让内容，特别是项目建设的后期，承包人要培训业主的技术人员，提供所需的技术知识（专利技术、专有技术），以保证项目的正常运行。

国际工程承包的主要项目类型包括基础设施（交通、能源、通信、农业工程等）、土木工程（包括事业单位，如学校、医院、科研机构、影剧院的住宅房产）、以资源为基地的工程和制造业工程等。

二、国际工程承包的种类

1. 按承包人承担责任的不同划分

(1) 分项工程承包合同。发包人将总的工程项目分为若干部分，发包人分别与若干承包人签订合同，由他们分别承包一部分项目，每个承包人只对自己承包的项目负责，整个工程项目的协调工作由发包人负责。

(2)“交钥匙”工程承包。“交钥匙”工程是指跨国公司为东道国建造工厂或其他工程项目，一旦设计与建造工程完成，包括设备安装、试车及初步操作顺利运转后，即将该工厂或项目所有权和管理权的“钥匙”依合同完整地“交”给对方，由对方开始经营。因此，“交钥匙”工程也可以看成一种特殊形式的管理合同。要完成“交钥匙”工程，不等于组织大而全的集团公司，而是按市场经济规律，本着互惠互利、相互促进及相互支持的原则。要承担“交钥匙”工程，服务单位没有一定经济实力是不行的。

（3）“半交钥匙”工程承包。承包人负责项目从勘察一直到竣工后试车，若项目正常运转且符合合同规定标准，即可将项目移交给发包人。它与“交钥匙”工程承包合同的主要区别是不负责一段时间的正式生产。

（4）“产品到手”工程承包。承包人不仅负责项目从勘察一直到正式生产，还必须在正常生产后的一定时间（一般分为两年或三年）内进行技术指导和培训、设备维修等，确保产品符合合同规定标准。

2. 按合同的计价方式划分

（1）固定价格合同，或称总包价格合同。固定价格合同是指在约定的风险范围内价款不再调整的合同。双方需要在专用条款内约定合同价款包含的风险范围、风险费用的计算方法以及承包风险范围以外的合同价款调整方法。

（2）“成本＋费用”合同。该合同是指承包人垫付项目所需费用，并将实际支出费用向发包方报销，项目完成后，由发包人向承包人支付约定的报酬。

三、国际工程承包市场

（一）地区特点

（1）中东（西亚）。该地区的石油资源丰富，但当地建筑业落后，市场很大，竞争激烈。2007 年，西亚地区超越了亚洲，成为全球国际工程承包市场的第二大市场，市场份额跃至 18.4％。在全球最大的 225 家工程承包公司中，有 130 家在西亚市场开展业务。当年完成营业额 413.8 亿美元，比 2007 年增长了 47％。

（2）亚洲（除中东外）。该地区经济发展快，但当地不缺劳务，因此要求以提供资金、技术、管理服务为主。另外，日本建筑市场一直未对外开放，除了有选择地放松进口劳务外，外国公司很难进入当地市场。

（3）欧洲。欧洲历来都采取地区保护政策，很难对外开放。

（4）非洲。非洲经济整体比较落后，但与中国关系好，有很多援助项目。虽然非洲市场存在一定的政治风险，但资源丰富，政府发展经济的决心很大，其建筑市场的发展潜力颇大。

（5）北美洲和澳洲。这两个地区基本没有对外开放。许多外国公司在美国承包的工程多集中在太平洋的关岛和塞班岛，本土多限于房地产项目。澳大利亚由于当地入境和工程公司注册限制，外国公司很难进入。

（6）南美洲。该地区的通货膨胀比较严重，距离中国较远，风险大，成本较高，外国公司不多。

（二）国际工程承包市场的特点

受国际经济和政治环境变化的影响，国际工程承包市场呈现出以下特点：

（1）工程规模大型化。国际工程承包市场发包的单项工程规模正在向大型化的方向发展，具体表现为：一是发包项目的投资规模扩大；二是发包形式发生变化，项目总承包形式被越来越多的业主认同。

（2）各大承包商积极向海外市场扩张。从 2000 年初开始，西方股票市场的泡沫破裂、

“9·11”恐怖袭击事件、伊拉克战争等一系列事件相继爆发，世界经济陷入长达3年的温和衰退中，全球建筑市场增长乏力。在这样的背景下，欧美等国政府不遗余力地推动本国建筑企业走向世界，各工程承包企业也在不断提高经营和管理大项目的能力，不断延伸服务范围。

（3）带资承包已成为普遍现象。国际工程承包市场的总趋势是需要承包商带资承包的项目越来越多。除美国等少数国家的政府项目不需要承包商带资外，多数项目基本上需要承包商以不同形式带资承包。即便是原先不需要垫付资金的国际金融机构贷款项目，也需要承包商垫付相当于工程合同20%的流动资金。据有关专家初步估算，带资承包项目约占国际工程承包市场的65%。

（4）国际工程承包市场步入规范化管理。随着国际工程承包市场的风险系数加大，国际工程承包的风险防范意识也在增强，加之国际竞争的需要，国际工程承包业务的技术创新、电子化管理、质量管理体系标准（ISO 9000）、环保管理体系标准（ISO 14000）以及安全标准都在走向规范化，并且逐渐成为进入国际工程承包市场的条件因素。

通过本章学习，可以：

1. 掌握国际服务贸易的构成，了解国际服务贸易的发展趋势。
2. 了解国际服务贸易的壁垒及国际服务贸易的自由化谈判。
3. 掌握《服务贸易总协定》的基本内容和原则，了解中国服务业开放的路径、特征和成就。
4. 了解WTO《与贸易有关的知识产权协议》的基本原则与保护范围。
5. 了解国际工程承包的内容及国际工程承包市场的基本情况。

国际服务贸易	跨境交付	境外消费
商业存在	自然人流动	服务外包
国民待遇原则	透明度原则	最惠国待遇原则
发展中国家的特殊待遇原则	知识产权	知识产权保护
与贸易有关的知识产权协议	国际工程承包	

1. 试述国际服务贸易迅速增长的原因。
2. 《服务贸易总协定》的基本原则是什么？
3. 为什么国际服务贸易的主要提供方式是商业存在？
4. 国际服务贸易壁垒主要有哪些形式？
5. 国际服务贸易分为哪几种类型？
6. 知识产权具有哪些特征？

7.《与贸易有关的知识产权协议》中最惠国待遇原则有哪些例外？

8. 何为国际工程承包？按承包人承担责任的不同，国际工程承包可以分为哪些种类？

2001年12月11日，中国正式成为WTO成员。根据中国的入世承诺，包括旅行社服务在内的旅游服务业将对外资扩大开放。具体的承诺是：自中国加入WTO之时起，年旅游经营总额超过4 000万美元的境外旅行社可以在我国申办由中方控股的合资旅行社，申办地域为我国政府指定的旅游度假区和北京、上海、广州及西安4个城市；加入WTO后3年内，允许设立由外资控股的合资旅行社；加入WTO后6年内，允许设立外商独资的旅行社，并取消设置地域的限制，但合资或外商独资旅行社不能经营中国公民出境及赴香港、澳门和台湾地区的旅游业务。2003年6月12日，国家旅游局、商务部公布了《设立外商控股、外商独资旅行社暂行规定》，这标志着旅游业正在加快兑现入世承诺，同时也说明旅游业进一步扩大了对外资的开放。

1. 入境（来华）旅游属于国际服务贸易的哪一种方式？国际服务贸易共有几种方式？

2. 入境旅游对中国来说是服务出口，还是服务进口？为什么？

3. 国际服务贸易的哪一种方式同时也属于国际直接投资活动？

4.《设立外商控股、外商独资旅行社暂行规定》的公布体现了《服务贸易总协定》的哪些原则？

第十三章 国际要素流动与跨国公司

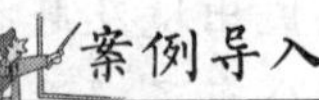

案例导入　海尔集团成功跨国经营的启示

中国海尔集团是世界第四大白色家电制造商、中国最具价值品牌，旗下拥有240多家法人单位，在全球30多个国家建立了本土化的设计中心、制造基地和贸易公司，全球员工总数超过50 000人，重点发展科技、工业、贸易、金融四大支柱产业，已发展成全球营业额超过1 000亿元的跨国企业集团。

海尔集团重视战略部署，通过实施名牌战略、多元化战略和国际化战略，2005年海尔进入第四个战略阶段——全球化品牌战略，使海尔品牌在世界范围的美誉度大幅提升。1993年，海尔品牌成为首批中国驰名商标；2006年，海尔品牌的价值高达749亿元。自2002年以来，海尔品牌的价值连续四年蝉联中国最有价值品牌的榜首。海尔品牌旗下冰箱、空调、洗衣机、电视机、热水器、电脑、手机、家居集成等18个产品被评为中国名牌，海尔冰箱、洗衣机还被国家质检总局评为首批中国世界名牌。2005年8月30日，海尔被英国《金融时报》评为"中国十大世界级品牌"之首。2006年，在《亚洲华尔街日报》组织评选的"亚洲企业200强"中，海尔集团连续第四年荣登"中国内地企业综合领导力"排行榜榜首。海尔已跻身世界级品牌行列，其影响力正随着全球市场的扩张而快速上升。

2010年12月9日，世界权威市场调查机构欧睿国际（Euromonitor）发布的最新全球家用电器市场调查结果显示：海尔品牌在大型白色家用电器市场中的占有率为6.1%，再次蝉联全球第一。其中，海尔在冰箱、洗衣机、酒柜三个产品市场占有率的排名中继续蝉联全球第一。按冰箱的品牌份额统计，海尔牌冰箱以10.8%的品牌市场占有率第三次蝉联世界第一，领先第二名5个百分点；按制造商排名，海尔冰箱公司以12.6%的市场份额第二次蝉联世界第一，继续领先美国惠而浦。海尔牌洗衣机以9.1%的市场份额第二次蝉联世界第一；海尔酒柜制造商与品牌零售量占全球市场的14.8%，首次登顶世界第一。

至此，海尔同时拥有全球大型白色家电第一品牌、全球冰箱第一品牌、全球冰箱第一制造商、全球洗衣机第一品牌、全球酒柜第一品牌与第一制造商六项殊荣，连续蝉联世界第一反映了海尔集团在复杂的市场环境中始终满足用户需求的创新能力。海尔集团在国内市场紧紧抓住内需动力机遇，在海外市场充分发挥全球化的网络优势，通过分布在全球的

61 个营销中心和 29 个制造基地为用户提供服务，在为全球用户创造美好体验的同时，实现了持续高速发展。

资料来源：http：//www.haier.cn。

第一节 资本国际流动

一、资本国际流动的形式

资本国际流动的形式主要可以分为两大类：单纯的货币资本流动和外国直接投资。

（一）货币资本流动

货币资本流动是国际资本流动的一种主要方式，可分为国际借贷和国际证券投资两种形式。

1. 国际借贷

许多国家和企业不愿外国资本控制本国经济但又缺乏资本，通常采用从国外借款的方式获得资本。与此同时，国际上有许多资本在寻找投资机会，也愿意通过借贷的方式获得收益。一些国际组织和发达国家为了帮助落后国家发展经济，也常常进行贷款。国际借贷根据贷款的来源和性质可分为外国政府贷款、国际金融组织贷款、外国商业银行贷款以及出口信贷等。由外国政府提供的贷款，其条件由双边协议予以一定约束，而且资金成本较低、期限较长；国际金融组织贷款主要包括国际货币基金组织、世界银行及其附属机构（国际金融公司和国际开发协会）、亚洲开发银行、泛美开发银行和欧洲投资银行等金融机构贷款；外国商业银行贷款是由国际金融市场上的私人银行提供的商业性贷款，借款人可以自由使用，但贷款的利率较高，并且需要支付有关费用；出口信贷是为了支持本国出口而为外国供应商或本国出口商提供的一种信贷方式，由于政府支持并积极参与的原因，出口信贷的条件一般都比金融市场借贷的条件优惠。

2. 国际证券投资

国际证券投资可分为国际股票投资和国际债券投资。国际股票投资包括让境外投资者直接购买本国上市或境外上市公司的股票，以及本国投资者利用海外存托凭证获得对非本国公司股票的所有权。国际债券投资是指投资者在国际债券市场上购买外国企业或政府发行的债券，并按期获取债息收入和到期收回本金的投资活动。国际债券投资有很多优点：从投资者的角度来看，它具有较大的流动性，其收益有可能超过本国证券投资或银行存贷利息，而且它是在国际范围内进行投资组合，有利于分散投资风险；对于债券发行者来说，发行国际债券可以获得大量的国际资金来发展本国的生产和服务行业。

（二）外国直接投资

除了货币资本投资以外，资本要素国际流动的另一种主要方式是外国直接投资。在东道国创立新企业和并购东道国的企业是外国直接投资的两种基本方式。新企业的创立既可以是由外国投资者投入全部资本，在东道国创立一个拥有全部控制权的独资企业，也可以由两个或两个以上的投资者共同创立一个国际合资企业，投资合作者可以是东道国的投资者，也可以是第三国的投资者。目前，在发展中国家的外国投资主要采取合资企业的形式。并购的一般做法是从证券市场取得企业的股权证券，或者在企业增资时以适当的价格取得企业增发的股权证券，或者是与企业直接谈判购买条件，以取得企业的所有权。跨国公司的海外投资往往采用直接投资的方式。

二、资本国际流动的理论

（一）费雪模型

20世纪初美国经济学家欧文·费雪（Irving Fisher）依据实际利率的相对优势，建立了阐述国际资本流向的理论模型。

费雪认为，一国的名义利率等于投资者所要求的实际利率与预期的通货膨胀率之和，用公式可表达为：

$$i=r+I$$

式中，i 为名义利率；r 为实际利率；I 为通货膨胀率。

如果同时考虑两国情况，并将两个公式相减，可得：

$$i_d-i_f=(r_d+I_d)-(r_f+I_f)=(r_d-r_f)+(I_d-I_f)$$

根据购买力等价理论，两国的实际利率应相等，即

$$r_d=r_f$$

则

$$i_d-i_f=I_d-I_f$$

费雪模型表明，一国名义利率的上升幅度和通货膨胀率完全相等，否则就会存在国家之间的实际利率差异，产生国际资本流动的动力。实际利率高的国家会向实际利率低的国家出口金融资产（有价证券）、进口货币资本，实际利率低的国家会向实际利率高的国家出口货币资本，进口金融资产。此外，国际资本流动的最终结果将消除两国实际利率的差异。资本的国际自由转移能够降低高利率国家的实际利率，同时提高低利率国家的实际利率，最终导致两国的实际利率均衡。

（二）两缺口模型

两缺口模型是20世纪60年代由美国经济学家钱纳里（H. Chenery）和斯特劳特（A. Strout）等提出的，用以分析发展中国家投资大于储蓄和进口大于出口时利用外资弥补国内资金短缺的一种经济模型。

根据国民经济基本恒等式，总收入等于总供给。

$$Y=C+S+T+M$$

式中，Y 为总供给；C 为消费；S 为储蓄；T 为税收；M 为进口。

$$Y=C+I+G+X$$

式中，Y 为总需求；C 为消费；I 为投资；G 为政府支出；X 为出口。

若税收等于政府支出，则有

$$I-S=M-X$$

式中，$I-S$ 为投资与储蓄的差额，称为储蓄缺口；$M-X$ 为进口与出口的差额，称为外汇缺口。

对各变量进行调节的目的是使上述公式平衡。例如，利用外资进口机器设备，一方面，这项进口暂时不用出口来抵付；另一方面，该投资品又不需要国内的储蓄来弥补。可见，利用外资可以同时弥补两个缺口，既可以满足投资需要，又可以减轻支付进口费用的压力，从而保证经济的增长。两缺口模型强调了发展中国家利用外资的必要性：通过引进外资，可以提高一国的出口能力，使得高收入、高储蓄的良性循环出现，从而更加合理地配置资源。

三、资本国际流动的经济效应

如图 13—1 所示，假定世界由作为投资国的母国 A 和接受投资的东道国 B 组成，O_A 为投资国的原点，O_B 为东道国的原点，横轴为资本量，纵轴为资本的边际产品价值。全世界资本总供给为 O_AO_B。资本流动前，A 国的资本报酬率为 O_AC，资本总供给量为 O_AA，总产量是 O_AFGA；B 国的资本报酬率为 O_BH，劳动总供给量为 O_BB，总产量是 O_BJMA。因为 B 国的资本报酬率（O_BH）比 A 国（O_AC）高，现假定国际资本可以自由流动，AB 数量的资本从 A 国流到 B 国，直至两国资本报酬率在 BE 处相等。结果是，A 国的资本报酬率上涨，而 B 国的资本报酬率下降。另外，A 国的产品总量从 O_AFGA 下降到 O_AFEB，而 B 国的产品总量从 O_BJMA 上涨到 O_BJEB，世界产量净增加 EGM。

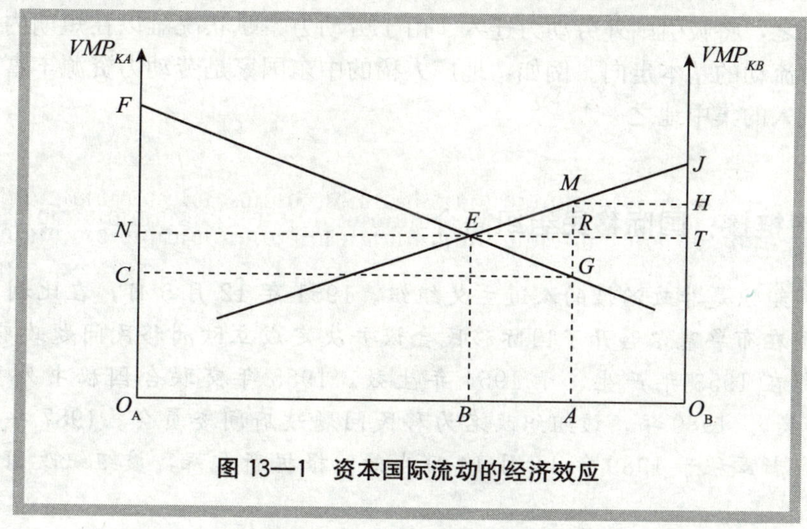

图 13—1 资本国际流动的经济效应

第二节 劳动力国际流动

一、劳动力国际流动的主要形式

劳动力流动是指劳动力在不同区域之间的位移。劳动力的国际流动按短期和长期区分，其主要形式有外籍劳工和移民两种。一般来说，“移民”是指到别的国家定居，最终成为该国居民，而“外籍劳工”只是在别国临时工作。从流动的方向看，基本上是从人口多的国家流向人口相对少的国家，从经济落后、工资低的发展中国家流向工资高的经济发达国家。一般到美国、加拿大、澳大利亚等地的多数是永久性移民，到日本、欧洲或中东国家的，多是外籍劳工，这主要受相关国家移民政策的影响。

国际劳工迁徙既有非经济原因，也有经济原因。当然，非经济因素（如人口政治压力、民族传统、宗教信仰、自然灾害及战争等）会在不同程度上作用于劳动力的国际移动。许多发生在19世纪以及更早年代的国际移民是出于逃避欧洲的政治、宗教迫害。然而，大多数的国际劳工迁徙，特别是第二次世界大战后的国际劳工迁徙是由于受到国外高收入的美好前景的吸引，即更多出于经济原因。劳动力国际流动在经济方面的原因主要有：第一，劳动力移动的收益与成本比较。这是劳动力迁移的最直接原因。劳动力移动的直接收益表现为移动后实际收入的增加和生活环境、水平的改善。劳动力移动的成本是指为迁移而付出的全部代价，主要包括交通运输费用和其他货币支出，迁移期间的工资和其他收入损失，为迁移而付出的其他非货币支出或牺牲，如社会、历史、文化、语言等方面的不适应。如果劳动力移动的收益明显大于成本，就构成了劳动力移动的现实基础。第二，经济周期的变化是劳动力移动的重要促成因素。处在经济周期不同阶段的国家对劳动力的需求强度存在明显的差异。经济高涨时，生产扩张，劳动力需要强烈，实际工资率将上升，因而吸引国外劳动力流入；反之，将推动国内劳动力外流。第三，劳动力禀赋状况是劳动力移动的深层原因。劳动力资源丰富的国家，实际工资率相对较低，将引起国内劳动力外流；反之，将吸引国外劳动力迁入。由于劳动力禀赋状况难以在短期内改变，因此形成了劳动力流动的基本走向。例如，地广人稀的中东国家是劳动力资源丰富的其他亚洲国家劳动力流入的集中地之一。

资料链接：国际移民组织简介

国际移民组织是非政治性的人道主义组织。1951年12月5日，在比利时和美国的倡议下，多国在布鲁塞尔召开了国际移民会议并决定成立欧洲移民问题政府间委员会。该组织的章程在1953年产生，于1954年生效，1955年交联合国秘书处登记并编入《联合国条约集》。1980年，该组织改名为移民问题政府间委员会。1987年5月，该组织修改章程，新章程于1989年11月14日生效。根据新章程，该组织改用现名，总部设在日内瓦。

其宗旨是在全世界范围内确保移民有秩序地移居他国，为此规定了五大职能：①安排由于现有设施服务不足或没有特别协助不能移民者有组织地迁移至那些提供有秩序移民机会的国家；②参与对难民、流离失所者和其他需要国际移民服务的个人进行有组织的迁移，对这些人可由本组织和有关国家（包括承诺接受这些人员的国家）做出安排；③应有关国家的要求并与其达成协议，提供移民服务，如招募、选择、分类、语言培训、定向活动、医疗检查、安置、有助于接收和融合的活动，并就移民问题提供咨询服务和符合本组织目标的其他协助；④应各国要求或与其他有关国际组织合作，为移民自愿返回（包括自愿遣返）提供类似的服务；⑤为各国及国际组织和其他组织提供论坛，彼此交换意见和经验，促进国际移民问题上各种努力的合作和协调，包括对这些问题进行研究以寻求切实的解决方法。该组织的主要出版物包括《国际移民》（季刊，英文），《国际移民组织拉丁美洲移民杂志》（英、西文），《移民与健康》（季刊，英文），《国际移民组织新闻》（月刊，英、法、西文），《年度报告》（英、法、西文）。

资料来源：海闻、P. 林德特、王新奎：《国际贸易》，上海，上海人民出版社，2003。

二、劳动力国际流动的经济效应

假设两国劳动力是同质的，可以在没有任何迁移费用的前提下在国际上自由流动，则劳动力会从丰富的、低工资的国家流动到稀缺的、高工资的国家。劳动力的这种流动会导致移出国的工资上涨，而移入国的工资下降，直到两个国家的工资相等为止。

在图 13—2 中，假定在一个由 A、B 两国组成的世界中，全世界的劳动总供给为 O_AO_B。迁移前，A 国劳动力的工资率为 O_AC，劳动力的总供给量为 O_AA，总产量是 O_AFGA；B 国劳动力的工资率为 O_BH，劳动力的总供给量为 O_BB，总产量是 O_BJMA。因为 B 国的工资（O_BH）比 A 国的工资（O_AC）高，现假定国际劳动力自由迁移，AB 数量的劳动力从 A 国迁移到 B 国，直至两国工资在 BE 处相等。结果是，A 国的工资上涨，而 B 国的工资下降。另外，A 国的产品总量从 O_AFGA 下降到 O_AFEB，而 B 国的产品总量从 O_BJMA 上涨到 O_BJEB，世界产量净增加 EGM。值得注意的是，迁出国 A 国的国民收入朝着有利于劳动者的方向进行再分配。此外，迁入国 B 国则朝着非劳动力资源方向再分配，A 国也可能从它的侨居者那里收到一些汇款。

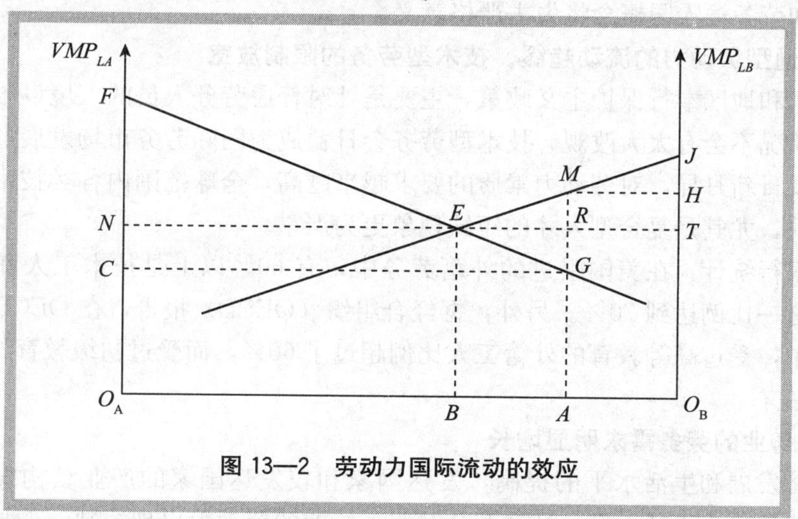

图 13—2　劳动力国际流动的效应

劳动力的国际流动也会影响有关国家的产出构成和贸易结构。假定 A 国是劳动丰富的国家，B 国是资本丰富的国家，并且两者间的贸易遵循赫克歇尔-俄林模型，那么 B 国出口资本密集型产品，A 国出口劳动密集型产品。因为 B 国的实际工资高于 A 国，故 A 国工人将会不断地向 B 国迁移。结果是，A 国的实际工资上升、B 国的实际工资下降，直到最终两国实际工资水平完全趋于一致，劳动力的国际流动就停止。

根据罗伯津斯基定理，给定充分就业，在商品相对价格保持不变的情况下，B 国劳动力的增长会导致劳动密集型产品（进口产品）产出扩张，而资本密集型产品（出口产品）产出会缩减。与此同时，A国由于劳动力减少，相应地减少了劳动密集型产品（出口产品）的生产。所以，这种要素流动使得B国具备了生产进口替代产品的要素构成，A国则降低了生产传统出口产品的能力，因而两国都具有“超逆贸易效应”。

三、劳动力国际流动的发展趋势

（一）劳动力国际流动继续保持较快增长，国际劳务合作空间广阔

从存量上看，据国际劳工组织估计，活跃在各国的外籍劳工达8 090万人；从流量上看，目前全球每年的流动劳工约3 000万～3 500万人，比20世纪80年代初的2 000万人增加了50%以上；从劳务政策上看，由于许多发达国家受人口增长率低和劳动力成本高的影响，需要外来的低成本劳动力，因此各国对劳动力流动的限制会逐步放松。

此外，随着经济全球化的发展、国家间依存度的增加和交通运输的改善，进一步加速了劳动力的国际流动。

（二）劳动力国际流动的方向呈现多样化

一般来说，劳动力国际流动的方向是从发展中国家流向发达国家。在这个总趋势不变的前提下，近年来，随着产业的转移，发达国家的技术管理人员向发展中国家的流动正在不断增加，甚至在发展中国家之间，由于经济发展程度和劳动力结构的差异，不同质的劳动力对流现象也十分普遍。可以预见，今后劳动力的国际流动将呈现多样化趋势，传统的劳务输出国和劳务输入国概念将失去严格意义。

（三）普通型劳动力的流动趋缓，技术型劳务的限制放宽

一些国家和地区奉行保护主义政策，主要是针对普通劳务人员的入境设限。从发展趋势看，这种状况不会有太大改观，技术型劳务会日益成为国际劳务市场发展的主力。由于现代科技发展日新月异，对劳动力素质的要求越来越高，全球范围内各类技术人才和管理人才普遍短缺，尤其是复合型人才的短缺现象更为严重。

据世界银行统计，在美国引进的外籍劳务中，有60%以上是技术工人和专业技术人员；德国的这一比例达到70%。另外，据经合组织（OECD）报告，在OECD国家引入的外籍劳动者中，受过高等教育的外籍工人比例超过了60%，而受过初级教育的外籍工人比例仅为10%左右。

（四）服务业的劳务需求明显增长

随着经济发展和生活水平的提高，发达国家和较发达国家的产业结构发生了很大变化，如服务业的比重不断上升，社区及公共服务行业的劳动力出现短缺。例如，韩国的餐饮、宾馆清洁、社会福利和家政服务等行业缺员达50%；英国、中国香港短缺家政服务人员和厨师等；金融、保险、广告、旅游和咨询服务等也是需求旺盛的行业。因此，今后外籍劳务在服务业中的就业机会将会增加。

与此同时，由于低生育率和健康长寿，发达国家的人口老龄化现象较为严重，随着老龄人口的比例迅速增长，为老人服务的医疗保健事业将得到进一步发展，而医护人员的短缺也会越来越严重。2003年，美国的护士空缺达到15%，沙特雇佣了近10万名外籍医护

人员，英国、日本、澳大利亚等国也相继开放了外籍医护人员市场。

各国经济的增长和引进劳务政策的放宽，为劳动力的国际自由流动创造了有利条件，也为发展中国家的劳务输出提供了机遇。

第三节　技术国际转移

一、技术国际转移的概念与特点

（一）技术国际转移的基本概念

技术国际转移是指不同国家的企业、经济组织或个人之间，按照一般商业条件，向对方出售或从对方购买技术使用权的一种商业行为。技术转让是指拥有技术的一方通过某种方式将其技术出让给另一方使用的行为。物品转让是所有权的转让，与此不同，技术转让一般只是技术使用权的转让。一件物品只能完整地转让给一个对方，原物主也将因转让而丧失对该物的所有权。而一项技术可同时完整地转让给多个对方，且原有技术的持有者并不因转让而失去对该技术的所有权。国外的技术转让到国内，就是技术引进。具体说来，技术引进是指一个国家或企业引入国外的技术知识和经验以及附带的设备、仪器和器材，用以发展本国经济和推动科技进步的做法。

（二）技术国际转移的特点

与国际商品贸易相比，技术国际转移有如下几个特点：

（1）交易标的的性质不同。国际商品贸易的标的是有形的物质商品，易计量、检验和定价；而技术国际转移的标的是无形的知识，其计量、检验和定价的标准很复杂。

（2）交易双方当事人不同。一方面，国际商品贸易的双方当事人一般不是同行，而技术国际转移的双方当事人一般都是同行。因为只有双方是同行，引进方才会对转让方的技术感兴趣，引进方才有能力使用这种技术。另一方面，国际商品贸易中的卖方始终是以销售为目的，而技术国际转移中的卖方（转让方）一般并不是为了转让，而是为了自己使用才去开发技术的，只是在某些特定情况下才转让技术。

（3）交货过程不同。国际商品贸易的交货是实物移交，其过程较为简单。技术国际转移的“交货”则是传授技术知识、经验和技艺的复杂且漫长的过程。

（4）所涉及的问题和法律不同。技术国际转移涉及的问题多、复杂、特殊，如涉及工业产权保护、技术风险、技术定价、限制与反限制、保密、权利和技术保证、支持办法等问题。与此同时，技术国际转移中涉及的国内法律和国际法律、公约也比国际商品贸易多，因而从事技术国际转移远比从事国际商品贸易的难度大。

（5）政府干预程度不同。政府对技术国际转移的干预程度大于对国际商品贸易的干预程度。由于技术国际转移实际上是一种技术水平、制造能力和发展能力的出口，所以为了国家的安全和经济利益上的考虑，国家对技术国际转移的审查较严。在技术国际转移中，技术转让方往往在技术上占优势，为了防止其凭借这种优势迫使引进方接受不合理的交易条件，也为了国内经济、社会、科技发展政策上的考虑，国家对技术引进也予以严格的管理。

二、技术国际转移的内容

技术国际转移以无形的技术知识作为主要标的，这些技术知识构成了技术国际转移的内容，主要包括专利、商标和专有技术。

（一）专利

1. 专利的含义与特点

对于什么是专利，众说纷纭。世界知识产权组织给“专利”下的定义是：专利是“由政府机构或代表几个国家的地区机构，根据申请而发给的一种文件，文件中说明一项发明并给予它一种法律上的地位，即此项得到专利的发明，通常只能在专利持有人的授权下，才能予以利用（制造、使用、出售、进口）”。在此，专利被理解为三层意思：一是专利证书这种专利文件；二是专利机关给发明本身授予的特定法律地位，技术发明获得了这种法律地位就成了专利发明或专利技术；三是专利权，即获得法律地位的发明的发明人所获得的使用专利发明的独占权利，包括专有权（所有权）、实施权（包括制造权和使用权）、许可使用权、销售进口权利放弃权。简言之，专利权就是专利持有人（或专利权人）对专利发明的支配权。在我国，专利权是以申请在先原则授予的。专利权受到专门法律的保护。可见，专利、专利技术、专利权和专利权人这几个概念是有密切联系的。

专利权有其明显的特点：

（1）专利权是一种法律赋予的权利。发明人通过申请，专利机关经过审查批准，使他的发明获得了法律地位而成为专利发明，而发明人也因此获得了专利权。这种权利的产生与物权的自然产生是不同的。

（2）专利技术是一种知识财产、无形财产。专利权是一种特殊的财产权。

（3）专利权是一种不完全的所有权。专利权的获得是以发明人公开其发明的内容为前提的，而公开了的知识很难真正为发明人所独有。

（4）专利权是一种排他性（独占性、专有性）的权利。对于特定的发明，只能有一家获得其专利权，也只有专利权人才能利用这项专利发明，他人未经专利权人的许可，不能使用该专利发明。

（5）专利权是一种有地域性的权利。专利权只在专利权批准机关所管辖的地区范围内发挥效力。

（6）专利权是一种有时间性的权利。专利权的有效期一般为10～20年，超过这个时间，专利权将失去效力。

2. 专利的种类

根据专利技术创造性程度的高低和其他特点，专利可分为三种类型：

（1）发明专利。发明是指对产品、方法或者其改进所提出的新技术方案，是利用自然规律解决实践中特定技术问题的新方案。发明可分为两类：一类是产品发明，其发明的结果是一种新产品；另一类是方法发明，其结果是一种制造产品或者测试、操作的新方法。

（2）实用新型专利。实用新型是对产品的形状、构造或者其结合所提出的实用的新技术方案。与上述发明专利的不同在于，实用新型是一种仅适于产品的、创造性水平较低的、能够直接应用的发明（有人称之为“小发明”）。在实践中，实用新型这种“小发明”为数众多，所以包括中国在内的世界上少数国家把它从发明中划分出来，单独加以保护。实用新型的专利条件低、审批程序简单、收费也少，因而有利于鼓励众多的小发明者。

(3) 外观设计专利。外观设计是指对产品的形状、图案、色彩或其结合所做出的富有美感并适于工业应用的新设计。它与实用新型不同，外观设计对产品形状的设计主要是图好看，而实用新型对产品形状的设计主要是增加产品的使用价值，使其有新功能，主要是图好用。专利中的外观设计实际上是工业外观设计，它与纯美术作品不同，造型、图案和色彩只有体现在有独立用途的制成品上，才是专利中的外观设计。它是在保证或不影响产品用途的前提下，通过外形、图案、色彩的设计来吸引消费者。

（二）商标

1. 商标的含义

商标是商品生产者或经营者为了使自己的商品与他人的商品相区别而在其商品上所加的一种具有显著性特征的标记。常见的商标是文字商标和图形商标。国外有立体商标，如“可口可乐”饮料瓶子的特殊形状。商标既是区别不同商品的标志，又是代表商品品质的标志，所以商标已成为推销商品、加强竞争的一种有力手段。一般只有能够移动的、可重复性生产的商品才使用商标。商标应具有显著性特点，即相同或类似的商品不能使用相同或相似的商标。

商标大体上可分为三类：制造商标、商业商标和服务商标。制造商标是生产产品的企业使用的商标，它们把商标贴在自己生产或制造的产品上，用以表明自己是生产该产品的生产者或制造者。商业商标是推销商品的商业企业贴在自己出售商品上的标记，用以表示自己所经销的商品都是通过精心挑选、质量可靠的。这种商标有时也称推销商标。一些大型超市一般都有自己的商业商标。同一件商品可以同时贴上制造商标和商业商标，而且这两种商标可以分属于不同的企业所有。服务商标是服务性行为使用的标志，如航空公司、汽车公司、宾馆等在旅客的行李上加贴的标签，修理行业在自己修好的物品上加盖的标志，银行在支票本及存折上加印的标志等。

2. 商标权及其特点

商标权是商标使用者向商标管理部门申请注册并得到批准的商标专用权。在少数国家，商标权是由于商标的首先使用而获得的。在我国，商标权是以注册在先原则而取得的。商标权的内容包括使用权、禁止权（禁止他人使用）、转让权、许可使用权和放弃权。商标权受专门法律《商标法》的保护。

商标权的特点：①商标权是一种排他性权利。②商标是一种无形的知识财产。商标权是一种特殊的财产权。③商标权是有时间性但又可无限延期的权利。与专利权期满不可延期不同，商标权到期可续展延期且延期次数不限。④地域性。商标权只在注册机构所管辖地区范围内有效。

（三）专有技术

1. 专有技术的定义及特点

专有技术的英文名称为“know-how”，意为“知道如何制造”。它有许多中文名称，如技术诀窍、技术秘密、专门知识等，还有直译成“诺浩”的，但最常用的名称是“专有技术”。专有技术是指在实践中已使用过的没有专门法律保护的具有秘密性质的技术知识、经验和技巧。

专有技术可以是产品的构思，也可以是方法的构思，但它在不少方面与专利技术不同。

(1) 专利技术必须是可以通过语言来传授的，专有技术虽然应是可以传授的，但它未必都是可言传的，有些只能通过“身教”才能传授。

(2) 专有技术是处于秘密状态下的技术，而专利技术是公开技术。

(3) 专有技术没有专门法律保护，所以它不属于知识产权。

(4) 专利技术是被专利文件固定了的静态技术，而专有技术则是富于变化的动态技术。

(5) 专利技术受保护或被垄断的期限是有限的（最多20年），而专有技术是靠保密而垄断的，因而它被垄断的期限是不定的。

2. 对专有技术的保护

专有技术也是无形的知识财产，它除需用保密手段得到保护以外，也需要法律的保护。在实际中，专有技术是援引《合同法》、《防止侵权行为法》、《反不正当竞争法》和《刑法》取得保护的，但专有技术受法律保护的力度远比专利技术受《专利法》保护的力度小。

三、技术国际转移的方式

技术国际转移采用的方式主要有许可贸易、特许专营、技术服务和咨询、合作生产以及含有知识产权和专有技术转让的设备买卖等。

(一) 许可贸易

许可贸易是指知识产权或专有技术的所有人作为许可方，通过与被许可方（引进方）签订许可合同，将其所拥有的技术授予被许可方，允许被许可方按照合同约定的条件使用该项技术，制造或销售合同产品，并由被许可方支付一定数额技术使用费的技术交易行为。

许可贸易按其标的内容可分为专利许可、商标许可、计算机软件许可和专有技术许可等形式。在国际技术转移实践中，一项许可贸易可能包括上述一项内容，如单纯的专利许可，也可能包括上述两项或两项以上内容，成为一揽子许可。

许可贸易实际上是一种许可方用授权的形式向被许可方转让技术使用权，同时让度一定市场的贸易行为。根据其授权程度大小，许可贸易可分为如下五种形式：

(1) 独占许可。它是指在合同规定的期限和地域内，被许可方对转让的技术享有独占的使用权，即许可方自己和任何第三方都不得使用该项技术和销售该技术项下的产品。所以，这种许可的技术使用费是最高的。

(2) 排他许可。它是指在合同规定的期限和地域内，被许可方和许可方自己都可使用该许可项下的技术和销售该技术项下的产品，但许可方不得再将该项技术转让给第三方。排他许可仅排除第三方，不排除许可方。

(3) 普通许可。它是指在合同规定的期限和地域内，除允许被许可方使用转让的技术和许可方仍保留对该项技术的使用权之外，许可方还有权再向第三方转让该项技术。普通许可是许可方授予被许可方权限最小的一种授权，其技术使用费也是最低的。

(4) 可转让许可。它是指被许可方经许可方允许，在合同规定的地域内，将其被许可所获得的技术使用权全部或部分地转售给第三方。通常说来，只有独占许可或排他许可的被许可方才能获得这种可转让许可的授权。

(5) 交叉许可。它是指交易双方或各方以其所拥有的知识产权或专有技术，按各方都同意的条件互相交换技术的使用权，供对方使用。这种许可多适用于原发明的专利权人与派生发明的专利权人之间。

(二) 特许专营

特许专营是近二三十年迅速发展起来的一种新型商业技术转让方式。它是指由一家已经取得成功经验的企业，将其商标、商号名称、服务标志、专利、专有技术以及经营管理的方式或经验等全盘转让给另一家企业使用，由后一企业（被特许人）向前一企业（特许人）支付一定金额特许费的技术转移行为。

特许专营的受方与供方经营的行业、生产和出售的产品、提供的服务、使用的商号名称和商标（或服务标志）都完全相同，甚至商店的门面装潢、用具、职工的工作服、产品的制作方法、提供服务的方式都完全一样。例如，美国的麦当劳快餐店在世界各地几乎都有它的被授权人，它们所提供的服务与美国一样，所生产和销售的汉堡包的味道也完全一样。

特许专营类似许可，但它的特许方与一般的许可方相比要更多地涉入对方的业务活动，从而使其符合特许方的要求。因为全盘转让，特别是商号、商标（服务标志）的转让关系到他自己的声誉。

特许专营的被特许方与特许方之间只是一种买卖关系。各个特许专营企业并不是由一个企业主营的，被特许人的企业不是特许人企业的分支机构或子公司，也不是各个独立企业的自由联合，它们都是独立经营、自负盈亏的企业。特许人并不保证被特许人的企业一定能盈利，对其盈亏也不负责任。

特许专营合同是一种长期合同，它可以适用于商业和服务业，也可以适用于工业。特许专营是发达国家的厂商进入发展中国家的一种非常有用的形式。由于风险小，发展中国家的厂商也乐于接受。

(三) 技术服务和咨询

技术服务和咨询是指独立的专家、专家小组或咨询机构作为服务方，应委托方的要求，就某一个具体的技术课题向委托方提供知识性服务，并由委托方支付一定数额技术服务费的活动。技术服务和咨询的范围及内容相当广泛，包括产品开发、成果推广、技术改造、工程建设、科技管理等方面，大到大型工程项目的工程设计、可行性研究，小到对某个设备的改进和产品质量的控制等。企业利用“外脑”或外部智囊机构，帮助解决企业发展中的重要技术问题，可弥补自身技术力量的不足、减少失误，加速发展自己。我国第二汽车制造厂曾委托英国的工程咨询公司改进发动机燃烧室形腔设计，在合同生效半年内就取得了较好的技术经济效果。

技术服务和咨询与许可贸易不同。首先，许可贸易是以技术成果为交易对象的，而技术服务和咨询则是以技术性劳务为交易对象的。其次，许可贸易中的技术供方所提供的技术是被其垄断的新的独特技术，这些技术属于知识产权或专有技术，而在技术服务和咨询中，服务方所提供的技术多是一般技术，即知识产权和专有技术以外的技术。

许可贸易与技术服务和咨询是国际技术转移的两种基本贸易方式，其他技术转移形式一般都是这两种方式在特殊情况下的运用或是包含了这两种方式。

(四) 合作生产

从国际技术流动的角度来看，合作生产是指分属不同国家的企业根据它们签订的合同，由一方提供有关生产技术或各方提供不同的有关生产技术，共同生产某种合同产品，并在生产过程中实现国际技术转让的一种经济合作方式。

合作生产中的一方或各方拥有生产某种合同产品的特别技术，在合作生产过程中通过单向许可或双向交叉许可的方式，可能再辅以一定的技术服务咨询，从而实现国际技术转让。

合作生产作为一种国际技术转移方式，并不是一种独立的基本技术转移方式。实际上，合作生产只不过是建立在各方合作生产目的之上的许可贸易和技术服务咨询而已。这种技术转移的目的与单纯的技术转移不同，它是为各方的合作生产服务的。

(五) 含有知识产权和专有技术转让的设备买卖

在国际贸易实际业务中，在购买设备特别是关键设备时，有时也会含有知识产权或专有技术的转让内容。这种设备买卖也属于技术转移的一种方式。但是，单纯的设备买卖，即不含有知识产权和专有技术转让的设备买卖属于普通商品贸易，不是技术转移。

含有知识产权和专有技术转让的设备买卖，其交易标的包含了两方面的内容：一是硬件技术，即设备本身；二是软件技术，即设备中所含的或与设备有关的技术知识。这些技术知识又分为两部分：一部分属于一般的技术知识，另一部分是专利技术和专有技术。这种设备的成交价格中不仅包括设备的生产成本和预得利润，而且也包括有关的专利或专有技术的价值。在这种设备的买卖合同中通常含有专利和专有技术许可条款以及技术服务和咨询条款。

这种方式的技术转让在发达国家与发展中国家的技术转移中占有相当大的比重，常用于工程承包中。

除上述五种情形外，许可贸易的做法还经常出现在补偿贸易中，即一方提供的设备中含有专利或专有技术，该方以设备出口和技术许可的综合方式向对方提供技术设备，对方以该设备生产的产品或其他产品补偿其技术和设备的价款。许可贸易的做法也经常出现在合资经营方式中。例如，拥有专利和专有技术的一方直接转让其技术，实行技术作价入股；经过许可方式获得他人专利或专有技术使用权的一方，经技术产权方的允许后，以分许可的方式向合资企业进行技术的再转让。

第四节　国际直接投资与国际贸易

一、国际直接投资与国际贸易的替代效应

(一) 模型假设

1957 年诺贝尔经济学奖获得者、美国哥伦比亚大学教授罗伯特·蒙代尔（Robert

Mundell）提出了贸易与投资替代模型。该模型的假设有：

(1) 两种生产要素——劳动和资本。

(2) 两种可贸易商品——X 是资本密集型产品，Y 是劳动密集型产品。

(3) 两个国家——A 国和 B 国，A 国是劳动充裕的小国，B 国是资本充裕的大国（可以看成 A 国以外的所有其他国家）。

(4) 生产技术假定——两国生产技术相同，而且边际收益递减、规模报酬不变。

(5) 要素假定——劳动和资本可以在国内各部门自由流动，各国要素禀赋的相对充裕程度排除了完全专业化生产的可能。

（二）模型分析

如图 13—3 所示，在自由贸易条件下，X 产品的相对价格用 YY 表示。在这一价格下，A 国进口 RS 单位的 X 产品，出口 PR 单位的 Y 产品，它的收入用 X 或 Y 表示都是 OY。在实现自由贸易均衡的条件下，两国资本的边际生产率是相等的，所以资本不会跨国流动。

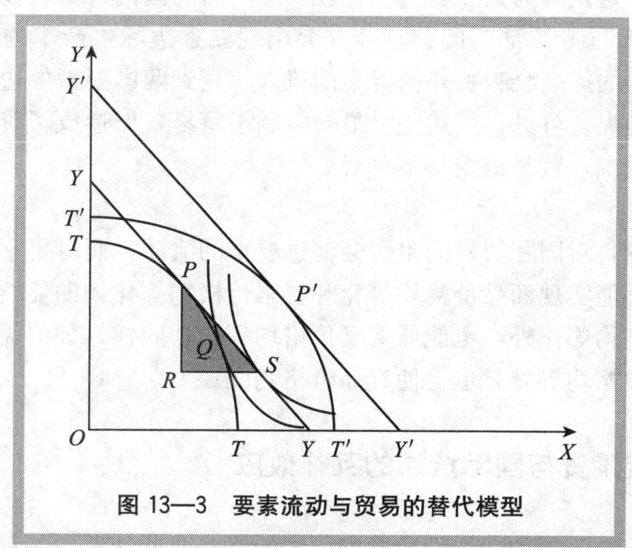

图 13—3 要素流动与贸易的替代模型

当两国之间存在关税壁垒阻碍自由贸易时，情况就不一样了。假定 A 国对来自 B 国的进口商品征收禁止关税，这势必提高 X 产品在国内的价格，并刺激 A 国 X 产品生产规模的扩大，导致生产 X 产品所需的、原来在 A 国就稀缺的资本要素的国内需求量扩大，推动 A 国资本要素价格上升，提高 A 国的资本要素报酬率。

资本在国际是可以流动的，A 国较高的资本报酬会促使资本由 B 国向 A 国流动，从而使 A 国的资本变得更加充裕，A 国的生产可能性曲线外移，在图 13—3 中表现为从 TT 移至 $T'T'$（类似“进口替代型增长”）。随着资本的流入，A 国国内的资本存量增加，在商品价格不变的条件下（A 国是小国），国内 X 产品的生产不断增加，而 Y 产品的产量不断减少。同时，资本的不断流入会使 A 国资本的边际产量不断下降，最终使两国的要素边际生产率相等，实现两国之间要素价格的均等。因为 B 国足够大，所以资本的流出不会影响它的边际劳动生产率，又因为资本流动的最终结果是 A 国和 B 国资本的边际劳动生产率相等，所以资本的国际流动一定会使 A 国劳动和资本的边际生产率恢复到征收关税前的水平。在新的均衡点上，A 国的要素边际生产率与征收关税前相同，因此 A 国产品的相对价格等于 B 国产品的相对价格，也会与没有关税时一样，$Y'Y'$ 的斜率等于 YY 的斜率。A 国在新的均衡点 P' 从事生产。A 国和 B 国的产品价格相等意味着 A 国没有必要再从 B 国进口钢铁，从而两国间的贸易中止。这是一种由外国资本流入而产生的进口替代型增长。

与本国资本积累产生的进口替代型增长的不同之处在于，A 国必须支付 B 国资本的利息。A 国的生产点为 P'，但消费点必须低于 P'点。A 国支付 B 国资本的利息（即 B 国资本在 A 国获得的收益）不能用于 A 国的消费，这部分收入可以用 $Y'-Y$ 来表示。也就是说，在支付了 B 国资本的利息以后，A 国的实际收入约束线是 YY 而不是 $Y'Y'$，即与原来的生产可能性曲线 TT 相切的相对价格曲线。这样一来，A 国的要素收入和价格都与没有关税时一样，需求和消费与原来一样，仍在 S 点。

即使关税不是“禁止性”的，征收关税后的钢铁相对价格仍然低于自给自足时的价格，贸易仍会存在。这是因为只要有关税存在，X 产品的国内价格将高于国际价格，就会出现生产要素从 Y 部门向 X 部门的移动，并会出现要素边际生产率的变化和要素收益的变化。本国资本收益的提高会吸引外国资本的流入，直到两国要素的边际生产率相等、两国价格趋同、贸易消失。可见，虽然关税最初限制了贸易，但造成了资本流动。在资本流动后，即使取消了关税，贸易也变得不再必要。

（三）模型结论

蒙代尔得出结论，对国际贸易的阻碍会促进要素的流动，而对要素流动的限制则会促进国际贸易。两者都能实现商品价格均等化和要素价格均等化：即使要素不能流动，自由贸易除了使产品价格均等化外，也能使要素价格均等化；同样，即使无法贸易，要素的自由流动除了使要素价格均等外，也会使产品价格趋同。

二、外国直接投资与国际贸易的互补效应

在传统的要素流动分析中，人们通常把各国的资本或劳动看成一种同质的要素，在各种不同行业的生产中都可以使用。在这种情况下，资本从发达国家流向发展中国家，会使发展中国家资本稀缺的情况得到改善，有利于这些国家扩大资本密集型产品的生产。同样，当劳动力从发展中国家流向发达国家时，会促进发达国家劳动密集型产品的生产，这种要素的国际流动会在某种程度上替代同类要素密集型商品的贸易。

但是，现实中国际资本流动的主要形式之一是外国直接投资（FDI），资本的流动不仅是货币资金，并且是与具体的技术和产品相联系的。劳动力也不是同质的，可进一步分为有技能的工人和无技能的工人。当这些与技术关联的要素进行跨国流动时，往往会促进国际贸易的发展。这种与技术和产品关联的要素流动包括发达国家劳动密集型产业向发展中国家的转移或对发展中国家劳动密集型产业的直接投资、发达国家对发展中国家资源产业的直接投资、发展中国家的技术人才向发达国家移民等。

（一）发达国家劳动密集型产业的转移

在传统的贸易理论中，发达国家在劳动密集型产品上失去比较优势后，资本会从劳动

密集型行业转移到国内有比较优势的行业中去。但当资本允许在国际自由流动时，发达国家从劳动密集型行业退出来的资本往往会投到发展中国家的劳动密集型行业中去。外资的进入会使发展中国家的劳动力得到更充分的利用，从而促进劳动密集型产业的发展。

资本在国际流动还会引起资金输入国的技术变动。虽然许多发展中国家的劳动力充裕，但由于缺乏技术，即使是劳动密集型产品也无法生产，而通过外资流动带来的技术转移，把产品、技术和有效的管理机制等引进了国内，从而促进了劳动密集型产品的生产和出口。因此，这种带有特定技术和产品的国际资本流动不仅没有减少发达国家和发展中国家之间资本密集型产品的贸易，还促使发展中国家提高了其具有比较优势的劳动密集型产品的生产和出口，从而推动了南北贸易的发展。

20 世纪六七十年代的亚洲“四小龙”（韩国、中国台湾、新加坡、中国香港）和东南亚一些国家或地区以及 20 世纪八九十年代中国大陆大量引进外资的结果就是促进了劳动密集型产品的生产和出口。1999 年底，中国“三资”企业的进出口产品数量已占全国进出口总额的近二分之一（全国进出口总额为 3 606 亿美元，外资企业进出口总额为 1 745 亿美元，占 48.4%），直接出口额已接近全国外贸出口总额的二分之一（全国出口总额为 1 949 亿美元，外资企业出口总额为 886 亿美元，占 45.5%）。

（二）发达国家对发展中国家资源产业的投资

许多矿产资源和能源是资本密集型产品，发展中国家往往因为缺乏资本和技术而无力开采，但矿产资源本身不能移动。在这种情况下，发达国家的资本投入发展中国家的资源产业会促进这些产业的生产和出口。

美国石油公司向中东地区的投资就是一个典型的例子。美国的石油业始于 1859 年，当埃德温·德雷克（Edwin Drake）在宾夕法尼亚州首先发现石油后，美国的石油工业就蓬勃地发展起来了。在很长的一段时期内，美国的石油工业是其重要产业之一。著名的洛克菲勒就是美国美孚石油公司的创始人，并成为美国历史上第一个财产过亿万美元的人。第二次世界大战之后，在美国本土开采石油的成本越来越高，在这种情况下，美国的石油资本不是流向国内其他有比较优势的行业，而是大量流向了中东的石油工业，从而大大提高了中东国家的石油生产能力，使中东地区各国成为主要的石油生产和出口国家。美国从 1990 年变成了石油净进口国，到 2000 年，每天从国外净进口（主要从中东地区）400 万桶石油。美国向中东地区的投资增加了与这些国家的贸易。

（三）发展中国家向发达国家的技术移民

尽管劳动力不能像资本那样自由流动，但许多发达国家对具有一定教育背景和知识技能的人还是采取了许多积极的移民政策。例如，美国的移民种类中就有“技术移民”一项，受过高等教育是一般技术移民的必要条件，对于某些有特殊才能或技能的人则可列入特殊技术移民。

在这种积极吸引外国技术人才的政策下，世界高科技人才大量涌入美国，为美国的技术创新注入了源源不断的人力资本，提高了美国产品的科技含量，也增加了技术密集型产品的比较优势。此外，资本密集型产品的生产往往需要技术人员和熟练工人，发展中国家的技术移民也会使美国的资本得到更好的利用，推动美国资本密集型和技术密集型产品的生产及出口。

第五节 跨国公司

一、跨国公司的定义

1. 跨国公司的名称由来

跨国公司（transnational corporation）在经济文献中也称多国公司（multi-national enterprise）、国际公司（international firm）、超国家公司（supernational enterprise）、宇宙公司（cosmo-corporation）和环球公司或企业（global corporations or enterprises）等。20 世纪 70 年代初，联合国经济及社会理事会组成了由知名人士参加的专题研究小组，在较为全面地考察了跨国公司的各种准则和定义后，于 1974 年做出决议，决定统一采用跨国公司这一名称。联合国经济及社会理事会采纳了上述建议，并决定将各种名称统一为跨国公司，同时设立政府间的跨国公司委员会和跨国公司中心，作为永久性机构。自此，联合国的有关文件与出版物都统一使用跨国公司的名称。

2. 跨国公司的定义

长期以来，关于跨国公司的概念界定在学术界存在分歧，由于学者在研究过程中对跨国公司进行界定时，有的突出多国这一地理概念标准，如认为跨国公司是从事对外直接投资并在一个以上国家拥有或控制从事增值企业的机构；有的强调按所有权标准对跨国公司的界定，如认为跨国公司是在一个以上国家建有下属分支企业和机构的国际经营企业；也有的侧重于按经营管理特征对跨国公司进行界定或是以所有权的法律基础来限定跨国公司的属性等。由于界定标准差异，因而形成了多种多样的定义表述。

有鉴于此，联合国秘书长指定的知名人士小组给跨国公司下了一个权威定义，即跨国公司“就是在它们的基地所在国之外拥有或者控制着生产或服务设施的企业，这样的企业并不总是股份公司或私人企业，它们也可能是合作社或国有实体”。在 1978 年联合国秘书处提供的一份研究报告中，跨国公司被定义为“凡是在两个或更多国家里控制工厂、矿山、销售机构和其他资产的企业”。联合国跨国公司中心在 1983 年的研究报告中明确指出，跨国公司应包括三个基本要素：第一，包括设在两个或两个以上国家的实体，不管这些实体的法律形式和领域如何；第二，在一个决策体系内经营，能通过一个或几个决策中心采取一致对策和共同战略；第三，各个实体通过股权或其他方式联系起来，其中一个或多个实体有可能对别的实体施加重大影响，特别是同其他实体分享知识资源和分担责任。20 世纪 80 年代后，国际社会对于联合国提出的跨国公司定义的三大要素已基本达成共识。联合国 1986 年制定的《跨国公司行为守则（草案）》（United Nations Code of Conduct on Transnational Corporations）对跨国公司的定义是：“本守则中使用的跨国公司一词系指由两个或更多国家的实体所组成的公营、私营或混合所有制企业，不论此等实体的法律形式和活动领域如何；该企业在一个决策体系下运营，通过一个或一个以上的决策中心使企业内部协调一致的政策和共同的战略得以实现；该企业中各个实体通过所有权或其他方式结合在一起，从而其中一个或多个实体得以对其他实体的活动施加有效的影响，特别是与别的实体分享知识、资源和责任。”

据此，我们概括出一个简洁定义，即跨国公司是指具有全球性经营动机和一体化的经营战略，在多个国家拥有从事生产经营活动的分支机构，并将它们置于统一的全球性经营计划之下的大型企业。

二、跨国公司的特征

(1) 跨国公司都有一个实力雄厚的大型公司为主体，通过对外直接投资或收购当地企业的方式，在许多国家设有子公司或分公司。

(2) 跨国公司都有一个完整的决策体系和最高的决策中心，虽然各子公司或分公司都有自己的决策机构，都可以根据自己经营的领域和不同特点进行决策活动，但其决策必须服从最高决策中心。

(3) 跨国公司都是从全球战略出发来安排自己的经营活动，在世界范围内寻求市场和合理的生产布局，定点专业生产，定点销售产品，以谋取最大的利润。

(4) 跨国公司都有强大的经济和技术实力、快速的信息传递能力以及资金快速跨国转移等方面的优势，所以在国际上都有较强的竞争力。

(5) 跨国公司一般会借助经济技术实力或在某些产品生产上的优势，对某些产品或在某些地区拥有不同程度的垄断性。

(6) 跨国公司一般都具有较大的经营风险。

跨国公司与国内企业最大的区别在于，它们面临着更为错综复杂的国际经营环境，复杂的经营环境在给跨国公司创造出更多的发展机会和空间的同时，也使它具有较大的经营风险。除了正常的商业风险外，跨国公司还面临着国际经营所特有的政治风险和财务风险等。政治风险是指国际经济往来活动中由于政治因素而造成经济损失的风险，包括东道国对外国资产没收、征用和国有化的风险，以及东道国政治革命或政权更迭等风险。

三、跨国公司理论

第二次世界大战后，随着跨国公司的迅速发展，以跨国公司为载体的对外直接投资已经成为世界经济的重要推动力量，而传统企业理论和资本理论无法有效地解释跨国公司的对外直接投资行为。在此背景下，西方学者纷纷开始研究跨国公司与对外直接投资，形成了不同的理论流派，从不同的角度对对外直接投资的动因、国际市场进入方式与跨国经营的区位选择进行了研究，形成了既相互区别，又互为补充的一个相对独立的理论体系。下面对代表性的理论予以介绍。

(一) 垄断优势理论

垄断优势理论（the theory of monopolistic advantage）也称特定优势理论，被认为是西方跨国公司理论的基础和主流，主要代表人物是美国的斯蒂芬·海默（Stephen Hymer）和查尔斯·金德尔伯格（Charles Kindleberger）。

1. 基本观点

该理论的核心内容是市场不完全与垄断优势。传统的国际资本流动理论认为，企业面对的海外市场是完全竞争的，即市场参与者所面对的市场条件均等，且无任何因素阻碍正常的市场运作。完全竞争市场所具备的条件是：①有众多的卖者与买者，其中任何人都无法影响某种商品市场价格的涨跌；②所有企业供应的同一商品均是同质的，相互间没有差别；③各种生产要素都在市场上无障碍地自由流动；④市场信息通畅，消费者、生产者和要素拥有者对市场状况及可能发生的变动有充分的认识。海默认为，对市场的这种描述是不正确的，完全竞争只是一种理论研究上的假定，在现实中并不常见，普遍存在的是不完全竞争市场，即受企业实力、垄断产品差异等因素影响所形成的有阻碍和干预的市场。

海默认为，市场不完全体现在以下四个方面：①商品市场不完全，即商品的特异化、商标、特殊的市场技能以及价格联盟等；②要素市场不完全，表现为获得资本的不同难易程度以及技术水平差异等；③规模经济引起的市场不完全，即企业由于大幅度增加产量而获得规模收益递增；④政府干预形成的市场不完全，如关税、税收、利率与汇率等政策。海默认为，市场不完全是企业对外直接投资的基础，因为在完全竞争市场条件下，企业不具备支配市场的力量，它们生产同样的产品，同样地获得生产要素，因此对外直接投资不会给企业带来任何特别利益，而在市场不完全的条件下，企业有可能在国内获得垄断优势，并通过对外直接投资在国外生产并加以利用。

在此基础上，海默认为，当企业处在不完全竞争市场时，对外直接投资的动因是为了充分利用自己具备的独占性生产要素，即垄断优势，这种垄断优势足以抵消跨国竞争和国外经营所面对的种种不利，从而使企业处于有利地位。企业凭借其拥有的垄断优势，排斥东道国企业的竞争，维持垄断高价，导致不完全竞争和寡占的市场格局，这是企业进行对外直接投资的主要原因。

关于垄断优势的构成，海默和其他学者［如金德尔伯格以及后来的约翰逊（H. G. Johnson）、卡夫斯（R. E. Caves）以及曼斯菲尔德（E. Mansfield）等人］进行了充分的论述，大致可归纳为技术与知识优势、规模经济、资金优势、营销以及组织管理能力等，海默特别强调了技术与知识的核心优势作用。这些优势后来被邓宁总结为所有权优势，并成为其国际生产折中理论的重要组成部分之一。

2. 理论评价

垄断优势理论突破了传统国际资本流动理论的束缚，指出对外直接投资是以不完全竞争为前提的，是一种企业寡头垄断和市场集中相联系的现象。西方学者普遍认为，垄断优势理论奠定了当代跨国公司与对外直接投资理论研究的基础，并对以后的各种理论产生了深远的影响。

但垄断优势理论的不足之处是它缺乏普遍意义，由于研究依据的是20世纪60年代初对西欧进行大量投资的美国跨国公司的统计资料，因此对美国跨国公司对外直接投资的动因有很好的解释力，但无法解释60年代后期日益增多的发展中国家跨国公司的对外直接投资，因为发展中国家的企业并不比发达国家有更强的垄断优势。另外，该理论偏重于静态研究，忽略了时间因素和区位因素在对外直接投资中的动态作用。

（二）内部化理论

内部化理论（the theory of internalization）是指把市场建立在企业内部的过程，即以内部市场取代原来固定的外部市场，企业内部的转移价格起着润滑内部市场的作用，使之与固定的外部市场同样有效地发挥作用。内部化理论的主要支持者是英国学者科斯（R. H. Coase）、巴克利（Peter J. Buckley）、卡森（Mark C. Casson）以及加拿大的拉格曼（Alan M. Rugman）。

1. 基本观点

内部化理论从外部市场不完全与企业内部资源配置的关系来说明对外直接投资的动因。该理论的出发点是市场不完全，认为市场不完全不仅在最终产品市场上存在，在中间产品市场上同样存在。这里的中间产品除了通常意义上的原材料和零部件外，更重要的是指专有技术、专利、管理及销售技术等知识中间产品。这些与知识有关的中间产品由于市场不完全、存在定价困难的问题，从而使交易成本增加。当交易成本过高时，企业倾向于通过对外直接投资开辟内部市场，将原本通过外部市场进行的交易转化为内部所属企业间的交易，以降低交易成本。

根据内部化理论，企业通过对外直接投资形成内部市场，在全球范围内组织生产与协调分工，以避免外部市场不完全对其经营产生的影响。同时，在知识产品的研发与获得越来越昂贵、知识产权保护越来越困难的情况下，企业内部交易可以有效地防止技术迅速扩散，保护企业的知识财富。此外，在不确定性不断增加的市场环境下，内部交易使企业能够根据自己的需要进行内部资金、产品和生产要素的调拨，从而保证效益最优化。

内部化理论还分析了影响中间产品内部化的四个主要因素：①行业因素，主要包括中间产品的特性、外部市场结构、企业的规模经济特征以及行业特点等；②区位因素，是指有关区域内社会文化差异、综合投资环境以及自然地理特征等；③国别因素，是指有关国家的政治体制、法律架构与财政经济状况等；④企业因素，是指企业的竞争优势与劣势、组织结构、管理水平、生产和销售技术以及企业文化等。

2. 理论评价

内部化理论从内部市场形成的角度阐述了对外直接投资理论，对跨国公司的内在形成机理有比较普遍的解释力。与其他对外直接投资理论相比，内部化理论适用于不同发展水平的国家，包括发达国家和落后国家，因而在跨国公司理论研究中具有通论和一般理论的地位，大大推进了对外直接投资理论的发展。更为重要的是，该理论强调了知识产品内部一体化市场的形成，更加符合当今国际生产的现实状况。

内部化理论的不足之处是，该理论过分注重企业经营决策的内部因素，却忽略了对影响企业运作的各种外部因素的分析，对跨国公司的国际分工和生产缺乏总体认识，对对外直接投资的区位选择等宏观因素也缺乏把握。

（三）国际生产折中理论

国际生产折中理论的主要支持者是英国的约翰·哈里·邓宁（John Harry Dunning）。

1. 基本观点

该理论的核心是，企业跨国经营是该企业具有的所有权特定优势（ownership specific advantage）、内部化优势（internalization advantage）和区位优势（location specific advantage）综合作用的结果。

第一，所有权特定优势也称垄断优势（monopolistic advantage），是指企业独有的优势。所有权特定优势包括：①资产性所有权优势，是指在有形资产与无形资产上的优势，前者是指对生产设备、厂房、资金、能源及原材料等的垄断优势，后者是指在专利、专有技术、商标与商誉、技术开发创新能力、管理以及营销技术等方面的优势；②交易性所有权优势，是指企业在全球范围内跨国经营、合理调配各种资源、规避各种风险，从而全面降低企业的交易成本所获得的优势。

邓宁认为，企业开展对外直接投资必然具备上述所有权特定优势，但具有这些优势并不一定会导致企业进行对外直接投资，也就是说，所有权特定优势只是企业对外直接投资的必要条件，而不是充分条件。企业仅仅具有所有权特定优势，而不具备内部化优势和区位优势时，国内生产、出口销售或许也是企业实现其优势的可行途径。

第二，内部化优势是指拥有所有权特定优势的企业，为了避免外部市场不完全对企业利益的影响而将企业优势保持在企业内部的能力。内部交易比非股权交易更节省交易成本，尤其是对于那些价值难以确定的技术和知识产品，而且内部化将交易活动的所有环节都纳入企业统一管理，使企业的生产销售和资源配置趋于稳定，企业的所有权特定优势得以充分发挥。

但邓宁同样认为，内部化优势和所有权特定优势一样，只是企业对外直接投资的必要条件，而不是充分条件，同时具有所有权特定优势和内部化优势的企业也不一定选择对外直接投资，因为它可以在国内扩大生产规模后再行出口。

第三，区位优势是指某一国外市场相对于企业母国市场在市场环境方面对企业生产经营的有利程度，也就是东道国在投资环境因素上具有的优势条件，包括当地的外资政策、经济发展水平、市场规模、基础设施、资源禀赋、劳动力及其成本等。如果某一国外市场相对于企业母国市场在市场环境方面特别有利于企业的生产经营，那么这一市场就会对企业的跨国经营产生非常大的吸引力。

邓宁认为，在企业具有了所有权特定优势和内部化优势这两个必要条件的前提下，又在某一东道国具有区位优势时，该企业就具备了对外直接投资的必要条件和充分条件，对外直接投资就成为企业的最佳选择。

2. 理论评价

邓宁的国际生产折中理论在理论渊源上融合了以往各种学说的精华，并加以归纳与总结，使理论更加丰富，较以往的各种理论更全面地解释了企业国际经营的动因，从而形成了一个具有普遍性的理论体系。但是，该理论的不足之处在于，它过于注重对企业内部要素的研究，忽略了企业所处的特定政治经济条件对企业经营决策的影响。

通过本章学习，可以：

1. 掌握资本国际流动的基本理论及经济效应。

2. 了解劳动力国际流动的形式与发展趋势。

3. 了解国际技术转移的内容和形式。

4. 掌握国际贸易与国际投资的替代与互补关系。

5. 掌握跨国公司的基本理论。

本章关键词

费雪模型	两缺口模型	移民
外籍劳工	专利	商标
专有技术	特许经营	蒙代尔模型
贸易与投资互补模型	垄断优势理论	内部化理论
国际生产折中理论		

本章思考题

1. 说明两缺口模型的政策意义。
2. 简述资本国际流动的经济效应。
3. 简述劳动力国际流动的经济效应。
4. 技术国际转移的内容和主要形式有什么？
5. 蒙代尔关于国际贸易与国际直接投资间关系的观点是什么？
6. 跨国公司有哪些基本特征？
7. 国际生产折中理论的基本观点及理论评价。

思考案例

丰田汽车公司遍及全球 140 多个国家和地区，员工总数达 31.77 万人，位居 2012 年世界五百强企业第 10 名。从 1957 年拓展美国市场至今，其国际业务经历了以下四个战略发展阶段。

第一阶段：以继承为特征的出口主导型战略（第二次世界大战结束—1985 年）。跨国经营出口战略经历了通过专业进出口商出口、自营贸易出口以及直接在海外设立销售网点的发展过程。

第二阶段：以海外直接投资为特征的回避贸易摩擦型战略（1985—1990 年）。为了回避贸易摩擦、突破美国对日本的配额限制，丰田公司开始进行海外直接投资，其海外业务快速发展。

第三阶段：以与本地公司开展合作为特征的发展本地市场战略（20 世纪 90 年代）。为最大化本地市场份额，丰田汽车公司不断强化国际分工协作，通过转移成熟技术等与本地公司展开合作，以利用当地资源、有效降低成本。丰田公司实现了从以日本为中心的国际化战略向真正意义上的全方位全球化战略的转变。

第四阶段：以定制为特征的本上化战略阶段（2001 年至今）。为稳定市场占有率，丰田汽车公司开始针对特定市场需求，建立“研究与开发—商品企划—生产—销售—售后服务”的模式，以加速本土市场的产品开发，进一步推进本土化发展。

试用跨国公司理论对丰田汽车公司的国际化经营进行解释。

第十四章

国际贸易与经济增长

案例导入　警惕企业“悲惨式增长”

来自广东省统计局的最新数据显示，2008 年 1—5 月广东规模以上工业利润同比小幅增长 4.3%，增幅同比回落 44.8 个百分点。此外，全省有超过一万家企业出现亏损，占全省工业企业的 26%，亏损额 207.96 亿元，增长 49.3%，增幅同比提高 25 个百分点。

中国经济“两头在外，大进大出”的局面不断强化，对外贸易依存度已经逐年攀升至 70%左右，这对一个大国而言明显偏高；更何况，中国进出口商品的构成极不合理：进口商品主要为非食用原料等初级产品，出口商品主要为消费电子品等低端制成品。而依据产品需求弹性分析可知，由于前者的弹性小而后者的弹性大，再加上比较严重的重复投资，人为放大了前者的需求以及后者的供给，这势必导致中国出口商品与进口商品间相对价格的不断下降。

原材料价格上涨但无法通过下游产品传导出去，这在经济学上被形象地称为悲惨式增长，而这种情况如果大面积发生并上升为宏观现象，其恶果只能是陷入“企业亏损、工资低廉、内需不振、竞价出口、福利流失”的怪圈而难以自拔。历史上东亚地区曾经取得的短期繁荣以及之后发生的经济衰退，非常清楚地表明了缺乏技术进步、大量依靠投入的工业化终究难以持续。

特别需要指出的是，中国企业开始凸显的困难并不仅限于实物商品高进低出，即使是过去被视为无限供给的劳动力状况也已经出现拐点来临的迹象。因此，综合种种现象来看，中国经济在经历三十年高速增长后已进入一个新的挑战期。我们必须以深刻的制度调整和产业重构来应对可能出现的悲惨式增长，尽量平稳地推动国民福利可置信、可持续地向前发展。

资料来源：评论员：《警惕企业“悲惨式增长”》，载《中国经济周刊》，2008（25）。

除了基于技术差距与产品生命周期的贸易讨论在本质上是动态的以外，迄今讨论的贸易理论全部为静态的。也就是说，给定一国的要素禀赋、技术、偏好后，就可以决定该国的比较优势和贸易所得。然而，要素禀赋随时间改变、技术经常改进、偏好也可变化，结果是该国的比较优势也随时间改变。

本章中的贸易模式将体现以上变化，说明要素禀赋是如何发生变化的及技术改进如何影响一国的生产可能性曲线。这些变化连同偏好的改变一起影响一国的提供曲线、贸易量和贸易条件以及贸易所得。

第一节　生产要素的增长

各国生产要素的规模和结构不会长期不变。通常说来，一国的人口和劳动力数量会随时间而增减。同样，通过利用部分资源来生产资本设备，一国的资本存量将增加。资本会随着一国经济的发展和增长而积累起来，生产的技术、技能也会随着时间的推移而不断积累和传播。资本是指所有由人制造的生产手段，如机器、工厂、办公楼、交通和通信工具，还包括劳动力的教育和培训，所有这一切都能提高一国生产产品和劳务的能力。虽然有许多不同类型的资本和劳动，但我们可以像前几章那样简单地假定所有的劳动和资本的单位都是同一类型的，这样就得到两个要素——劳动（L）和资本（K），就可以继续使用平面几何方法进行分析。当然，现实中还有其他可被耗尽的自然资源（如矿产资源）以及新发现或新投入使用的资源。

一、随时间变化的劳动增长与资本积累

假定国家的经济增长是在不变规模效益下生产两种产品获得的，产品 X 为劳动密集型产品，产品 Y 为资本密集型产品。

1. 生产要素的等比例增长

生产要素的等比例增长也称平衡增长（balanced growth）或中性的生产要素增长。生产要素的等比例增长是指一国不改变要素丰裕程度或比例的生产要素量的增长。如果假设只有资本和劳动两种生产要素，等比例增长要求资本和劳动的增长率完全相同。请注意，不是要素绝对增长量的比较，而是要素增长率的比较。在资本和劳动的增长率完全相同的情况下，资本—劳动比例维持不变。生产要素的同比例增长会导致一国生产规模等比例地扩大，即生产要素增加一倍，则产品 X 和产品 Y 的产出都将增加一倍。下面用生产可能性曲线边界的移动来说明这一情形，如图 14—1 所示。

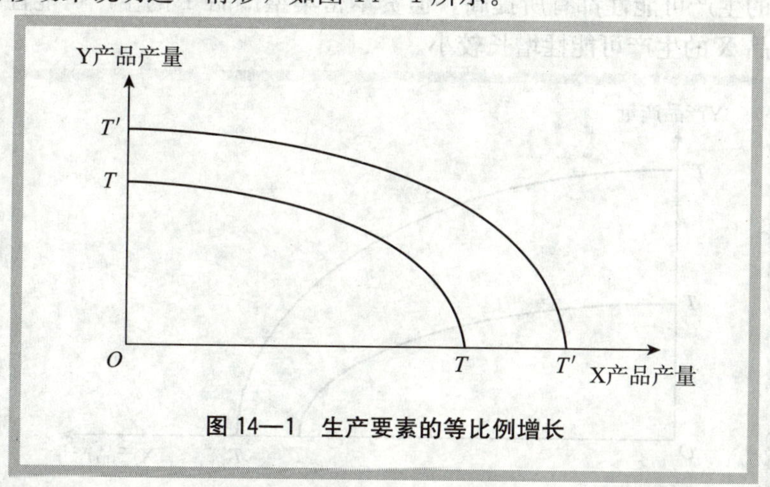

图 14—1　生产要素的等比例增长

2. 仅有劳动要素的增长

在资本存量不变而劳动增加的情况下，生产可能性曲线的变动如图 14—2 所示。

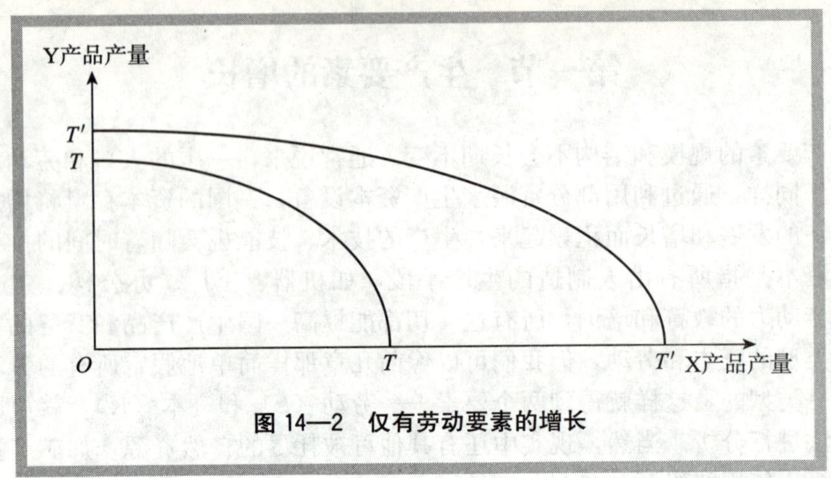

图 14—2 仅有劳动要素的增长

在生产要素增长之前，该国的生产可能性曲线为 TT。由于假设产品 X 为劳动密集型产品、产品 Y 为资本密集型产品，因此当该国的劳动要素增长后，新的生产可能性曲线移到 $T'T'$。由于劳动是生产产品 X 时密集使用的要素，所以生产可能性曲线 $T'T'$ 与横轴交点的外移幅度要大于与纵轴交点的外移幅度。也就是说，劳动生产要素的增长使该国两种产品的生产可能性都有所提高，但劳动密集型产品 X 的生产可能性提高很大，而资本密集型产品 Y 的生产可能性只有较小的增长。

3. 仅有资本要素的增长

与劳动要素增长时的分析类似，在只有资本要素增长时，一国生产可能性曲线的移动如图 14—3 所示。在生产要素增长之前，该国的生产可能性曲线为 TT。由于假设产品 X 为劳动密集型产品、产品 Y 为资本密集型产品，因此当该国的资本要素增长后，新的生产可能性曲线移到 $T'T'$。因为资本是生产产品 Y 时密集使用的要素，所以生产可能性曲线与纵轴交点的外移幅度要大于与横轴交点的外移幅度。也就是说，资本生产要素的增长使该国两种产品的生产可能性都有所提高，但资本密集型产品 Y 的生产可能性提高较大，而劳动密集型产品 X 的生产可能性增长较小。

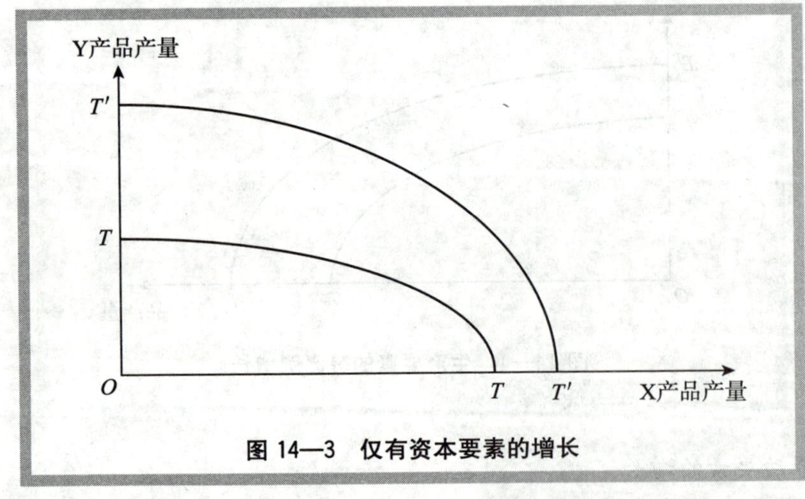

图 14—3 仅有资本要素的增长

二、罗伯津斯基定理

1. 罗伯津斯基定理的基本内容

罗伯津斯基定理（Rybczynski theorem）假定商品相对价格保持不变，如果一种生产要素增加，另一种生产要素不变，将会导致密集使用该要素部门的产出增加，而另一部门的产出下降。

假设某一生产要素的总量增加，比如资本供给增加了 ΔK。在商品相对价格保持不变的前提下，为了使新增加的资本（ΔK）能被全部利用，以保证充分就业，则需资本密集型部门（X）来吸收新增的资本，但要保证 X 部门将新增的资本全部吸收，还需要一定的劳动来与其搭配，所以 Y 部门不得不缩小生产规模，以便释放出一定的劳动（ΔL_Y）。但部门 Y 在释放出劳动的同时，还会释放出一定的资本（ΔK_Y），这部分资本也需部门 X 来吸收，最后达到如下状态。

$$k_X=\frac{K_X}{L_X}=\frac{K_X+\Delta K_Y}{L_X+\Delta L+\Delta L_Y}$$

$$k_Y=\frac{K_Y}{L_Y}=\frac{K_Y+\Delta K_Y}{L_Y+\Delta L+\Delta L_Y}$$

当上述两式都满足时，所有的要素都得到了充分利用，并且两个部门的要素密集度保持不变。结果是 X 部门的生产扩大，而 Y 部门的生产下降。如果是劳动总量增加、资本总量不变，则根据同样的道理，Y 部门的生产将扩大，X 部门的生产将下降。

2. 罗伯津斯基定理的图示证明

罗伯津斯基定理还可用图示的方法来证明。在图 14—4 中，E 点表示一国要素变化前的要素禀赋点，直线 OX、OY 的斜率分别表示均衡时产品 X、产品 Y 的要素使用比例。由于产品 X 是劳动密集型产品，所以直线 OX 在直线 OY 的右下方。坐标图中，X 点、Y 点所对应的劳动、资本量分别表示产品 X、产品 Y 的要素投入量。根据要素充分利用这一假设条件，$OXEY$ 应该是个平行四边形。另外，由于规模收益不变，产品 X、产品 Y 的产出分别与线段 OX、OY 的长度呈正比例关系，所以不妨直接用线段 OX、OY 分别表示产品 X、产品 Y 的产出水平。假定资本增加，由 K_1 增加到 K_2，劳动保持不变，依然为 L_1，则图中资本增加后要素禀赋点由 E 点变为 E' 点。在商品相对价格不变的条件下，要素禀赋点变动之后，产品 X、产品 Y 的要素使用比例仍保持原来的水平不变。此时，由于所有要素都已充分利用，所以新的平行四边形为 $OX'E'Y'$；相应地，产品 X、产品 Y 的产出水平分别为 OX' 和 OY'。比较图中 OX 与 OX'、OY 与 OY' 的长度可知，产品 Y 的产出增加，而产品 X 的产出减少。

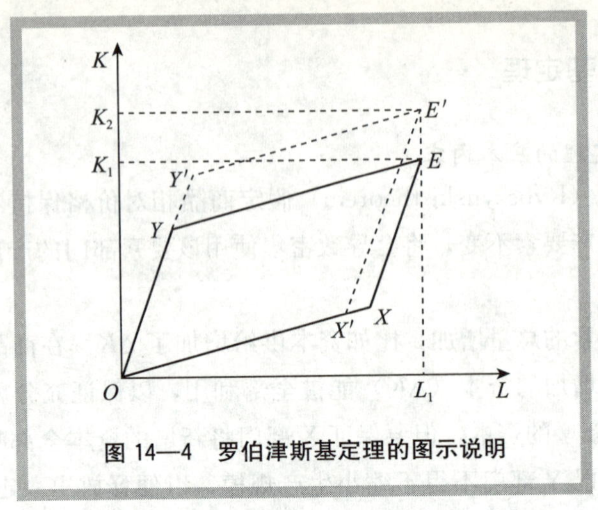

图 14—4　罗伯津斯基定理的图示说明

第二节　技术进步

前文讨论了各种类型的生产要素增长给一国带来的经济增长效果，尤其是对生产结构所产生的影响。在当今发达国家的经济增长过程中，技术进步的贡献呈现不断上升的趋势。一些经验研究揭示了发达国家实际人均收入的增加主要依靠技术进步，资本积累的作用十分有限。然而，由于有好几种类型的技术进步，并且它们在每一种或同时在两种商品生产过程中具着不同的发展速度，所以技术进步分析远比要素增长分析复杂。本节将介绍技术进步的各种类型及其带来的经济增长效果。为了简化分析，这里考察抽象的技术进步。

一、技术进步的类型

我们在此沿用 1972 年诺贝尔经济学奖获得者约翰·希克斯的定义，将技术进步分为中性技术进步（neutral technical progress）、劳动节约型技术进步（labor-saving technical progress）和资本节约型技术进步（capital-saving technical progress）三种类型。无论哪种类型的技术进步，都能在给定的产量水平上既减少劳动又减少资本的使用。在我们的讨论中，假设技术进步前后具有不变的规模经济效益，并且技术进步一旦发生就一直持续下去。

1. 中性技术进步

中性技术进步是指技术进步导致在原有的资本/劳动比率之下，资本和劳动两种要素的边际生产力以相同的比例增加。发生中性技术进步时，劳动和资本的生产效率同比例增加，因而发生中性技术进步后，资本与劳动的相对要素价格（工资率/利率）比率不变。也就是说，由于工资率/利率的比率未变，生产过程中不会发生劳动替代资本（或相反）的情况，因而资本与劳动的比率保持不变，所发生的只是生产原有的产量现在只需要较少的劳动和较少的资本。

图 14—5 直观地说明了中性技术进步的情形。Y 和 Y' 表示技术进步前后同一产量的等产量曲线，两者形状完全相同，只是 Y' 比 Y 更靠近原点，说明技术进步发生后，同样的产出所需的两种生产要素都比以前减少了。等成本线的斜率相同反映了技术进步发生后资本和劳动两种生产要素的价格比率未发生变化。等成本线和等产量曲线的切点 A 和 A' 代表在给定的技术条件和要素价格下的最优资本/劳动比率。如果从原点出发引一条射线，则 A 点和 A' 点必然落在该射线上，说明生产该产品的要素密集度没有发生变化。

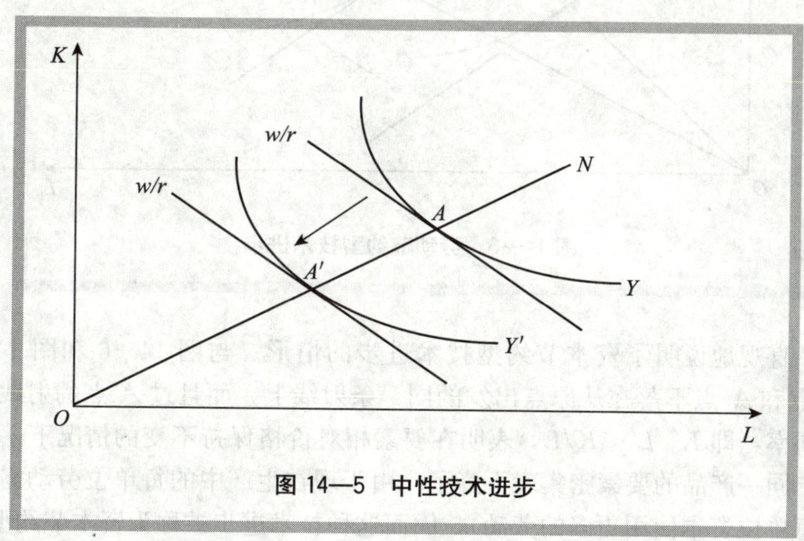

图 14—5 中性技术进步

2. 劳动节约型技术进步

劳动节约型技术进步是指技术进步导致资本边际生产力的增加比例高于劳动边际生产力的增加比例。发生劳动节约型技术进步时，生产中资本要素生产效率的增加大于劳动要素生产效率的增加。其结果是用资本替代劳动，在工资率/利率的比率不变的情况下，资本/劳动比率上升。由于对每单位劳动来说，现在使用更多的资本，因而这种技术进步称为劳动节约型技术进步。因此，生产原有的产量现在可使用较少单位的劳动和资本，但资本/劳动的比率上升了。

图 14—6 直观地说明了劳动节约型技术进步的情形。与图 14—5 不同的是，现在等成本线和等产量线的切点 A 和 A' 不再落在同一条从原点出发的射线上，过 A' 点的射线斜率大于过 A 点的射线斜率，表明 A' 点所代表的要素密集度要大于 A 点所代表的要素密集度，$K'/L'>K/L$。在要素相对价格不变的情况下，该技术进步使得每一单位产品生产中的劳动使用量减少，所以被称为劳动节约型技术进步。

3. 资本节约型技术进步

资本节约型技术进步是指技术进步导致劳动边际生产力的增加比例高于资本边际生产力的增加比例。发生资本节约型技术进步时，劳动要素的生产效率增加大于资本要素的生产效率增加。其结果是在工资率/利率的比率不变的情况下，发生了以劳动替代资本及劳动/资本比率上升（或资本/劳动比率下降）的情况。因此，生产原有产量现在只需较少的劳动和资本，但劳动/资本的比率上升（资本/劳动比率下降）了。

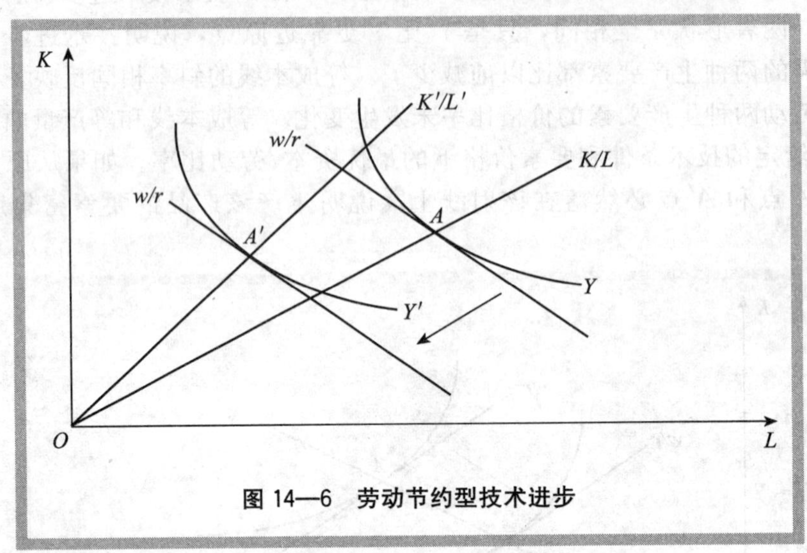

图 14—6 劳动节约型技术进步

图 14—7 直观地说明了资本节约型技术进步的情形。与图 14—6 和图 14—5 不同的是，不仅 A 点和 A' 点不落在从原点出发的同一条射线上，而且过 A' 点的射线斜率小于过 A 点的射线斜率，即 $K'/L' < K/L$，表明在要素相对价格保持不变的情况下，该类型技术进步使得生产同一产品的要素密集度下降了。由于现在生产中的每单位劳动需要更少的资本（或者说每单位资本使用更多的劳动），因而这种技术进步被称为资本节约型技术进步。

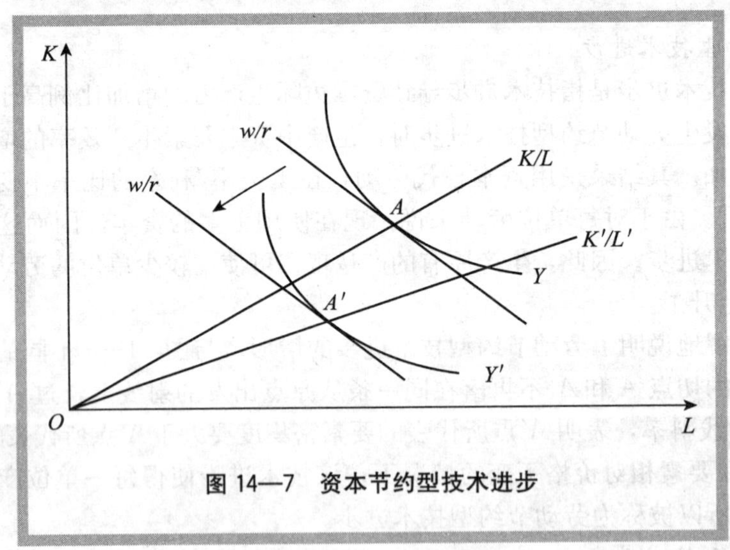

图 14—7 资本节约型技术进步

二、技术进步及一国的生产可能性曲线

随着生产要素的增长，所有类型的技术进步都使国家的生产可能性曲线外移，外移的类型和程度取决于技术进步的类型和速度。假设两种生产要素的总量均不变，以体现只有

技术进步发生时对生产结构的影响。这里仅讨论中性技术进步，非中性技术进步相当复杂，只能在更高级的课本中用数学方法处理。

当两种产品生产中的中性技术进步速度相同时，一国的生产可能性曲线按照技术进步发生的速度向所有方向均匀外移，这与生产要素平衡增长时的效应相同。因此，当技术进步前后的生产可能性曲线与源自原点的射线相交时，各交点都有相同的斜率，参见图 14—1。

当中性技术进步只发生在某一生产部门，而另一生产部门的技术未变时，在产品相对价格不变的前提下，该部门的产出增加，而另一部门的产出则下降。图 14—8 对该命题进行了直观的说明。设一国在产品 X 上发生中性技术进步，而产品 Y 未发生技术进步。*TT* 为技术进步发生之前的生产可能性曲线，*T′T′* 为中性技术进步发生之后该国的生产可能性曲线。由于技术进步只发生在产品 X 上，因而产品 Y 的生产可能性并未受到影响；也就是说，如果该国把所有资源用于无技术进步的产品 Y 的生产中，则产品 Y 的产量保持不变。如果该国把所有资源用在劳动和资本的生产效率都增加的产品 X 的生产上，则产品 X 的产出将增加。在图中表现为新的生产可能性曲线与横轴的交点明显外移，但与纵轴的交点却没有变化，即在纵轴上 *T* 点与 *T′* 点是重合的。

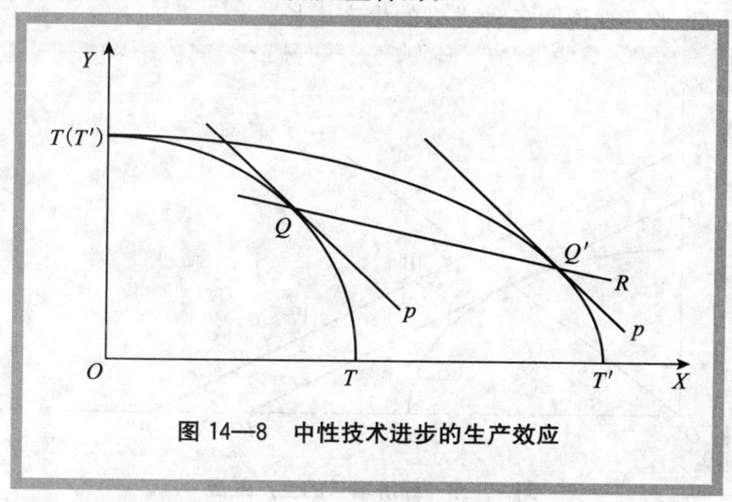

图 14—8　中性技术进步的生产效应

技术进步发生前，相对价格线 *p* 与生产可能性曲线相切于 *Q* 点，*Q* 点位于该国初始的生产均衡点。当产品 X 发生中性技术进步、产品 Y 未发生技术进步时，在商品相对价格不变的条件下，新的生产均衡点为相对价格线与技术进步后的生产可能性曲线的切点，生产均衡点从 *Q* 点移动到 *Q′* 点。比较 *Q* 与 *Q′* 两点即可发现，产品 X 的产出增加，而产品 Y 的产出减少。连接 *Q* 与 *Q′* 两点的直线 *R* 是倾斜向下的。如果中性技术进步只发生在产品 Y 上，则分析与此相同。

第三节　经济增长的贸易效果

经济增长可以由生产要素的增长引起，也可以单由技术进步引起，还可以是两者的综合作用。不管是生产要素的增长还是技术进步，都能使一国的生产可能性曲线发生移动，并对一国的生产结构产生影响。经济增长对贸易量的影响不仅取决于一国可用于进出口的商品数量的增长速度，还取决于通过扩大贸易使国民收入增长后一国消费方式的变化情况。本节的目的是分析经济增长所带来的贸易效果，需要考察经济增长的生产效应和消费效应，综合研究经济增长对国际贸易的数量和贸易条件的影响，并且探讨其福利效果。

一、经济增长对贸易量的影响

1. 经济增长的生产效应

经济增长引起生产可能性曲线外移，生产总规模扩大。设产品 X 为一国的出口产品，产品 Y 为进口替代品，并且产品的相对价格保持不变。所谓进口替代品是指一国进口该产品，同时国内也生产该产品。为便于进一步分析，首先将由于生产要素增长或技术进步所带来的生产效应分为如下 5 种类型：根据进口替代品国内产出的增长率与出口品产出的增长率相比是相等、较大还是较小，把经济增长分为中性经济增长、逆贸易型经济增长和顺贸易型经济增长。另外，在极端的情况下，进口替代品的国内生产量会绝对减少，出口品的国内生产量也会绝对减少，这两种情况称为超顺贸易型经济增长和超逆贸易型经济增长。下面用图 14—9 来直观说明各种类型的生产增长。

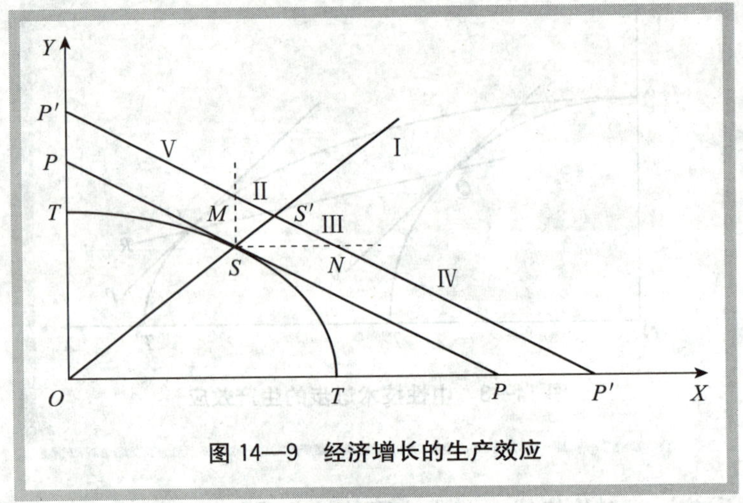

图 14—9　经济增长的生产效应

在图 14—9 中，横轴表示一国的出口品 X 的产量，纵轴表示进口替代品 Y 的产量，TT 为初始的生产可能性曲线，它与初始的相对价格线 PP 相切于 S 点。S 点为该国初始的国内生产均衡点。过生产点的相对价格线，即该国的国民收入预算线，它在横轴和纵轴上的截距分别代表用产品 X 和产品 Y 表示的该国的初始国民收入。由于经济增长生产可能性曲线会向外移动，但不同类型的经济增长会造成生产可能性曲线形状的不同变化。为了使图形更清晰，本书中没有画出经济增长后各种新的生产可能性曲线，只是画出了经济增长发生后的国民收入线 $P'P'$。相对价格线 $P'P'$ 和 PP 是平行的，意味着经济增长前后，产品的相对价格并未发生变化。

如果相对价格线 $P'P'$ 与新的生产可能性曲线的切点 S' 位于 OS 连线的延长线上，那么这种情况称为中性经济增长，对应于图中的类型Ⅰ。此时，进口替代品和出口品的国内生产量是按照相同比例增长的。如果切点落在从 S 点引出的垂线与 S' 点之间，即线段 MS'

上，对应于图中的类型Ⅱ。在这种情形下，进口替代品 Y 的产量增长率要高于出口品 X 的产量增长率，这种类型的经济增长称为逆贸易型经济增长。当切点落在线段 $S'N$ 上时，出口品产量的增长率要快于进口替代品，对应于图中的类型Ⅲ，这种类型的经济增长称为顺贸易型经济增长。而当切点位于线段 NP' 上时，出口品的产量有了极大的增长，但进口替代品的数量相比以前绝对下降了，对应于图中的类型Ⅳ，这种增长称为超顺贸易型经济增长。与类型Ⅳ相反，类型Ⅴ是指切点落在线段 $P'M$ 上的情形，这时进口替代品的产量发生了很大的增长，但出口品的产量却比增长之前绝对下降了，这种类型的经济增长称为超逆贸易型经济增长。下面对这五种类型的生产增长做一个简要的总结。若以 ΔX 表示产品 X 的产量增量，ΔY 表示产品 Y 的产量增量，那么：

（1）如果 $\Delta X/X=\Delta Y/Y$，进口替代品的国内生产增长率等于出口品的生产增长率，这种增长称为中性经济增长。

（2）如果 $\Delta X/X<\Delta Y/Y$，进口替代品的国内生产增长率大于出口品的产出增长率，这种增长称为逆贸易型经济增长。

（3）如果 $\Delta X/X>\Delta Y/Y$，出口品的国内生产增长率大于进口替代品的产出增长率，这种增长称为顺贸易型经济增长。

（4）如果 $\Delta X>0$ 且 $\Delta Y<0$，即出口品的产出增加、进口替代品的产出下降，这种增长称为超顺贸易型经济增长。

（5）如果 $\Delta X<0$ 且 $\Delta Y>0$，即出口品的产出下降、进口替代品的产出增加，这种增长称为超逆贸易型经济增长。

2. 经济增长的消费效应

在产品相对价格不变的情况下，经济增长会提高一国的国民收入。国民收入的增加会改变一国的消费量，还有可能改变一国的消费结构与消费偏好。采用类似于分析生产效应的方法，我们可以将经济增长的消费效应也分为 5 种类型，即中性消费增长、逆贸易型消费增长、顺贸易型消费增长、超逆贸易型消费增长和超顺贸易型消费增长。图 14—10 反映了对消费增长的分类。

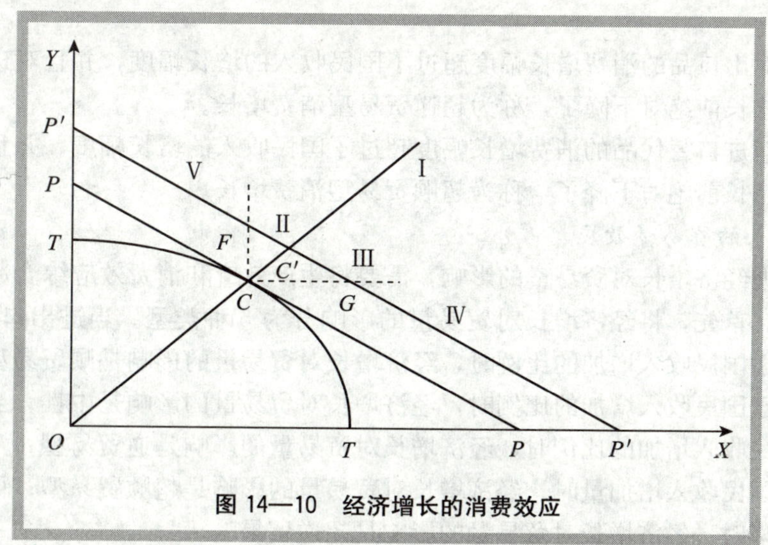

图 14—10　经济增长的消费效应

同样假设产品 X 为一国的出口产品，产品 Y 为进口替代品，并且产品的相对价格保持不变。在图 14—10 中，横轴代表一国对产品 X 的消费量，纵轴表示对产品 Y 的消费量。位于初始的国民收入预算线 PP（也是初始的相对价格线）上的 C 点为初始的消费均衡点。由于经济增长，该国的国民收入预算线外移到 $P'P'$。两条相对价格线平行，意味着经济增长前后的相对价格保持不变。

如果经济增长发生后，新的消费均衡点正好位于射线 OC 与 $P'P'$线的交点 C'上，对应于图 14—10 中类型Ⅰ的情况，意味着该国对产品 X 和产品 Y 的消费需求以相同的比例增加，消费结构没有改变，这种情形是中性消费增长。当新的消费均衡点位于线段 FC'上时，对应于图中的类型Ⅱ，对进口替代品的消费增长幅度高于出口品。因此，该国的进出口都增加，贸易规模扩大，这称为顺贸易型消费增长。如果新的消费均衡点落在线段 $C'G$上，对应于图中的类型Ⅲ，意味着本国对出口品 X 的消费增长幅度高于对进口替代品的消费增长幅度，于是出口相对减少，出口减少的幅度大于进口增加的幅度，贸易规模有缩小的倾向，这种情形称为逆贸易型消费增长。在极端情况下，新的消费均衡点会落在线段 GP'上，对应于图中的类型Ⅳ。本国对出口品的消费有很大增长，但对进口替代品的消费量却比经济增长前绝对下降了。进口量绝对下降，出口品也减少，贸易规模与经济增长前相比萎缩了，这种经济增长称为超逆贸易型消费增长。图中类型Ⅴ是类型Ⅳ的对立面，新的消费均衡点落在线段 $P'F$ 上，进口替代品的消费上升幅度超过了国民收入增长率，而出口品的消费量却比经济增长前绝对下降，贸易规模与经济增长前相比膨胀了，这种经济增长称为超顺贸易型消费增长。

对经济增长带来的消费效应可简单总结如下：

（1）如果对进口替代品和出口品的消费需求以相同比例增长，称为中性消费增长。

（2）如果对出口品的消费增长幅度高于对进口替代品的消费增长幅度，称为逆贸易型消费增长。

（3）如果对进口替代品的消费增长幅度高于对出口品的消费增长幅度，称为顺贸易型消费增长。

（4）如果对出口品的消费增长幅度超过了国民收入的增长幅度，并且对进口替代品的消费量比经济增长前绝对下降了，称为超逆贸易型消费增长。

（5）如果对进口替代品的消费增长幅度超过了国民收入的增长幅度，并且对出口品的消费量比经济增长前绝对下降了，称为超顺贸易型消费增长。

3. 经济增长的贸易量效应

要准确把握经济增长对贸易量的影响，需要将生产效应和消费效应综合起来考察对贸易量的净效应。首先，将经济增长对贸易量的影响分为 5 种类型。当进出口（贸易规模）增加的比例大于国民收入增加的比例时，经济增长对贸易量的影响是顺贸易型；当进出口增加的比例等于国民收入增加的比例时，经济增长对贸易量的影响是中性；当进出口增加的比例小于国民收入增加的比例时，经济增长对贸易量的影响是逆贸易型；当进出口的绝对增加量大于国民收入增加量时，经济增长对贸易量的影响是超顺贸易型；而当进出口的绝对量出现下降时，经济增长对贸易量的影响是超逆贸易型。

单从经济增长的生产效应来看，在商品相对价格不变的条件下，如果一国出口品的产出增长速度高于进口替代品的产出增长速度，则出口和进口的增长均会快于国民收入增长，经济增长会使贸易规模的扩大比例大于国民收入的增长比例，这被称为产生贸易；如果相反，则称为反贸易或中性贸易。在中性贸易条件下，产量扩张会带来贸易的同比例扩张。另外，单从经济增长的消费效应来看，如果一国进口替代品消费的增长快于出口品消费的增长，则出口和进口的增长也会快于国民收入增长，于是消费效应带来更大比例的贸易扩张，这也是产生贸易；如果相反，则是反贸易或中性贸易。

如此看来，生产效应和消费效应可以是产生贸易的（如果在相对价格不变的条件下，它们导致贸易以更大的比例增加）、反贸易的或中性的。对于一国的生产来说，如果它使出口品的增加比例大于进口替代品的增加比例，则是产生贸易的生产。对于消费来说，如果进口替代品消费的增加比例超过出口品的增加比例，则是产生贸易的消费。

贸易量的实际增长过程取决于生产效应和消费效应的纯效应，即相互作用的结果。若生产效应和消费效应都是产生贸易的，对应于表 14—1 中的顺贸易或超顺贸易，则贸易量的扩大要比产量扩大得快，即贸易规模的增长率大于国民经济的增长率。所以，经济增长的贸易量效应是顺贸易型或超顺贸易型。若生产效应和消费效应都是反贸易的，这种情况对应于表 14—1 中的逆贸易或超逆贸易，则贸易量的扩大慢于产量的扩大，甚至有可能绝对下降。所以，经济增长的贸易量效应是逆贸易型或超逆贸易型。如果生产效应是产生贸易的，消费效应是反贸易的，对应于表 14—1 中的生产效应为顺贸易或超顺贸易，消费效应为逆贸易或超逆贸易，此时的贸易量取决于两种相反力量的净效应，最终结果难以预料。如果消费效应是产生贸易的，而生产效应是反贸易的，则最终结果同样难以预料。如果生产效应和需求效应之一为确定的偏向类型，另一个效应为中性，则经济增长的贸易量效应比较容易确定，接近于偏向类型。例如，当生产效应为中性、消费效应为顺贸易时，贸易量效应为顺贸易型。不太可能出现的情况是生产效应与消费效应都是中性的，在这种情况下，贸易与生产同比例扩张。

表 14—1　　经济增长的各种贸易量效应

生产效应	消费效应				
	中性（N）	顺贸易（P）	超顺贸易（UP）	逆贸易（A）	超逆贸易（UA）
中性（N）	N	P	P 或 UP	A 或 UA	UA
顺贸易（P）	P	P	P 或 UP	非 UP	UA
超顺贸易（UP）	P 或 UP	P 或 UP	UP	非 UA	不确定
逆贸易（A）	A 或 UA	非 UP	非 UA	A 或 UA	UA
超逆贸易（UA）	UA	UA	不确定	UA	UA

资料来源：甘道尔夫：《国际经济学》，北京，中国经济出版社，1999。

二、经济增长对贸易条件和福利的影响

一国的经济增长不仅会影响贸易量，如果该国是大国，则经济增长还会影响其贸易条

件。因为大国贸易量的变化会引起世界市场上有关产品的供求变化，从而影响产品的相对价格（即贸易条件），而贸易条件的变化会进一步影响该国的贸易利益。对于小国来说，由于其进出口占世界市场的份额很小，难以影响世界价格，通常都是国际价格的接受者。因此，小国贸易利益的分析与大国不同。下面分别分析小国情形和大国情形下经济增长对贸易条件和福利的影响。

（一）小国情形

小国经济增长后，虽然其进出口量有变化，但不足以影响世界市场上有关产品的供求变化，因此贸易条件不变，经济增长对小国福利的影响更多地取决于引起经济增长的原因。

假设小国的经济增长——生产要素的积累或技术进步或者两者的综合作用——发生在产品X，因此经济增长使得生产可能性曲线与X轴交点的外移幅度更大。与此同时，假设该国经济增长前出口产品X、进口产品Y。图14—11反映了小国在经济增长发生后，其生产可能性曲线的移动及由此带来的生产、消费和贸易变动。图中TT为初始的生产可能性曲线，$T'T'$为经济增长发生后新的生产可能性曲线。从图中可看出，在经济增长之前，生产均衡点为S_1点，国内消费点为C_1点。S_1点和C_1点之间的水平距离R_1S_1为该国产品X的出口量，垂直距离C_1R_1是产品Y的进口量，贸易三角形为$\triangle C_1R_1S_1$。当经济增长使生产可能性曲线从TT移动到$T'T'$以后，该国新的生产均衡点为S_2点，消费点为C_2点，此时的贸易三角形为$\triangle C_2R_2S_2$。显然，该国的贸易规模有所扩大。但由于小国的假定，贸易条件并未发生任何变化，在图中表示为新的相对价格线P_2的斜率与原先的相对价格线P_1的斜率相同。经济增长后，社会无差异曲线为U_2，与经济增长前的社会无差异曲线U_1相比，社会无差异曲线U_2离原点更远，表明经济增长使得本国的福利水平提高。

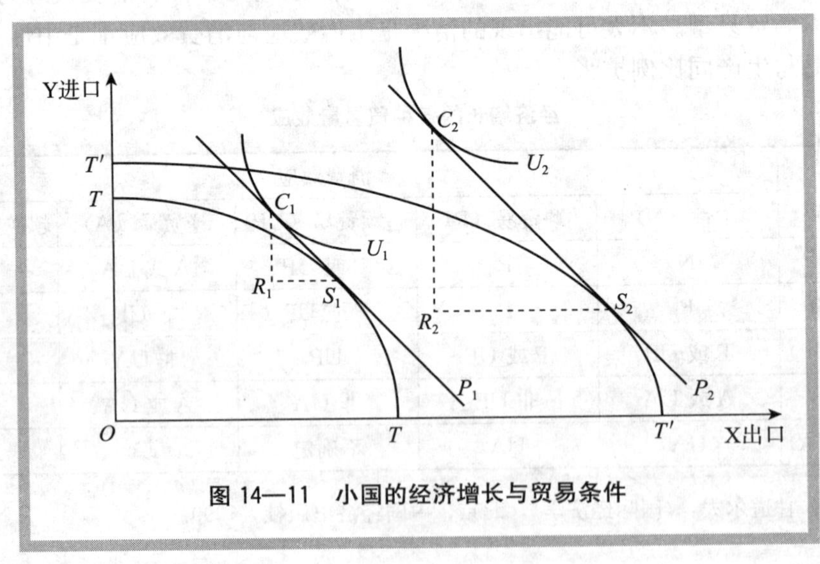

图14—11　小国的经济增长与贸易条件

经济增长对小国贸易福利的影响可以概括为：由要素积累或技术进步引起的经济增长均可提高一国的国民收入和人均收入并带来福利的增加。换言之，在这类经济增长中，小国总是能够提高本国的福利水平。必须指出的是，如果增加的要素是劳动，则由劳动增加导致的经济增长情况要复杂一些。虽然国民总收入增加了，但如果生产技术是规模收益不变的，仅劳动一种要素增加导致的产出增加的百分比会小于劳动增加的百分比，从而人均收入将会下降。如果以人均收入作为衡量福利水平的标准，那么劳动增加引起的经济增长会使小国的福利水平有所下降。这也解释了为什么中国等发展中国家在经济发展中要控制人口过快增长。

有关小国经济增长所带来的贸易效应分析，还可以用提供曲线来说明，见图 14—12。在图 14—12 中，横轴表示该国的出口产品 X 的数量，纵轴表示进口产品 Y 的数量。弯向横轴的曲线 *OA* 表示经济增长前该国的提供曲线，从原点出发的射线 *OA* 表示贸易条件，其斜率为小国与世界其他国家进行贸易时的比价。提供曲线和贸易条件线的交点 *A* 反映了初始的均衡贸易量，即该国最初出口 *OM* 数量的产品 X，并换回数量为 *ON* 的产品 Y 进口。与图 14—11 的情形相对应，在经济增长发生以后，小国的提供曲线外移至向横轴弯曲的曲线 *OB*。从前面章节所介绍的提供曲线推导过程可知，曲线 *OB* 同时包括了与增长的生产效应和消费效应相关的信息，可以更直接地反映出经济增长的净贸易效果。由于小国的贸易增长不影响贸易条件，不用考虑世界上其他国家的提供曲线，可以直接从小国新的提供曲线与原贸易条件线的交点 *B* 得到新的均衡贸易水平。在发生了经济增长后，该国出口产品 X 的数量增加为 *OF*，并以不变的贸易条件换回了数量为 *OH* 的产品 Y 进口，即贸易规模扩大了。

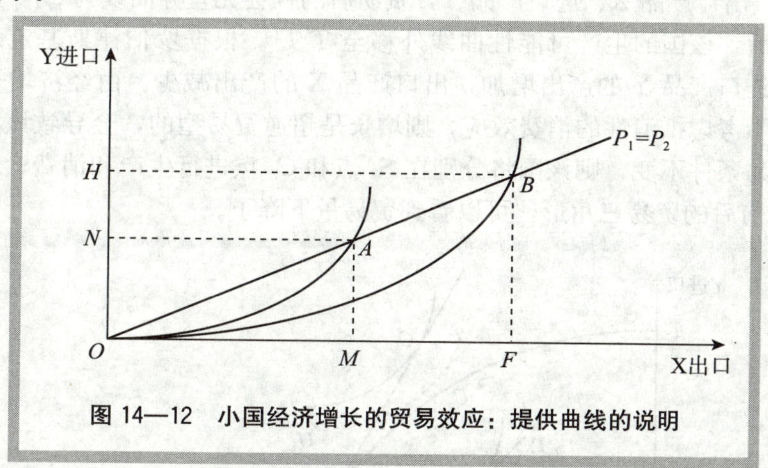

图 14—12　小国经济增长的贸易效应：提供曲线的说明

在上例中，经济增长使贸易规模扩大。然而，由于经济增长的类型是多样的，因此增长也可能带来减少贸易的效果。从前面的内容可知，超逆贸易型经济增长会使一国贸易规模在交易条件不变的情形下绝对下降。

（二）大国情形

对于大国来说，由于进出口规模较大，在经济增长后，其进出口数量的变化足以影响到世界市场上相关产品的供求关系，进而导致贸易条件变化。例如，一国资本增加后，相对于劳动密集型产品的供给，资本密集型产品的供给会增加，在需求不变的情况下，这意味着资本增加后资本密集型产品的相对价格会下降。同样，如果劳动增加、资本不变，那么要素禀赋变化后，劳动密集型产品的相对价格会下降。在开放条件下，如果一国某一要素增加，对方国家一切保持不变，那么要素增加后，在国际市场上密集使用该要素的产品相对价格会下降。如果技术进步只发生在某一生产部门（如产品 X），则该部门（产品 X）的产出相对于另一部门（产品 Y）的产出增加，在国际市场上该部门（产品 X）产出的相对价格下降。若该产品是要素增加或技术进步国家的出口品，则称为偏向出口的增长；若该产品是要素增加或技术进步国家的进口替代品，则称为偏向进口的增长（import-biased growth）。

1. 偏向进口的增长

在偏向进口的增长情况下，要素增加或技术进步发生在该国的进口替代部门，进口替代品的产出增加、出口相对减少，于是出口品相对进口品的价格上升，该国的贸易条件得到改善，而对方国家的贸易条件将恶化。在这种情况下，经济增长对经济增长国带来双重利好。一方面，经济增长意味着国民收入水平的提高和国民福利的改善；另一方面，经济增长又使本国的贸易条件改善，在贸易中的相对获利增加，从而对本国福利产生积极影响。

图 14—13 描述了一个大国在稀缺要素增加、发生偏向进口替代部门的增长后，其生产、消费、贸易、贸易条件和福利水平的变动情况。假设经济增长前，该国出口产品 X、进口产品 Y。由于是偏向进口的增长，该国生产可能性曲线的外移偏向于进口替代部门。如图 14—13 所示，经济增长前该国的生产可能性曲线为 TT，生产点和消费点分别位于 S_1 点和 C_1 点，出口产品 X、进口产品 Y，贸易后的社会无差异曲线为 U_1。发生偏向产品 Y 的经济增长后，该国的生产可能性曲线外移至 $T'T'$。根据罗伯津斯基定理，如果相对价格不变，则进口产品 Y 的产出增加，出口产品 X 的产出减少。由经济增长的生产效应分析可知，若不考虑抵消性的消费效应，则增长是超逆贸易型的，会导致该大国的贸易量减少。如果贸易条件不变，则该国将分别在 S_2 点和 C_2 点进行生产和消费，达到福利水平 U_2。对比增长前后的贸易三角形，可以看到贸易量下降了。

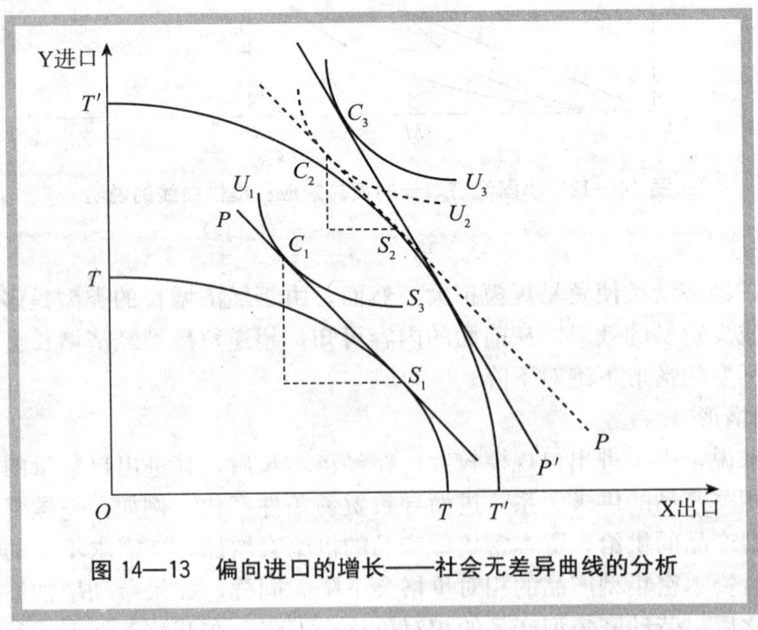

图 14—13　偏向进口的增长——社会无差异曲线的分析

实际上，由于该大国出口产品 X 和进口产品 Y 均减少，这会导致世界市场上产品 X 相对于产品 Y 的价格上升，从而该国的贸易条件改善。在图 14—13 中，经济增长后的相对价格线比经济增长前的相对价格线陡峭，即 $P'>P$。在新的相对价格下，均衡的生产点和消费点为 S_3 点和 C_3 点，达到福利水平 U_3。比较 U_1、U_2 和 U_3 可以发现，社会无差异曲线 U_2 比 U_1 远离原点，因而福利水平得到提高，此时的福利水平提高得益于经济增长带来的好处。社会无差异曲线 U_3 比 U_2 更加远离原点，说明福利水平进一步提高，此时福利水平的提高源于该国贸易条件的改善，即在国际贸易中获利更多。

大国偏向进口的增长还可以通过提供曲线来说明，见图 14—14。经济增长前，该国在 A 点进行贸易，按照射线 OP 代表的贸易条件出口 OF 单位的产品 X，进口 ON 单位的产品 Y。经济发生偏向进口型的增长后，提供曲线移至 OB，贸易条件改善，新的价格线 OP'，对应于图 14—14 中更陡峭的价格线 P'，出口和进口分别下降为 OM 和 OH。大国发生偏向进口竞争部门的增长时，将会减少贸易量、改善贸易条件，从而加强经济增长带来的社会总体福利水平的上升。

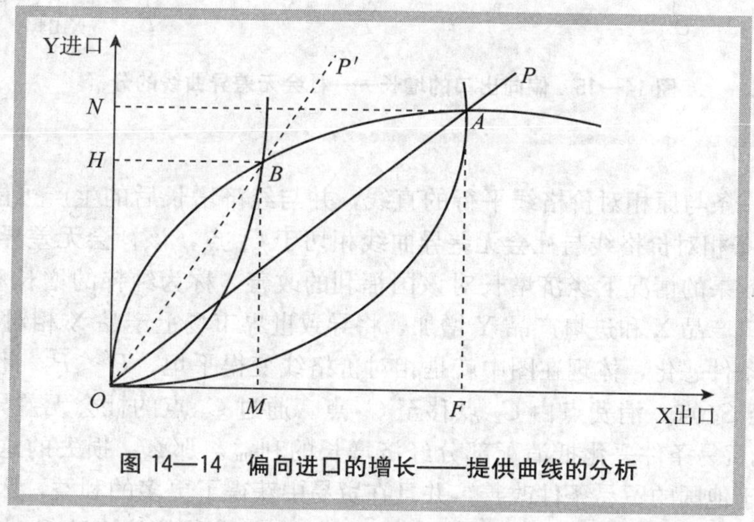

图 14—14 偏向进口的增长——提供曲线的分析

2. 偏向出口的增长（export-biased growth）

如果要素增加或技术进步发生在该国的出口部门，经济增长使得该国的出口增加，该国的贸易条件将恶化；相应地，对方国家的贸易条件将得到改善。偏向出口的经济增长对增长国的福利会产生两种截然不同的影响。一方面，经济增长意味着国民收入水平的提高、国民福利的改善；另一方面，经济增长又可能使本国的贸易条件恶化，对本国福利产生不利影响。在这种情况下，经济增长的净福利效应取决于上述两种影响效应的净效应。

图 14—15 反映的是大国发生偏向出口部门的增长后，其生产、消费、贸易、贸易条件和福利水平的变动情况。经济增长前的生产可能性曲线为 TT，生产和消费分别位于 S_1 点和 C_1 点，出口产品 X、进口产品 Y，过 C_1 点的社会无差异曲线代表经济增长前的福利水平。由于发生的是偏向出口的增长，生产可能性曲线的外移偏向于出口部门，增长后该国的生产可能性曲线为 $T'T'$。根据罗伯津斯基定理，如果相对价格不变，则

出口产品 X 的产出增加，而进口替代品 Y 的产出减少。若不考虑抵消性的消费效应，则增长是超顺贸易的，会导致该大国贸易量上升，对比增长前后的贸易三角形，可以看到该国的贸易量增加。

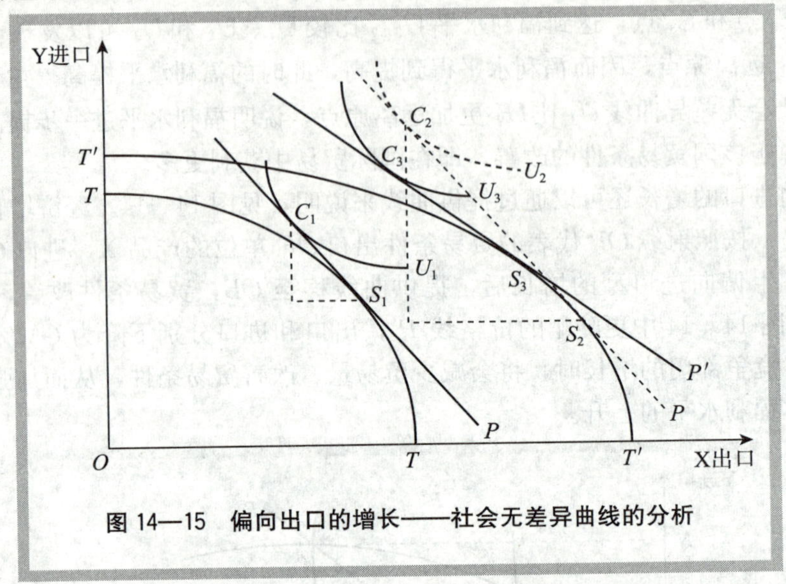

图 14—15　偏向出口的增长——社会无差异曲线的分析

在图中画一条与原相对价格线平行的直线，并与经济增长后的生产可能性曲线相切，切点为 S_2。这条相对价格线与社会无差异曲线相切于 C_2 点，该社会无差异曲线表示在不考虑贸易条件效果的情况下经济增长对该国福利的改善，称为纯粹的增长利益。事实上，由于该大国出口产品 X 和进口产品 Y 增加，将导致世界市场上产品 X 相对于产品 Y 的价格下降、贸易条件恶化，体现在图中就是相对价格线变得平坦，$P'<P$。此时，生产均衡点由 S_2 点移至 S_3 点，消费点由 C_2 点移至 C_3 点。通过 C_3 点的社会无差异曲线 U_3 位于 U_2 之下，可见贸易条件恶化抵消了部分经济增长的利益。那么，损失的这部分增长利益去哪里了？由于他国的贸易条件改善，并且在贸易中获得了更多的利益，因而这部分利益以转移支付的形式为他国所享有。过 C_3 点的社会无差异曲线依然比过 C_1 点的无差异曲线更远离原点，表明由于贸易条件恶化而转移至他国的利益并未超出经济增长利益，净福利效应依然是该国福利水平的上升。

大国偏向出口的增长一样可以用提供曲线来分析，见图 14—16。经济增长前，该国在 A 点进行贸易，按照射线 OP 代表的贸易条件出口 OE 单位的产品 X，进口 OD 单位的产品 Y。经济发生偏向出口产品 X 的增长后，贸易条件恶化，提供曲线右移至 OB，出口和进口分别增加为 OF 和 OC，新的相对价格线为 OP'，对应于图 14—16 中更为平缓的新价格线 P'。

如果转移至他国的那部分利益超出了增长利益，那么该大国的福利水平将低于经济增长前，这种情形称为悲惨增长。图 14—17 描述了大国经济增长导致贸易条件严重恶化，以致降低本国福利水平的情形。

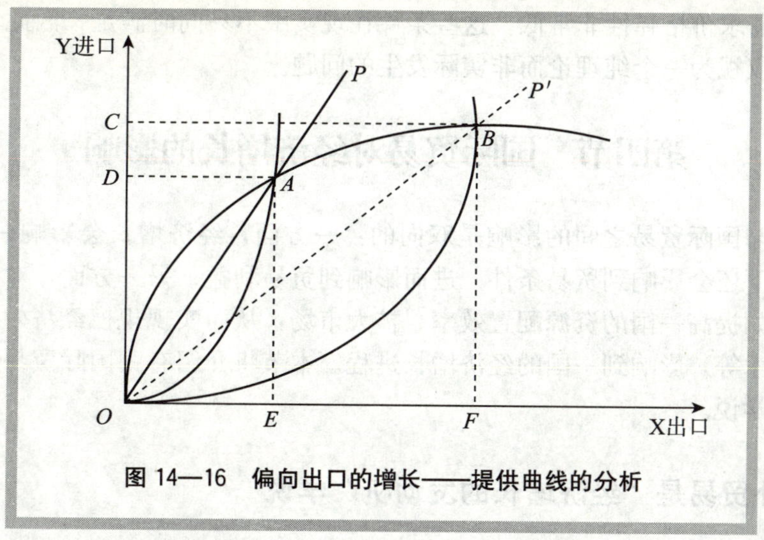

图 14—16　偏向出口的增长——提供曲线的分析

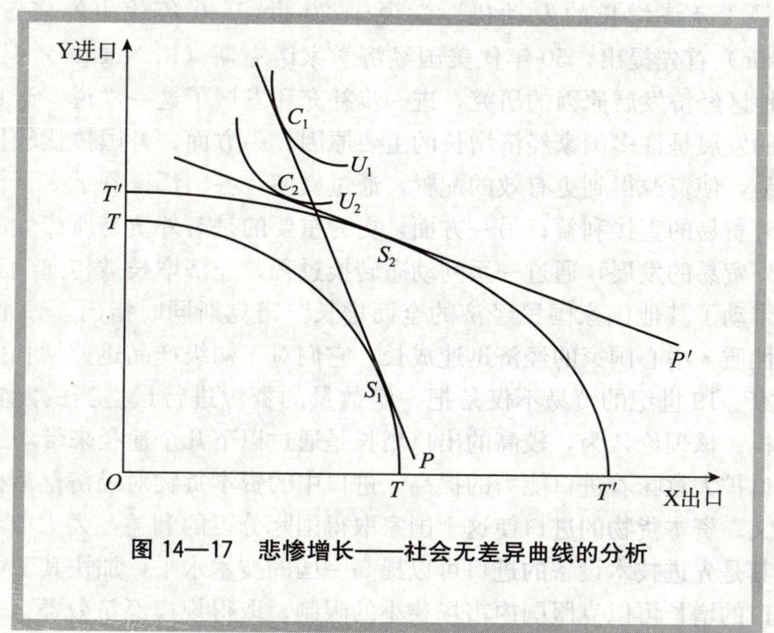

图 14—17　悲惨增长——社会无差异曲线的分析

由于偏向出口的增长导致贸易条件急剧恶化，致使增长后新的消费点 C_2 位于原消费点 C_1 之下。在图中表示为新的相对价格线 P' 比原价格线 P 平坦很多，通过 C_2 点的社会无差异曲线所代表的福利水平 U_2 低于经济增长前的福利水平 U_1。在这种悲惨增长情形中，由于大国出口品供给的大量增加引起该国贸易条件恶化，再加上贸易条件恶化引起福利水平下降的幅度超过了经济增长引起国民收入上升和福利水平提高的幅度，最终导致该大国的福利水平绝对下降。

一般来说，悲惨增长的出现通常需要以下几个前提条件：①经济增长出现在对世界价格有影响的贸易大国；②经济增长偏向增长国的出口部门；③经济增长国的进口边际倾向较高，即增长国对进口产品的需求会因经济增长而显著增加；④经济增长国的出口产品在世界市场上的需求价格弹性非常低。这些条件在现实中不易同时满足，因此大多数经济学家将悲惨增长仅视为一个纯理论而非实际发生的问题。

第四节 国际贸易对经济增长的影响

经济增长与国际贸易之间的影响是双向的：一方面，经济增长会影响一国的贸易量，在大国的情形下还会影响到贸易条件，进而影响到贸易利益；另一方面，对外贸易也会通过多种途径（如提高一国的资源配置效率、扩大市场，从而实现规模经济效应、吸收国外资金与先进技术等）影响到一国的经济增长进程。本节将介绍有关国际贸易影响经济增长的主要理论和学说。

一、对外贸易是“经济增长的发动机”学说

对外贸易是“经济增长的发动机”学说于 20 世纪 30 年代由经济学家罗伯特逊（D. H. Robertson）首先提出，50 年代美国经济学家诺克斯（R. Nurkes）根据对 19 世纪英国与新移民地区经济发展原因的研究，进一步补充和发展了这一学说。诺克斯认为，19 世纪国际贸易的发展是许多国家经济增长的主要原因。一方面，各国按比较优势原则进行国际分工和贸易，使资源得到更有效的配置，通过交换，各国都得到了多于自己生产的消费量，这是对外贸易的直接利益；另一方面，更为重要的是对外贸易所产生的间接动态利益，即随着对外贸易的发展，通过一系列动态转换过程，经济增长被传递到其他国家的经济部门，从而带动了其他国家国民经济的全面增长。诺克斯同时指出，19 世纪的国际贸易具有这样的性质：中心国家的经济迅速成长，它们对于初级产品迅速增长的需求将成长传递到外围国家。19 世纪的贸易不仅是把一定数量的资源进行最适当的配置，它还是经济增长的发动机。该理论认为，较高的出口增长是通过以下几个途径来带动经济增长的。

第一，出口扩大意味着进口能力的提高。进口中的资本货物对经济落后国家的经济发展具有重大意义。资本货物的进口使这个国家取得国际分工的利益，大大节约了生产要素的投入量，尤其是先进技术设备的进口可以提高一国的技术水平，加快其工业化进程。

第二，出口的增长可以克服国内市场狭小的限制，取得规模经济效益。一国国内市场相对来说总是有限的，出口的增加可以使生产增长、降低成本、增加就业，并不断提高生产效率以达到最佳规模经济。

第三，出口贸易可以产生传递效应。在对外贸易的带动下，一个工业部门的发展可以带动一系列工业部门的发展，尤其是与出口工业部门有密切关系的相关产业发展。例如，美国和日本的汽车工业在国内外市场需要的推动下获得了迅速增长，而汽车工业的发展又带动了钢铁工业、石化工业、橡胶工业、电子工业和公路建设等一系列部门的发展，从而促进了新产业结构的形成，推动了全面的经济增长。

第四，进出口贸易可以带来需求结构的变化。对外贸易的发展，扩大了一国同其他国家之间的经济、文化交流，进出口贸易带来了国内没有的新商品，使消费者的偏好开始向这些进口的新产品转移，从而产生了新需求，因此这种需求便成为国内新工业建立和发展

的刺激因素。发达国家高消费水平的国际示范效应引起的发展中国家的消费需求，可能会降低发展中国家的国内储蓄率，但需求引发的对生产的刺激力量可以通过引进外资或改良技术等途径部分抵消这种不利影响。同时，其他国家对该国的商品需求也会引起该国在国内供给方面的积极反应，它会刺激出口部门的产量增加和质量改进，从而推动经济增长。

第五，出口的扩大可以带来国民收入的增长。出口生产的扩大和就业的增加，必然会提高出口部门的收入，并带动其他部门收入的增长。如果将增加的国民收入中的一部分用于资本积累，并进行再生产投资，就会直接促进生产的进一步扩大；用于国内消费的另一部分，也会通过对国内其他产业部门产品需求的增加来推动这些部门的生产，进而推动整个社会的经济发展，创造出更多的国民收入。

由此可见，对外贸易是经济增长的发动机学说包含了三层含义：①发达国家的经济增长成为不发达国家经济增长的动力；②这种动力是通过对外贸易传递的；③国际贸易使发达国家和不发达国家都获得了经济增长。但不少经济学家认为，对外贸易是经济增长的发动机学说有缺陷和局限性，主要体现在以下几个方面。

第一，过分夸大了对外贸易的作用。对外贸易的扩大会促进国内原有工业企业的发展和新工业的产生，促进经济增长，但对外贸易只是一国贸易的一部分，而非全部。日本是一个高度外向型的经济体，其进出口总额占国内生产总值的比重不超过20%，多数年份只是17%左右，因此很难说经济增长的主要动力来自对外贸易。另外，是分工决定贸易，生产决定交换，而非相反。经济增长的发动机学说只考虑了对外贸易对生产的反作用，很少顾及生产对外贸的决定作用，有失之偏颇之感。

第二，忽视了对外贸易的示范作用对落后国家经济发展的消极影响。当一国的贸易在较大规模上展开以后，发达国家高水平的消费会形成一种强烈的示范效应，不发达国家居民的消费倾向在此刺激之下会形成“消费早熟”。也就是说，不发达国家的居民倾向于较少储蓄、提高消费水平，这会造成储蓄率的下降，进而影响投资水平。在国内生产水平短期内难以提高的情况下，由于“消费早熟”，消费倾向的变化会转化为进口倾向的提高，不利于改善国际收支。

诺克斯的学说对于19世纪的世界贸易发展和经济增长很有解释力，但进入20世纪后，世界经济条件发生了一些变化，发达国家的经济增长并未通过国际贸易传递到众多的发展中国家，从而使该学说的适用性下降。20世纪60年代后，亚洲新兴工业化国家或地区通过实行出口导向战略实现了经济的快速增长，又在一定程度上形成了对这一学说合理性的支持。

二、国际贸易与技术传递

技术进步是促进经济增长的一个重要原因，从这个角度来说，国际贸易可以通过促进技术在国家间的传递而间接促进经济增长。一些学者认为，国际贸易不仅是商品本身在国家间的交换，它还是技术在国家之间传递的重要渠道。格罗斯曼（G. M. Grossman）与赫尔普曼（E. Helpman）在这方面做了大量研究，1991年他们在《贸易、知识外溢与增长》中指出：考虑到比较优势和规模经济效应，贸易利益表现为一个经济体在开放状态下比封闭时可以获得更高的收入和消费水平，但这些观点并未考虑到开放会带来更高的经济增长速度。实际上，一国通过对外交流可以获得国际上已积累的大量知识存量以及一些新的发现，从而贸易可在长期内促进技术进步和经济的更快增长。人们一般认为，贸易促进国际技术传递的渠道主要包括以下几个方面：

（1）传播效应。越开放的国家从其他国家学到先进技术的机会越大，美国经济学家芬德雷（R. Findlay）用传播效应（contagion theory）来解释这种现象。他指出，与技术创新的发明者或获得者进行接触和交流，技术创新可被有效复制。国际贸易提供了这种接触和交流的机会，使一国的生产者能够进口封闭状态下本国不生产的高科技产品，了解其他国家的产品信息和技术信息。因此，通过国际贸易，技术会从创新国转移到它的贸易伙伴国，这种技术转移是动态的过程。

（2）"干中学"效应。"干中学"效应指出，企业的生产效率随着生产数量的扩大和经验的积累而增加，同时知识的外溢使所有劳动和固定资产在生产最终产品时的效率都能有所提高。考虑到当代国际贸易的特点时，这种效应就不仅仅局限于一国范围内了。因为当代国际贸易的特点之一是产品的增值链加长，即一种产品的生产可能包括几个国家的共同参与。因此，对外加工企业进口国外的关键料件和设备进行组装生产，可以在加工过程中摸索、了解和吸收国外同行的知识及技术诀窍，逐步掌握生产这些中间产品的能力，使产品的国产化率不断提高。另外，在出口过程中，国外的消费者往往会对产品的性能进行反馈，使企业能根据市场的需求对产品进行改进，同时促进企业创新和学习世界新技术。

（3）演示和培训效应。虽然掌握先进技术的外国企业会努力对技术进行保密，但为了在国际市场上销售的需要，企业必须对商品进行演示，说明新产品的质量、特点、功能和使用方法等。此外，为了保证产品质量，还要提供安装及售后服务。对于很多技术含量较高的产品，企业还会对用户进行技术培训。这些都为其他企业通过技术外溢进行学习、模仿和再创新创造了条件，使后者可以更低的成本开发相似的产品。

本章小结

通过本章学习，可以：

1. 了解罗伯津斯基定理的基本内容和技术进步的类型。

2. 掌握经济增长的生产效应、经济增长的消费效应和经济增长的贸易量效应。

3. 掌握经济增长对贸易条件和福利的影响，涉及大国情形和小国情形。

4. 了解对外贸易是"经济增长的发动机"学说和剩余出口论，掌握国际贸易乘数理论。

本章关键词

经济增长	中性技术进步	劳动节约型技术进步
资本节约型技术进步	罗伯津斯基定理	经济增长的生产效应
经济增长的消费效应	经济增长的贸易量效应	悲惨增长

本章思考题

1. 经济增长的原因是什么？在何种条件下会发生经济的平衡型增长？在何种条件下会发生经济的偏向型增长？

2. 技术进步有哪些类型？不同类型的技术进步对要素投入比例的影响如何？

3. 试比较一个大国发生超顺贸易型、顺贸易型、中性贸易型、逆贸易型和超逆贸易型经济增长时，其贸易量和贸易条件的变化情况？

4. 资本积累导致的经济增长是否必然提高小国的福利水平？是否必然提高大国的福利水平？

有“咖啡王国”之称的巴西是世界上最大的咖啡生产国和出口国。20 世纪初，巴西的咖啡产量曾占世界总产量的 3/4，因此巴西可被认为是在咖啡这一生产和出口领域的大国。在较长的一段时期内，咖啡占巴西出口总收入的 2/3 左右。20 世纪 30 年代巴西的咖啡生产规模和出口规模空前扩大，但大量的咖啡出口不但没有换回更多外汇，反而使巴西的实际收入比生产扩大前减少。试用本章所学的知识解释这一现象。

参考答案

第一章　导　论

☞ 本章思考题

1. 答：国际贸易是具有独立关税制度国家或地区之间的商品或服务的交换活动。

国际贸易的特点包括：

(1) 国际贸易比国内贸易具有更大的困难性。

1) 语言不同，交流困难。

2) 法律、风俗习惯不同。

3) 国际贸易的障碍多于国内贸易。

4) 市场调查困难。

5) 交易接洽、争议处理困难。

(2) 国际贸易比国内贸易具有更多的复杂性。

这种复杂性主要反映在以下两个方面：

1) 各国的货币和法律制度不同。

2) 货物的运输与保险更加复杂。

(3) 国际贸易比国内贸易具有更大的风险性：

1) 信用风险。

2) 商业风险。

3) 汇兑风险。

4) 运输风险。

2. 答：国际贸易的研究对象与内容包括：①国际贸易的历史及现状；②国际贸易的理论；③国际贸易的政策与措施；④与国际贸易有关的各种理论与现实问题。

3. 答：当代国际贸易发展具有以下特征：

(1) 国际贸易步入新一轮高速增长期，贸易对经济增长的拉动作用十分明显。

(2) 以发达国家为中心的贸易格局保持不变，中国成为国际贸易增长的新生力量。

(3) 多边贸易体制面临新的挑战，全球范围内的区域经济合作势头高涨。

(4) 国际贸易结构走向高级化，服务贸易和技术贸易发展方兴未艾。

(5) 贸易投资一体化趋势明显，跨国公司对全球贸易的主导作用日益增强。

(6) 贸易自由化和保护主义的斗争愈演愈烈，各种贸易壁垒花样迭出。

4. 答：国际贸易的分类方法包括：

(1) 根据货物的流向不同，国际贸易可分为出口贸易、进口贸易和过境贸易。

(2) 根据划分进出口的标准不同，国际贸易可分为总贸易和专门贸易。

(3) 按交易标的物的特征，国际贸易可分为有形贸易和无形贸易。

(4) 依照有无第三方参加，国际贸易可分为直接贸易、间接贸易和转口贸易。

(5) 依照货物运送方式不同，国际贸易可分为陆路贸易、海路贸易、空运贸易和邮购贸易。

(6) 依照清偿工具不同，国际贸易可分为现汇贸易和易货贸易。

(7) 按贸易方式不同，国际贸易可分为包销、代理、寄售、招标、拍卖、商品交易所交易、加工贸易、对等贸易、租赁贸易等。

5. 答：有形贸易与无形贸易的区别与联系是：有形贸易是指有形的看得见的商品贸易。无形贸易是指劳务或其他非实物形态的贸易。有形贸易和无形贸易都是国际贸易及国际收支的组成部分，两者的主要区别在于：有形贸易的进口额和出口额表现在海关的贸易统计上，无形贸易通常不表现在海关的贸易统计上；有形贸易是国际收支的主要构成部分。

6. 答：国际贸易的地理方向是指各洲、各国（或地区）在国际贸易中所占的地位，通常用各洲、各国（或地区）出口贸易额或进口贸易额占世界出口或进口贸易总额的比重来表示。国际贸易地理方向也称国际贸易地区分布。

7. 答：国际贸易值与国际贸易量的异同是：国际贸易值与国际贸易量都是反映国际贸易实际规模的指标，通常按一定时期的不变价格为标准来计算各个时期的国际贸易值，即用进出口价格指数除进出口值，得出国际贸易实际规模的近似值，即国际贸易量。国际贸易值是指以货币表示的世界各国（或地区）的对外贸易额。国际贸易量是以数量、重量、长度、面积、体积等计量单位表示的进出口商品的数量。

对于国际贸易量的计算，通常是用进出口价格指数除国际贸易值，得出国际贸易实际规模的近似值，即国际贸易量。由于国际贸易的商品很多，在价值、性质、用途、形状等方面都存在很大差别，无法统一用某种计量单位表示。为了反映国际贸易的实际规模，只有按一定时期的不变价格为标准来计算各个时期的国际贸易值，它可以避免因物价变动所引起的国际贸易发展的不真实性。

☞ 思考案例

答：对外贸易依存度的快速提高，一方面，表明中国在国际分工体系中扮演着日益重要的角色；另一方面，过高的对外贸易依存度也意味着中国受到国际经济冲击的可能性不断增加。

由于中国的出口产品中有一半左右都包含着进口因素（即加工贸易因素以及汇率等不可比因素），因此中国的对外贸易依存度在一定程度上被高估了。真正衡量贸易的应该是出口的净增加值，即出口总量减去其中包含的进口因素。经过这种调整之后，我国的对外贸易依存度明显低于世界平均水平。因此，中国的对外贸易依存度数据并不真实，具有误导性。

第二章　传统国际贸易理论

☞ 本章思考题

1. 答：绝对成本理论的主要内容包括：各国按照各自的绝对优势进行分工交换，专门生产并出口其具有绝对优势的产品、进口其具有绝对劣势的产品，这样将使各国的资源得到最有效的利用，大大提高劳动生产率和增加物质财富，并使各国从贸易中获益。

绝对成本理论对国际贸易理论的发展贡献为：亚当·斯密开创了对国际贸易进行经济分析的先河；具有重大的现实意义；推动了历史进步。

2. 答：(1) 比较成本理论的主要内容为：大卫·李嘉图发展了亚当·斯密的观点，认为在两国都能生产同样两种产品的条件下，如果其中一国生产两种产品的劳动生产率均高于另一国，该国可以专门生产优势较大的产品，处于劣势地位的另一国可以专门生产劣势较少的产品。通过国际分工和贸易，双方都能取得更多的产品，从而实现社会劳动的节约，给贸易双方都带来利益。

(2) 对于比较成本理论的评价：①贡献。比较成本理论比绝对成本理论更全面、更深刻，更具有普遍适用性；李嘉图的经济自由主义思想和自由贸易政策主张在历史上起过重大的进步作用。②局限性。静态分析的局限性；极端的专业分工模式在现实世界中并不存在；李嘉图劳动价值论的不完全和不彻底；李嘉图对国际贸易产生原因的剖析不全面。

3. 答：它混淆了比较优势和绝对优势的概念。如果一国生产某种产品的比较成本或机会成本低于其他国家生产该产品的比较成本或机会成本的话，则称该国在这种产品的生产上具有比较优势；如果一国生产某种产品的单位劳动投入低于其他国家生产这种产品所需单位劳动投放的话，则称该国在这种产品的生产上拥有绝对优势。因此，正确的表述应该是：有比较优势的不一定有绝对优势，有绝对优势的也不一定有比较优势。

4. 答：里昂惕夫运用投入产出分析法，采用美国的数据对 H-O 原理进行了实证检验，发现其结果并不符合 H-O 原理，这被称为“里昂惕夫之谜”。对“里昂惕夫之谜”的解释包括熟练劳动说、人力资本说、自然资源论、要素密集度逆转论、需求偏向论、贸易保护论等。

5. 答：不应该。因为比尔·盖茨先生编写软件相对于打字而言更具有比较优势，根据比较优势理论“两优取最优，两劣取次劣”的原则，盖茨应专业从事软件编写工作。

6. 答：

(1) 中国生产计算机的机会成本为放弃 25 单位（=100/4）小麦的生产，加拿大为放弃 20 单位（=60/3）小麦的生产。

(2) 因为加拿大生产计算机的机会成本比中国低，所以加拿大具有生产计算机的比较优势，而中国具有生产小麦的比较优势。如果各国按照比较优势生产和出口，则加拿大应

进口小麦、出口计算机，中国应进口计算机、出口小麦。

(3) 如果世界价格是 1 单位计算机交换 22 单位的小麦，则加拿大相当于用 60 小时劳动换回本国 66 小时（＝3×22）劳动生产的产品，节省了 6 小时（＝66－60）的劳动时间。中国进口 1 单位计算机需要出口 22 单位小麦，相当于用 88 小时（＝22×4）劳动换回本国需用 100 小时劳动生产的产品，节省了 12 小时（＝100－88）的劳动时间。可见，如果给定的世界价格是 1 单位计算机交换 22 单位的小麦，那么中国的获利较多。

如果世界价格是 1 单位计算机交换 24 单位的小麦，则加拿大相当于用 60 小时劳动换回本国 72 小时（＝3×24）劳动生产的产品，节省了 12 小时（＝72－60）的劳动时间。中国进口 1 单位计算机需要出口 24 单位小麦，相当于用 96 小时（＝24×4）劳动换回本国需用 100 小时劳动生产的产品，节省了 4 小时（＝100－96）的劳动时间。可见，如果给定的世界价格是 1 单位计算机交换 24 单位的小麦，那么加拿大的获利较多。

(4) 在自由贸易的情况下，加拿大应专业生产计算机，数量为 10 单位（＝600/60）；中国应专业生产小麦，数量为 200 单位（＝800/4）。

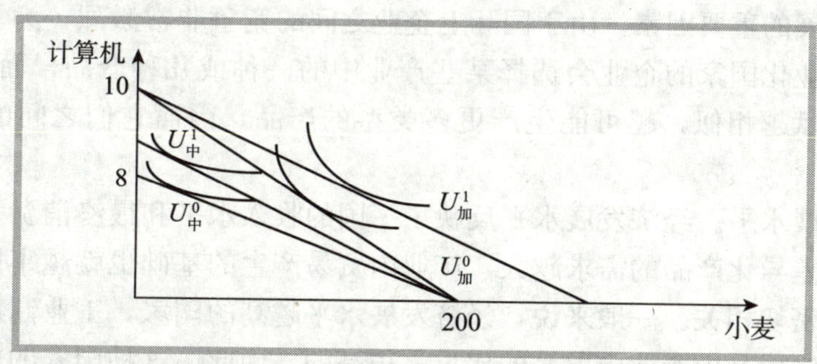

中国的福利水平从 $U^0_中$ 上升到 $U^1_中$，加拿大的福利水平从 $U^0_加$ 上升到 $U^1_加$，整个世界的福利水平上升了。

☞ 思考案例

1. 答：(1) 该案例所揭示的是“荷兰病”的问题。“荷兰病”是指自然资源的丰富反而拖累经济发展的一种经济现象。经济学家常用此来警示经济和发展对某种相对丰富资源过分依赖的危险性。

(2) 如果一国（尤其是发展中国家）长期依赖传统的比较优势产业来发展外向型经济，忽视应有的产业结构升级，可能最终导致该国在国际贸易中虽然获得利益，但贸易结构不合理，总是处于不利地位，从而落入“比较优势陷阱”。该案例说明了一国除应关注静态比较优势处，更应关注动态比较优势。

2. 答：这是 H-O-S 原理（即要素价格均等化理论）的观点。中国出口 T 恤会使中国国内供给下降、价格上升、劳动工资率上升，美国进口 T 恤会使美国国内供给上升、价格下降、工人工资率下降，直至两国价格与工资率相等。但在现实世界中，各国商品的国内供给和工资率水平要受到各种因素的影响，两国贸易品的价格和国内工资率不可能实现完全的均等化。

第三章　当代国际贸易理论

☞ 本章思考题

1. 答：随着厂商生产规模的扩大，产量逐渐增加，产品的平均成本下降，厂商因生产规模扩大而获得额外的报酬。规模报酬递增也称规模经济。

2. 答：(1) 同类产品的异质性。同质产品和异质产品也称相同产品或差异产品。同质产品或相同产品是指产品间可以完全相互替代，也就是产品有很高的需求交叉弹性，消费者对这类产品的消费偏好完全一样。通常说来，这类产品的贸易形式都属于产业间贸易。

(2) 规模经济。产业内贸易发生的另一个原因是为了获取规模经济。规模经济效应导致生产成本的降低，这成为比较优势的一个重要来源，而规模生产形成的经济性也成为促进产业内贸易发展的重要因素。由于国际上企业之间的竞争非常激烈，为了降低成本、获得规模经济，工业化国家的企业会选择某些产业中的一种或几种产品，而不是全部产品。国家间的要素禀赋越相似，越可能生产更多类型的产品，因而它们之间的产业内贸易量很大。

(3) 经济发展水平。经济发展水平反映了一国的收入水平和最终消费水平。收入水平越高，消费者对差异化产品的需求越大，产业内贸易产生的基础也就越牢固。经济发展水平还与产业结构密切相关。一般来说，经济发展水平越高的国家，工业制成品所占的比重越大，所以工业制成品中产业内贸易的比重是很高的。因此，这种国家的产业内贸易也很活跃。经济发展水平越高，产业内异质性产品的生产规模越大，产业部门的内部分工就越发达，从而形成异质性产品的供给市场。

3. 答：内部规模经济主要来源于企业本身生产规模的扩大，外部规模经济主要来源于行业内企业数量的增加所引起的产业规模扩大，所以 (1) 和 (2) 都是同类型的企业组成的交易场所，显然是利用外部规模经济。(3)、(4)、(5) 显然是经济体自身扩大规模的结果：(3) 中的企业集团是企业横向和纵向发展的结果；(4) 中的香港是一个地区利用自身优势发展成亚洲无可替代的金融中心；(5) 中的大型家庭农场也是私人经营体对自身规模的扩大。

4. 答：迈克尔·波特的国家竞争优势理论认为：一国竞争优势的构建主要取决于生产要素、需求状况、相关产业、企业组织、战略与竞争度以及机遇和政府作用。该理论能合理地诠释一国国际贸易的现状，预测一国贸易发展的前景。

5. 答：产品的比较优势既取决于该国的资源禀赋，也取决于该产品的技术结构。虽然钢铁、汽车和飞机都属于资本密集型的产品，而且具有很大的规模经济，但近几十年，前两种产品的世界需求增长很快、产量有了很大的提高，规模经济导致这些产品的生产成本迅速下降，钢铁和汽车已走到技术扩散期，许多发达国家甚至发展中国家都能生产汽车和钢铁，美国逐渐失去了对这些产品的垄断地位；相反，由于飞机高昂的制造成本及其提供的服务，所以整个世界的需求增长不是很大，其他国家很难利用规模经济大量制造飞机，致使该行业的进入门槛很高。目前，美国的波音公司仍是主要的飞机制造商。

☞ **思考案例**

产业内贸易是指一个国家的企业或厂商只生产某产品的一种或少数几种款式，并从其他国家进口该产品的其他款式。产业内贸易的产生是为了利用生产的规模经济。一国通过从事产业内贸易，能够在减少自产商品花色的同时，增加国内消费者所需要的商品种类。由于自产商品种类的减少，一国能在更大规模上从事生产，从而提高生产效率和降低成本。与此同时，消费者也可从更广泛的选择中获利。

在案例中，美国和加拿大通过建立一个汽车自由贸易区，促进了两国汽车行业内贸易的发展。加拿大不再生产所有的汽车型号，只生产少数几种汽车型号，然后从美国进口自己没有生产的汽车型号，出口自己生产的汽车型号。由于减少了自产的汽车型号，因而加拿大的厂商可以集中精力生产单一的汽车型号，最终使其成本降低、效率迅速提高。几年之后，加拿大汽车工业的生产效率达到了美国的水平。

第四章　贸易保护理论

☞ **本章思考题**

1. 答：李斯特幼稚产业保护论的主要内容为：

第一，反对不加区别的自由竞争，主张在一定条件下的保护制度。

第二，反对比较成本理论，主张发展生产力（生产力论）。

第三，提倡发展本国工业，但不排斥有利可图的国际分工。

第四，反对自由放任，主张国家对经济的干预（国家干预论）。

第五，提出了贸易保护的具体原则和措施。

2. 答：幼稚产业的判定标准包括：

（1）穆勒标准——潜在竞争力标准。

（2）巴斯塔布尔标准——现值标准。

（3）肯普标准——外部经济标准。

（4）小岛清的标准——总体经济发展标准。

（5）筱原三代平标准——产业基准标准。

3. 答：凯恩斯的追随者马克卢普（Machlup）和哈罗德（Harrod）等人将凯恩斯的投资乘数引入对外贸易，创立了对外贸易乘数原理。

凯恩斯主义者认为，传统贸易理论忽略了国际贸易自动平衡过程对一个国家的经济，尤其是对一国收入和就业水平可能造成的影响。贸易逆差将导致金、银外流，收入、消费减少，最后导致国内经济活动的萎缩、经济危机的加重和国内就业的缩减。与此相反，贸易顺差所带来的黄金可以扩大国内外的支付手段，一方面引起物价的上升，另一方面压低了利率，两者都将刺激投资的增长和扩大就业。贸易顺差增加了一国的有效需求，有助于提高该国的国民收入水平，而人们的收入增加，消费也会增加，这必然引起其他产业部门的生产增加、就业增加、投资增加、收入增加和国内有效需求增加。如此反复，收入增加将为出口增加的若干倍或乘数倍。因此，凯恩斯主义者最后得出结论，对外贸易必须顺差，政府应该干预对外贸易，实行“奖出限入”的超保护贸易政策。

4. 答：凯恩斯纠正了以往经济学中关于供给自身创造需求的错误假设，引入了总量分析方法。他指出了自由放任的缺陷，强调了国家干预的必要性，提醒人们要关注一国经济内外之间的平衡关系，说明了一国对外贸易量与该国宏观经济各变量之间的相互依存关系以及各种经济活动之间存在的连锁反应关系，在一定程度上阐述了对外贸易与一国经济发展之间的某些内在规律。凯恩斯的这些论点，无论在理论上还是在实践中都具有一定的参考价值和进步之处，也对今后贸易保护理论的发展和新贸易保护主义的形成及其观点起了重要的导向作用。

当然，凯恩斯理论的局限性也是显而易见的，对外贸易的乘数作用是以外国国民收入不变为前提的，当外国也同时采取贸易保护措施时，不仅无法扩大本国的出口，反而会引起本国出口的急剧下降。与此同时，对外贸易乘数理论体现的是一种超贸易保护理论，其目的就是为发达国家摆脱滞胀、转嫁危机开路，在一定程度上助长了贸易保护主义的势头。

5. 答：该理论主要包括利润转移理论和外部经济理论。利润转移理论认为，完全竞争市场假设实际上是不存在的，在现实经济中，不完全竞争是普遍存在的现象。在不完全竞争市场，特别是寡头竞争市场上，寡头可以凭借其垄断力量获得超额利润。在这种情况下，市场并不能自行达到最优状态，一国政府可以通过出口补贴帮助本国厂商夺取更大的市场份额，或者以关税迫使外国厂商降低价格，从而实现由外国向本国转移利润的目的。外部经济理论认为，由于规模经济和外部经济对产业自身及相关产业具有的积极作用，市场份额对各国厂商变得更为重要。因此，政府应通过提供补贴或者关税保护等适当方式对具有规模经济和外部经济的产业予以适当的保护及扶持，使之增强国际竞争力并带动相关产业的发展。这一理论是以政府干预国际贸易为政策导向的现代贸易保护理论。

6. 答：在发达国家，客观存在着这样一些产业，它们产业活动的核心就是不断地生产知识、技术，并利用生产出来的知识和技术制造及销售产品。政府给予财政支持的必要性在于，虽然这些企业可以获得它们对生产知识进行投资所带来的收益，但遗憾的是，它们并不能获取投资产生的全部利益。为了保护企业对于知识创造的热情、刺激企业的知识开发活动、扩大知识外溢所产生的经济效应，政府直接扶持这些产业的活动是十分必要的。

对合适的产业提供战略支持不仅能促进该行业的发展，使它在国内外市场的扩张成功，而且该国还能获取该行业（作为战略支持产业）得到迅速发展而产生的外部经济效应。但是，与其他战略贸易政策理论的原理相同，战略性产业的选择和扶持程度的确定相当关键。政府的补贴或扶持必须确保落到真正的高技术产业或企业，补贴或扶持的程度要根据外部经济效应的重要性来确定。

☞ **思考案例**

答：本案例的理论依据是环境优先新贸易保护论，其主要论点是：由于生态系统面临巨大威胁，在国际贸易中应该优先考虑保护环境，减少污染产品的生产与销售。为了保护环境，任何国家都可以采取保护措施，限制对环境产生威胁的产品进口。同时，企业要将保护环境所耗费的成本计入产品价格之内，这就是环境成本内在化。事实上，进口国还主要采用以技术壁垒和环境壁垒为核心的非关税壁垒措施，以保护环境、保护人类、保护动植物的生命健康安全为名，行贸易保护之实。中国对欧盟出口约120亿美元的机电产品被拒之门外就是环境成本内在化的直接后果。

第五章　国际贸易与利益分配

☞ **本章思考题**

1. 答：一国作为整体会从进口商品的价格下跌中获益，但国内某些部门为进口竞争部门，因而进口商品的价格下跌会导致其利益受损。

2. 答：(1) 中国香港的劳动力和日本的资本所有者赞同自由贸易，中国香港的资本所有者和日本的劳动力反对自由贸易。

(2) 中国香港的服装资本所有者和日本的汽车资本所有者赞成自由贸易，中国香港的汽车资本所有者和日本的服装资本所有者反对自由贸易，中国香港的劳动力和日本的劳动力态度不明确。

3. 答：H-O模型中一种商品相对价格的上升会通过斯托尔珀-萨缪尔森定理造成该商品密集使用的要素名义收入和实际收入上升，另一种要素的名义收入和实际收入下降。在特定要素模型中，一种商品相对价格的上升会造成该部门特定要素名义收入和实际收入上升，另一部门特定要素名义收入和实际收入下降，公共要素名义收入上升而实际收入变化不明确。两者不相同的主要原因是，H-O模型中由于两种要素均可在部门间流动，故两部门的要素密集度会根据要素价格变化做出相应的调整。在特定要素模型中，由于某种要素（如资本）具有特定性，故不能在部门间流动。

4. 答：假设中国是劳动丰裕国家，美国是资本丰裕国家，中国出口劳动密集型商品小麦，美国出口资本密集型商品钢铁。中国在出口部门（小麦）和进口部门（钢铁）的贸易福利效应，不论是进口钢铁还是出口小麦，都能使中国获得净福利。同理，美国作为小麦的进口国、钢铁的出口国，也从贸易中获得了净利益。

5. 答：特定要素是指那些只能用于某产品生产而不能用于其他产品生产的要素。从要素的物质形态来看，不同的产品生产需要不同的生产手段、不同的生产工具和具有不同技能的劳动力，这些要素往往无法不经任何改动或培训就用于其他产品的生产，因此从这个意义上说，它们具有专用性。例如，生产轿车的生产工具就不能用于生产电脑，进行石油炼制的技术人员也不能从事轿车的生产。

6. 答：名义工资上升，但实际工资不确定；名义和实际地租上升；名义和实际利率下降。

7. 答：令 $D_c = S_c$，得到贸易前中国的汽车价格为 20 000，产量为 1 600。

在自由贸易下，中国进口汽车。由于假设中国为汽车进口小国，则国内汽车价格等于国际市场价格 10 000，汽车的需求为 1 800，生产为 1 400，进口量为 400。

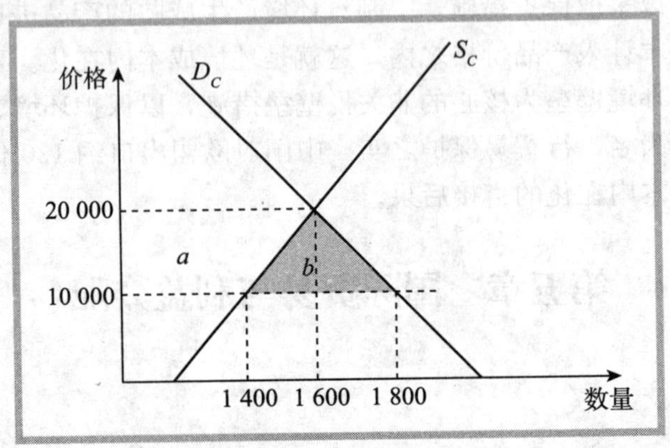

消费者福利增加 $a+b=1/2\times(1\,800+1\,600)\times10\,000=1.7\times10^7$

生产者利润减少 $a=1/2\times(1\,400+1\,600)\times10\,000=1.5\times10^7$

社会福利增加 $b=(a+b)-a=2\times10^6$

☞ 思考案例

答：给予中国永久正常贸易地位意味着增加与中国的贸易。根据斯托尔珀-萨缪尔森定理，自由贸易的趋势是增加出口产品密集使用要素的收益，减少进口产品中密集使用要素的收益，所以美国一旦扩大了与中国的贸易，就会改变国内各要素的收益：降低美国国内劳动力的收益，同时增加国内资本的收益，所以出于自身利益的考虑，工会组织反对该提案，大公司支持该提案。

第六章　国际贸易政策

☞ 本章思考题

1. 答：(1) 保护国内市场。

(2) 扩大本国产品的出口市场。

(3) 优化本国产业结构。

(4) 积累本国经济发展资金。

(5) 维护国家安全。

(6) 为本国对外政治经济关系服务。

2. 答：(1) 经济发展水平及其在世界市场上的地位和力量对比。

(2) 国内经济状况和经济政策。

(3) 统治集团内部的矛盾和斗争。

(4) 一国经济发展战略的选择。

(5) 国际经济环境。

3. 答：(1) 在资本主义生产方式准备时期：主要实行贸易保护政策。

(2) 资本主义自由竞争时期：主要实行自由贸易政策。

(3) 第二次世界大战前的垄断资本主义时期：主要实行超保护贸易政策。

(4) 第二次世界大战后至20世纪70年代中期：出现了世界范围内的贸易自由化。

(5) 20世纪70年代中期以后：出现了新贸易保护主义。

4. 答：管理贸易政策是20世纪80年代以来，在国际经济联系日益加强而新贸易保护主义重新抬头的双重背景下逐步形成的。在这种背景下，为了既保护本国市场，又不伤害国际贸易秩序，保证世界经济的正常发展，各国政府纷纷加强了对外贸易的管理和协调，从而逐步形成了管理贸易政策或者说协调贸易政策。美国先后于1974年、1978年和1988年制定了《综合贸易法案》，开始了向管理贸易政策的转变。在美国的示范和推动下，管理贸易逐渐成为西方发达资本主义国家的基本对外贸易制度。

5. 答：出口替代政策是指一国采取各种措施扩大出口、发展出口工业，逐步用轻工业产品出口替代初级产品出口，用重、化工业产品出口替代轻工业产品出口，以促进出口产品的多样性，从而增加外汇收入，最终带动经济发展、实现工业化的政策。

出口替代政策的不足在于：①过分依赖国际市场；②为了促进出口而实行货币贬值，致使国内货物和进口货物的价格上涨、通货膨胀率上升。

6. 答：进口替代政策是指一国采取关税、进口数量限制和外汇管制等严格限制进口的措施，限制某些重要工业品进口，扶植和保护本国有关工业部门发展的政策。

进口替代政策的不足在于：①不能完全消除对外的依赖性。②以牺牲国内消费者为代价。③由于政策着眼于进口替代工业，对基础设施重视不够，特别是忽视了农业的发展，从而严重削弱了国家的发展后劲，阻碍了整个工业化的进程。④排斥了外来竞争，阻碍了技术创新和技术能力的提高，从而使生产效率不高、生产能力利用效率低下。

☞ 思考案例

答：1. 西方发达国家提出征收“碳关税”的原因

(1) 维护本国经济利益，削弱来自发展中国家的竞争。近年来，以中国为代表的众多发展中国家利用本国廉价的劳动力，大力发展外向型经济，努力引进外资、扩大出口，在纺织品和机电产品等劳动、资源密集型产品的生产上相对于发达国家具有较强的竞争优势。这些产品大量出口到发达国家，给发达国家的相关产业造成了很大的冲击，引发了诸如大规模失业、巨额贸易逆差等各种社会经济问题。同时，为了早日摆脱经济衰退的困扰，以美国为首的部分西方发达国家提出对进口的高能耗、高排放产品征收“碳关税”，借此维护本国的经济利益，削弱来自发展中国家的竞争。

(2) 打造新型环保产业，重塑全球经济领导地位。近年来，美、欧都陷入了经济危机的泥潭，为了早日从经济危机中恢复，美、欧都在积极寻找新的产业支撑点。随着全球环境危机的进一步加剧，诸如新能源、节能、二氧化碳捕捉与封存等新型环保产业无疑将成为全球未来的主导产业，美、欧借此积极打造新型环保产业，以重塑全球经济领导地位。

2.“碳关税”的本质

对于美、欧拟征收的“碳关税”的本质众说纷纭，普遍认为是美、欧借环境保护之名设置的新型贸易壁垒，这种做法违背了世界贸易组织的基本原则。

3. 碳关税对我国经济的影响

(1) 严重阻碍我国对外出口。

(2) 高能耗产业发展将受沉重打击。

(3) 严重影响国内就业。

4. 对“碳关税”的应对措施

(1) 大力推进低碳产业发展。随着全球社会对环境保护的重视，我国长期以来以牺牲环境为代价，靠高能耗产业拉动经济发展的模式难以持续。无论是出于对环境保护的重视，还是对我国经济发展的战略定位，大力推进我国低碳产业发展将是我国经济发展的必由之路。

(2) 积极参与国际相关规则的讨论和制定。应对“碳关税”的另一个途径就是利用我国在联合国中的地位和在国际社会中的影响，积极参与相关国际规则的讨论与制定，以取得主动权和营造良好的发展空间。

第七章　关税措施

☞ 本章思考题

1. 答：关税是一国政府依据本国的海关法和海关税则，通过由政府设置的海关，对通过其关境的进出口商品所征收的一种税负。它的主要特点包括：

(1) 关税具有强制性、无偿性和预定性。

(2) 关税是一种间接税。

(3) 关税的税收主体和客体是进出口商和进出口货物。

(4) 关税具有涉外性。

2. 答：进口附加税是指进口商品时，进口国海关除了征收一般进口税外，根据某种目的又额外加征的关税。进口附加税通常是一种特定的临时性措施，其目的主要有：应付国际收支危机，维持进出口平衡；防止外国商品低价倾销；对国外某个国家实行歧视或报复等。因此，进口附加税也称特别关税。进口附加税主要有反倾销税、反补贴税、报复关税、紧急关税和惩罚关税五种。

3. 答：反倾销税是指对于实行倾销的进口货物所征收的一种进口附加税。进口商品以低于正常价值的价格进行倾销，并对进口国的同类产品造成重大损害是构成征收反倾销税的重要条件。反倾销税的税额一般根据倾销差额征收，其目的在于抵制商品倾销、保护本国的市场与工业。

4. 答：征收关税最基本的两种方法是从量税和从价税。在这两种税收的基础上，又有混合税、选择税和滑准税。

5. 答：名义保护只考虑了关税对某种产品价格的影响，而不考虑对其投入材料的保护；有效保护不但考虑了关税对产品的价格影响，也考虑了投入的原材料和中间产品由于征收关税而增加的价格。因此，有效保护率计算的是某项加工工业中受全部关税制度影响而产生的增值比，是一种产品的国内外增值差额与其国外增值部分的百分比。这里所说的国外增值是指在自由贸易条件下该产品的增值。

6. 答：有效保护不但关注关税对产品价格的影响，也关注投入品（原材料或中间产品）由于征收关税而增加的价格。因此，有效保护率计算的是某项加工工业中受全部关税制度影响而产生的增值比，是对一种产品的国内外增值差额与其国外增值的百分比。

用公式可表示如下：

有效保护率＝（国内加工增值－国外加工增值）/国外加工增值×100％

若以 ERP 表示有效保护率，V 表示自由贸易条件下某一生产过程的增值，V' 表示在各种保护措施作用下该生产过程的增值，则有效保护率可以表述为：

$$ERP=(V'-V)/V\times 100\%$$

当某产业的产品进口名义关税率高于原料的进口名义关税率时，该产业所受的有效保护率就要高于名义保护率；当某产业的产品进口名义关税率等于原料的进口名义关税率时，该产业所受的有效保护率就等于名义保护率；当某产业的产品进口名义关税率低于原料的进口名义关税率时，甚至会出现负保护的现象

7. 答：关税对小国的经济效应主要有消费效应、生产效应、税收效应、贸易效应、净福利效应。

（1）消费效应是指征收关税使国内市场价格提高，导致国内消费量减少。

（2）生产效应是指征收关税后，国内进口替代部门的价格同步上升，国内生产厂商能够补偿因产出增加而提高的边际成本，从而扩大生产。

（3）税收效应是指政府由于征收关税而获得的财政收入。

（4）贸易效应是指关税导致的进口量减少。

（5）净福利效应。

关税的净福利效应＝生产者福利增加－消费者福利损失＋政府税收收入

8. 答：（1）按照货物的自然属性分类（如动物、植物、矿物等）。

（2）按货物的加工程度或制造阶段分类（如原料、半制成品和制成品等）。

（3）按货物的成分分类或按工业部门的产品分类（如钢铁制品、塑料制品、化工产品等）。

（4）按货物的用途分类（如食品、药品、染料、仪器等）。

（5）先按货物的自然属性分成大类，再按加工程度分成小类。

☞ 思考案例

答：任何一个国家为了维持国家机器的运转，都必然以税收作为取得财政收入的一种主要手段。关税是国家财政收入的重要组成部分，为国家筹集财政资金是海关的基本职能。关税由海关在进出口环节征收，比其他税收更为方便、直接。

关税在财政支出中占据重要地位，每一位公民都受惠于此，比如国家将征收的关税用

于教育、医疗、国防、科研、国家重点工程以及公务员涨工资等方面。

关税的再分配作用：一方面，通过征收关税将进出口商品中的一部分价值收归国有，再通过财政支出重新分配给国家各部门、单位和个人；另一方面，通过关税的征收与减免，人为调节不同产业、不同企业的利益分配，影响其生产和经营活动，从而调节生产要素的流向、生产结构的变化和经济的发展。

关税的再分配职能使其具有了调节经济和保护本国幼稚工业的作用，关税调节经济的作用就是通常所说的经济杠杆作用和宏观调控作用。例如，可以利用关税措施调节某种商品市场的供求状况，保持该商品市场的供求平衡，还可以调节进出口商品的结构，以及调节分配和消费等作用。关税的保护作用就是通过征收关税来提高进口商品的销售价格，从而削弱其在进口国市场与本国产品的竞争能力，达到保护本国幼稚工业的目的。显然，对发展中国家来说，关税的保护作用在一定的历史阶段非常重要。

第八章　非关税壁垒

☞ 本章思考题

1. 答：无论非关税壁垒如何变化，与关税措施相比，均具有以下几个明显特征：

(1) 非关税壁垒比关税措施具有更大的灵活性和针对性。关税的制定往往要通过一定的立法程序来调整或更改税率，因此关税具有一定的稳定性和延续性。而非关税壁垒的制定与实施通常采用行政程序，制定起来比较迅速，程序也较简单，能随时针对某国和某种商品采取或更换相应的限制进口措施，从而较快地达到限制进口的目的。

(2) 非关税壁垒的保护作用比关税措施的保护作用更为强烈和直接。关税措施是通过征收关税来提高商品成本和价格，进而削弱其竞争能力，因而其保护作用具有间接性。而一些非关税壁垒（如进口配额）预先限定进口数量和金额，超过限额就直接禁止进口，这样就能快速和直接地达到关税措施难以达到的目的。

(3) 非关税壁垒比关税措施更具隐蔽性和歧视性。关税措施，包括税率的确定和征收办法都是透明的，出口商可以比较容易地获得有关信息。另外，关税措施的歧视性也较低，它往往要受到双边关系和国际多边贸易协定的制约。然而，一些非关税壁垒往往透明度差、隐蔽性强，而且有较强的针对性，容易对别的国家实施差别待遇。

(4) 利益分配对象不同。关税措施通过对进口商品征收关税，从而增加了政府的收入，但进口商会将这些税额打入商品的价格中，以转嫁给国内的消费者。因此，关税收入实际上是从该商品的消费者手中转移到政府手中的。而非关税壁垒则与此不同，如政府补贴，各种形式的补贴从表面上看是将资金从政府手中转移到了生产者手中，实际上，资金是从全体国民的手中转移到了生产者手中。又如数量限制，各种形式的数量限额都在国内造成了溢价，进口商会将溢价部分转嫁给消费者承担。此外，根据限额的发放形式不同，可导致不同群体的额外损失。

2. 答：新型非关税壁垒除有非关税壁垒的特点，还具有其他特点：

第一，反倾销措施不断增强。一些国家把它作为一种战略竞争的手段，借此打击竞争对手和防止对手强大，从而给其抹上了浓重的贸易保护色彩。从其发展趋势看，它将成为21世纪国际贸易壁垒的主导。

第二，贸易技术壁垒迅速发展。由于WTO有关技术壁垒的协议并不否认TBT存在的合理性和必要性，允许各国根据自身的特点制定与别国不同的技术标准，这使得发达国家利用此法律依据制定了多种技术法规、技术标准、质量认证等手段，借以限制其他国家的进口。

第三，数量保障使用频繁。许多西方国家针对发展中国家对外贸易迅速发展的特点，将其作为攻击他国出口商品的“数量激增”手段。其中，最具威胁的是专门针对中国制定的“特保条款”。

第四，绿色壁垒名目激增。西方发达国家利用绿色浪潮席卷全球与世界绿色经济兴起的趋势，打着保护自然资源、保护环境和人类健康的旗帜，制定了一系列复杂苛刻的环保制度和标准，对来自别国或地区的产品及其服务设置屏障，如北欧四国的“白天鹅制度”、欧盟的“EU制度”、日本的“生态标志制度”等。

第五，灰色区域措施的使用。优惠性原产地规则和政府采购政策等灰色措施仍游离于WTO多边约束规则之外，从而被大多数成员作为贸易保护手段广泛运用。由于原产地规则和政府采购政策背后都隐藏着巨大的经济利益，因此各国政府通过制定各种法律法规来限制其他国家产品的进口，以达到保护本国生产商利益的目的。

第六，劳工标准和动物福利的兴起。虽然劳工标准和动物福利这两项措施还未被纳入国际贸易制度中，但发达国家为了削弱发展中国家的劳动力和原材料比较优势，一直力图使其正式成为世界贸易组织的制度，而且目前已逐步开始使用该措施来限制发展中国家的出口。

3. 答：我国遭受反倾销调查的原因分析：

(1) 我国产品具有劳动力和原料的双重优势。从产品竞争力方面看，中国劳动密集型产品的出口价格比较优势非常明显。中国社科院的一份调查报告显示：在加拿大，一个正常工人的工资是一天13.59美元，美国是15.13美元，瑞士是24.12美元，相对于中国的5.52美元来说，差异是极大的。中国所拥有的天然低廉劳动力成本优势对国外的劳动密集型产业形成了巨大的竞争压力。同时，产业同质化加剧了我国与发展中国家间的竞争，我国与许多发展中国家在产业结构和出口商品、出口市场上相近或雷同，竞争大于互补，导致摩擦频发。

(2) 关于我国非市场经济的定位，美国和欧盟等国一直认定中国是非市场经济国家，因此在计算企业的成本和价格时通常用“替代法”替代“正常价格”，具有明显的歧视性和政治性。受政治因素影响，我国市场经济地位问题在美国、欧盟、墨西哥等国家和地区一直难以解决。在反倾销案件的调查中，这些国家在计算时的替代国选择具有随意性。例如，用发达国家的劳动力价格替代我国的劳动力价格就会使我国出口产品的价格远低于所谓的替代价格，依此认定我国产品存在倾销，在客观上也降低了国外对我国反倾销的门槛。

(3) 近20年来，中国外贸出口迅速增长，日益增加的出口数量引起了一些进口国（包括发展中国家）的不满。据调查，目前我国绸缎出口占全球市场的80%，空调、微波炉、缝纫机、纺织服装占全球市场的20%～40%，鞋、电风扇、灯具、打火机等产品出口全球第一，彩电、轮胎出口全球第二。这些产品往往成为国外反倾销“重点照顾”的对象，贸易不平衡成为一些国家对我国反倾销的口实和诱因。另外，由于我国出口商品的总体附加值较低，在数量上打败一些竞争对手的同时，还以低价来竞销，而低价竞销是导致反倾销调查的直接诱因。出口价格越低，越容易被判定存在倾销，并且倾销幅度越大。多年来，价格竞争是我国企业争夺出口市场份额的主要手段。我国出口欧盟化纤布的价格为0.9美元/平方米，大大低于进口国当地企业的价格，低廉的产品价格往往成为进口国发起反倾销调查的导火线。

(4) 我国大多数企业缺乏反倾销的相关知识，对反倾销对策不够了解，因而我国企业的反倾销应诉能力不足。不少涉案企业对应诉工作重视不够、投入不足，有些企业的财务账目不够完善、财务管理还不够规范，在调查中处于被动，而应诉不积极、结果不理想刺激了国外的反倾销调查。一个胜诉案件可以有力地遏制反倾销的扩散，而一个败诉案件可能诱发新一轮反倾销。

中国企业如何应对的措施：

(1) 争取“市场经济国家”待遇，创造有利于我国的贸易环境。在通常情况下，由于“性质”的不同，反倾销的判定结果会截然不同。我国企业之所以申请市场经济待遇成功率不高，是因为我国企业对WTO以及国际贸易惯例没有详细的了解，由于举证不充分导致申请失效。因此，随着我国市场经济的充分发展，在应对国外的反倾销调查中，企业应积极应诉，只要企业能较为深刻地研究国际贸易惯例和运用有关规则，充分举证，会计账簿规范、完整、清楚，通过参加各种复审推翻原判，申请市场经济待遇成功是完全可能的。

(2) 寻找合适的替代国。一旦申请市场经济待遇失败，他国就会以替代国相同或相似商品的价格标准来计算被调查商品的正常价值。由于不同替代国同类产品的销售与管理费用、劳动力价格、原材料成本等要素均不相同，所以计算出的产品最终价格也会有很大的差别，从而造成不同的裁决。因此，替代国的挑选也就成了确定倾销是否存在的关键因素。我国企业要想打赢反倾销官司，就必须灵活运用一些国家的反倾销政策，寻找有利的替代国及类似商品。

(3) 构建预警监控体系，同时建立完善反倾销预警机制。我国应在观察对外贸易发展的动态时，捕捉国际市场相关信息，设立重要商品出口价格的监控体系。对于一些企业的恶性价格竞争，我国应进行严厉打击，以规范出口商品市场的秩序。与此同时，要根据国际市场价格的变动，对那些出口价格偏低、容易引起反倾销的商品进行价格调整。

(4) 由于我国特定的经济环境，故产品具有一定的比较优势。但是，我国出口的产品不能只打价格牌，我国企业应该加大高新技术产品的研究与开发，提高我国出口产品的技术优势、质量优势，重点发展附加值高的产业，增大高新技术产品的出口。这样的产品价格一般比较高，进口国很难提起倾销指控。

(5) 制定完善的涉外经济法律，并适时修改以保护本国产业。面对严峻的反倾销形势，我国应该熟悉WTO的相关游戏规则，根据WTO的相关条例，用法律来保护我国企业在贸易中面对的问题，同时借鉴其他国家涉外经济法律的经验，在符合WTO规则的前提下，建立完善反倾销法律法规。

4. 答：进口配额的经济效应如下图所示。假定实行进口配额的是个小国，则当该国采取这一措施时，不会改变国际价格。图中 D_d、S_d 分别为该国某进口商品的国内需求曲线及供给曲线，S_f 为出口国该商品的供给曲线。在自由贸易状态下，进口国的国内产量为 OQ_1，消费量为 OQ_2，进口量为 Q_1Q_2。此时，国内价格与国际价格是一致的，均为 P_1。

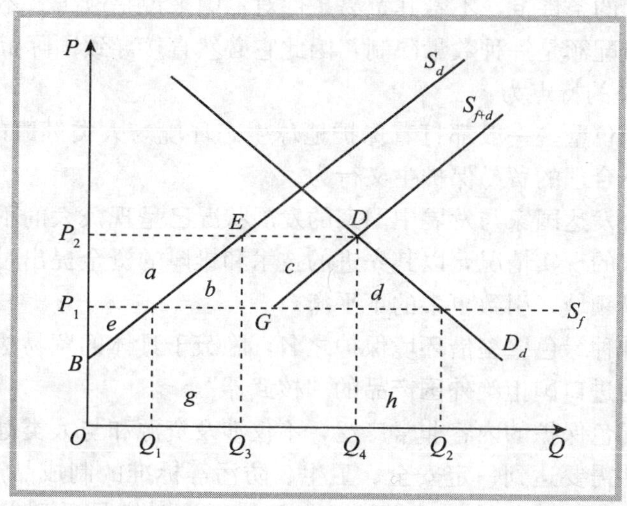

假设某进口国规定某商品的进口配额为 ED，则该国国内购买者面临的供给曲线不再是 S_f 水平线（可无限供给），而是国内供给曲线 S_d 与配额量 ED 的叠加，即 S_{f+d}，是 S_d 向右平移 ED 距离后得到的。从图中可以看出，实行进口配额后的供求平衡点为 D，进口国国内价格开始与国际价格分离并上升为 P_2。把实行进口配额后的状况与自由贸易时相比，可以看出这一措施具有以下效应：

（1）保护（生产）效应。由于价格提高，国内供应量从 OQ_1 增至 OQ_3，生产者剩余从 e 增加至 $e+a$。

（2）消费效应。消费由 OQ_2 减至 OQ_4，消费者剩余减少 $a+b+c+d$。

（3）国际收支效应。由于进口减少，减少贸易支出 $g+h$，使国际收支得到改善。

（4）配额利润效应。获得配额的进口者，可以 P_1 的价格进口，进口量为配额限量 $ED(=Q_3Q_4)$，但在国内却可以按较高的价格 P_2 售出，所以可以从中获得相当于 c 的配额利润。

（5）再分配效应。消费者剩余的减少中，a 和 c 实际上是转化为生产者剩余和进口商的配额利润了。

进口配额的综合效应等于生产者剩余的增加量、进口商配额利润与消费者剩余减少量的差额，即 $a+c-(a+b+c+d)=-(b+d)$，净效应为负。它表明消费者剩余减少中有一部分没有得到补偿，形成国民经济净损失。其中，b 为生产损失，产生于以高于 P_1 的成本提供产品；d 为消费损失，产生于价格提高后消费量的减少。

（6）贸易条件效应。一个国家在实行进口配额后，贸易条件趋于恶化还是趋于改善，主要取决于两个因素：一是需求；二是垄断。当本国对外国产品有着强烈的需求时，本国会以更多的产品换取配额进口的外国产品，本国的贸易条件就会趋于恶化；而当外国对本国产品有着强烈的需求时，情况就会逆转，本国的贸易条件就会趋于改善。如果本国出口商具有垄断性地位时，它们会利用这种垄断性力量，如减少数量、抬高价格，使本国贸易条件得以改善；而当外国出口商具有垄断性地位时，它们也会利用这种垄断性力量，如采取自动限制出口、任由本国进口商进行竞争、抬高进口商品的价格，从而导致本国贸易条件的恶化。

在实行进口配额的条件下，不管其贸易条件对本国来说是改善、不变或是恶化，贸易量都是减少的。进口配额是一种数量限制，因此它必然直接导致国际贸易量的下降。

5. 答：绿色壁垒的特点为：

(1) 虚假性。绿色壁垒一般都打着保护地球生态环境与人类健康的幌子，貌似合理，实则是限制进口的不合理的贸易保护主义行为。

(2) 不平衡性。发达国家与发展中国家的发展状况已呈现极大的不平衡性。西方发达国家无视发展中国家的现实情况，以其先进的技术和雄厚的资金提出过高标准，把发展的不平衡导入国际贸易领域，引致更多的不平衡。

(3) 隐蔽性。种种绿色壁垒借环境保护之名，隐蔽于具体的贸易法规规定、国际公约的执行过程中，成为进口国拒绝外国产品的“核武器”。

(4) 广泛性。绿色保护的内容非常广泛，不仅涉及资源和与人类健康有关商品的生产及销售，而且对那些需要达到一定安全、卫生、防污等标准的制成品产生了巨大的压力。这些绿色保护措施具有不确定性和可塑性，在具体实施时容易受到发达国家的刁难和抵制。对生产技术水平较低的发展中国家来说，涉及面更大、更深。

(5) 坚固性。绿色壁垒抓住人们关注生态环境的心理，根据本国市场和消费者的情况制定超高标准，先入为主，制造进口品的消费障碍，具有坚固的限制进口的堡垒作用。

绿色壁垒的表现形式为：

(1) 绿色关税和市场准入。发达国家以保护环境为名，对一些污染环境、影响生态环境的进口产品课以进口附加税，或者限制、禁止其进口，甚至实行贸易制裁。例如，美国食品与药品管理局规定，所有在美国出售的鱼类都须来自经美方证明未受污染的水域。

(2) 绿色技术标准。发达国家的科技水平较高，处于技术垄断地位，它们在保护环境的名义下，通过立法手段制定严格的强制性环保技术标准，限制国外商品进口。这些标准都是根据发达国家的生产和技术水平制定的，对于发达国家来说，是可以达到的，但对于发展中国家来说，是很难达到的，因而势必导致发展中国家的产品被排斥在发达国家市场之外。欧盟启动的 ISO 14000 环境管理系统，要求进入欧盟国家的产品从生产准备到制造、销售、作用以及最后处理阶段都要达到规定的技术标准。ISO 14000 系列标准提供了以预防为主，减少和消除环境污染的管理办法，是解决经济与环境协调发展的有效途径，为世界各国在统一的环境管理标准下平等竞争提供了条件，但同时也为发达国家设置环境壁垒提供了依据。

(3) 绿色环境标志。环境标志也称绿色标志、生态标志，它由政府管理部门或民间团体按照严格的程序和环境标准颁发给厂商，附印于产品及包装上，用以向消费者表明：该产品从研制、开发到生产、使用直至回收利用的整个过程均符合生态和环境保护要求。绿色环境标志产生的时间不长，但发展十分迅速，发展中国家的产品只有得到绿色环境标志才能进入发达国家市场，因而绿色环境标志又有“绿色通行证”之称。从1978年德国率先推出“蓝色天使”计划以来，许多发达国家纷纷效仿，如北欧四国的“白天鹅制度”、欧洲联盟的“EU制度”、加拿大的“环境选择制度”、日本的“生态标志制度”等。环境标志制度对环境保护的独特作用是毋庸置疑的，但其也为构成贸易壁垒提供了可能。

（4）绿色包装制度。绿色包装是指节约资源、减少废弃物、用后易于回收再用或再生、易于自然分解、不污染环境的包装，它在发达国家广泛流行。目前，世界各国在环保包装方面采取的措施主要有：以立法形式规定，啤酒、软性饮料和矿泉水一律使用可循环使用的容器；制定强制包装再循环或利用的法律，如日本的《再利用法》、《废弃物处理法》等；税收优惠或处罚，即对使用不可回收再循环使用包装材料的厂商征收较高的税负，以鼓励使用可回收再生的材料。

（5）绿色卫生检疫制度。基于保护环境和生态资源，确保人类和动植物免受污染物、毒素、微生物、添加剂等的影响，许多国家特别是发达国家制定了严格的环境与技术标志。由于各国环境与技术标准的指标水平和检测方法不同，以及对检验指标设计的任意性，从而使环境和技术标准有可能成为绿色贸易壁垒。1986年，素以“陶瓷王国”著称的我国，在美国陶瓷市场的占有份额仅及日本同期同类产品的1/10，致使我国输美产品大幅下跌的主要原因为：美国认为我国产品中对人体有害的重金属铅的含量严重超标。

（6）绿色补贴。为了保护环境和资源，有必要将环境和资源费用计算在成本之内，使环境和资源成本内在化。发达国家还将严重污染环境的产业转移到发展中国家，以降低环境成本。然而，发展中国家的环境成本却因此而提高。更为严重的是，发展中国家的绝大部分企业无力承担治理环境污染的费用，政府有时只能为此给予一定的环境补贴。发达国家又以这种“补贴”违反关贸总协定和世界贸易组织的规定为由，限制发展中国家向发达国家出口。

绿色贸易壁垒的产生是新贸易保护主义和环境保护运动相结合的产物。

（1）环保主义的思想兴起是绿色壁垒形成的驱动力。随着世界工业化的加速和经济的高速增长，环境问题日益突出。2009年12月哥本哈根气候大会的召开又一次给人类敲响了警钟，资源和环境的破坏及污染变得日益突出，已经演变为全球性的问题，直接影响到人类的生存和发展。因此，人们的消费行为和价值观念都发生了变化，越来越倾向于购买绿色产品，对绿色产品的需求日益增长，这样就为发达国家绿色贸易壁垒的形成提供了条件和机遇。

（2）随着贸易自由化进程的加快，各国之间的贸易竞争日益加剧。进口国政府希望借助其他的非关税壁垒来保护本国的市场，而绿色壁垒的出现正好为贸易保护国提供了新的手段。由于绿色壁垒极好的隐蔽性，因而成为新贸易保护主义最好的护身符。由于发达国家的科技发展水平和环保要求较高，而发展中国家由于经济实力和技术水平的限制，无法达到发达国家对进口商品制定的苛刻环保标准，导致对出口的限制。这种做法从环保的观念来说有其合理的一面，但从一定程度上讲，损害了发展中国家的利益，阻碍了发展中国家的发展。

（3）现行国际贸易规则和协定的不健全也为绿色壁垒的实施提供了合法性。从国际范围来看，在GATT/WTO体制内的许多协议（主要是《GATT 1994》、TBT、SPS三个文件）中均有涉及环境与贸易的绿色条款。但是，这些法律法规突出强调了各成员方的“环保例外权”，即各国有权根据本国的环保水平制定同时适用于来自其他各国的进口商品的环境标准和措施，条件仅限于“不造成不必要的障碍”。其结果是很可能被滥用，尤其是很容易为贸易保护者滥用。例如，《技术贸易壁垒协议》、《卫生与动植物检疫措施协议》中很多与环境保护有关的贸易规则的内容含混、弹性较大，它们提供了较大的灵活空间，这些便给绿色壁垒的产生披上了合法的外衣。因为发达国家有能力采用高于一般国际标准的措施，并可借此达到限制自发展中国家成员进口、保护国内市场的目的；但是，发展中国家尚未达到国际标准，更无法高于国际标准，这就为一些国家设立苛刻的绿色壁垒提供了借口。

6. 答：劳工标准的实施将使这些国家的劳动力比较优势消失。劳动力成本是发展中国家最大的比较优势，社会壁垒将大大削弱其在劳动力成本方面的比较优势，这会导致发展中国家的比较优势被排斥在全球国际分工之外，进而这些国家的出口会大量减少、失业上升、劳工状况恶化。这将更不利于发展中国家的劳工状况改善。在此情况下的出口，会进一步遭到发达国家进口国劳工标准的制裁，这将使发展中国家陷入一种不利的循环之中。

环境壁垒的实施将对发展中国家产生重要影响。各种环保措施的广泛使用，一方面有利于改善出口国的生态环境，另一方面过高的标准、过度的使用也严重制约了许多按现有方法生产的产品，促使发展中国家进一步调整和优化产业结构，并使得有利于环境的产品获得巨大的发展机会。那些不利于环境和人类健康的产品将会逐渐停止生产，初级产品的比重也会进一步降低。劳动密集型和资源密集型产品在国际贸易中的地位将日益让位于技术密集型和知识密集型产品。环境成本内在化的实施改变了跨国公司等直接投资者的领域，资本将从高环境成本的行业抽出并投向低环境成本或无环境成本的行业和地区，从而引发跨国公司以规避环境成本为目的的资金流动。

环境壁垒还会对发展中国家的出口产品结构、出口产品市场范围、出口产品成本和企业经济效益产生很强的影响。由于发展中国家经济相对落后、产品科技含量低，因此工业制成品在国际市场上缺乏足够的竞争优势，再加上发达国家制定了一系列过高的工业安全标准、防污标准、技术标准，必将大大增加发展中国家出口产品的成本，进而影响其出口产品的结构。因此，发展中国家的出口市场在环境壁垒的冲击下面临缩小的可能。在出口产品成本和企业经济效益方面，环境壁垒的制定与实施必然会涉及产品从生产到销售乃至报废处理的各个环节。而各种检验、测试、认证和技术鉴定等的实施，以及在包装、装潢、标签、广告等方面的要求，必将导致出口产品的各种中间费用和附加费用的上升。这将导致发展中国家出口产品的价格优势减弱，进而大大影响产品的国际竞争力。

☞ 思考案例

答：日本此次发动紧急限制进口措施是依据 WTO 协议第 19 条和日本关税率法，即下述 3 个条件：第一，由于国外价格低于国内价格以及其他未能预见的事情而导致的进口增加。第二，进口增加导致国内产业遭到重大损失，并能证明两者之间存在因果关系。第三，国民经济面临紧迫性。

对于第一个条件而言，以大葱为例，从1998年开始的进口剧增是因为1997年日本发生了异常气候灾害，日本进口商紧急从中国进口所导致的结果。对于第二、第三个条件而言，从中国进口的大葱只占日本大葱市场8.2%的份额。据日本农林水产省统计，日本蔬菜的生产自给率是83%，也就是国外蔬菜仅占17%，而日本的进口大葱尚未达到这个水平。据日本农业水产省2001年3月23日公布的有关发动限制进口措施调查表中所提供的数据，1996—2000年日本市场的大葱价格分别为252日元/公斤、278日元/公斤、340日元/公斤、300日元/公斤、222日元/公斤。虽然2000年日本市场的大葱价格确实比1998年下降了26%，但1998年日本市场大葱价格上升的原因是由于1997年气候原因而导致的歉收，2000年日本市场大葱价格下降的原因中也有当年日本产大葱产量提高、统一销售组织的销售量增加以及国内不景气带来的通货紧缩等，从一定意义上讲，日本市场大葱价格可以说是向1997年以前的价格回归。因此，大葱进口与日本国内大葱产业遭受损失没有直接的因果关系。

第九章　鼓励出口和出口管制措施

☞ 本章思考题

1. 答：出口信贷是一种国际信贷方式，是一国为了支持和鼓励本国大型机械设备、工程项目的出口，加强国际竞争力，以向本国出口商或国外进口商提供利息补贴和信贷担保的优惠贷款方式，鼓励本国的银行对本国出口商或国外的进口商提供利率较低的贷款，以解决本国出口商资金周转的困难，或满足国外进口商对本国出口商支付货款需要的一种融资方式。

按借贷关系分，出口信贷可以分为：

(1) 出口卖方信贷是出口方银行向本国出口商提供的商业贷款。

(2) 出口买方信贷是出口国政府支持出口方银行直接向进口商或进口商银行提供信贷支持，以供进口商购买技术和设备，并支付有关费用。

(3) 混合信贷是出口国银行发放出口卖方信贷或出口买方信贷时，从政府预算中提出一笔资金，作为政府贷款或给予部分赠款，连同出口卖方信贷或出口买方信贷一并发放。

2. 答：出口补贴也称出口津贴，是一国政府为了降低出口商品的价格、增加其在国际市场的竞争力，在出口某商品时给予出口商的现金补贴或财政上的优惠待遇。

间接补贴是指政府对某些商品的出口给予财政上的优惠，如退还或减免出口商品所缴纳的销售税、消费税、增值税、所得税等国内税，对进口原料或半制成品加工再出口给予暂时免税或退还已缴纳的进口税，免征出口税，对出口商品实行延期付税、减低运费、提供低息贷款、实行优惠汇率以及对企业开拓出口市场提供补贴等。

3. 答：商品倾销是指一国（或地区）的生产商或出口商，以低于国内市场的价格，甚至低于商品生产成本的价格，在外国市场抛售倾销商品，以打击竞争者、占领市场。

对出口国而言，倾销意味着以较低的价格进入其他国家市场，提升了本国商品的价格竞争力，有利于扩大商品的出口、开拓海外市场。

4. 答：外汇倾销是指利用本国货币对外贬值的机会，向外倾销商品和争夺市场的行为。这是因为本国货币贬值后，出口商品用外国货币表示的价格降低，提高了该国商品在国际市场上的竞争力，有利于扩大出口；与此同时，因本国货币贬值，进口商品的价格上涨，因而削弱了进口商品的竞争力，限制了进口。

值得注意的是，外汇倾销不能无限制和无条件地进行，只有在具备以下条件时，外汇倾销才能起到扩大出口的作用。

(1) 货币贬值的程度要大于国内物价上涨的程度。

(2) 其他国家不同时实行同等程度的货币贬值，当一国货币对外实行贬值时，如果其他国家也实行同等程度的货币贬值，这就会使两国货币之间的汇率保持不变，从而使出口商品的外销价格也保持不变，以致外汇倾销不能实现。

(3) 其他国家不同时采取其他的报复性措施。

5. 答：经济特区是指一个国家或地区在其关境以外所划出的特殊经济区域。在这个经济区域内，建筑或扩建码头、仓库、厂房等基础设施和实行免除关税等优惠待遇，以吸引外国企业从事贸易与出口加工工业等业务活动。

经济特区种类繁多，主要有自由港、自由贸易区、保税区、出口加工区、自由边境区、过境区、科学工业园区等。

6. 答：需要实行出口管制的商品一般有以下几类：

(1) 战略物资和先进技术资料，如军事设备、武器、军舰、飞机、先进的电子计算机和通信设备、先进的机器设备及其技术资料等。

(2) 国内生产和生活紧缺的物资。

(3) 需要自动限制出口的商品。

(4) 历史文物和艺术珍品。

(5) 本国在国际市场上占主导地位的重要商品和出口额大的商品。

(6) 为保持生态平衡而受到保护的某些动植物。

出口管制方式包括：

(1) 单方面出口管制是指一个国家根据本国的出口管制法案，设立专门的执行机构，对本国某些商品的出口实行管制。

(2) 多边出口管制。一些国家为了协调彼此的出口管制政策和措施，通过达成共同管制出口的协议，建立了国际性的多边出口管制机构，共同制定多边出口管制的集体措施，以期达到共同的政治和经济目的。

☞ 思考案例

答：(1) 不算不正当竞争。政府用于市场推广的农业补贴在加入 WTO 后属于绿箱补贴，是 WTO 组织鼓励的。相反，农产品价格补助、农业信贷补助则被列入黄箱补贴，将被限制和削减。

(2) 对我国促进农产品出口贸易发展的启示。保护弱质的农业生产和化解小农户与大市场之间的矛盾；减少黄箱补贴（即农产品价格补贴），加大用于市场推广的农业补贴（即绿箱补贴）。

第十章　贸易条约与协定

☞ 本章思考题

1. 答：从广义上说，贸易条约是指两个或两个以上国家在贸易关系方面规定相互间权利与义务的各种书面协议的总称。从狭义上说，贸易条约是指以条约二字为名称的关于贸易方面的书面协议。贸易协定是指两国或几国之间规定经济贸易关系而签订的一种书面协议。两国之间签订的叫双边贸易协定，几个国家之间签订的叫多边贸易协定。

贸易条约所涉及的内容比较广泛，它涉及关税、国内税等。有关船舶航行、运输等方面待遇的规定，要经过双方或多方立法机构的批准才能生效，因而有效期较长。贸易协定的内容比较具体，主要有贸易额、进出口货单、作价办法、使用货币、支付方式、关税优惠等，它只须经过签约国有关部门签署即可生效，因而有效时间较短。

2. 答：最惠国待遇，也称无歧视待遇，即缔约双方在通商、航运、税务、国民待遇等方面相互给予不低于现时或将来给予任何第三国的优惠、特权或豁免待遇。最惠国待遇可分为无条件的最惠国待遇与有条件的最惠国待遇两种。无条件的最惠国待遇是指缔约国一方现在和将来给予任何第三国的一切优惠待遇，立即无条件地、无补偿地、自动地适用于对方。有条件的最惠国待遇是指，如果一方给予第三国的优惠是有条件的，则另一方必须提供同样的补偿，才能享受这种优惠待遇。

3. 答：(1) 国民待遇原则是就货物贸易而言的，是指在贸易方面，成员之间相互保证对方的公民、企业、船舶在本国境内享有与本国公民、企业、船舶同样的待遇。

(2) 国民待遇主要包括以下内容：①不能直接或者间接地对进口产品征收高于对境内相同产品征收的税、费。②给予进口产品在境内销售、购买、运输、分销等方面的待遇，不得低于给予境内相同产品的待遇。③不得直接或者间接地对产品的加工、使用规定数量限制，不得强制规定优先使用境内产品。④不得用税、费或者数量限制等方式，为境内产业提供保护。国民待遇原则主要体现在 GATT 1947 第三条、GATS 第二条和 TRIPS 第三条。

4. 答：世界贸易组织的职能是：

(1) 对世界贸易组织协定及其附件中的协议进行管理。

(2) 为实施附件中各项协议和主持以后的多边协议谈判提供一个框架。

(3) 为其成员根据部长级大会决定的有关多边贸易关系展开进一步的谈判提供场所；管理综合性争端解决制度和政策审议机制。

(4) 与国际货币基金组织和世界银行及其所属机构进行合作，使全球经济决策更趋和谐一致。

5. 答：(1) 非歧视原则。

(2) 关税保护原则。

(3) 取消数量限制原则。

(4) 透明度原则。

(5) 公平贸易原则。

(6) 互惠原则。

(7) 贸易争端的磋商调解原则。

(8) 对发展中国家特别优惠的原则。

(9) 区域性贸易安排原则。

(10) 合理保障原则。

6. 答：(1) 管理范围扩大。

(2) 管理体制统一。

(3) 法律基础健全。

(4) 争端解决机制完善。

(5) 贸易政策审议机制确立。

(6) 全球经济决策协调性增强。

(7) 缔约方权益明确。

☞ 思考案例

答：韩国的做法不对。韩国的国产酒和进口酒是直接竞争产品或可替代产品，韩国对伏特加的税率高于对烧酒的税率，给予国产烧酒的待遇比给予某些进口蒸馏酒（包括威士忌、白兰地、法国白兰地、金酒等）的待遇优惠。因此，韩国对其采取了不公平的差别待遇，事实上构成了对国产酒的保护，故违反了国民待遇原则。根据世界贸易组织专家组的实践，同类产品不仅是各方面都相同的产品，还包括存在竞争关系的可替代产品。

第十一章 区域经济一体化

☞ 本章思考题

1. 答：区域经济一体化是指两个或两个以上的国家或地区，通过协商并缔结经济条约或协议，实施统一的经济政策和措施，消除商品、要素、金融等市场的人为分割和限制，以国际分工为基础来提高经济效率和获得更大的经济效果，把各国或地区的经济融合起来，形成一个区域性经济联合体的过程。

2. 答：区域经济一体化的主要形式包括：

(1) 优惠贸易安排。优惠贸易安排是区域经济一体化中最低级、最松散的组织形式。成员国之间通过贸易条约或协议，规定了相互贸易中对全部商品或部分商品的关税优惠，对来自非成员国的进口商品，各成员国按自己的关税政策实行进口限制。

(2) 自由贸易区。自由贸易区是指签订自由贸易协议的成员国相互彻底取消了在商品贸易中的关税和数量限制，使商品在各成员国之间可以自由流动。但是，成员国仍保持各自对来自非成员国进口商品的限制政策。最典型的自由贸易区是北美自由贸易区。

(3) 关税同盟。关税同盟是指成员国之间彻底取消了在商品贸易中的关税和数量限

制，使商品在各成员国之间可以自由流动。另外，成员国之间还规定对来自非成员国的进口商品采取统一的限制政策，关税同盟外的商品不论进入哪个成员国都将被征收相同的关税。

(4) 共同市场。共同市场是指成员国之间不仅在商品贸易方面废除了关税和数量限制，并对非成员国商品进口征收共同关税，还规定了生产要素（资本、劳动等）也可在成员国之间自由流动。例如，欧洲共同体在1992年底建成的统一大市场，其主要内容就是实现商品、人员、劳务、资本在成员国之间的自由流动。

(5) 经济联盟。经济联盟是指成员国之间除了商品与生产要素可以进行自由流动及建立共同对外关税之外，还要求成员国实施更多的统一的经济政策和社会政策，如财政政策、货币政策、产业政策、区域发展政策等。例如，欧洲联盟就属于此类经济一体化组织。

(6) 完全经济一体化。完全经济一体化是经济一体化的最高级组织形式。区域内各成员国在经济联盟的基础上，全面实行统一的经济政策和社会政策，使各成员国在经济上形成单一的经济实体。而该经济实体的超国家机构拥有全部的经济政策制定和管理权。目前，世界上尚无此类经济一体化组织，只有欧盟在为实现这一目标而努力。

3. 答：由于区域经济组织（集团）是建立在自由贸易基础之上的，世界经济发展的不平衡性和资源配置的不均衡性，导致了区域经济一体化对世界政治、经济发展的影响具有双重性特征。

亚太经合组织是一个由发展中国家与发达国家混合构建的区域经济一体化组织，具有区域一体化组织对世界经济影响的典型性，具体表现为：

(1) 区域经济一体化对世界经济的积极影响。第一，区域经济一体化促进了区域内的经济增长。第二，区域经济一体化促进了国际贸易的发展。第三，区域经济一体化推动了经济全球化的进程。

(2) 区域经济一体化对世界经济的消极影响。第一，对一体化组织成员国的负面影响，如对成员国之间产业发展不平衡性的冲击。第二，由于区域经济一体化要求成员国在一定程度上要放弃在货币政策、财政政策和贸易政策等重要领域的控制权，所以成员国对于国家控制权有一定的担心。第三，如果贸易转移大于贸易创造时，将会产生不利影响。第四，区域经济一体化的建立，使贸易集团内部的商业环境更具竞争性等。

4. 答：(1) 区域经济一体化是促进经济快速发展的一种有效机制。区域经济一体化要求各国之间消除贸易壁垒、简化贸易程序、加速货物自由流通，这样也有利于资源跨国界的流动，促进其在地区内更有效地配置。所以，在这个经济实力至关重要的时代，越来越多的国家都对开展区域经济一体化合作、推动区域经济一体化发展表现出了浓厚的兴趣和强烈的愿望。

(2) 当前全球范围内日益加深的市场化改革是区域经济一体化发展的主要体制基础。

(3) 区域经济一体化在全球的蓬勃发展还有其深刻的历史原因。

(4) 科学技术的进步、社会生产力的发展、国际分工的深化及世界经济结构的变化，均从不同角度促进了区域经济一体化的发展。

(5) 政治和经济是相辅相成、不可分割的统一体。

(6) 跨国公司的微观一体化推动区域经济宏观一体化。

(7) 现代交通运输业和通信业的发展为区域经济一体化的发展提供了物质技术基础。

5. 答：关税同盟的特征不仅是在同盟内成员国之间取消了关税，而且各成员国还对非成员国实行统一关税。根据维纳的理论，这种区域经济一体化的形式具有以下的贸易效应：

第一，贸易创造效应是指关税同盟内部取消关税、实行自由贸易后，关税同盟内某成员国国内成本高的产品被同盟内其他成员国成本低的产品所替代，从成员国进口产品，创造了过去不发生的新贸易。

第二，贸易转移效应是指由于关税同盟对内取消关税、对外实行统一的保护关税，成员国把原来从同盟外非成员国的低成本产品进口转为从同盟内成员国的高成本产品进口，从而使贸易方向发生了转变。

第三，社会福利效应是指关税同盟的建立对成员国的社会福利将带来怎样的影响。

第四，贸易条件效应是指建立关税同盟后，同盟内国家向同盟外国家进出口商品的贸易条件发生的变化。一般来说，关税同盟的贸易转移会具有大国效应，即同盟内国家减少从同盟外国家的进口导致世界市场的供应价格下降。这样，同盟成员国的贸易条件就可能得到改善。

☞ 思考案例

答：东亚经济一体化是东亚地区现代化发展的一种必然要求。从经济角度来说，东亚各国相对脆弱，这就决定了东亚经济一体化是非常必要的；从政治经济角度来说，东亚各国需要扩展区域间的合作或通过建立经济纽带来加强国与国之间的政治联系，进而加强整个区域在国际政治中的地位，而东亚变化的新格局恰恰使东亚经济一体化成为可能。但是，由于东亚国家尚未形成推动经济一体化的合力，尤其是中、日、韩之间的关系决定了东亚经济一体化是一个长期的过程。因此，东亚地区一体化存在着推动区域经济一体化的主观条件和客观基础；与此同时，由于本地区存在较为复杂的具体因素，不同于欧盟与北美自由贸易区的建立与发展环境，所以在近期，本区域只能向一个较为松散的经济联盟发展。

第十二章　国际服务贸易

☞ 本章思考题

1. 答：国际服务贸易迅速增长的原因包括：世界经济增长的带动；世界产业结构升级继续驱动服务贸易快速发展；货物贸易保持增长趋势，拉动了与之相关的服务贸易；国际投资正在向服务业倾斜。

2. 答：《服务贸易总协定》的基本原则包括国民待遇原则、透明度原则、最惠国待遇原则和发展中国家的特殊待遇原则。

3. 答：由于服务产品的无形性、不可储存性，在消费国内部通过商业存在提供服务，

有利于服务提供者的批量生产，以取得规模效益，降低成本和价格。因此，随着经济全球化进程的加速，世界范围内的产业结构调整和转移进一步升级，跨国直接投资以高于世界经济和货物贸易的速度增长。从 20 世纪 70 年代开始，由外国直接投资产生的、通过外国商业存在实现的国际服务贸易规模迅速扩大，在一些发达国家甚至已经超过了跨境方式的服务贸易。

4. 答：国际服务贸易壁垒主要体现在两个方面：一是市场准入；二是国民待遇。它主要有以下几种形式：数量限制；与价格相关的限制措施；标准、许可与政府采购；对国外服务提供者进入国内分销、配送和通信网络领域实施歧视。

5. 答：国际服务贸易可以分成四种类型，即跨境交付、境外消费、商业存在、自然人移动。

6. 答：知识产权具有如下特征：

(1) 权利客体的无形性。权利客体的无形性是知识产权区别于有形财产所有权最本质的特征。无形性是知识产权的最基本性质。

(2) 权利内容的专有性。权利内容的专有性包括两层含义：一是知识产权在法律规定的有效期内，权利人可以对其客体拥有排他权、垄断权。二是对于相同的智力成果或者商业标记，国家授予的某一类型知识产权应是唯一的，不能再对同一智力成果授予他人同一类型的知识产权。

(3) 权利效力的地域性。权利效力的地域性是指一项知识产权仅在它依法产生的地域内有效。

(4) 权利保护的时间性。权利保护的时间性是指知识产权仅在法定期限内受到保护，超过法定期限，权利自行消灭，但作为其客体的智力成果依然存在，只是由专有领域进入公有领域。

7. 答：《与贸易有关的知识产权协议》的国民待遇适用范围并不覆盖知识产权的所有方面，以下是主要例外：

(1) 已在《保护工业产权的巴黎公约》、《保护文学和艺术作品的伯尔尼公约》、《保护表演者、音像制品制作者和广播组织的罗马公约》及《保护集成电路的知识产权的华盛顿公约》中规定的例外。

(2) 有关知识产权在司法和行政程序方面的例外。但是，这些例外不能与《与贸易有关的知识产权协议》的义务相抵触，也不能对正常贸易构成变相的限制。

(3) 世界知识产权组织主持所缔结的多边协议中有关获得和维持知识产权的程序方面的规定，也不适用国民待遇原则。

(4)《与贸易有关的知识产权协议》所规定的其他例外。

8. 答：国际工程承包是指一个国家的政府部门、公司、企业或项目所有人（一般称为工程业主或发包人）委托国外的工程承包人负责按规定的条件承担完成某项工程任务。国际工程承包是一种综合性的国际经济合作方式，是国际技术贸易的一种方式，也是国际劳务合作的一种方式。按承包人承担责任的不同，国际工程承包可分为分项工程承包合同、“交钥匙”工程承包、“半交钥匙”工程承包和“产品到手”工程承包等。

☞ **思考案例**

答：

1. 入境（来华）旅游属于境外消费。国际服务贸易可以分成四种类型，即跨境交付、境外消费、商业存在、自然人移动。

2. 入境旅游对中国来说是服务出口，因为我国可以获得外汇收入。

3. 商业存在属于国际直接投资活动。

4. 该暂行规定的公布体现了国民待遇原则。

第十三章　国际要素流动与跨国公司

☞ **本章思考题**

1. 答：两缺口模型的基本表达式为：

$$I-S=M-X$$

式中，$I-S$ 为投资与储蓄差额，称为储蓄缺口；$M-X$ 为进口与出口的差额，称为外汇缺口。

对各变量进行调节的目的是使上述公式平衡。例如，利用外资进口机器设备，一方面，这项进口暂时不用出口来抵付；另一方面，该投资品又不需要国内的储蓄来弥补。可见，利用外资可以同时弥补两个缺口，既可以满足投资需要，又可以减轻支付进口费用的压力，从而保证经济的增长。两缺口模型强调了发展中国家利用外资的必要性：通过引进外资，可以提高一国的出口能力，使得高收入、高储蓄的良性循环出现，从而更加合理地配置资源。

2. 答：如下页图所示，假定世界由作为投资国的母国 A 和接受投资的东道国 B 组成，O_A 为投资国的原点，O_B 为东道国的原点，横轴为资本量，纵轴为资本的边际产品价值。全世界资本总供给为 O_AO_B。资本流动前，A 国的资本报酬率为 O_AC，资本总供给量为 O_AA，总产量是 O_AFGA；B 国的资本报酬率为 O_BH，劳动总供给量为 O_BB，总产量是 O_BJMA。因为 B 国的资本报酬率（O_BH）比 A 国（O_AC）高，现假定国际资本可以自由流动，AB 数量的资本从 A 国流到 B 国，直至两国资本报酬率在 BE 处相等。结果是，A 国的资本报酬率上涨，而 B 国的资本报酬率下降。另外，A 国的产品总量从 O_AFGA 下降到 O_AFEB，而 B 国的产品总量从 O_BJMA 上涨到 O_BJEB，世界产量净增加 EGM。

3. 答：假设两国劳动力是同质的，可以在没有任何迁移费用的前提下在国际自由流动，则劳动力会从丰富的、低工资的国家流动到稀缺的、高工资的国家。劳动力的这种流动会导致移出国的工资上涨，而移入国的工资下降，直到两个国家的工资相等为止。

在下图中，假定在一个由 A、B 两国组成的世界中，全世界的劳动总供给为 O_AO_B。迁移前，A 国劳动力的工资率为 O_AC，劳动力的总供给量为 O_AA，总产量是 O_AFGA；B 国劳动力的工资率为 O_BH，劳动力的总供给量为 O_BB，总产量是 O_BJMA。因为 B 国的工资（O_BH）比 A 国的工资（O_AC）高，现假定国际劳动力自由迁移，AB 数量的劳动力从 A 国迁移到 B 国，直至两国工资在 BE 处相等。结果是，A 国的工资上涨，而 B 国的工资

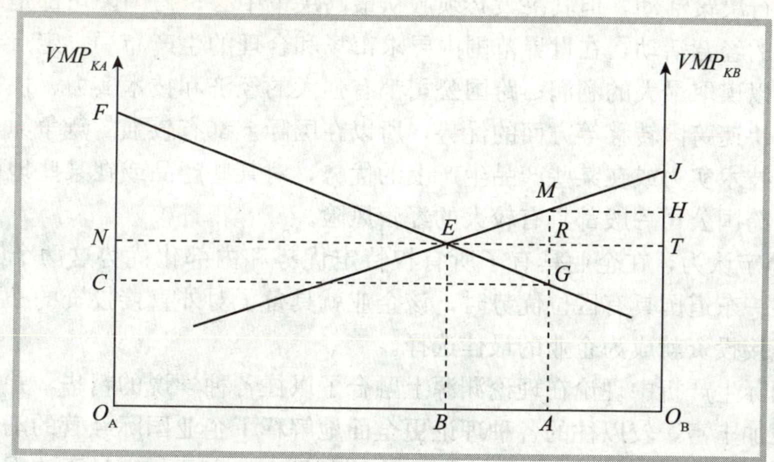

下降。另外，A 国的产品总量从 O_AFGA 下降到 O_AFEB，而 B 国的产品总量从 O_BJMA 上涨到 O_BJEB，世界产量净增加 EGM。值得注意的是，迁出国 A 国的国民收入朝着有利于劳动者的方向进行再分配。此外，迁入国 B 国则朝着非劳动力资源方向再分配，A 国也可能从它的侨居者那里收到一些汇款。

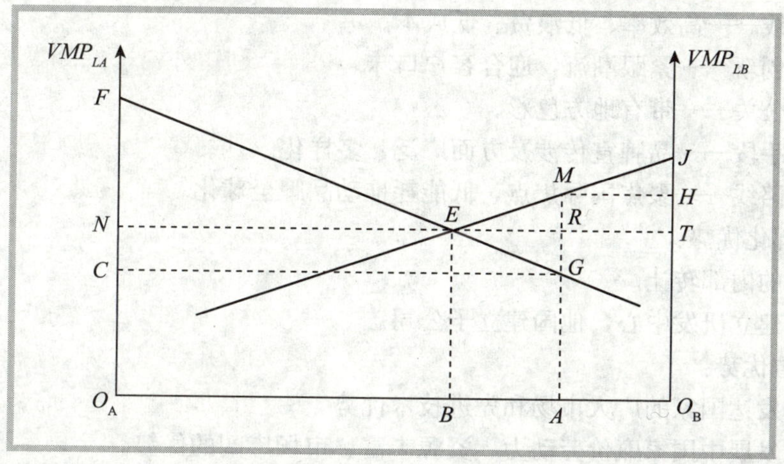

4. 答：技术国际转移以无形的技术知识作为主要标的，这些技术知识构成了技术国际转移的内容，主要包括专利、商标和专有技术。

技术国际转移采用的方式主要有许可贸易、特许专营、技术服务和咨询、合作生产以及含有知识产权和专有技术转让的设备买卖等。

5. 答：蒙代尔得出结论，对国际贸易的阻碍会促进要素的流动，而对要素流动的限制则会促进国际贸易。两者都能实现商品价格均等化和要素价格均等化：即使要素不能流动，自由贸易除了使产品价格均等化外，也能使要素价格均等化；同样，即使无法贸易，要素的自由流动除了使要素价格均等外，也会使产品价格趋同。

6. 答：跨国公司都有一个实力雄厚的大型公司为主体，通过对外直接投资或收购当地企业的方式，在许多国家设有子公司或分公司；跨国公司都有一个完整的决策体系和最高的决策中心，虽然各子公司或分公司都有自己的决策机构，都可以根据自己经营的领域和不同特点进行决策活动，但其决策必须服从最高决策中心；跨国公司都是从全球战略出发来安排自己的经营活动，在世界范围内寻求市场和合理的生产布局，定点专业生产，定点销售产品，以谋取最大的利润；跨国公司都有强大的经济和技术实力、快速的信息传递能力以及资金快速跨国转移等方面的优势，所以在国际上都有较强的竞争力；跨国公司一般会借助经济技术实力或在某些产品生产上的优势，对某些产品或在某些地区拥有不同程度的垄断性；跨国公司一般都具有较大的经营风险。

7. 答：邓宁认为，在企业具有了所有权特定优势和内部化优势这两个必要条件的前提下，又在某一东道国具有区位优势时，该企业就具备了对外直接投资的必要条件和充分条件，对外直接投资就成为企业的最佳选择。

邓宁的国际生产折中理论在理论渊源上融合了以往各种学说的精华，并加以归纳与总结，使理论更加丰富，较以往的各种理论更全面地解释了企业国际经营的动因，从而形成了一个具有普遍性的理论体系。但是，该理论的不足之处在于，它过于注重对企业内部要素的研究，忽略了企业所处的特定政治经济条件对企业经营决策的影响。

☞ 思考案例

答：(1) 丰田公司的所有权特定优势：

1) 生产线——高效率、低浪费、低成本。

2) 技术创新——紧跟潮流，迎合客户口味。

3) 促销公关——带有地方色彩。

4) 宣传手段——品牌宣传涉及方面广泛，多样化。

5) 环保路线——聚焦国际焦点，低能耗推动品牌全球化。

(2) 内部化优势：

1) 产品的内部转让。

2) 本国建立研发中心，他国建立子公司。

(3) 区位优势：

1) 利用发达国家的广大市场和先进技术优势。

2) 利用发展中国家廉价劳动力、资源丰富、市场广阔的优势。

第十四章　国际贸易与经济增长

☞ 本章思考题

1. 答：生产要素增加（劳动增加或资本增加）或技术进步都会导致经济增长。

生产要素的等比例增长是指一国不改变要素丰裕程度或比例的生产要素量的增长。生产要素的等比例增长也称平衡增长或中性的生产要素增长，表现为一国生产规模等比例的扩大，即生产要素增加一倍，则产品 X 和产品 Y 的产出都将增加一倍。

如果仅有劳动要素的增长或仅有资本要素的增长，或者资本与劳动不是等比例增长，则会发生经济的偏向型增长，表现为生产可能性曲线不是等比例的外移。

2. 答：根据 1972 年诺贝尔经济学奖获得者约翰·希克斯的定义，技术进步可分为中性技术进步、劳动节约型技术进步和资本节约型技术进步三种类型。

(1) 中性技术进步是指技术进步导致在原有的资本/劳动比率之下，资本和劳动者两种要素的边际生产力以相同的比例增加。发生中性技术进步时，劳动和资本的生产效率同比例增加，因而发生中性技术进步后，资本与劳动的相对要素价格（工资率/利率）比率不变。也就是说，由于工资率/利率的比率未变，生产过程中不会发生劳动替代资本（或相反）的情况，所发生的只是生产原有的产量现在只需要较少的劳动和较少的资本。

(2) 劳动节约型技术进步是指技术进步导致资本边际生产力的增加比例高于劳动边际生产力的增加比例。发生劳动节约型技术进步时，资本替代劳动，对每单位劳动来说，现在使用更多的资本，在工资率/利率比率不变的情况下，资本/劳动比率上升。

(3) 资本节约型技术进步是指技术进步导致劳动边际生产力的增加比例高于资本边际生产力的增加比例。发生资本节约型技术进步时，在工资率/利率比率不变的情况下，发生了以劳动替代资本及劳动/资本比率上升（或资本/劳动比率下降）的情况。

3. 答：贸易量的实际增长过程取决于生产效应和消费效应的纯效应，即相互作用的结果。若生产效应和消费效应都是产生贸易的，即发生顺贸易或超顺贸易经济增长，则贸易量的扩大要比产量扩大得快，经济增长的贸易量效应是顺贸易型或超顺贸易型。

若生产效应和消费效应都是反贸易的，即发生逆贸易或超逆贸易经济增长，则贸易量的扩大慢于产量的扩大，甚至有可能绝对下降，经济增长的贸易量效应是逆贸易型或超逆贸易型。

如果生产效应是产生贸易的，消费效应是反贸易的，即生产效应为顺贸易或超顺贸易，消费效应为逆贸易或超逆贸易，此时的贸易量取决于两种相反力量的净效应，最终结果难以预料。如果消费效应是产生贸易的，而生产效应是反贸易的，则最终结果同样难以预料。如果生产效应和需求效应之一为确定的偏向类型，另一个效应为中性，则经济增长的贸易量效应比较容易确定，接近于偏向类型。例如，当生产效应为中性，消费效应为顺贸易时，贸易量效应为顺贸易型。不太可能出现的情况是生产效应与消费效应都是中性的，在这种情况下，贸易与生产同比例扩张。

对于大国来说，由于进出口规模较大，在经济增长后，其进出口数量的变化足以影响到世界市场上相关商品的供求关系，进而导致贸易条件变化。若发生偏向进口的增长，该国的贸易条件将得到改善，而对方国家的贸易条件将恶化。若发生偏向出口的增长，该国的贸易条件将恶化，而对方国家的贸易条件将得到改善。

4. 答：小国经济增长后，虽然其进出口量有变化，但不足以影响世界市场上有关商品的供求变化，因此贸易条件不变，经济增长对小国福利的影响更多地取决于引起经济增长的原因。资本积累引起的经济增长总是可以提高小国的国民收入和人均收入并带来福利的增加。

对于大国而言，由于其进出口量的变化会引起贸易条件的改变，进而影响其福利水平。如果该大国的进口商品是资本密集型商品，则资本积累增加了其进口替代品的生产能力，于是贸易条件改善，该大国的福利水平绝对提高。如果该大国的出口商品是资本密集型商品，则资本积累将导致其贸易条件恶化，经济增长的好处会通过转移支付的方式转移至他国，降低其经济增长带来的好处。如果转移至他国的那部分利益超出了增长利益，则大国的福利水平将低于经济增长前，发生“悲惨增长”。

☞ 思考案例

答：巴西是咖啡生产和出口的大国，而且其出口单一，故巴西的出口收入主要依赖咖啡。20 世纪 30 年代，巴西的咖啡生产规模空前扩大，即发生了偏向出口型的经济增长。因为巴西在该领域是大国，而且咖啡的价格需求弹性很低，加上咖啡的主要进口商是在国际上处于一定垄断地位的公司，如雀巢等，这使得巴西咖啡的出口价格急剧下降、贸易条件严重恶化，由于贸易条件恶化带来的福利水平损失大于经济增长本身带来的好处，导致总的福利水平恶化。从本例可以看出，巴西发生了“悲惨增长”。

参考文献

［1］（美）丹尼斯·R·阿普尔亚德等．国际贸易．6版．北京：中国人民大学出版社，2009

［2］（美）多米尼克·萨尔瓦多．国际经济学．北京：清华大学出版社，2004

［3］（美）保罗·R·克鲁格曼等．国际经济学．北京：中国人民大学出版社，2006

［4］闫国庆等．国际贸易理论与政策．北京：中国商务出版社，2006

［5］佟家栋，周申．国际贸易学：理论与政策．北京：高等教育出版社，2007

［6］郭羽诞等．国际贸易学．上海：上海财经大学出版社，2008

［7］薛荣久．国际贸易．5版．北京：对外经济贸易大学出版社，2008

［8］张炳达等．国际贸易．上海：上海财经大学出版社，2009

［9］王耀中等．国际贸易理论与实务．长沙：中南大学出版社，2003

［10］张二震等．国际贸易学．4版．南京：南京大学出版社，2009

［11］丁家云等．国际贸易理论与实务．北京：经济科学出版社，2010

［12］陈霜华等．国际贸易习题与案例．4版．上海：复旦大学出版社，2008

［13］李轩．西方新贸易保护主义理论述评．当代经济研究，2007（5）

［14］张曙霄等．国际贸易学．3版．北京：经济科学出版社，2008

［15］吴国蔚等．国际贸易学．北京：北京工业大学出版社，2000

［16］贾建华等．国际贸易理论与实务．3版．北京：首都经济贸易大学出版社，2002

［17］卢荣忠等．国际贸易．2版．北京：高等教育出版社，2010

［18］石士钧．国际贸易学——理论、政策、环境．上海：上海人民出版社，2010

［19］陈宪等．国际贸易理论与实务．3版．北京：高等教育出版社，2009

［20］赵伟等．国际贸易——理论政策与现实问题．大连：东北财经大学出版社，2008

［21］王亚星，王文潭．国际商务．北京：中国人民大学出版社，2010

［22］海闻等．国际贸易．上海：上海人民出版社，2003

［23］张玮．国际贸易原理．北京：中国人民大学出版社，2009

［24］王秋红．国际贸易学．北京：清华大学出版社，2010

［25］陈同仇，张锡嘏．国际贸易．北京：对外经济贸易大学出版社，2005

［26］冯德连，王小顺．国际贸易理论与实务．北京：中国物资出版社，2004

[27] 刘立平．国际贸易——理论与政策．3版．合肥：中国科技大学出版社，2007
[28] 张玮．国际贸易．北京：高等教育出版社，2006
[29] 陈长民等．国际经济学．北京：中国人民大学出版社，2004
[30] 刘丽宏．区域经济一体化浪潮的动因及其发展趋势．经济视角，2009（4）
[31] 高成兴等．国际贸易教程．3版．北京：中国人民大学出版社，2007
[32] 李俊江．国际贸易．北京：高等教育出版社，2008
[33] 胡昭玲．国际贸易：理论与政策．北京：清华大学出版社，2010
[34] 王焕曦，孙炳娜．技术性贸易壁垒的形成机制与应对策略．东北财经大学学报，2011（1）
[35] 李坤望等．国际经济学．2版．北京：高等教育出版社，2005
[36] 宋世方．国际经济学．武汉：武汉大学出版社，2008
[37] 黄静波．国际贸易理论与政策．北京：清华大学出版社，2007
[38] 佟家栋．国际经济学（修订版）．天津：南开大学出版社，2005

图书在版编目（CIP）数据

国际贸易学/金泽虎主编．—2版．—北京：中国人民大学出版社，2015.9
普通高等教育“十二五”应用型规划教材·国际贸易系列
ISBN 978-7-300-21643-0

Ⅰ.①国… Ⅱ.①金… Ⅲ.①国际贸易-高等学校-教材 Ⅳ.①F74

中国版本图书馆CIP数据核字（2015）第163274号

普通高等教育“十二五”应用型规划教材·国际贸易系列
国际贸易学（第二版）
主　编　金泽虎
Guoji Maoyixue

出版发行　中国人民大学出版社
社　　址　北京中关村大街31号　　　　邮政编码　100080
电　　话　010－62511242（总编室）　　010－62511770（质管部）
　　　　　010－82501766（邮购部）　　010－62514148（门市部）
　　　　　010－62515195（发行公司）　010－62515275（盗版举报）
网　　址　http://www.crup.com.cn
　　　　　http://www.ttrnet.com(人大教研网)
经　　销　新华书店
印　　刷　北京昌联印刷有限公司　　　版　　次　2011年8月第1版
规　　格　185 mm×260 mm　16开本　　　　　　　2015年9月第2版
印　　张　22.5 插页1　　　　　　　　印　　次　2018年8月第5次印刷
字　　数　522 000　　　　　　　　　　定　　价　49.00元

版权所有　侵权必究　　　印装差错　负责调换